Tesalonicenses • Timoteo • Tito • Filemón
UN COMENTARIO

J. Vernon McGee

Al Dr. McGee, autor del estudio bíblico A Través de la Biblia, le importaba mucho que todos los que quieran entender la Palabra de Dios tengan las herramientas para hacerlo. Es por eso que escribió el librito titulado

Las Guías para el Entendimiento de la Escrituras.

Este recurso le brinda siete principios para la lectura y comprensión de la Biblia.

Para obtener una copia, descárguela gratis en nuestro sitio web:
www.atravesdelabiblia.org/EstudiarLaBiblia

www.atravesdelabiblia.org
atb@transmundial.org

Radio Trans Mundial es el ministerio en español
de Trans World Radio

Indice

La primera epístola del Apóstol San Pablo a los
Tesalonicenses

INTRODUCCIÓN

Esta epístola maravillosa está casi al final de las cartas o epístolas del Apóstol Pablo, en cuanto a su ubicación en el Nuevo Testamento. Pero, en realidad, ésta es la primera epístola que escribió el Apóstol Pablo. Fue escrita en 52 ó 53 d.C.

En cuanto a Tesalónica, ésta era una colonia romana. Los romanos en ese entonces no actuaban en la misma forma en que actúan los que intentan colonizar hoy. Ellos nunca trataban de hacer las cosas, digamos, como las hacemos nosotros en el presente. No trataban de inculcar toda su cultura en la gente que capturaban, como si esto fuera un ideal.

Roma era muy inteligente en cuanto a esto. Roma no trató de cambiar la cultura o cambiar los hábitos y costumbres o ni siquiera el idioma de la gente que caía bajo su poder. Lo que ellos hacían en estas zonas diferentes, ubicadas geográficamente y en puntos estratégicos, era comenzar una colonia. Esa ciudad, o esa zona, adoptaría con el tiempo, leyes romanas, costumbres romanas, formas romanas; y ellos podían comprar en los almacenes locales las últimas modas que se utilizaban en ese entonces en Roma, y la vida era muy parecida a la de Roma. Tesalónica era una ciudad muy importante en aquel día. De paso, digamos que aún se encuentra en existencia; hoy se llama Salónica y es aún un lugar muy importante.

Tesalónica se encontraba a unos 80 Km. al oeste de Filipos. Pablo fue allí en su segundo viaje misionero. Él había ido a Filipos y allí había establecido una iglesia. Luego, él viajó unos 80 Km. para dirigirse a

Tesalónica. Ésta se encontraba a unos 300 Km. al norte de Atenas y era la ciudad principal de Macedonia. Cicerón, ese gran romano, dijo: "Tesalónica se encuentra en el regazo del imperio". Eso quería decir, en el mismo centro y en el corazón del imperio.

Al comienzo, esta ciudad había sido llamada Terma, a causa de las aguas termales que existían en esa zona. Pero en el año 316 a.C., Casandro (quien fue uno de los cuatro generales de Alejandro Magno, que dividieron el imperio de Alejandro), se apoderó de Macedonia; es decir, estableció su base allí y él cambió el nombre de Terma, por el nombre que conocemos hoy, Tesalónica. Eso fue en memoria de su esposa, que era media hermana de Alejandro Magno. Esta ciudad, que existe todavía era una ciudad muy importante.

La Iglesia de Tesalónica, establecida en el segundo viaje misionero de Pablo, era una iglesia modelo. Pablo menciona esto en la primera epístola: de tal manera que habéis sido ejemplo a todos los de Macedonia y de Acaya que han creído. (1 Ts. 1:7) Ésa es una zona que podríamos llamar Grecia hoy. Esta iglesia fue un ejemplo, y, también lo fue para Corinto, que se encuentra en esa zona también. (2 Co. 8:1-5) Esa iglesia fue una de las primeras.

Usted recordará que en su segundo viaje misionero, el Apóstol Pablo y Bernabé se habían separado. Pablo tomó a Silas para que le acompañara, y en el camino ellos también se juntaron con Timoteo, y Lucas también se unió a ese grupo. Pero él visitó las iglesias en Galacia. Él trató de hacer un círculo más amplio; había allí una población tremenda en esa zona. Él estaba trabajando en la zona que se llama, la Turquía del día de hoy. Pensamos de esa zona como Asia Menor, y parece que él tenía la intención de llevar a cabo su obra misionera en esa zona. Opino que eso es obvio, porque durante su tercer viaje misionero, él probablemente realizó su obra misionera más grande de todas, utilizando a Éfeso como su base.

Pero el Espíritu de Dios, en esta oportunidad, puso un obstáculo en su camino, y no le permitió que él fuera hacia el sur. Él trató de ir hacia Bitinia en la costa sur del Mar Negro, y nuevamente el Espíritu de Dios le puso un obstáculo. Él no podía ir hacia el norte, y no podía ir hacia el sur; así es que, él va hacia el oeste. Llega a la ciudad de Troas y allí espera más órdenes. Luego, él tiene la visión del hombre de Macedonia, y cruza hacia Filipos. Descubre allí que el hombre de Macedonia resulta ser una mujer llamada Lidia, vendedora de púrpura. Ella probablemente tenía un almacén en la ciudad de Tiatira. El mensaje de Pablo llega a su corazón y ella recibe al Señor, y también otros que se encontraban en ese lugar. Luego la iglesia se establece, y Pablo parte de Filipos.

Él llega a Tesalónica y, como se nos dice en Hch. 17:2: Pablo, como acostumbraba, fue a ellos, y por tres días de reposo discutió con ellos. Eso indica que él estuvo allí menos de un mes. En ese mes, Pablo realiza una tarea tremenda. Él realizó allí su obra misionera. Llevó a multitudes a Cristo. Pablo era un misionero muy eficiente, muy efectivo. Él establece allí la iglesia, y en ese tiempo él no solamente organizó la iglesia local, sino que les enseñó las grandes doctrinas de la fe cristiana.

Luego, él partió de Tesalónica; mejor dicho, él fue expulsado de esa ciudad. Él tuvo que partir, y, luego, fue a Berea. Realizó su obra allí, pero el enemigo le persiguió hasta Berea, y partió en barco hacia Atenas, dejando a Silas y a Timoteo en Berea. Él predicó la Palabra en Atenas. No se sabe cuánto tiempo se demoró allí. Después de algún tiempo en Atenas, Pablo se dirige a Corinto, y allí espera a que lleguen Timoteo y Silas para que le lleven alguna palabra en cuanto a lo que pasaba en Tesalónica. (Véase 1 Ts. 3:6) Timoteo también trajo algunas preguntas a Pablo, problemas que preocupaban a los creyentes en Tesalónica. Pablo escribió esta primera epístola para responder a sus preguntas, y para instruirles más y darle el consuelo que necesitaban.

Aunque Pablo había estado en Tesalónica por menos de un mes, él había enseñado muchas de las grandes doctrinas de la iglesia, incluyendo la segunda venida de Cristo. Es interesante que Pablo no consideraba que este tema era fuera de la comprensión de los nuevos creyentes. Sin embargo, hay iglesias hoy que existen desde hace más de cien años, cuyos miembros tienen sólo un entendimiento vago del rapto de la iglesia y de la venida de Cristo a establecer Su reino aquí sobre la tierra. La Iglesia de Tesalónica no tenía ni un mes todavía, y ¡Pablo estaba enseñándoles estas grandes doctrinas!

Obviamente el Apóstol había enfatizado la segunda venida de Cristo para los creyentes y había enseñado que Su venida era inminente, porque durante el período de tiempo desde que Pablo había salido, algunos de los santos que habían llegado a conocer a Cristo Jesús, habían muerto, y entonces surgió, naturalmente, la pregunta en las mentes de los tesalonicenses si estos santos formarían parte del rapto o no. Pablo escribió la primera carta a los tesalonicenses para responder a esas preguntas, y para instruir a ese pueblo un poco más y, también, para consolarlos, y esto constituye el tema de la epístola. Este énfasis contrasta notablemente con la venida catastrófica y cataclística de la venida de Cristo a establecer Su reino echando abajo toda injusticia, como se ve en Apocalipsis 19:11-16.

Esta epístola tiene un propósito triple: (1) confirmar a los recién convertidos, en las grandes verdades elementales del Evangelio; (2) prepararlos para vivir santamente; y (3) consolarlos a ellos en cuanto al regreso de Cristo. El mensaje de Pablo ofreció un contraste marcado al paganismo y gentilidad que se presentaban en Tesalónica. Una inscripción pagana en Tesalónica decía: "Después de la muerte no hay revivir, después de la tumba, no hay más encuentro."

En la Primera Epístola a los Tesalonicenses, el énfasis se da al rapto de la iglesia, la venida de Cristo para llevar a Su iglesia de este mundo. El hecho de que la venida de Cristo, es una esperanza purificadora debe conducir a la santificación en nuestras vidas. Hay muchas personas hoy que quieren discutir en cuanto a la profecía. Pero no quieren dedicar mucho tiempo observando las grandes verdades de que, si uno cree realmente en la venida de Cristo, uno encuentra en eso una esperanza purificadora. Juan dice: El que tiene esta esperanza, se purifica a sí mismo, así como Él es puro. (1 Jn. 3:3) Esto debe tener su influencia en la forma en que uno vive. En realidad, a mí, no me interesa en cuanto a su entusiasmo y gran interés con respecto a la verdad del rapto de la iglesia. Lo que a mí me interesa ver, es cómo está viviendo usted. ¿Le toca esta esperanza muy personalmente donde usted está viviendo hoy, y cambia su vida?

En la Segunda Epístola a los Tesalonicenses, el énfasis va a cambiar hacia la venida de Cristo a este mundo para establecer Su reino. Hay mucha diferencia en cuanto al ser arrebatado para encontrarnos con el Señor en las nubes y que Él baje a esta tierra a establecer Su reino. Como ya he dicho anteriormente, hay muchos teólogos cabeza abajo hoy. Ellos tienen al Señor bajando cuando debería estar en el aire. Tenemos que hacer esa diferencia. Pablo la hace y nosotros deberíamos verla aquí.

Bosquejo 1

I.   La actitud del cristiano tocante al regreso de Cristo, Capítulo 1 (Servir…esperar…Vs. 9, 10)

II. La recompensa del cristiano cuando Cristo regrese, Capítulo 2

III. La vida del cristiano y el regreso de Cristo, Capítulo 3:1-4:12

IV. La muerte del cristiano y el regreso de Cristo, Capítulo 4:13-18

V.   Las acciones del cristiano en vista del regreso de Cristo, Capítulo 5. (Fíjese en los 22 mandamientos específicos a los cristianos que empiezan en el v. 11)

Para este libro sugiero dos bosquejos. Cada bosquejo provee un énfasis necesario, que el otro no tiene.

Bosquejo 2

I. La venida de Cristo es una ESPERANZA ALENTADORA, Capítulo 1

    A. Introducción, Vs. 1-4

    B. El Evangelio es recibido con mucha seguridad y mucha tribulación, Vs. 5-7

    C. Los resultados del Evangelio: Se convirtieron de los ídolos a Dios; esperan la venida de Cristo, Vs. 8-10

II. La venida de Cristo es una ESPERANZA TRABAJADORA, Capítulo 2

    A. El motivo y método de un verdadero testigo de Cristo, Vs. 1-6

    B. El aspecto materno del ministerio del Apóstol (Consolar), Vs. 7-9

    C. El aspecto paterno del ministerio del Apóstol (Encargar), Vs. 10-13

    D. El aspecto fraterno del ministerio del Apóstol (Desafiar), Vs. 14-16

    E. La recompensa de un verdadero testigo por Cristo, Vs. 17-20

III. La venida de Cristo es una ESPERANZA PURIFICADORA, Capítulo 3:1-4:12

Santificación

    A. Timoteo trae buenas noticias de los tesalonicenses, 3:1-8

    B. Pablo ruega a los tesalonicenses que continúen creciendo en la fe,. 3:9-13

    C. Como han de portarse los creyentes, 4:1-12.

IV. La venida de Cristo es una ESPERANZA CONSOLADORA, Capítulo 4:13-18

Lo que la muerte significa para el cristiano; lo que el arrebatamiento significa para la iglesia

V. La venida de Cristo es una ESPERANZA ENTUSIASMADORA, Capítulo 5

Conduce a action. Los creyentes muertos duermen en Jesús; los creyentes vivos velan

A. Llamamiento a velar y ser sobrios en vista de la venida de Cristo, Vs. 1-10

B. Mandamientos para cristianos, Vs. 11-28

CAPÍTULO 1

Pablo, Silvano y Timoteo, a la iglesia de los tesalonicenses en Dios Padre y en el Señor Jesucristo: Gracia y paz sean a vosotros, de Dios nuestro Padre y del Señor Jesucristo. [1 Ts. 1:1]

Esta introducción es típica de la forma de comenzar las otras epístolas de Pablo, pero aquí hay algunas diferencias y quisiera destacarlas. Pablo se une con Silvano (Silas) y Timoteo, porque ellos acaban de regresar desde Tesalónica a donde está Pablo. Pablo une su nombre con el de ellos para que los tesalonicenses sepan que están juntos en cuanto a esta carta.

Es maravilloso, el que Pablo se una a estos hombres que hubieran sido desconocidos para nosotros si Pablo no se hubiera asociado a sí mismo con ellos. Esto muestra su humildad. Creo que es un gesto muy noble de parte del Apóstol Pablo. Él siempre se identifica a sí mismo con los hermanos, y no es la persona que se queda aparte, sobre todos los demás que estaban trabajando para el Señor Jesús.

Esto es algo con lo cual tenemos que tener mucho cuidado. No ponga a su predicador sobre monumentos, sobre pedestales. Hay que colocarlos junto con las demás personas. Creo que nosotros mismos los ministros, somos responsables por esa insensatez hoy de hacer una diferencia entre el ministro y el laico.Cuando comencé en el ministerio, al presentarme en público, utilizaba un saco o una leva llamada "saco Príncipe Alberto". Ese saco o esa leva, es algo parecido a los de etiqueta. Me vestía con una camisa blanca de cuello amplio y, por lo general, utilizaba una corbata blanca, o una corbata negra. Me parecía más a una mula que está mirando por encima de un cerco blanco que a un predicador cuando estaba en el púlpito. Así es como me sentía cuando utilizaba esa ropa. Luego, un día, me di cuenta que no tenía que vestirme de ninguna forma que fuera diferente a los demás miembros de la iglesia. Los miré y no pude observar a ninguno con una ropa tan ridícula como la que yo tenía, lo que hacía de mí algo diferente de los demás. Un ministro no es diferente de los demás, y no lo debería ser porque los predicadores que conozco son tal cual los demás seres humanos.

Es necesario que ellos estén junto con los demás. No creo que Dios nos esté pidiendo a nosotros que vivamos de una forma diferente de la cual él le ha pedido a usted que viva. De ninguna manera. Lo que Él me pide a mí en este caso es que, cuando yo estoy enseñando la Palabra de Dios, tenga cuidado de que estoy presentando Su Palabra y que estoy, en realidad, actuando a Su favor en esa ocasión. Él quiere que yo tenga cuidado en cuanto a esto. Él espera eso de todos los que dan Su Palabra. Pero, en cuanto a nuestra forma de vivir, Dios espera que todos vivamos en un plano muy alto; la vida de un maestro o de un ministro no ha de ser diferente de la vida de todo creyente en Cristo Jesús.

Me gustaría poder eliminar la división entre el clérigo y el laico. Ésa es una distinción falsa en cuanto a la Palabra de Dios concierne. No creo que esté allí para nada. Dios tiene un alto estandarte de vivir para todos nosotros. Permítame ser franco, y decir que un predicador pagado ha sido la maldición de la iglesia. Por favor, no me entienda usted mal en esto. No creo que pueda ser de ninguna otra forma hoy cuando todo es especializado. Pero, necesitamos reconocer que, las herejías de la iglesia se han presentado a través de ministros pagados.

Hay dos situaciones en la iglesia que son peligrosas hoy: un ministro que trata de elevarse a sí mismo; y otro, es el laico que trata de ser una autoridad en cuanto a la Biblia, y quien, en realidad, no ha estudiado la Biblia, sino que se ha apartado en alguna tangente, y es muy fácil salirse por la tangente. La disciplina más grande para mí, ha sido la de tomar la Palabra de Dios completa y enseñarla en su totalidad. Creo que si usted va a predicar la Palabra de Dios completa y enseñarla totalmente, usted tiene que tocar todas las teclas del teclado. Uno no puede evitar esto. No es posible enfatizar sólo un tema, excluyendo todos los otros, si enseñamos la Biblia entera. ¡Ojalá que tuviéramos esa clase de disciplina en nuestras iglesias hoy día! Hay muchas cosas que me gusta enfatizar cuando llego a ellas. Pero hemos de enfatizar todo lo que notamos si vamos a hablar de toda la Palabra de Dios, y me gustaría que existiera esa clase de disciplina en la iglesia hoy; que cada iglesia tuviera que pasar a través de toda la Biblia. Eso, evitaría que muchos de nosotros nos apartáramos por el camino equivocado muchas veces.

A la iglesia de los tesalonicenses en Dios Padre y en el Señor Jesucristo. Quizá su estilo de vida difería algo del de la iglesia en Filipos, pero, pero la Iglesia en Tesalónica es como la Iglesia en Filipos porque es en Dios Padre y en el Señor Jesucristo. Alguien puede decir: "Bueno, eso es algo nuevo". En Dios Padre. Él no había dicho eso antes; ésta es la primera epístola que él escribió. Lo dice sólo una vez y eso tiene que ser suficiente. Él no lo va a repetir otra vez. Cuando el Señor Jesucristo oró al Padre, Él pidió …para que todos sean uno; como Tú, oh Padre, en Mí, y Yo en Ti, que también ellos sean uno en Nosotros; para que el mundo crea que Tú Me enviaste. La gloria que Me diste, Yo les he dado, para que sean uno, así como Nosotros somos Uno. Yo en ellos, y Tú en Mí, para que sean perfectos en unidad… (Jn. 17:21-23) Así es que, cuando usted está en Cristo, usted está en Dios el Padre también, y ése es un lugar muy seguro en el cual podemos estar. No hay ninguna caja de seguridad en ningún lugar que sea tan segura como ésta.

Gracia y paz sean a vosotros, de Dios nuestro Padre y del Señor Jesucristo. Ésa es la introducción formal que él tiene en todas sus epístolas. Primero viene la gracia y, luego, la paz de Dios, y es de Dios el Padre y del Señor Jesucristo.

Damos siempre gracias a Dios por todos vosotros, haciendo memoria de vosotros en nuestras oraciones. [1 Ts. 1:2]

Pablo oraba por todas las iglesias que él había fundado. Pablo tenía una lista de oración bastante larga. Si usted quiere observar esa lista de oración, compilándola de la Escritura, se sorprendería de ver cuántas iglesias diferentes, personas, o grupos de personas había, por los cuales oraba Pablo.

Damos siempre gracias a Dios por todos vosotros. Pablo le daba gracias al Señor por esta iglesia debido a muchas cosas. Una de las más importantes era porque ellos eran un buen ejemplo. Eran más o menos lo que yo diría una iglesia modelo.

El versículo 3, es uno de los versículos más destacados en la Biblia y sigue el mismo patrón del Apóstol Pablo y usted puede encontrarla en todo lo que él escribió. Él enfatizaba el número 3, el cual es el número de la Trinidad.

> *Acordándonos sin cesar delante del Dios y Padre nuestro de la obra de vuestra fe, del trabajo de vuestro amor y de vuestra constancia en la esperanza en nuestro Señor Jesucristo. [1 Ts. 1:3]*

Acordándonos sin cesar delante del Dios y Padre nuestro (1): de la obra de vuestra fe; (2): del trabajo de vuestro amor; y (3): de vuestra constancia en la esperanza en nuestro Señor Jesucristo.

Éste es un versículo muy importante en las Escrituras y contiene una riqueza de significado. Pablo une aquí a las tres gracias cristianas juntas: la fe, el amor, y la esperanza. En 1 Corintios, también él juntó estas cosas: Y ahora permanecen la fe, la esperanza y el amor, estos tres; pero el mayor de ellos es el amor. (1 Co. 13:13) Así es que aquí encontramos a Pablo tomando estas tres cosas y enfatizándolas.

Hace unos años, almorcé con un científico muy destacado; uno de los hombres que tuvo mucho que ver con el diseño de la capa que protege del calor a las cápsulas espaciales. Él me dijo: "¿Ha notado usted alguna vez que el universo en el cual vivimos está dividido en una trinidad?" Le respondí: "No, ¿qué quiere decir con eso?" "Bueno", me dijo, "observe esto por un momento. Usted y yo vivimos en un universo físico hoy que está hecho de tres cosas: tiempo, espacio y materia". Luego me preguntó: "¿Puede usted pensar de una cuarta cosa?"

Le respondí que no podía pensar de una cuarta cosa. Pero, este científico no se detuvo allí. Él dijo: "¿Ha pensado alguna vez en que el tiempo está dividido en tres partes: pasado, presente y futuro? ¿Puede pensar en una cuarta?" Mi respuesta otra vez fue negativa. Luego, el científico continuó: "¿Y qué me puede decir en cuanto al espacio?" "Bueno", dije, "no puedo decirle nada". Entonces, el científico agregó: "Pues bien, el espacio está dividido en largo y ancho y altura. ¿Puede usted pensar en otra cosa? La gente habla de una cuarta dimensión, pero eso no ocurre en este universo material".

Se puede ver que este universo en el cual usted y yo vivimos lleva la marca de la Trinidad. Lo interesante de ver es que la Palabra de Dios hace lo mismo. A través de toda ella, Pablo, en esta misma epístola, habla del hecho de que el hombre es una trinidad. Ya hablaremos de esto cuando observemos 1 Tesalonicenses 5:23: Y el mismo Dios de paz os santifique por completo, y todo vuestro ser, espíritu, alma y cuerpo, sea guardado irreprensible para la venida de nuestro Señor Jesucristo. Allí se mencionan las tres partes del hombre. Así que aparentemente el hombre es una trinidad.

Hay algunos otros ejemplos interesantes del significado del número 3. Por ejemplo, ¿ha notado usted, que, en el libro de Génesis, sólo tres de los hijos de Adán y Eva son mencionados? Estoy seguro que tuvieron más de tres hijos. Quizá hasta llegaron a tener 100. No se sorprenda demasiado porque después de todo ellos fueron los que comenzaron a poblar este mundo. Los tres hijos que se mencionan pues, son Caín, Abel y Set.

En este versículo, de hecho, Pablo da las tres gracias de la vida cristiana. El pasado, es la obra de la fe. El presente, es el trabajo del amor. Y el futuro, es la constancia en la esperanza. Ése es el cuadro que se nos presenta aquí. Ésta es la biografía del creyente. Éstas son las cosas que permanecen, porque son eternas en la vida del creyente. La fe, la esperanza, y el amor son sustantivos abstractos. Su significado parece encontrarse por allá, y nosotros estamos acá. ¿Cómo podemos sacarlos del espacio, de la teoría, y colocarlos en la realidad de la vida aquí abajo? ¿Cómo podemos hacer de ellos algo concreto en lugar de ser cualidades abstractas?

Quizás usted recuerde la historia de ese constructor que amaba a los niños. Un día él estaba construyendo una casa y preparó una acera o vereda de concreto, y lo terminó esa tarde. Regresó al siguiente día y algunos niños habían caminado por el concreto y habían dejado sus huellas allí, y él estaba muy enojado por esto. El estaba tan enojado que estaba hablando consigo mismo y en voz alta. Cierto hombre pasó por allí y le dijo: "Oiga, pero yo pensaba que usted amaba a los niños". Y él dijo: "sí, yo los amo en lo abstracto, no en el concreto".

La cuestión aquí, es: ¿Cómo vamos a lograr poner todo esto en lo concreto? Pablo toma estas tres palabras del espacio sideral y las coloca aquí ante nosotros. Representa todo esto de una manera que es difícil para nosotros dejar de comprenderlo. Él viste a estas cosas abstractas y diría yo, les da cuerpo para que nosotros la podamos apreciar.

Note como él hace eso. Aquí tenemos tres pasos en el andar de las vidas de los Tesalonicenses: Cómo os convertisteis de los ídolos a Dios—la obra de la fe. Para servir al Dios vivo y verdadero—la obra de amor. Y tercero—esperar de los cielos a Su Hijo—ésa es la constancia en la esperanza.

(1) La obra de la fe, es una expresión extraña. ¿Qué es lo que quiere decir por "la obra de la fe"? A nosotros se nos dice: Porque por gracia sois salvos por medio de la fe; y esto no de vosotros, pues es don de Dios; no por obras para que nadie se gloríe. (Ef. 2:8-9) Sin embargo, aquí se nos habla de "la obra de la fe". ¿Qué es lo que quiere decir con esto? Creo que lo que Pablo está haciendo aquí es aclarando que él y Santiago no se están contradiciendo el uno al otro. Después de todo, Santiago fue el que dijo: Pero alguno dirá: Tú tienes fe, y yo tengo obras. Muéstrame tu fe sin tus obras, y yo te mostraré mi fe por mis obras. (Stg. 2:18) Ésa es la obra de la fe, ¿no le parece? Ésa es la forma en que uno lo prueba a los demás. Alguien ha dicho que Santiago escribió su epístola para poder contradecir a Pablo. Él no lo hizo, porque, en realidad, Santiago fue la primera epístola que se escribió en el Nuevo Testamento. Por cierto, que Pablo no escribió para contradecir a Santiago. Ambos están hablando de la misma cosa.

La fe es la réplica del alma a la presentación de la Palabra de Dios. Cuando el hombre responde a la Palabra de Dios, entonces, él anda por fe. Pablo dice eso en 2 Corintios 5:7: Porque por fe andamos, no por vista. El Señor Jesucristo dijo lo mismo: Entonces le dijeron: ¿Qué debemos hacer para poner en práctica las obras de Dios? Respondió Jesús y les dijo: Ésta es la obra de Dios, que creáis en el que Él ha enviado. (Jn. 6:28-29) Él está diciendo que usted no va a Dios por medio de su obra; sino que va por medio de la fe. Pero una fe viviente, entonces, se presenta a sí misma en la vida que se vive.

Hay una buena ilustración de esto en la vida de los discípulos, como se ve en Lucas 5:4-5. El Señor Jesús dijo a Simón Pedro ...Boga mar adentro, y echad vuestras redes para pescar. Respondiendo Simón, le dijo: Maestro, toda la noche hemos estado trabajando, y nada hemos pescado; mas en Tu palabra echaré la red. Usted recordará que estos hombres que el Señor Jesucristo había llamado salieron a pescar y no habían conseguido nada. Ése es el juicio que expresa un pescador de mucha experiencia y que conocía bien esa zona, la zona del Mar de Galilea. Ésa es una declaración de los hechos. Ésa es una declaración de la pura verdad. Hemos trabajado toda la noche, y no hemos pescado nada. Por tanto, no vale la pena, Señor, salir nuevamente allí. Ah, pero note lo que Simón Pedro responde: Mas en Tu palabra echaré le red. Lo que él está diciendo allí, es: "Yo saldré otra vez y pescaré nuevamente". Ésa es la obra de la fe.

Nosotros, como creyentes, debemos darnos cuenta que la obra de fe es, actuar sobre la Palabra de Dios. Eso es lo que se necesita hoy. ¿Cuál es la obra de la fe? Es obrar según la Palabra de Dios. ¿Cuál es la obra de Dios? Es el creer en Jesucristo. ¿Por qué? Porque el Señor Jesucristo lo definió así: Ésta es la obra de Dios, que creáis en el que Él ha enviado. (Jn. 6:29) Cuando usted obra o actúa sobre lo que la Palabra de Dios dice, su fe será evidente al mundo. Ésa es la obra de la fe.

Se ve la misma cosa ilustrada en la vida de Caín y Abel. ¿Qué anda mal en cuanto a Caín? Él era un pecador por naturaleza; pero también era un pecador por elección y acción. Hebreos 11:4 nos dice: Por la fe Abel ofreció a Dios más excelente sacrificio que Caín, por lo cual alcanzó testimonio de que era justo... ¿Cómo? ¿Porque él era un muchachito muy bueno e iba a la iglesia todos los domingos? No, eso no tiene nada que ver. Él era un pecador, pero replicó y respondió a la Palabra de Dios y creyó en Dios. Y, cuando él creyó en Dios, entonces, él fue salvo. Él manifestó esa fe trayendo el sacrificio apropiado. Eso es lo que la fe es. Lo conecta a usted con Dios. Comunica a su corazón la Palabra de Dios y usted responde. Eso es lo que es la conversión. Ése es el creer en Dios.

Note lo que ocurrió. ...cómo os convertisteis de los ídolos a Dios... (1 Ts. 1:9) Pablo no fue a Tesalónica y les dijo: "Bueno, yo no creo que sea muy bueno para vosotros el adorar a los ídolos y eso es una cosa realmente terrible de hacer". Él nunca hizo eso. Él fue allí y predicó a Cristo. La idolatría no era algo chocante o repulsivo para esta gente. Ellos se volvieron de los ídolos a Dios. Cuando él les presentó a Cristo, ellos creyeron en Dios y se volvieron a Dios y cuando se volvieron a Dios, automáticamente se apartaron de los ídolos. Eso ocurre cuando usted cree en Dios.

Hay personas que me escriben diciendo que yo los he convertido. Yo, no convierto a nadie. Cierto hombre me dijo: "¿Sabe una cosa? Usted me salvó hace tantos años y nunca lo olvidaré". Le dije: "Aprecio que usted no me olvidará, pero yo nunca le salvé a usted. No puedo hacer eso. Todo lo que hice fue presentar la Palabra de Dios. Usted creyó en la Palabra de Dios y, entonces, el Espíritu de Dios hizo algo en su corazón." Ése es un caso realmente maravilloso.

(2) El trabajo de vuestro amor. ¿Cuál es ese trabajo de amor? Dios no salva por amor; Él salva por gracia, y ésa es la acción del amor. El trabajo es algo contrario y opuesto al amor, y parece no ir junto con él. Pero, el amor trabaja, y cuando hace eso, ni siquiera parece que trabaja.

Es como esa niñita que iba cargando a su hermanito, y alguien pasó por su lado y le dijo: "¿No es esa criatura demasiado pesada para ti?" Entonces ella respondió: "No, señor, él es mi hermano". Eso, hace toda la diferencia, ¡es un trabajo de amor! No es labor realmente, cuando es una labor de amor.

El Señor Jesucristo lo dijo de una manera muy directa cuando dijo: Si Me amáis, guardad Mis mandamientos. (Jn. 14:15) Si usted no lo ama a Él, entonces, usted lo va a encontrar aburrido, y no creo que valga la pena el tratar de guardar Sus mandamientos.

Hace varios años mi hija y yo nos dirigíamos a la iglesia en Los Ángeles donde yo era Pastor. Ella me estaba ayudando con un trabajo en la iglesia. Estábamos parados en una congestión de tráfico, y le dije: "Observa a toda la gente que va a su trabajo esta mañana. Nota que la mayoría de la gente no se encuentra muy contenta. La mayoría tiene una cara larga. Van a ese trabajo a realizar una tarea donde 99 personas de cada 100, odian el trabajo que están haciendo". Es algo maravilloso el poder hacer un trabajo que uno ama, que a uno le gusta. Eso es el trabajo de nuestro amor.

Si el trabajo en la iglesia para usted es una carga grande o demasiada carga para usted, creo que el Señor Jesucristo le podría decir: "Abandona eso, hermano". Le diría, "No te preocupes por eso". Él no quiere que usted obre de esa manera. Usted debe amarle. Ése es el trabajo de vuestro amor, y eso debería caracterizar la vida del creyente hoy.

En cierta ocasión, el gran predicador Dwight L. Moody llegó a su hogar y sus parientes le dijeron: "Tienes que cancelar tus próximas reuniones, te ves muy cansado, estás completamente agotado". Él replicó de la siguiente manera: "Yo estoy cansado en la obra, pero no estoy cansado de la obra". Es maravilloso, el poder cansarse, agotarse en la obra de Dios, pero no agotarse de la obra de Dios.

El amor a Dios se expresa en su obediencia. Me cansa de veras, a veces escuchar a personas que dicen que son creyentes consagrados. Si quiere decir eso, entonces pruébelo usted. Pruébelo por su amor, y el amor se manifiesta a sí mismo en la obediencia.

(3) Ellos están esperando a Su Hijo del cielo. Aquí uno tiene la constancia en la esperanza. Después que ellos volvieron a Dios de los ídolos para servir al Dios viviente y verdadero, también habían esperado por Su Hijo del cielo. Ésta es la constancia de la esperanza.

Cada persona en el día de hoy, vive con alguna esperanza del futuro. Y esa esperanza, cualquiera que sea, lo sostendrá. A través de los siglos el hombre ha expresado esto. Martín Lutero explicaba esto de la siguiente manera: "Todo lo que se hace en el mundo, se hace por esperanza".

Alguien dijo: "Esperanza, alegría poco segura". Gracián también dijo: "Es la espera, fruto de grandes corazones y muy fecunda en grandes aciertos". Antonio Hurtado de Mendoza dijo: "La dulce enfermedad de la esperanza". También tenemos lo que dijo Severo Catalina: "La esperanza es un árbol en flor que se balancea dulcemente al soplo de las ilusiones". Luego, Juan Valera, en su penúltimo verso de su composición a Catalina, dijo: "La esperanza es la flor de primavera". Aún así hay gran cantidad de personas hoy que no tienen ninguna esperanza.

¡Qué cuadro más maravilloso y glorioso el que tenemos aquí, de que podemos servir al Dios Vivo y Verdadero, y esperar a que Su Hijo venga del cielo! Eso, es la bendita esperanza hoy. Hay gran cantidad de personas hoy que tienen la esperanza de que el hombre pueda resolver todos sus problemas, que pueda traer paz y prosperidad al mundo; pero él no puede hacer eso. Si usted pone su esperanza en el mundo, en un sentido usted está corriendo detrás de un fuego fatuo de felicidad. Eso explotará como una de esas burbujas de jabón. Dios sacó al hombre del paraíso porque el hombre era un pecador, y desde entonces el hombre ha estado tratando de hacer un paraíso. Por años la iglesia creía que estaban construyendo el reino del cielo, pero no era así. Dios ni dejaría al hombre vivir para siempre en el pecado, y por eso le podemos dar las gracias.

Cada edad llega a una época de crisis cósmica, y dice, "De alguna manera, vamos a resolver esto." Federico el Grande, el gran emperador de Alemania dijo: "El tiempo en que vivo, es un tiempo de tumulto. Mi esperanza está en Dios." ¿Cuál es su esperanza, amigo? ¿Se basa su esperanza en un partido político? ¿Ha puesto usted su esperanza en una organización hecha por los hombres? Que Dios tenga misericordia del hombre hoy que ha puesto su esperanza en alguna barquilla frágil que el hombre navega. No hay ningún hombre, ni ningún partido político, ni ninguna organización que pueda resolver los problemas de este mundo. El cetro de este universo, está en manos traspasadas por clavos, y Él se moverá en el tiempo debido. Esta cosa sé: Y sabemos que a los que aman a Dios, todas las cosas les ayudan a bien, esto es, a los que conforme a Su propósito son llamados. (Ro. 8:28)

Así que, Pablo aquí ha juntado la fe, el amor, y la esperanza, los tres tiempos de la vida cristiana: la obra de fe, que mira hacia la cruz y produce buenas obras en la vida; el trabajo del amor, que es la base presente y la motivación sobre la que un hijo de Dios ha de servir a Cristo; y la constancia de la esperanza, que mira al futuro.

¡Qué gloriosa trinidad de las gracias cristianas! Debe ser la biografía de cada creyente. Era la biografía de la Iglesia en Tesalónica. Espero que esto pueda ser la biografía de su iglesia y de la mía también hoy.

Ahora Pablo habla de otra gran verdad:

Porque conocemos, hermanos amados de Dios, vuestra elección.
[1 Ts. 1:4]

Aquí tenemos nuevamente esa palabra "elección". También hablé de esto en la Epístola a los Efesios: según nos escogió en Él antes de la fundación del mundo, para que fuésemos santos y sin mancha delante de Él. (Ef. 1:4) Cuando traté este tema anteriormente, recibí cartas de algunas personas que decían que enfaticé quizá un poco débilmente este asunto de la elección; que no lo traté como debí haberlo hecho. Otros, sin embargo, pensaban que me fui a un extremo; que fui demasiado lejos hablando en cuanto a esto. Ya que tuve estas dos reacciones, la una en un lado y la otra en el otro, llegué entonces a la conclusión de que quizá estuve en lo justo. Ya que unas personas lo vieron en un extremo y las otras lo vieron en el otro extremo, estoy seguro que no puedo estar en ambos. Así es que tiene que estar en algún lugar en el medio, y eso debe estar casi justo.

De todos modos, aquí se trata una vez más este tema. A Pablo, no le molestaba esto de hablar con los tesalonicenses en cuanto a la elección, y aquí, él está tratando con el lado de Dios, el lado que usted y yo no vemos ni llegaremos a ver. Pero hay grandes axiomas de verdades que deben ser señaladas.

Cuando yo estudiaba Geometría, debía aceptar ciertas cosas. Los maestros no trataban de probarlas. Simplemente decían: "Estas cosas son ciertas, usted tiene que aceptarlas". Una de ellas es: Una línea recta es la distancia más corta entre dos puntos. Nunca he tenido la oportunidad de discutir en cuanto a eso; nadie nunca ha probado eso para mí, y, sin embargo, existe una proposición de Geometría que puede probar eso. De todos modos, hay varias cosas que uno acepta como hecho sin ninguna prueba. Una de las cosas que usted tiene que aceptar es el hecho de que hay ciertas cosas que usted no puede probar pero que son ciertas. De igual manera, Pablo no trata de argumentar en cuanto a esto, o probarlo. Él la declara como un hecho. Porque conocemos, hermanos amados de Dios, vuestra elección. Ese lado del cuadro es el lado de Dios.

Observe esto desde un punto de vista un poquito diferente. Él está hablando acerca del derecho soberano del Creador. El Dr. Albert Hyma, de la Universidad de Michigan, dijo que durante los últimos 50 años, los Estados Unidos, ha estado bajo el control de hombres que no conocen ni el origen ni el comienzo de esa nación. No reconocen hoy que el impacto que los puritanos tuvieron en cuanto a esa nación ha sido algo tremendo. Su impacto ha sido básico en el establecimiento de la nación norteamericana. Una de las grandes verdades que los puritanos mantuvieron (y algo que era básico en su estilo de vida) fue el de la soberanía de Dios. Eso está detrás del asunto de "elección". Eso está detrás, en realidad, de todo en la vida el día de hoy. Ése es el derecho soberano del Creador.

Necesitamos reconocer que Dios ha creado este universo. En este momento no nos concierne cómo lo hizo Él; no estamos considerando aquí el relato de la creación en el libro de Génesis. Lo que nos concierne es el hecho de que En el principio creó Dios los cielos y la tierra.

Hay aquellas personas que están dispuestas a decir, que Él lo creó, pero que le niegan el derecho de dirigir este universo. Le niegan a Él el derecho de darle cierto propósito. Permítame decirle que usted y yo estamos viviendo en un universo que Dios ha creado y que existe hoy para Su gloria. En el Sermón del Monte, el Señor Jesucristo dijo: Así alumbre vuestra luz delante de los hombres, para que vean vuestras buenas obras, y glorifiquen a vuestro Padre que está en los cielos. (Mt. 5:16) Él no dijo que sus buenas obras deben glorificarle a usted mismo. ¡Oh, no! Han de glorificar al Padre en el cielo.

Usted que es creyente, y a cualquier otro que está leyendo en este instante, Dios es el Creador, y este universo existe para Su gloria. Él es Dios, y junto a Él no hay ningún otro. Él no le pide consejos a nadie. Él está haciendo andar este universo para Su propio propósito. Él lo está dirigiendo para Su propia gloria. Usted y yo, estamos viviendo en un universo que en realidad es teo-céntrico; eso quiere decir, centrado en Dios, Dios céntrico. No antropocéntrico—o sea, no es centrado en el hombre, hombre-céntrico; tampoco es geo-céntrico—o sea, centrado en la tierra; sino que es urano-céntrico, es decir, cielo céntrico, centrado en el cielo. Éste es el universo de Dios y Él lo está guiando a Su manera.

Es necesario decir algo más. Dios no es un tirano. Dios es justo. Dios es santo. Todo lo que Dios hace es justo. Quizá usted no piense de esa manera. Si es así, permítame decirle algo, si usted no cree que Dios es justo en lo que Él está haciendo hoy, que Él no está siguiendo el mejor plan, lo que yo tengo para decirle a usted es que usted está equivocado. Dios no se equivoca; es usted quien está equivocado. Usted es la persona que necesita corregir su modo de pensar porque si no lo hace, entonces, usted no está andando con el universo. Este universo existe para Él—para Su gloria—para Su propósito. Nada va a ocurrir en este mundo que no sea para la gloria de Dios. Él es quien está controlando este universo hoy.

Con eso en mente, observe algo más. ¿Se ha detenido usted a pensar alguna vez que el mismo hecho de que usted haya nacido, eso es realmente algo? Piense que usted quizá no hubiera llegado a existir. Lo mismo me podría haber ocurrido a mí, por supuesto. Dios nunca me preguntó a mí si yo quería existir. Él es quien pensó en cuanto a esto, y Él es quien es responsable por mi existencia. Él nunca me preguntó a mí si yo quería ser hombre o mujer. Tampoco se me preguntó si yo quería nacer en el día que nací. Yo no puedo elegir mis padres, ni cómo quería que ellos fueran, si ricos o pobres. Nada de eso. Dios hoy está en control de este universo. Es Su universo. Quizá a usted no le guste esto, pero ocurre que así es.

Ahora Dios no es un tirano. Ninguno es elegido hoy en contra de la voluntad de él. Ninguno es rechazado contra la voluntad de él, y Dios es correcto en todo lo que Él hace. El Apóstol Pablo dice en Ro. 9:14: ¿Hay alguna injusticia en Dios? Él no permite ni que usted ni que yo contestemos a esto. Él lo contesta rápidamente diciendo: De ninguna manera. Dios está en lo correcto en todo lo que Él hace.

Hoy nosotros necesitamos regresar a ese lugar y reconocer que somos simplemente criaturas. No sólo criaturas, sino criaturas totalmente depravadas. Yo sé que eso no es muy popular hoy. Nos gusta darnos palmaditas en la espalda unos a los otros. Nos gusta decirnos unos a otros lo maravilloso que somos. Es por eso que se hacen banquetes y fiestas tratando de exaltar, de reconocer a una persona que se destaca en esto o en aquello. La raza humana tiene que hacer eso para animarnos y hacernos creer que sí somos algo aquí abajo. Pero nosotros estamos en rebelión contra Dios. Ésa es la verdad.

El hecho de que Dios siquiera nos ha considerado a nosotros en esta nación se debe a los puritanos quienes la fundaron. Hoy no se piensa mucho de aquellas personas, los puritanos, que crearon al país norteamericano. Sin embargo, ellos lucharon para que ese país llegara a ser grande. La generación de ahora no lo hizo, fueron ellos los que lo hicieron. Otros hombres trabajaron y, luego, otros entraron y disfrutaron de sus labores. Una de las cosas que ellos enfatizaron era la libertad de cada persona a tener su propio juicio privado. Aun nosotros como pecadores tenemos ese derecho. ¿Por qué? Porque ningún otro pecador tiene ningún derecho de tomar una decisión por usted o por mí. Pero la generación del presente no conoce todo esto. Ésa es la razón por la cual es difícil hacer que dé resultado la democracia. Uno no puede hacer que la democracia obre propiamente hasta cuando uno reconozca algo de la soberanía de Dios y hasta cuando uno reconozca que es una criatura y que debe inclinarse ante Él.

Ahora, voy a repetir lo que Pablo ha dicho a los creyentes tesalonicenses: Porque conocemos, hermanos amados de Dios, vuestra elección. (v. 4) Quizá este versículo no le guste a usted, pero así es como ha sucedido. Dios es quien está en control de este universo. En lugar de salir a la calle en protesta por esto o aquello, ¿por qué, no se inclina usted ante Él y le da gracias de que Él le ha dado a usted su existencia? ¿De que Él le ha dado a usted la oportunidad de ser una persona con libre albedrío y que puede tomar una decisión en cuanto a Él? Aún está en pie Su invitación que dice: Si alguno tiene sed, venga a Mí y beba. (Jn. 7:37) Si usted tiene sed, esa sed profunda, venga a Él. ¿Dice usted que no tiene sed? Entonces, olvídese de esto. Eso es lo que Él está diciendo.

Dios está ofreciendo la salvación completa y gratis a este mundo hoy y está diciendo a los hombres y las mujeres, que aprovechen esto o que lo dejen de lado. Allí es donde usted puede usar su libertad. Usted, o bien le puede elegir a Él, o le puede rechazar. No hay punto medio. Usted tiene que hacer una u otra cosa, y allí es donde usted tiene libertad de hacerlo. Esto nos da una fortaleza, en lugar de ser personas que dudamos y que vamos de aquí para allá sin saber qué hacer.

El Evangelio fue recibido con plena certidumbre y mucha aflicción

Éste es otro versículo tremendo.

Pues nuestro evangelio no llegó a vosotros en palabras solamente, sino también en poder, en el Espíritu Santo y en plena certidumbre, como bien sabéis cuáles fuimos entre vosotros por amor de vosotros. [1 Ts. 1:5]

Pablo está diciendo: "Vosotros sabíais que cuando nosotros llegamos entre vosotros, que éramos nada mas que seres humanos—seres humanos débiles con labios de barro, con lenguas de barro. Todo lo que nosotros podíamos decir era nada más que palabras. Pero presentamos la Palabra de Dios, y la Palabra de Dios vino a vosotros, no sólo en palabras nada más, sino en poder, y en el Espíritu Santo".

Amigo, esto hace que mi trabajo sea el trabajo más maravilloso del mundo. Me gusta mucho enseñar la Palabra de Dios, y, ¿sabe usted por qué? Porque si yo estoy predicando la Palabra de Dios, es nada más que palabras, en lo que a mí respecta; y nadie se da más cuenta de esto que yo. Pero permítame decirle que, si el Espíritu de Dios toma estas palabras y las usa, entonces, éstas llegarán a ser poderosas. Es por eso que me emociona tanto las cartas que me llegan. Supongo que hay unas 500 cartas sobre mi escritorio ahora mismo, y dan testimonio de esto. Por ejemplo, una esposa ha escrito que la primera vez que ella sintonizó mi programa radial, su marido pasó treinta minutes maldiciendo a este predicador. Pero ella continuó escuchando, y un día el marido empezó a discutir conmigo. Entonces un día ella se olvidó de sintonizar el programa, y él se lo recordó y él escuchó ese día. Finalmente llegó un día cuando él se arrodilló y recibió a Cristo como su Salvador personal. Pero, si usted piensa que eso es porque yo soy un vendedor superior, usted está muy equivocado. Yo no puedo vender nada. Lo tremendo de todo esto es que el Espíritu Santo de Dios puede usar la Palabra de Dios; y allí es donde pongo yo mi confianza.

Preste mucha atención: Yo no sólo creo que la Biblia es la Palabra de Dios, sino que es infalible. Por favor, no comience a escribirme para explicarme todas las introducciones y todos los problemas en cuanto al texto. He estudiado en el seminario, y hasta he enseñado cursos introductorios, y por leso ya lo sé. Yo acepto que la Palabra de Dios es infalible y que Dios nos está hablando a nosotros. Con eso no se termina la cosa. Sigo más adelante aún. Creo que cuando el Espíritu de Dios toma la Palabra de Dios aquí, puede llegar a su corazón y al mío. Puede entrar en su vida y en la mía, y las puede transformar completamente.

La gente nace de nuevo, no por la debilidad de la carne; no por el decir unas pocas palabras aquí por radio, algunas palabras mágicas: sino siendo renacidos, no de simiente corruptible, sino de incorruptible, por la Palabra de Dios que vive y permanece para siempre. (1 P. 1:23) Creo que el Espíritu de Dios puede tomar la Palabra de Dios y hacerla real para nosotros. Creo que la Palabra de Dios es esa clase de cosa; y no creo que Él podía tomar, por ejemplo, la guía telefónica y hacer mucho con eso. No creo que Él pueda tomar el catálogo de ventas de una compañía y hacer algo con eso. Tampoco creo que el Espíritu de Dios pueda tomar una revista popular de la actualidad y hacer algo con eso. Pero, sí creo que el Espíritu de Dios puede y quiere tomar la Palabra de Dios aquí y hacer de esto el único milagro que existe hoy— ¡cambiar un pecador perdido, incrédulo en un hijo de Dios! Es por eso que no creo que haga falta ninguna clase de triquiñuela en nuestro programa. No es necesario que lo ponga a dormir a usted cantando. Tampoco debo tratar de atraerle a usted a un lugar muy cómodo.

La Palabra de Dios fue a Tesalónica, una colonia romana, que no sólo era un lugar pagano, sino que estaba controlado por uno de los poderes más grandes: un gobierno militar—poderes políticos que el mundo nunca ha visto. La Palabra de Dios fue a ese lugar y tocó los corazones y las vidas de la gente y los transformó. Aún puede hacer esto en este mismo día.

Permítame repetir el versículo 5 porque es un versículo tan importante: Pues nuestro evangelio no llegó a vosotros en palabras solamente, sino también en poder, en el Espíritu Santo y en plena certidumbre, como bien sabéis cuáles fuimos entre vosotros por amor de vosotros.

Lo primero que una persona necesita es oír la Palabra de Dios. Ésa es la base real. La gente debe oír el Evangelio. Así que la fe es por el oír, y el oír, por la palabra de Dios. (Ro. 10:17) Ésa es la parte natural del proceso. Pero no termina ahí, porque la Palabra de Dios es un libro sobrenatural. Sin el Espíritu Santo, el Evangelio es meras palabras. El poder de Dios para salvación a todo aquél que cree viene a través del Espíritu Santo. Esto es exactamente lo que el Señor Jesús dijo que haría el Espíritu Santo: Pero Yo os digo la verdad: Os conviene que Yo Me vaya; porque si no Me fuera, el Consolador no vendría a vosotros; mas si Me fuere, os lo enviaré. Y cuando Él venga, convencerá al mundo de pecado, de justicia y de juicio. De pecado, por cuanto no creen en Mí; de justicia, por cuanto voy al Padre, y no Me veréis más; y de juicio, por cuanto el príncipe de este mundo ha sido ya juzgado. (Jn. 16:7-11)

El Espíritu Santo, se encuentra hoy en el mundo, y Él es el Único que puede convencer a la gente.

Y vosotros vinisteis a ser imitadores de nosotros y del Señor, recibiendo la palabra en medio de gran tribulación, con gozo del Espíritu Santo. [1 Ts. 1:6]

Pablo podía citar a Silas, a Timoteo y a sí mismo como ejemplos. Personalmente, yo voy a evitar el presentarme a mí mismo como ejemplo. No creo ser uno muy bueno. Sin embargo, el Apóstol Pablo, en el Imperio Romano, yendo de un lugar a otro, se presenta a sí mismo como ejemplo a estos creyentes.

…recibiendo la Palabra en medio de gran tribulación, con gozo del Espíritu Santo. Aquí hay dos palabras que se pueden considerar como antípodas. Estas palabras están tan alejadas la una de la otra, como lo es el oriente del occidente. Me estoy refiriendo a la palabra tribulación o "aflicción" y a la palabra gozo. Estas palabras no van juntas, no pertenecen la una con la otra. Son tan opuestas, como la noche al día; como lo es el frío al calor. Ellas son palabras extremas en las direcciones opuestas. Uno no podría apartarse más que eso. Nunca las asociamos juntas hoy. Si una persona está en tribulación y en sufrimiento, esa persona no puede tener ningún gozo, según nuestra forma natural de observar las cosas. Si esa persona tiene gozo en su vida, entonces, por seguro que no puede estar sufriendo.

Sin embargo, existen unos maravillosos santos de Dios que han soportado tribulación y angustia, y al mismo tiempo han tenido el gozo del Señor en sus corazones. Eso es un verdadero triunfo.

Hay muchas personas que cuentan de lo maravilloso que es Dios porque les ha sanado de alguna enfermedad. Permítame decir lo siguiente: Conozco a algunos santos maravillosos de Dios, mucho más maravillosos de lo que yo espero poder llegar a ser. Esta gente está en este mismo momento en su hogar, o en un hospital, guardando cama a causa de una enfermedad; sufriendo tribulación y dolor. Sin embargo, ellos tienen ese gozo del Señor en su corazón.

No hay ninguna persona en el día de hoy que esté en un club nocturno; o que vaya a un lugar de diversión; o que esté participando en cualquier clase de entretenimiento; que vaya a algún lugar para ser entretenido, esta persona no puede estar allí y sufrir y gozarse al mismo tiempo. El mundo no puede poner estas cosas juntas.

Recibiendo la Palabra en medio de gran tribulación. Esto quiere decir: sufrimiento, persecución, dolor, y quebrantamiento de corazón; pero también había gozo del Espíritu Santo. Eso es lo que usted puede llamar agridulce. Hay ciertas comidas chinas que tienen sabor agridulce. Eso existe en la vida. Puede existir aquello que es agrio y amargo, y al mismo tiempo puede haber la dulzura en el corazón y en la vida.

Una creyente que era miembro de mi iglesia, tuvo que padecer mucho sufrimiento debido a una enfermedad. Ella era una poetisa reconocida aquí en California. Tuve el privilegio de bautizarla, y en el momento en que la iba a bautizar en su propio hogar porque no podía salir de su casa, gritaba a causa del dolor del que siempre sufría; sin embargo, ella fue bautizada. Esta mujer en el medio mismo de su sufrimiento humano extremo, tenía el gozo del Señor en su vida. Cuando yo podía visitarla, salía de ese lugar habiendo recibido una verdadera bendición, y no sentía como que había hecho mucho para ayudarla a ella. Sin embargo, ella había hecho mucho para ayudarme a mí. ¡Cuán maravilloso es poder ver hoy a creyentes que tienen esa clase de experiencia, y que aún así pueden regocijarse en el Señor! Éstas son dos palabras que usted no puede poner juntas, con excepción de hacerlo en el corazón del creyente, y en la vida cristiana. No siempre en todos ellos, por supuesto. Pero aquí tenemos un ejemplo en Tesalónica.

> *De tal manera que habéis sido ejemplo a todos los de Macedonia y de Acaya que han creído. [1 Ts. 1:7]*

Acaya era una provincia de Grecia; y en realidad, en toda Grecia, y en toda Macedonia—que ocupaba el Imperio Greco-macedonio de Alejandro Magno, en lo que se refiere a la sección europea—esta Iglesia en Tesalónica, una colonia romana, fue (en unos pocos meses) un ejemplo para todas las demás. ¡Qué testimonio más maravilloso, glorioso, el que ellos tenían!

En el día de hoy, tenemos ejemplos en muchos lugares, de creyentes que dan testimonio en este sentido, en forma personal. Pero en realidad hay muy pocas iglesias, como tales, que son conocidas de cerca y de lejos como siendo ejemplos de la fe cristiana. Hablando honradamente, es extraño que no tengamos más iglesias locales que son ejemplos a todos los creyentes. Sin embargo, he podido viajar alrededor del país y he podido hablar en muchas iglesias. No las voy a mencionar por nombre, pero hay algunas que son muy buenos ejemplos. La verdad es que lamento no poder decir que todas las iglesias son así. Pero, esta Iglesia en Tesalónica era un ejemplo.

Resultados del Evangelio

> *Porque partiendo de vosotros ha sido divulgada la palabra del Señor, no sólo en Macedonia y Acaya, sino que también en todo lugar vuestra fe en Dios se ha extendido, de modo que nosotros no tenemos necesidad de hablar nada. [1 Ts. 1:8]*

Pablo está diciendo que, dondequiera que él viajaba, la reputación de esta iglesia ya había llegado allí, y la gente ya estaba hablando acerca de esta iglesia. Por tanto, no era necesario para él decir nada en cuanto a la Iglesia de Tesalónica. Esto, nos revela algo de la gran reputación de esta iglesia en aquellos días.

> *Porque ellos mismos cuentan de nosotros la manera en que nos recibisteis, y cómo os convertisteis de los ídolos a Dios, para servir al Dios vivo y verdadero, Y esperar de los cielos a su Hijo, al cual resucitó de los muertos, a Jesús, quien nos libra de la ira venidera. [1 Ts. 1:9-10]*

Ya hemos visto los versículos 9 y 10, en relación con lo que explica el versículo 3, de la obra de vuestra fe (volvieron a Dios de los ídolos), del trabajo de vuestro amor (de servir al Dios Vivo y Verdadero), y de vuestra constancia en la esperanza (para esperar a Su Hijo del cielo). Tenemos las tres cosas aquí ilustradas.

Quiero observarlas ahora, de una forma un poco diferente, en conexión con lo que se dice. Cuando Pablo llegó a Tesalónica, él no anunció que iba a presentar una serie de mensajes denunciando la idolatría, o diciéndoles algo que tenía relación con los errores que existía en la adoración de Apolo, o de Venus, o de cualquier otro de los dioses o diosas del Imperio Romano. Cuando Pablo llegó a Tesalónica, él predicó a Cristo. Tres cosas tuvieron lugar, que el Apóstol Pablo podía mencionar en cuanto a (1) la obra de fe, (2) el trabajo de amor y (3) la constancia en la esperanza.

(1) Cómo os convertisteis de los ídolos a Dios. Estamos hoy escuchando que el arrepentimiento es algo esencial para la salvación; que usted debe arrepentirse y luego creer, como si fueran dos pasos en el proceso. De hecho, ambas están unidas en lo mismo, y usted tiene a las dos cosas aquí. Pablo predicaba a Cristo, y cuando él predicaba a Cristo, la gente se convertía de los ídolos a Dios. Quisiera que usted aprecie algo. Cuando ellos se volvieron a Dios, ésa es la obra de la fe; eso es lo que la fe hizo. Ésta es la obra de Dios, que creáis en el que Él ha enviado. (Jn. 6:29) Eso fue lo que dijo el Señor Jesucristo. Ellos se convirtieron a Dios. Pero, preste atención: Ellos se volvieron de los ídolos también. Eso es arrepentimiento; pero el dejar a los ídolos fue la consecuencia de haber creído a Dios. En el momento en que ellos se volvieron a Dios, automáticamente se apartaron de los ídolos.

Tome su mano derecha y observe la palma de su mano. Ahora, voltee su mano. Cuando usted volteó la mano, en ese mismo instante en el cual usted volteó el dorso de su mano hacia usted, ¿qué sucedió? Pues, usted volteó la palma de su mano hacia abajo. Usted no se puede volver a Cristo, sin volverse de alguna otra cosa. Eso de volverse de otra cosa, es "arrepentimiento".

Necesitamos presentar al Señor Jesucristo como Salvador de nuestros pecados, porque somos pecadores perdidos. Usted puede sentarse allí y llorar en cuanto a sus pecados, hasta cuando llegue el día del juicio; pero eso no lo va a beneficiar a usted de ninguna manera. Conozco a cierto hombre que era un alcohólico, y murió siendo alcohólico. Ese hombre podía sentarse y llorar porque era un alcohólico y se embriagaba constantemente. ¡Cuán terrible era eso! Pero él nunca se volvió a Cristo. Y él podía arrepentirse de eso todo el tiempo. Hay muchas personas que pueden derramar lágrimas, muchas lágrimas; pero las lágrimas están bien sólo cuando significan algo.

Mi papá me contaba la historia acerca de un barquito que acostumbraba a llevar carga por el río Misisipí. Cuando tenía que llevar una carga contra la corriente, tenía problemas porque tenía una caldera muy pequeñita y un pito demasiado grande. Cuando el capitán hacía sonar el pito, pues ese barquito no podía avanzar contra la corriente, sino que comenzaba a irse hacia atrás con la corriente. Hay muchas personas hoy que están en la misma situación; ellos se pueden arrepentir y derramar lágrimas por todas partes; ah, qué pito tan grande el que tienen; y eso no les da a ellos ningún beneficio. Lo importante es que cuando usted se vuelve a Cristo, se va a apartar de algo. Usted se convierte del pecado. Si usted, no se vuelve del pecado, entonces, no se ha vuelto a Cristo. Usted no puede volverse a Cristo sin volverse o apartarse de algo, y eso es arrepentimiento.

Los tesalonicenses se convirtieron de los ídolos a Dios, y al convertirse de esos ídolos, me imagino que muchos de ellos habrán llorado por el tiempo que desperdiciaron adorando esos ídolos. No sólo hicieron eso de convertirse de los ídolos a Dios, sino que lo hicieron para servir al Dios Vivo y Verdadero. Ahora ellos estaban sirviendo a Dios, y eso significa que allí hubo una obra de amor.

Ahora quiero señalar que Jesucristo el Salvador del mundo, ha de ser predicado a un mundo de pecadores perdidos, pero el mensaje de arrepentimiento ha de ser predicado a la iglesia. Lea los mensajes a las siete iglesias en Asia que aparecen en Apocalipsis, capítulos 2 y 3. El mensaje del Señor Jesús a las iglesias, es que se arrepientan. Hoy parece que la iglesia les está diciendo a todos los de afuera que se arrepientan. La Biblia enseña que es la gente en la iglesia que necesita arrepentirse. Necesitamos arrodillarnos ante Dios y arrepentirnos. Ése no es el mensaje que debemos darle al hombre inconverso en la calle. Él necesita saber que tiene un Salvador.

(2) *Para servir al Dios vivo y verdadero.* Los tesalonicenses estaban sirviendo a Dios; y era una labor de amor. Usted no puede servir a Cristo a no ser que le ame. Él dejó eso bien en claro. Él dijo: Si Me amáis, guardad Mis mandamientos. (Jn. 14:15) Suponga que usted no le ama; entonces no hay ningún mandamiento para usted. Si Me amáis, Él dice, guardad Mis mandamientos. Alguien quizá diga: "Yo voy a salir a predicar el Evangelio". Pero si usted no le ama, Él le dice: "quédate en tu casa". Uno de Sus mandamientos, es: Id por todo el mundo y predicad el evangelio. Eso es lo que Él dijo, y es para aquéllos que le aman. Si usted no le ama a Él, no lo haga.

Cuando el Señor Jesús habló a Simón Pedro, (Jn. 21) Él no le preguntó: "¿Por qué Me negaste? ¿Prometes hacer las cosas mejor si Yo te dejo predicar el sermón en el día de Pentecostés?" Él no le dijo eso. El Señor le dijo: Simón... ¿Me amas? Si usted le ama, entonces usted puede servirle. Pero si usted no le ama, entonces, ¡olvídelo! Quizá a usted le parezca esto un poco duro, pero no soy yo el que lo estoy diciendo, sino Él quien lo dijo. Necesitamos amor por el Señor Jesucristo. Eso es lo que se necesita para verdaderamente servirle.

(3) *Y esperar de los cielos a Su Hijo.* Esperar al Hijo, no quiere decir "sentarse". Porque, usted le va a servir si usted le ama. Si usted le está esperando, es porque usted no está sentado sin hacer nada. Quiere decir que usted está ocupado.

Cuando fui a una ciudad en Texas, todas las iglesias en la ciudad predicaban al aire libre los domingos por la noche. Ya que yo era nuevo allí, me pidieron que predicara la primera noche después de mi llegada. Un oficial de una de las iglesias había oído decir que yo era un predicador fundamentalista y pre-milenario. Al día siguiente, él vino a visitarme y me dijo: "Escuché su mensaje anoche. ¿Sabe una cosa? Usted no hablaba anoche como esas personas que tienen sus narices contra el vidrio de la ventana, esperando que el Señor venga". Le dije que aquéllos que están esperando que el Señor venga, no tienen sus narices pegadas al vidrio. Están ocupados, están trabajando, para el Señor. Entonces, ese hombre dijo: "¿Qué quiere decir con eso?" "Bueno", le contesté, "miremos las cosas tal cual son. Su denominación y otras estaban haciendo regresar a los misioneros de los lugares donde estaban sirviendo" (esto ocurrió durante los años de la 'gran depresión' en los Estados Unidos), "pero hubo, sin embargo, otra organización misionera que era pre-milenaria y estaba buscando cien misioneros más para el campo de China. ¿Quiénes realmente estaban esperando la venida del Señor?"

Esperar de los cielos a Su Hijo, no quiere decir que hay que esperarlo sentado; quiere decir estar ocupado por el Señor hoy. Ésa es, la constancia en la esperanza, o sea que uno continúa sirviendo al Señor y predicando la Palabra de Dios, porque la venida de Cristo es para llevar a Su iglesia, para sacarla de este mundo y no es algo que nos sirva de escape de ninguna manera. Es un incentivo para poder servirle hoy, y para predicar la Palabra de Dios. Amén; sí, ven, Señor Jesús. (Ap. 22:20b)

CAPÍTULO 2

La venida de Cristo es una esperanza trabajadora

La venida de Cristo por Su iglesia se llama el Rapto, y no es una doctrina para discutir. Es una doctrina para vivir. Desafortunadamente, tenemos demasiadas personas hoy que creen que el Señor Jesucristo viene después de la tribulación. Hay también aquéllos que piensan que Él va a venir antes, y otros que creen que Él vendrá durante la tribulación. También, hay otros que creen que Él no va a venir; y, sin embargo, dicen que ellos confían en Él como Salvador. Para todos estos grupos la pregunta importante es la siguiente: ¿Cómo afecta su vida esa interpretación? ¿Hace eso algo por usted? No interesa cuál punto de vista mantiene usted. Si no hace algo por usted, usted quizá debería cambiarlo y buscar un punto de vista que le ayude, algo que le motive a hacer algo. Así es que, la expectación del regreso del Señor debe ser el motivo y método del verdadero testigo de Jesucristo.

El motivo y método de un verdadero testigo de Jesucristo

Porque vosotros mismos sabéis, hermanos, que nuestra visita a vosotros no resultó vana. [1 Ts. 2:1]

La palabra "vana" quiere decir "vacía", "sin resultados". Pablo dijo: "Cuando nosotros os visitamos no lo hicimos con alguna proposición teórica nada más. No llegamos a visitaros y a declararos algo que era nuevo y algo que en realidad no os afectaba a vosotros para nada. No simplemente os entretuvimos por un tiempo y, luego, nos fuimos". La obra de Pablo, no fue en vano. No fue algo vacío. Cuando Pablo llegó a Tesalónica, él sacudió a muchas personas, y llevó a muchas personas al conocimiento salvador de Jesucristo. Eso produjo que allí llegara a existir una iglesia. Así es que, Pablo está hablando aquí de algo que no es una filosofía; que no es una teoría, sino de algo que realmente obró en Tesalónica. El Evangelio anduvo por las calles de esa ciudad en una ocasión. Fue algo que entró a los corazones y a los hogares y en las vidas de los hombres y las mujeres de ese lugar.

> *Pues habiendo antes padecido y sido ultrajados en Filipos, como sabéis, tuvimos denuedo en nuestro Dios para anunciaros el evangelio de Dios en medio de gran oposición.* [1 Ts. 2:2]

La palabra "oposición", proviene de la palabra agoni en el griego, y de allí obtenemos la palabra "agonía". Es decir que, fue con mucho conflicto, con mucha agonía interna que él fue a ese lugar.

Pablo dice que cuando él partió de Filipos había sido ultrajado, tratado muy mal. Hechos 16 nos cuenta de eso. Pero cuando él llegó a Tesalónica lo hizo anunciando el mensaje de Dios con denuedo. Es decir, que eso no lo detuvo a él a causa de la experiencia que tuvo en Filipos. En realidad, él está diciendo que él no disminuyó o presentó el Evangelio de alguna otra forma. Habiendo tenido esa terrible experiencia en Filipos, Pablo no decidió cambiar la forma de presentar y usar un poco más de tacto. Para ser más enfático, Pablo no era un creyente secreto. Pablo habló las cosas abiertamente, de la misma manera que lo había hecho en Filipos.

Hubiera sido muy fácil para él racionalizar estas cosas. Él podía haber decidido que era mejor hacer amigos e influenciar a la gente, y usar un poco más de tacto. Pero ese enfoque, no era el estilo de Pablo. Él declaró el Evangelio, y las experiencias que él padeció no le afectaron.

Ahora, cuando él entró entre ellos, él presentó la Palabra de Dios. Si alguien le preguntara a usted, cuál fue el mejor sermón del Apóstol Pablo, ¿qué sermón elegiría usted? Estoy seguro que entre los lectores habría opiniones diferentes. La gran mayoría estaría correcta. Por ejemplo, ese gran sermón que él predicó en Damasco, después de haber sido convertido, ése fue un mensaje muy bueno. Luego, ese otro en la isla de Chipre, ante Sergio Paulo, cuando él comenzó su obra misionera. Luego en la sinagoga en Antioquía de Pisidia, en su primer viaje misionero. Hablando honradamente, considero ese uno de sus mejores sermones. Luego, su mensaje en Atenas, ese sermón que él predicó en la Colina de Marte en el medio del Areópago. Luego, el que pronunció en Corinto, donde hizo una gran defensa de ese mensaje. Luego, en Éfeso en la escuela de Tiranno. Todos éstos son grandes mensajes. Probablemente alguien puede elegir el mensaje que él predicó en Jerusalén, por ejemplo, cuando fue arrestado; o cuando fue llevado ante Félix y Festo y el Rey Agripa. Ése que pronunció ante el Rey Agripa fue realmente maravilloso. O, quizá el mensaje de despedida que pronunció en las playas de Éfeso. Lo cierto es que, en cada uno de sus mensajes, él siempre presentaba a Cristo, Su muerte y Su resurrección.

Hablando honradamente, si yo tuviera que elegir su mejor mensaje, no elegiría ninguno de éstos. Yo tomaría su vida en Tesalónica, no en forma escrita, sino en su caminar. No en exposición, sino en la experiencia. No en su profesión, sino en su práctica. Él tomó su texto del libro de Santiago 2:26...la fe sin obras está muerta. Él mostró lo que quería decir en su andar por las calles de Tesalónica. No lo hizo con su lengua sino con el testimonio de su vida.

Cada creyente es un predicador. Usted es un predicador. Quizá a usted no le guste esto, pero lo es. Cada persona predica por medio de su vida. Usted está diciendo algo, usted está comunicando un mensaje por medio de la forma de vivir suya. Usted no puede hacer nada en cuanto a esto. Quizá el que está observando su vida sea un niño en su propio hogar. Ésa es una de las razones por la cual vemos a tantos jóvenes en las calles y caminos hoy; ellos miraron lo que sus padres estaban haciendo en el hogar, y no les gustó lo que vieron y salieron a los caminos. Permítame decirle: el sermón más grande que usted pueda predicar y llegará a predicar en su vida es por la forma de vivir suya.

Pablo nos va a contar ahora en cuanto al sermón que él predicó en Tesalónica (Vs. 3-6), y va a describir su relación con los tesalonicenses. Él era para ellos como una madre en que los consoló (véase V. 7). Él les era como un padre en que les encargó algo (véase V. 11), y él les era como un hermano en que les retó (véase V. 14).

Porque nuestra exhortación no procedió de error ni de impureza, ni fue por engaño. [1 Ts. 2:3]

El contenido de la exhortación no estaba adulterado. Pablo no le agregó nada al Evangelio. Él nunca lo hizo por nadie. Él nunca lo cambió para complacer a grupos diferentes.

Una de las cosas que me molesta a veces es que algunos predicadores presentan un buen mensaje del Evangelio en un lugar; y luego van a otro, donde también deberían presentar un mensaje claro del Evangelio; sin embargo, no ocurre eso. Eso no pasaba con el Apóstol Pablo. Su exhortación no fue por engaño.

Porque nuestra exhortación no procedió de error ni de impureza. La palabra "impureza", indica "sensualidad". Pablo no era motivado por la avaricia. Sus motivos eran apropiados, correctos. Él no fue a Tesalónica por la ofrenda que recibiría, o porque allí se haría famoso. O, que él se beneficiaría por el ministerio de alguna forma. Él no fue a ese lugar por esas razones. Sus motivos eran limpios, puros. No había impureza en ese sentido.

Ni fue por engaño. Pablo no rebajaba las normas establecidas para acomodar los prejuicios y pasiones de la vieja naturaleza. Él no buscaba complacer la vieja naturaleza de la gente.

Esto es algo de lo que muchos de nosotros podemos beneficiarnos. En cierta ocasión, un gran predicador, al cual yo admiraba mucho, hizo algo que no convenía. Antes yo le admiraba, pero ahora ya no lo puedo hacer porque él regresó a una iglesia en la cual había sido Pastor. Él sabía de cierta crítica contra el Pastor que estaba en ese lugar, y él usó eso para poder entrar nuevamente a esa iglesia. Ese hombre ya no merece ni la admiración mía ni la de los demás por lo que él hizo. Pablo nunca habría hecho tal cosa. Pablo no trajo el Evangelio entre ellos por engaño.

Todos los que enseñan la Palabra de Dios necesitan preguntarse si están haciendo eso con engaño o por impureza. Debemos ser honestos y examinarnos a nosotros mismos. ¿Enseñamos para ganar amigos o para influenciar a la gente? O, ¿estamos tratando realmente de predicar la Palabra de Dios? Amigo, tengo que confesar que he cometido muchas equivocaciones. He fallado tantas veces para el Señor que es sorprendente que Él no me haya dejado de lado. Si yo fuera Dios, lo habría hecho hace mucho tiempo. Pero le prometí al Señor cuando entré en el ministerio que yo iba a decir las cosas tal cual son. Hablando honradamente, yo esperaba meterme en muchos problemas, pero el Señor ha sido muy bueno conmigo. Creo que Él sabía que yo abandonaría Su camino, si se me presentara la ocasión. Estoy agradecido que puedo mirar al Señor ahora mismo y decir, "Señor, he cometido muchos errores y te he fallado, pero he tratado de hacer lo mejor posible en presentar Tu Palabra. Si lo pudiera hacer mejor, yo lo haría. Pero estoy haciendo lo mejor que es posible de mi parte por medio de Tu gracia".

Me encanta este pasaje. Pablo les podía decir sinceramente a los creyentes de Tesalónica: "Cuando yo llegué a vosotros, quiero que sepáis que no lo hice con ninguna otra clase de motivos. Yo no he venido aquí buscando una ofrenda de parte de vosotros. Yo no vine aquí para esquilaros. He venido aquí para presentar el Evangelio y para edificaros a vosotros en la fe. Ése era mi motivo". Cuando uno tiene esa clase de motivos, usted está navegando por un mar maravilloso. Quizá a veces se encuentre con una tormenta, pero el Señor le ayudará a soportarla.

Sino que según fuimos aprobados por Dios para que se nos confiase el evangelio, así hablamos; no como para agradar a los hombres, sino a Dios, que prueba nuestros corazones. [1 Ts. 2:4]

Según fuimos aprobados por Dios. La palabra "aprobados" quiere indicar que el Apóstol Pablo ya no era un novato. Él no complacía nada más que a los hombres. Él nunca buscó la popularidad. Él no estaba tratando de hacerse famoso. Cuando Pablo predicaba, él no lo hacía para ver qué es lo que gente pensaba de él, sino lo que Dios pensaba de él. Él pasó el examen de Dios, y resultó aprobado. Él nunca utilizó un método bajo o engañoso.

Porque nunca usamos de palabras lisonjeras, como sabéis, ni encubrimos avaricia; Dios es testigo. [1 Ts. 2:5]

Pablo está hablando de una forma muy abierta, franca. Él dice que nunca fue a ellos y utilizando palabras lisonjeras. Nunca estuvo halagando o alabando alguna persona rica en la congregación. Nunca trató de ganarse el favor de los ricos. Nunca lisonjeó a nadie.

La lisonja nos desarma. Nunca sabemos, en realidad, lo que debemos decir. Por lo menos, yo nunca sé qué decir cuando alguna persona me lisonjea. Sé muy bien lo que debo decir cuando alguien me critica, pero cuando alguien me halaga, entonces, no sé qué decir. Eso desarma a la persona. En uno de sus dramas, Shakespeare puso estas palabras en la boca de un payaso: "Señores, mis amigos me halagan y hacen de mí un asno. Mis enemigos me dicen que soy un asno y yo aprovecho ese conocimiento de mí mismo. Pero soy abusado de mis amigos". ¡Los amigos son probablemente más peligrosos que los enemigos a veces!

Pero, Pablo nunca se dedicó a halagar o a lisonjear a nadie. Hay ciertos hombres de negocios a los cuales, si un ministerio cristiano los halaga, entonces, puede contar con su ayuda. Pero, si no hacen eso, entonces, no tienen ningún interés en usted o en su tarea. Uno debe halagarlos para ganárselos. Que Dios tenga compasión de la iglesia y de la obra el día de hoy, que tiene que depender de hombres como tales, que deben ser halagados y lisonjeados, y que hay que tratarlos bien todas las veces para que contribuyan a la obra. Una de las grandes dificultades que aqueja a la iglesia del presente, es este asunto de la lisonja.

Pablo tampoco era avaro: ni encubrimos avaricia. Realmente no creo que el dinero sea uno de los pecados del ministerio. Nunca pensé que esto fuese un gran pecado o una gran tentación para mí o para los hombres a los cuales he conocido en el ministerio. Pero, la avaricia es algo de muchos colores. Hay hombres que codician el honor y la fama y una posición elevada. Hay muchos hombres hoy que están buscando otras cosas, aparte del dinero. Así es que, es necesario que escudriñemos nuestros corazones.

> *Ni buscamos gloria de los hombres; ni de vosotros, ni de otros, aunque podíamos seros carga como apóstoles de Cristo. [1 Ts. 2:6]*

Pablo nunca buscó una posición elevada por recibir honores. Él nunca recibió un grado o doctorado honoris-causa. Ése no era su motivo. Sus motivos eran puros.

Pablo actúa como una madre en esta parte de su ministerio (Consuelo)

> *Antes fuimos tiernos entre vosotros, como la nodriza que cuida con ternura a sus propios hijos. [1 Ts. 2:7]*

La nodriza, aquí significa "una madre cuidando o amamantando a sus pequeños." Quizá se podría decir que es como un ave que cuida sus polluelos. Ésta es una declaración muy positiva de la relación entre Pablo y los tesalonicenses. "Yo os he estado cuidando como una madre. He sido como un ave madre para vosotros". Ah, ¡la ternura que demuestra Pablo! Él era tierno como una mujer en la forma en que él trataba con la iglesia de Tesalónica.

El Señor Jesucristo Mismo dijo en cuanto a Jerusalén: ¡Jerusalén, Jerusalén, que matas a los profetas, y apedreas a los que te son enviados! ¡Cuántas veces quise juntar a tus hijos, como la gallina a sus polluelos debajo de sus alas, y no quisiste! (Mt. 23:37) El Señor Jesucristo utiliza muchas formas figuradas de hablar de Sí Mismo. Él se llama el buen Pastor que entregó Su vida por las ovejas. Él protege a Sus ovejas hoy, y Él las reunirá algún día en Su redil, donde ellas estarán seguras con Él. La otra forma figurada es esta idea que se presenta de una gallina con sus polluelos.

Fui criado en el campo, y recuerdo que en la primavera pondríamos a una gallina clueca a empollar algunos huevos. Después de cierto tiempo salían del cascarón los polluelos. Esa gallina andaba de un lugar a otro "cloqueando". No teníamos un lugar especial para ellos, y esta gallina y sus pollitos podían andar por muchas partes. Si de pronto comenzaba a llover, la gallina trataba de guiar a sus pollitos a un lugar seguro donde no se mojarán. Pero si no tenía oportunidad de llegar a un lugar donde pudiera cobijarse, se detenía en alguna parte y comenzaba a llamar a sus pollitos para que éstos se refugiaran debajo de sus alas. Así, por más que lloviera, y aún cuando la gallina se estuviera mojando, los pollitos no se mojaban. Cuantas veces el Señor Jesucristo dijo: "Si vosotros hubierais venido a Mí, os hubiera refugiado debajo de Mis alas".

Pablo era esa clase de predicador. Él amaba a los tesalonicenses con un amor materno. Ellos le eran muy queridos. Todavía hay ministros, así como él. Quizá no sean muy elocuentes, pero creen en la Palabra de Dios, y la predican. Tales Pastores piadosos con experiencia, pueden aconsejar a aquéllos que necesitan ayuda. Usted no tiene que tener miedo de sentarse con tal persona y tener una conversación abierta y sincera y dejar que él le ayude.

Tan grande es nuestro afecto por vosotros, que hubiéramos querido entregaros no sólo el evangelio de Dios, sino también nuestras propias vidas; porque habéis llegado a sernos muy queridos. [1 Ts. 2:8]

El Apóstol Pablo tenía un amor genuino por los creyentes, y él estaba dispuesto a entregar su propia vida por los creyentes de Tesalónica.

Porque os acordáis, hermanos, de nuestro trabajo y fatiga; cómo trabajando de noche y de día, para no ser gravosos a ninguno de vosotros, os predicamos el evangelio de Dios. [1 Ts. 2:9]

… trabajo y fatiga… trabajando de noche y de día… Ésta es una referencia directa a la forma en que trabaja una madre.

Pablo estaba trabajando de día y de noche. Así es como trabaja una madre. El hombre puede trabajar de sol a sol, pero el trabajo de la madre nunca se acaba. La madre no es una clase de enfermera o nodriza que trabaja sólo ciertas horas, y que recibe su paga por eso. Pablo está diciendo aquí que él no era esa clase de persona. Él no pertenecía a algún sindicato.

¿Conoce usted algún sindicato para las madres que insista en que ellas trabajen sólo ocho horas diarias? ¿Ha conocido usted a alguna madre, que después de trabajar por ocho horas, haya dejado a su hijo llorando, porque insiste en trabajar sólo ocho horas? No creo en realidad que las verdaderas madres gusten de hacer eso porque ellas obran de una forma un poco diferente.

En cierta ocasión había dos muchachas que trabajaban juntas en una fábrica que producía algodón. Una de ellas tuvo que dejar el trabajo y no pudo ver a su amiga por mucho tiempo. Dos o tres años más tarde se encontraron en una de las calles de la ciudad. La que continuó trabajando en la fábrica le preguntó a la otra: "¿Qué andas haciendo ahora? ¿Todavía estás trabajando?" La otra le contestó: "No, ya no estoy trabajando más. Ahora estoy casada". Luego, esta muchacha preguntó a su amiga: "¿Y tú, todavía estás trabajando?" La otra le contestó: "Sí, yo todavía estoy trabajando en la fábrica", y continuó diciéndole: "¿Así que estás casada? Cuéntame acerca de tu marido". La amiga le dijo: "No sólo tengo un marido, sino que también tengo un bebé". Le contó lo maravilloso que era su vida ahora, cómo se había encontrado con este joven de quien se había enamorado y casado luego, y cómo ella se levantaba temprano para preparar el desayuno para su esposo, y de cómo él la amaba en gran manera. La alegría que ella sentía cuando su esposo regresaba del trabajo, la abrazaba, la besaba y que luego cenaban juntos, y que más adelante con el correr del tiempo, tuvieron un hijito.

Cuando llegó el bebé, ella le contaba a su amiga que tenía que levantarse a las tres de la mañana para darle de comer, y entonces su amiga le dijo: "Bueno, recuerdo que cuando tú trabajabas en la fábrica conmigo, te acostumbrabas a mirar mucho el reloj. Cuando llegaban las cinco de la tarde, salías del trabajo muy rápidamente". La otra amiga contestó: "Sí, pero ahora no tengo necesidad de mirar el reloj, aunque ahora trabajo muchas más horas". Su amiga entonces le dice: "Yo pensaba que tú no estabas trabajando". Ésta le dijo: "Ah, en realidad eso para mí no es un trabajo". ¿Por qué? Porque ahora ella es motivada por el amor.

Eso es precisamente lo que Pablo nos está diciendo aquí. "Yo he trabajado de noche y de día. No pertenezco a ningún sindicato. Tampoco recibo salario alguno. No soy una persona asalariada".

En cierta ocasión un miembro de mi iglesia se me acercó y me dijo: "Usted tiene que ir a visitar a tal y tal persona. A usted se le paga para hacer eso". Yo le contesté: "Vaya usted a ver a esa persona. A usted no se le paga por hacerlo, y usted puede hacer probablemente un trabajo mucho mejor que lo que yo pueda hacer. Nosotros no estamos en la obra del Señor bajo esas condiciones". Yo puse a ese miembro de mi iglesia en una posición bastante difícil, y tuvo que ir a visitar a esa persona. Nunca más se dirigió a mí de esa manera. El Apóstol Pablo era una nodriza como la que aquí se menciona, y hay muchos Pastores que hacen lo mismo que él.

El lado paternal del ministerio de Pablo (Carga)

Vosotros sois testigos, y Dios también, de cuán santa, justa e irreprensiblemente nos comportamos con vosotros los creyentes.
[1 Ts. 2:10]

Vosotros sois testigos. Pablo les está hablando a ellos de algo que ya conocen. Note como se comportaba Pablo entre ellos.

"Santo" indica que él tenía mucho cuidado en cumplir con sus obligaciones con Dios. Eso es vivir santamente. El vivir de una forma justa indica que él tenía cuidado de su forma de vivir en cuanto a los hombres. Pablo tenía una obligación con Dios; y él también tenía una obligación con los hombres, y él cumplía con ambas cosas.

En nuestros días oigo mucho hablar en cuanto a creyentes que son dedicados, muy consagrados. Si usted espera ser un cristiano dedicado, usted tiene que vivir una vida santa ante Dios. Mire a Dios en vez de estar mirando siempre el reloj para saber cuándo tiene que salir del trabajo. No sólo trabaje cuando lo está mirando su patrón. Usted debe trabajar todo el tiempo porque Dios siempre lo está mirando. Pasar al frente en alguna reunión en una iglesia, donde alguien ora a su favor y usted derrama algunas lágrimas, no produce una vida consagrada. ¿Qué es lo que piensa de usted su patrón? O, si es estudiante, ¿qué es lo que piensa de usted su maestro? Si usted es perezoso entonces, no es dedicado ni consagrado. Una vida dedicada, es una vida santa, vivida siempre en la presencia de Dios.

Pablo dice: "He andado santamente entre vosotros; he vivido todo el tiempo en la presencia de Dios, y en forma justa". Luego él dice: irreprensiblemente. Eso quiere decir que, a él y a sus compañeros, no se les podía acusar de nada; aunque esto no evitó que Pablo fuera acusado por sus enemigos. Pero acusaciones como ésa no tenían ninguna base.

Las otras personas pueden decir cosas en cuanto a usted; pero lo importante es estar seguro de que esas cosas no sean ciertas. Es por eso que Pablo dice aquí que él se había portado irreprensiblemente; que ninguna acusación contra él podía mantenerse, porque su vida—junto con sus amigos—era una vida santa, por medio de la cual podía rechazar esta clase de acusación. La forma en que usted vive no tiene nada que ver en cuanto a su salvación. Pero sí tiene mucho que ver en cuanto a la salvación de alguna otra persona, ya que usted está siendo observado constantemente.

Así como también sabéis de qué modo, como el padre a sus hijos, exhortábamos y consolábamos a cada uno de vosotros. [1 Ts. 2:11]

Exhortábamos. Esta palabra en griego es parakaléo, y es la misma palabra que se utiliza para el Espíritu Santo. Eso quiere decir que Pablo vino al lado de ellos para ayudarles, para suplicarles, y para convencerles. Usted recuerda que el Señor Jesucristo dijo que cuando el Espíritu Santo viniera, iba a venir para convencer al mundo de pecado, de justicia y de juicio. (Véase Jn. 16:7-11)

Estoy convencido de que uno nunca llega a presentar el Evangelio en el poder del Espíritu Santo sino hasta cuando lo presenta como algo con lo cual el Espíritu Santo pueda convencer a los hombres; convencerlos de pecado, de justicia y de juicio. Esos tres elementos siempre están en el Evangelio. El Apóstol Pablo está diciendo que ésa es la forma en que él lo ha presentado: como un padre.

La palabra consolábamos no es la misma palabra que nosotros utilizamos hoy en día como "consolar". Hemos visto su significado en el lado maternal del ministerio del Apóstol Pablo. En su lugar, la palabra aquí significa "persuadir". Había una urgencia en el mensaje de Pablo a los Tesalonicenses. Luego, él los persuadía, urgía a los hombres. Así que, hermanos, os ruego, decía él a menudo. El Apóstol Pablo podía "rogarles". Ésa es la forma en la cual nosotros deberíamos presentar el Evangelio hoy.

Y os encargábamos que anduvieseis como es digno de Dios, que os llamó a su reino y gloria. [1 Ts. 2:12]

Y os encargábamos. Eso tiene una nota de severidad —involucra disciplina. Es una palabra muy viril, muy robusta, firme, una palabra masculina. En el día de hoy, tenemos mucha predicación débil. Son palabras lindas pronunciadas por una persona buena, a una audiencia hermosa. Eso simplemente hace que uno preste oídos sordos a una predicación así. Ése no es el mensaje que encontramos aquí. Aquí hay cierta urgencia. Alguien ha definido un servicio promedio en una iglesia liberal, como un lugar donde un hombre moderado habla ante un grupo de personas moderadas, y les urge a que sean más moderados. Eso realmente me enferma, no me gusta esa clase de cosas.

Me río a veces durante la época de la pascua, cuando los periódicos publican los temas sobre los cuales van a predicar los predicadores liberales el domingo de resurrección. Ellos tienen un verdadero problema con el tema de la resurrección. Algunos de los temas que van a presentar, en realidad causan gracia verlos. En cierta ocasión un Pastor presentó el tema de "La pascua es la época de las flores". ¿Se imagina usted que ése haya sido un mensaje robusto, viril? No me sorprende que en el día de hoy tengamos tantos santos enfermos, si están recibiendo esa clase de alimento. Un gran evangelista metodista del pasado acostumbraba a decir: "Algunos sermones no tienen suficiente Evangelio como para preparar una sopa para un saltamontes enfermo". Pero, ¡qué cosa más gloriosa fue el ministerio del Apóstol Pablo aquí! ... así como también sabéis de qué modo, como el padre a sus hijos, exhortábamos y consolábamos a cada uno de vosotros.

Nosotros debemos andar dignamente. Eso es lo que Pablo les dijo en su Epístola a los Efesios: Yo, pues, preso en el Señor, os ruego que andéis como es digno de la vocación con que fuisteis llamados. (Ef. 4:1)

Dios ha llamado los santos a Su reino, que se refiere a lo eterno, al reino milenario, y a la gloria que se refiere al reino eterno. Es decir, que aquí podemos tener una perspectiva de plan de Dios y de Su propósito. En otras palabras, viva usted, a la luz de la eternidad.

> *Por lo cual también nosotros sin cesar damos gracias a Dios, de que cuando recibisteis la palabra de Dios que oísteis de nosotros, la recibisteis no como palabra de hombres, sino según es en verdad, la palabra de Dios, la cual actúa en vosotros los creyentes. [1 Ts. 2:13]*

Aquí tenemos el otro lado de presentar el Evangelio. Pablo había dicho al principio: Pues nuestro Evangelio no llegó a vosotros en palabras solamente, sino también en el poder, en el Espíritu Santo... (1 Ts. 1:5) Ésa es la forma en la cual el Evangelio debe ser presentado hoy. Escucho a muchas personas que critican a los predicadores. Pero, si ese hombre está presentando el Evangelio, no sólo debe ser presentado con poder, sino que debe ser recibido como la Palabra de Dios.

¿Cómo recibe usted la Palabra de Dios? ¿La recibe como la Palabra de Dios? ¿O se le erizan los pelos al saberlo? Dos veces en todos mis años en el ministerio, un hombre se me acercó y me preguntó si yo estaba pensando en él cuando dije tal y tal cosa. Yo ni siquiera sabía que ellos estaban allí. Ellos verdaderamente dieron un agregado sentido a su importancia, que no estaba justificado. Pero, lo importante es que ellos no recibieron la Palabra de Dios como si fuera la Palabra de Dios.

Entonces, no es sólo que debe ser predicada como la Palabra de Dios, sino que también debe ser recibida como tal. Si usted la recibe de esa misma manera, así es como va a obrar en usted. Y, usted, amigo, si la recibe así, entonces podrá trabajar en usted, y habrá bendición para usted en ello. De otra manera, usted está perdiendo su tiempo asistiendo a la iglesia.

Hemos visto como Pablo estaba predicando la Palabra de Dios. Esto irritaba a algunos, porque la Palabra de Dios es sal. Si la sal entra a una herida fresca, es decir donde hay pecado en la vida, entonces la Palabra de Dios es también luz; y hay muchas personas que aman más las tinieblas que la luz porque sus obras son malas.

Pablo está indicando aquí, que la iglesia debería reflejar la familia de Dios aquí en esta tierra. Él habla de una relación maternal con los creyentes, una relación paternal con ellos, y ahora una relación fraternal con ellos. No me refiero a lo que se escucha tanto en algunas iglesias hoy, que dicen: "Ah, nuestra iglesia es una iglesia para la familia". Comprendemos que una declaración así significa esto: "Traiga toda su familia a la iglesia y nosotros enviaremos a la más pequeñita a una clase especial de niños de su edad. Allí ella podrá jugar o dormir si le gusta. Luego enviaremos al jovencito con un muchacho de su misma edad y estará con su propio grupo. Luego tomamos a los adolescentes y los ponemos con los demás adolescentes. Entonces, la mamá y el papá pueden ir y asistir a las clases de las parejas y el abuelo y la abuela, pues, pueden ir a la clase de los ancianos". Hay personas que llaman a esto una iglesia para la familia. Pero, Pablo no sabía nada en cuanto a esta clase de cosa. Hablando honradamente, no creo que él diera su aprobación a estas cosas.

La iglesia debe ser una revelación de Dios en una comunidad y una familia debería revelar lo mismo. La relación del esposo y la esposa casados y el hijo en el hogar, debe mostrar el aspecto triple del amor de Cristo y de Dios por el mundo. Por ejemplo, el esposo tiene una responsabilidad, y esa responsabilidad es la esposa y su hijo. Eso ya lo vimos en la carta a los Efesios. Aquí en la Primera Carta a los Tesalonicenses, Pablo ya nos ha dado el lado materno, por así decirlo, de la iglesia local. Él estaba dispuesto día y noche para nutrirles como un polluelo es nutrido por su mamá. Y él fue como una madre para la Iglesia en Tesalónica. Y él no trabajó nada más que ocho horas al día. Él estaba en su tarea todo el tiempo porque él era como una madre para ellos.

Luego, él también hizo las veces de padre. Uno necesita este aspecto también. Un hijo en un hogar necesita experimentar un amor materno y un amor paterno. Es una tragedia para los hijos cuando los padres están separados o divorciados. A menudo el hijo no recibe el amor paterno. Ese amor paterno se expresa en la disciplina. Pablo dice que él era como un padre para la iglesia de Tesalónica. Nosotros necesitamos eso hoy.

Hay algunos predicadores y maestros de la Biblia, que nunca se les ocurre predicar de otra cosa sino del consuelo. Siempre están tratando de consolar a los santos. Eso será quizá porque ninguno de ellos ha tenido demasiada experiencia como Pastor. Ellos van de un lado para otro, de un lugar a otro, consolando a los santos y muchos, claro, aprecian esto porque a la mayoría de nosotros nos gusta ser consolados. Es bueno saber que alguien está interesado en uno y que demuestra ese interés consolándolo. Pero hay otro aspecto y ése es el de la disciplina. La disciplina no es algo que sólo está haciendo falta en el hogar y en el país, sino que también hace falta en la iglesia hoy. Ése es el aspecto paternal.

El lado fraternal del ministerio del Apóstol Pablo (Reto)

Ahora, el lado fraternal dentro de la iglesia, es representado por el niño en la familia.

Hubo en cierta ocasión un predicador muy famoso, y que tenía un ministerio muy cálido y efectivo. Sin embargo, en su propia iglesia se notaba una frialdad como no había en ningún otro lugar. ¿Por qué?

¿Sería acaso, debido al predicador en el púlpito? No, amigo. Él estaba presentando la Palabra de Dios y lo estaba haciendo de una forma muy cálida. Es decir, que él estaba presentando la Palabra de Dios según Dios se la revelaba a él. ¡Pero la forma en que la gente la recibía!, y eso es algo que rompe ese contacto y que pone en corto circuito la Palabra de Dios hoy; y ésa es la forma en que algunas iglesias reciben la Palabra de Dios.

Que Dios tenga misericordia de una iglesia que tiene un predicador que enseña bien la Palabra de Dios, y esto he podido observar en algunas partes, que cuando una iglesia recibe buena enseñanza bíblica y ellos usan mal esto y lo abusan y no reciben la Palabra de Dios que ese predicador les está dando, Dios prácticamente cerrará las puertas de esa iglesia. Esto ha ocurrido una y otra vez. La Palabra de Dios no sólo tiene que salir en poder y la demostración del Espíritu Santo, sino que tiene que ser recibida como la Palabra de Dios; esto es importante. Eso es lo que hace el contacto. Cuando ese contacto se realiza es algo verdaderamente tremendo. Ahora, el Apóstol Pablo nos presenta el lado fraternal del mensaje.

> *Porque vosotros, hermanos, vinisteis a ser imitadores de las iglesias de Dios en Cristo Jesús que están en Judea; pues habéis padecido de los de vuestra propia nación las mismas cosas que ellas padecieron de los judíos. [1 Ts. 2:14]*

¿Qué es lo que nos hace hermanos? Hay dos cosas que nos hacen hermanos. Todos somos hermanos no importa cuál sea nuestro color ya que todos nosotros hemos pecado y estamos destituidos de la gloria de Dios. Todos nos encontramos en esa categoría. Si se me permite la expresión, somos hermanos de sangre, ya que todos nosotros hemos pecado. Eso nos coloca a todos en la familia humana. Ésa es la hermandad de los pecadores. Ya que es eso, no es una hermandad donde se demuestra mucho amor. Es mejor que tenga cuidado de su hermano, porque no es siempre posible confiar en él.

Porque vosotros, hermanos... ¿Cómo es que llegaron a ser hermanos, o sea a unirse? Pues habéis padecido de los de vuestra propia nación las mismas cosas... La Iglesia en Tesalónica era en su gran mayoría una iglesia gentil. En Tesalónica, existía una colonia romana; y los gentiles perseguían a los cristianos primitivos. Ellos les causaron grandes dificultades en esa época, aun cuando las grandes persecuciones bajo los emperadores no habían comenzado aún. Pero los creyentes estaban sufriendo en Tesalónica. Pablo podía decir: "Bueno, vosotros sabéis, que antes que vosotros, los hermanos en Jerusalén, también sufrieron por sus hermanos. Es decir, los hermanos raciales. Eso es lo que los une a vosotros". Y, ¿qué los atraía unos a otros? El sufrimiento; el sufrimiento era lo que los unía y el sufrimiento, es el cemento que mantiene a los creyentes unidos.

La iglesia hoy se está separando, se está despegando, y la razón para esto, según creo, es que está ocurriendo lo que ocurrió antiguamente, y que nos relata, Deuteronomio: Pero engordó Jesurún, y tiró coces. (Dt. 32:15) Es decir, que ellos habían entrado a un periodo de abundancia y se volvieron muy criticones; y en el día de hoy la iglesia en muchas partes, se encuentra gozando de abundancia. Opino que existe la posibilidad de que muy pronto se presente la persecución. Hace ya muchos años atrás, un hombre de estado hizo una declaración sorprendente. En ella dijo que los creyentes tendrían que sufrir por su fe. Es una declaración un poco extraña procediendo de una reunión política, pero eso fue lo que informó.

Hay muchos otros que están diciendo lo mismo, y nosotros estamos orando hoy por un avivamiento; sé de muchos grupos de creyentes que se reúnen para orar y pedir por un avivamiento. Pero, nunca he visto o me he enterado de alguno de estos grupos que se reúnan para orar y pedir que puedan sufrir o que puedan ser perseguidos para que llegue ese avivamiento. Pero, no creo que en el presente estado podamos tener un avivamiento. En el día de hoy existe un renovado interés en la Palabra de Dios, en muchas partes, y eso es algo realmente tremendo. Algunas personas están diciendo que esto es un avivamiento. Yo no lo llamo así. Pero yo puedo apreciar que nuestro programa, por ejemplo, ha sido aceptado debido a esta ola de este renovado interés en la Palabra de Dios, y ésa es la razón por la cual la gente está escuchando la Palabra de Dios. Pero no llamo a eso avivamiento. Cuando llegue un avivamiento, no va a haber nadie que pregunte: "¿Es esto un avivamiento?" La gente va a poder decir, esto es un avivamiento. No hemos llegado aún.

Pero sí creo que si el sufrimiento llega a la iglesia, eso hará que los creyentes se unan y dejaríamos entonces de lado toda esa insensatez de estar criticando a nuestro hermano. No vamos a andar diciendo: "Ah, pero él no hace las cosas como yo las hago. Él tiene una doctrina un poco particular. Él piensa que usted debería de bautizarse de esta manera". ¿Es usted un amigo de Dios? Entonces, usted es mi hermano, y yo quiero que usted sepa eso. Quizá no estemos totalmente de acuerdo, pero usted es mi hermano. Usted es mi hermano porque nos encontramos en la familia de Dios, y deberíamos reflejar esto ante el mundo. Cuando la iglesia refleje esto ante el mundo, entonces tendrá lugar un verdadero avivamiento.

Creo que lo que pasa, es que estamos tratando de tomar un desvío o un atajo, para tener un avivamiento, cuando oramos por un avivamiento. ¿Por qué no oramos más bien por las condiciones que producen el avivamiento? Usted se dará cuenta que fueron las actividades extremas del hombre las que causaron avivamiento en épocas en el pasado. El gran movimiento que tuvo lugar en Inglaterra, sucedió cuando ese país se encontraba al borde de la revolución; y quizá nosotros, no estemos muy lejos de eso tampoco. Necesitamos reconocer hoy, que hace falta algo como eso para producir un avivamiento.

> *Los cuales mataron al Señor Jesús y a sus propios profetas, y a nosotros nos expulsaron; y no agradan a Dios, y se oponen a todos los hombres, Impidiéndonos hablar a los gentiles para que éstos se salven; así colman ellos siempre la medida de sus pecados, pues vino sobre ellos la ira hasta el extremo. [1 Ts. 2:15-16]*

Yo considero que éste es un pasaje muy destacado en la Escritura. Nos revela un gran principio. Dios permite que el pecado continúe su curso, y en el lenguaje figurado de los profetas se decía que: "La copa de la iniquidad debe ser llenada". Dios está permitiendo que se llene. Es decir, Dios no lo detiene porque si Él hiciera eso, Satanás podría decir: "Ya ves como no me diste una oportunidad. No permitiste que yo llegara al final". Y, Dios va a permitir que vaya él hasta el final. De paso digamos que yo interpreto la Gran Tribulación como tal.

La verdadera recompensa del testigo de Cristo

Él continúa hablando y nos presenta aquí este amor fraternal. Aquí tenemos un verdadero fraternizar. Esto es lo que en realidad debería ser un movimiento ecuménico. Cuando usted está en Cristo, todos somos hermanos en Cristo; pero fuera de Cristo, somos todos enemigos.

Pero nosotros, hermanos, separados de vosotros por un poco de tiempo, de vista pero no de corazón, tanto más procuramos con mucho deseo ver vuestro rostro. [1 Ts. 2:17]

Hermanos—de nuevo ésta es la verdadera hermandad. Esto es lo que en realidad debería ser un movimiento ecuménico. Qué bueno es escuchar al Apóstol Pablo decir eso. Cuando una persona está en Cristo Jesús, esa persona y yo somos hermanos en Cristo. Fuera de Cristo, hay sólo la hermandad de pecadores.

…separados de vosotros por un poco de tiempo… ¿No es ésta una expresión muy afable por parte del Apóstol Pablo? Él había sido expulsado prácticamente de Tesalónica y dice: "No me gustó dejaros y quiero regresar a vosotros otra vez". Y él lo hizo, digamos de paso.

Por lo cual quisimos ir a vosotros, yo Pablo ciertamente una y otra vez; pero Satanás nos estorbó. [1 Ts. 2:18]

Pablo aquí demuestra un discernimiento espiritual para ver que fue la estrategia de Satanás la que estorbó que él fuera a Tesalónica. Satanás aquí quiere decir "adversario".

Creo que en el día de hoy Satanás busca tratar de estorbar cualquier programa que presenta la Palabra de Dios. He podido verlo en muchas ocasiones. A veces nuestro programa se presenta por estaciones comerciales que cubren un área extensa, y todo marcha bien. Entonces ocurre un cambio en el propietario o la gerencia, y se quitan todos los programas religiosos. ¿Por qué? El enemigo, el adversario, no quiere que la Palabra de Dios sea predicada.

Porque ¿cuál es nuestra esperanza, o gozo, o corona de que me gloríe? ¿No lo sois vosotros, delante de nuestro Señor Jesucristo, en su venida? Vosotros sois nuestra gloria y gozo. [1 Ts. 2:19-20]

Pablo está diciendo que uno de los grandes gozos que él tendrá cuando Cristo venga a llevarse la iglesia será el de ver a éstos que él había guiado a Cristo. Los creyentes tesalonicenses, a quienes él había ganado para Cristo, eran un gozo para él y lo serían también en la eternidad.

¿Habrá alguna persona en el cielo que se le acerque a usted y le dé las gracias por haberle enseñado o presentado la Palabra de Dios, y que causó que ellos llegaran a ser salvos? ¿Ha contribuido usted para las misiones y los misioneros? Probablemente habrá alguien en aquel lugar, alguna persona de la cual usted ni siquiera se ha enterado, que se le acercará y le dirá: "Yo quiero darle las gracias por haber ofrendado a las misiones. Quiero darle las gracias a usted por haber estado interesado en esparcir la Palabra de Dios, porque debido a eso, yo recibí el mensaje de salvación". Y eso, será parte de la recompensa que recibiremos en el cielo. ¡Ah, que usted pueda reconocer eso! Es una esperanza gloriosa anticipar el tiempo cuando Jesús va a sacar a Su iglesia de este mundo. Es aún más gozoso saber que alguien que ha confiado en Cristo a causa de lo que usted ha hecho, va con usted a encontrarse con el Señor en el aire.

CAPÍTULO 3

La venida de Cristo es una esperanza purificadora

El tema principal de este libro es el Rapto de la iglesia. El tema principal de la Segunda Epístola a los Tesalonicenses es la revelación de Cristo, y que Él vendrá a establecer Su reino a esta tierra. Pablo estuvo en Tesalónica por menos de un mes, pero durante este espacio de tiempo él enseñó estos dos grandes temas. Lo que me llama la atención a mí es lo práctico de estas doctrinas que Pablo les enseñó a los tesalonicenses. Hoy las escuelas de escatología, de profecía, han colocado esta enseñanza en un lugar muy retirado donde se convierte en algo muy extraño. Es decir, se convierte en algo de lo cual es bueno hablar y argumentar o conversar, pero que no tiene mucho significado. No lo enseñan como algo que se puede utilizar en nuestras vidas diarias. Pablo está demostrando aquí que sí, que tiene mucho que ver con nuestras vidas diarias.

En el capítulo 3, el tema que presenta es "la venida de Cristo es una esperanza purificadora". Esto cambiará su vida. Esto tendrá mucho que ver en su estilo de vida si usted cree en el Rapto de la iglesia, es decir, la inminente venida de Cristo a llevar a los Suyos. Eso afectará su vida. Si no tiene ninguna influencia en su vida, entonces usted en realidad no cree en eso. Es nada más que una teoría, o solamente una filosofía para usted. Ése es el corazón mismo de la epístola. Este tema lo encontramos comenzando aquí en el capítulo 3, y continúa hasta 4:12.

Timoteo trae un buen reportaje de los tesalonicenses

Por lo cual, no pudiendo soportarlo más, acordamos quedarnos solos en Atenas. [1 Ts. 3:1]

Pablo anhela volver a los tesalonicenses, pero se encontraba solo en Atenas para poder enviar de regreso a Timoteo, y quizá a Silas, al Dr. Lucas, y a otros.

Por lo cual, es algo bastante importante porque relaciona este capítulo a lo que él dijo en el capítulo anterior, de la relación familiar que existe en la iglesia. Pablo había sido como una madre para la iglesia. Él había sido como un padre para ellos; él era un hermano, y como un hermano él los amó. Él los llevó al Señor Jesucristo y los amaba. Al finalizar el capítulo anterior, él decía: Vosotros sois nuestra gloria y gozo a la venida de Cristo. Esa palabra "venida" es Parousía. Parousía quiere decir aquí "la aparición de Cristo" para los creyentes. Aquí se refiere entonces al tiempo cuando los creyentes recibirían su recompensa.

Pablo tenía mucho interés en ir a verlos, y se sentía frustrado al tratar de ir a verlos, ya que Satanás le estaba estorbando. Pablo había tenido que partir de Tesalónica tan rápidamente que quedaron muchas cosas, enseñanzas, sin completar, y doctrinas que él no había tenido tiempo de desarrollar completamente. Él no sólo deseaba regresar, sino que también tenía dudas en cuanto al futuro de los creyentes allí. Pablo ansiaba consolarlos. Es decir, él demostraba lo que había mencionado al comienzo, ese trabajo de amor. Aquí tenemos un ejemplo del amor en acción.

El amor no es solamente un afecto o simplemente una sensación muy agradable, cariñosa, cómoda, cálida que uno siente en su corazón. El amor busca el bienestar de otra persona. Ésa es la forma en que usted expresa su amor por los demás. Usted busca su bienestar y en realidad uno hasta pone en peligro su propia vida por esa otra persona si uno en realidad la ama.

Y enviamos a Timoteo nuestro hermano, servidor de Dios y colaborador nuestro en el evangelio de Cristo, para confirmaros y exhortaros respecto a vuestra fe. [1 Ts. 3:2]

Por su preocupación, Pablo envió de nuevo a Timoteo a los tesalonicenses. Él llama a Timoteo hermano, servidor de Dios (él es un ministro o servidor). De esta palabra "servidor" (diákonos), tomamos la palabra "diácono", que quiere decir precisamente eso: servidor.

Y colaborador nuestro en el Evangelio de Cristo. El Evangelio de Cristo es la esfera de servicio. Es decir, que Pablo no es solamente un bienhechor. A veces se nos critica porque nuestro objetivo principal es el de esparcir la Palabra de Dios. Ése es el aspecto primordial de nuestro ministerio. Los fundamentalistas somos criticados diciendo que no enfatizamos lo suficiente el aspecto social del Evangelio. Pues, bien, no ha existido nunca ningún movimiento social de envergadura que no haya estado basado en la predicación del Evangelio. Las leyes de trabajo en cuanto a los niños en Inglaterra fueron producto de las reuniones que tuvo ese gran evangelista Juan Wesley. También los sindicatos o movimientos laborales del día de hoy le deben mucho a Wesley; aun cuando ellos no reconocen eso hoy porque están tan lejos de su origen. Pero, en realidad, ésa es la base de todo gran esfuerzo social; los hospitales fueron producto de la predicación de la Palabra de Dios. Si yo hago lo que debo hacer, entonces estas otras cosas llegarán a realizarse por sí mismas.

Cuando el hombre se lanza a realizar programas por sí mismo, como programas de bienestar para los demás, todo eso termina siendo una de las cosas más corruptas que pueda existir. No creo que ninguno de nosotros pueda entender la corrupción que hay en ese vasto programa. ¿Y eso por qué? Porque no están basadas en el Evangelio de Cristo.

Los liberales que nos critican actúan como si ellos fueran los únicos bienhechores. Pero nunca he visto a un bienhechor que haga el bien. Nos podemos preguntar ¿qué están haciendo de bueno los liberales? No hacen otra cosa sino promover y animar la inmoralidad y la lujuria. Ellos no han podido elevar a la humanidad. No han podido hacer que los jóvenes abandonen las drogas.

Pablo dice, que Timoteo era un servidor, y que la esfera de su servicio era el Evangelio de Cristo. Ésa ha de ser nuestra esfera de servicio también. Y cuando se da el Evangelio de Cristo, entonces, como resultado natural, habrá muchas cosas buenas que ocurrirán. La única crítica que oigo en cuanto a los bienhechores, es que el bien que hacen, es de corta duración. No están en realidad ayudando a la gente permanentemente, llevándolos a una relación correcta con Dios. Sólo el Evangelio de Cristo puede hacer eso.

Para confirmaros y exhortaros respecto a vuestra fe. Esta misma palabra maravillosa confirmaros es la que fue utilizada en Éxodo cuando Moisés fue al monte y levantó sus manos en oración. Cuando él hizo eso el pueblo de Israel obtenía la victoria. Aquí tenemos una gran lección espiritual. Y las manos de Moisés se cansaban; por lo que tomaron una piedra, y la pusieron debajo de él, y se sentó sobre ella; y Aarón y Hur sostenían sus manos, el uno de un lado y el otro de otro; así hubo en sus manos firmeza hasta que se puso el sol. Aquí dice que ellos sostenían sus manos. (Ex. 17:12) Ésa es la misma palabra que se utiliza aquí en la Primera Epístola a los Tesalonicenses, en cuanto a que Timoteo fue enviado para sostenerlos, para establecerlos, para confirmarlos. En el día de hoy la gente todavía necesita ser confirmada en la fe.

Exhortaros respecto a vuestra fe. La palabra "exhortar" quiere decir "animar". Pablo había enviado a Timoteo a Tesalónica para que él los confirmara, los exhortara, los consolara, o que los animara en la fe.

A fin de que nadie se inquiete por estas tribulaciones; porque vosotros mismos sabéis que para esto estamos puestos. [1 Ts. 3:3]

Aquí tenemos una declaración que es algo difícil para nosotros. Él dice: nadie se inquiete por estas tribulaciones. Esta palabra tribulaciones se refiere a las presiones, las tensiones.

Luego Pablo dice algo que es verdaderamente sorprendente: Porque vosotros mismos sabéis que para esto estamos puestos. Esto quiere decir que usted y yo vamos a pasar a través de tempestades en este mundo. Pero son cosas temporales. Nosotros no nos podemos escapar de ellas. Se nos ha presentado muy claramente en la Palabra de Dios, que usted y yo vamos a tener dificultades y problemas aquí. Pablo quiere que estos creyentes de Tesalónica se mantengan firmes por el Señor en medio de esas tribulaciones.

Hay otros pasajes de Escritura que enseñan esta misma verdad. Eso es exactamente lo que el Señor Jesucristo enseñó. Estas cosas os he hablado para que en Mí tengáis paz. En el mundo tendréis aflicción; pero confiad, Yo he vencido al mundo. (Jn. 16:33) Aquí no se está refiriendo a la Gran Tribulación. Ésta es una tribulación pequeña. Aquí se está hablando de los problemas que todos nosotros vamos a tener. Aquí se nos dice que no hay forma de evitar eso. Sin embargo, el Señor nos dice: confiad. ¿Confiar cuando tenemos problemas? Sí, amigo. Confiar, en esa situación.

Si usted es un creyente, usted no puede escapar a los problemas y dificultades. El aceptar a Cristo no quiere decir que sacamos una póliza de seguro en la cual se nos dice que ahora nunca más vamos a tener ninguna clase de pérdidas. Es todo lo contrario; en el momento en que usted se convierte en un hijo de Dios, desde ese instante va a tener problemas; aun si usted no los ha tenido antes, usted los va a tener cuando llega a ser hijo de Dios.

En el día de hoy, hay muchos de los hijos de Dios que están llegando a conocer lo que es tribulación y aflicción. Lo sorprendente de todo esto es que Él, el Señor, nos ha prometido guiarnos a través de las tribulaciones. Así es como se nos presenta aquí. Él no dijo que nosotros podíamos evitar la tormenta, sino que íbamos a pasar a través de esa tormenta, de todas las tormentas de la vida. Lo que Él dijo, y lo dijo muy dogmáticamente, es que nosotros llegaríamos a puerto seguro, porque cualquier embarcación por más pequeña que sea, si Él se encuentra a bordo no va a naufragar, no se va a hundir; va a llegar a la ribera. Nosotros nos encontramos en ese proceso de pasar al otro lado. Pablo reforzó esto a Timoteo, diciendo: Y también todos los que quieren vivir piadosamente en Cristo Jesús padecerán persecución. (2 Ti. 3:12) (Véase también 1 P. 4:12-19) Por cierto que no deja lugar a dudas la forma en la cual se expresa el Apóstol Pablo aquí.

Usted debe estar preocupado cuando el cielo está muy despejado para usted, cuando no tiene ninguna nube, cuando el mar de esta vida se encuentra completamente en calma para usted. Si todo es tranquilidad y las cosas se desarrollan sin ningún inconveniente para usted, entonces podría dudar de su salvación. Pero si usted está experimentando dificultades y problemas hoy, y está sintiendo las presiones y tensiones de la vida, entonces ésa es una de las señales de que usted es hijo de Dios. Ésta es la forma en que Dios nos enseña a confiar en Él. He notado que los hijos de Dios sufren mucho en la actualidad. Una de las cosas más maravillosas de todo esto, es que esto es algo temporal nada más. Usted va a poder pasar a través de esto.

> *Porque también estando con vosotros, os predecíamos que íbamos a pasar tribulaciones, como ha acontecido y sabéis. [1 Ts. 3:4]*

Dios nos sacará de las tempestades. En el futuro, ya no tendremos problemas. ¡Cuán maravilloso es esto! Nuestras tribulaciones son sólo temporales.

Esta palabra tribulación es la misma palabra que "aflicciones". No se refiere a la Gran Tribulación, porque la iglesia no va a pasar a través de la Gran Tribulación, pero sí pasará a través de una pequeña tribulación. Todos nosotros vamos a tener pequeños problemas y tribulaciones aquí y es por el propósito de acercarnos más al Señor. Estas tribulaciones promueven santificación en la vida del creyente.

> *Por lo cual también yo, no pudiendo soportar más, envié para informarme de vuestra fe, no sea que os hubiese tentado el tentador, y que nuestro trabajo resultase en vano. [1 Ts. 3:5]*

El tentador no es ningún otro sino Satanás. Ya Pablo dijo anteriormente en el capítulo 2:18: Pero Satanás nos estorbó. Pablo está diciendo: "Él me está causando dificultades y yo sé que él os puede causar dificultades a vosotros allí".

Otro propósito de las tribulaciones es que prueban la autenticidad de la fe. Alguien ha dicho que los problemas y las dificultades son la prueba de ácido que autentifica la fe. Hay verdaderos creyentes y también hay muchos creyentes falsos. Lo que revelará la autenticidad de su fe es el ver si usted puede o no puede soportar la tribulación. Las dificultades revelan la legitimidad del creyente, y ésta es la ocasión del regocijo de Pablo.

> *Pero cuando Timoteo volvió de vosotros a nosotros, y nos dio buenas noticias de vuestra fe y amor, y que siempre nos recordáis con cariño, deseando vernos, como también nosotros a vosotros. [1 Ts. 3:6]*

Fue algo realmente maravilloso, cuando Pablo recibió un informe de ellos y era un buen informe. Ellos estaban soportando sus dificultades.

Por ello, hermanos, en medio de toda nuestra necesidad y aflicción fuimos consolados de vosotros por medio de vuestra fe; Porque ahora vivimos, si vosotros estáis firmes en el Señor. [1 Ts. 3:7-8]

...en toda nuestra... aflicción... Pablo les dice que él también ha tenido dificultades. El buen informe de ellos, es un consuelo para él.

Esta expresión ahora vivimos, quiere decir que como creyentes nosotros disfrutamos de la vida. Ese si aquí, quiere decir "ya que". Quizá deberíamos leerlo de esa manera: Ya que vosotros estáis firmes en el Señor. Aún en las dificultades usted puede disfrutarlo. Eso no es algo fácil de hacer. El Apóstol Pedro escribe: Amados, no os sorprendáis del fuego de prueba que os ha sobrevenido, como si alguna cosa extraña os aconteciese, sino gozaos por cuanto sois participantes de los padecimientos de Cristo, para que también en la revelación de Su gloria os gocéis con gran alegría. (1 P. 4:12-13) Usted no puede perder siendo creyente. Aún si tiene dificultades y problemas, esto va a resultar para su propio bien. Usted puede estar siempre seguro de eso.

Pablo les urge que sigan creciendo

Por lo cual, ¿qué acción de gracias podremos dar a Dios por vosotros, por todo el gozo con que nos gozamos a causa de vosotros delante de nuestro Dios? [1 Ts. 3:9]

El gozo está relacionado con la vida, y la tristeza está relacionada con la muerte. Sin embargo, la tristeza aumenta la capacidad del corazón para el gozo. Pablo desea que los tesalonicenses sepan regocijarse. ¡El ser un creyente, es algo maravilloso!

Orando de noche y de día con gran insistencia, para que veamos vuestro rostro, y completemos lo que falte a vuestra fe. [1 Ts. 3:10]

La tarea de Pablo en Tesalónica fue interrumpida abruptamente (él fue expulsado de la ciudad), y él quería regresar y continuar con su ministerio de enseñanza allí. Pablo quería enseñar la Palabra de Dios.

> *Mas el mismo Dios y Padre nuestro, y nuestro Señor Jesucristo, dirija nuestro camino a vosotros. [1 Ts. 3:11]*

Pablo oraba constantemente para poder ir a estar con ellos.

> *Y el Señor os haga crecer y abundar en amor unos para con otros y para con todos, como también lo hacemos nosotros para con vosotros, Para que sean afirmados vuestros corazones, irreprensibles en santidad delante de Dios nuestro Padre, en la venida de nuestro Señor Jesucristo con todos sus santos. [1 Ts. 3:12-13]*

Abundar quiere decir, "que excede", y amor es ágape en el griego. Este amor no es solamente un afecto. El amor busca el bienestar de otra persona. Para que sean afirmados... El amor tiene un propósito. El amor no es un fin en sí mismo; sino que busca el desarrollar un carácter de santidad. En esta epístola el amor se ve sólo en acción.

Para que sean afirmados vuestros corazones... El fin deseado de su amor uno por otro, es que sus corazones sean afirmados, irreprensibles en santidad. Si a usted se le hiciera un juicio en los tribunales por ser creyente, ¿habría la suficiente evidencia como para condenarle? Porque nosotros vamos a aparecer ante Él y Él va a juzgar nuestras obras. Quizá esto le parezca algo terrible, pero Él también va a juzgar nuestro carácter como creyentes. Esto es para ver si recibimos la recompensa o no la recibimos. Y amigo creyente, ¿qué clase de vida está viviendo usted hoy? Eso es lo importante.

...en la venida de nuestro Señor Jesucristo con todos Sus santos. La mayoría de los eruditos están de acuerdo de que los santos van a venir con Cristo cuando Él regrese a la tierra para establecer Su reino. Pero este versículo parecería indicar que Él no recompensa a los Suyos hasta esa oportunidad cuando Él venga a la tierra para establecer Su reino. Sin embargo, muchos de nosotros creemos que tenemos que estar ante el Tribunal de Cristo antes de este acontecimiento. Es decir que, cuando Él arrebate a la iglesia de este mundo, el mundo entra al período de la Gran Tribulación. Luego, Él regresa al final del periodo de la Gran Tribulación a establecer Su reino. Así es que nos preguntamos naturalmente, ¿cuando es que nos va a presentar irreprensibles en santidad delante de Dios nuestro Padre? ¿Ocurre esto cuando Él arrebata a la iglesia? ¿O, ocurrirá cuando Él venga a la tierra a establecer Su reino? Eso depende de la expresión que tenemos aquí: En la venida de nuestro Señor Jesucristo con todos Sus santos.

La palabra venida a veces es traducida por una palabra griega; otras veces es traducida por una segunda palabra griega, y aún otras veces, por una tercera palabra griega. Una de las palabras que se utiliza es epifaíno. De allí es de donde nosotros sacamos la palabra "epifanía". Tiene la idea de "brillar o aparecer". En realidad, la primera venida de Cristo fue una epifanía. Se nos dice: Porque la gracia de Dios se ha manifestado para salvación a todos los hombres. (Tit. 2:11) Allí también tenemos esta palabra. Cuando Él vino por primera vez, fue una "manifestación visible". Eso es lo que, en realidad, esta palabra quiere decir: indica una aparición y una manifestación visible del Señor. Él vino en persona hace más de 2.000 años como un Niño que nació en Belén. Ésa fue una epifanía. Su presencia, al venir Él a este mundo. Se puede utilizar esta palabra para indicar la primera venida del Señor Jesucristo, o también se puede utilizar para Su segunda venida, cuando Él arrebate a Su iglesia de este mundo, o cuando venga para establecer Su reino. Todas ellas, estas tres, tienen el significado de manifestaciones visibles y la presencia real del Señor Jesucristo.

La segunda palabra que se utiliza es apokalupsis. Ésa es la misma palabra que se usa para el libro de Apocalipsis, "revelación". Significa "descubrimiento". De modo que, cuando Él vino hace más de 2.000 años, uno no podía llamar eso un descubrimiento, en el sentido de demostrar o quitar el velo, porque Su gloria estaba velada para la carne humana. De la misma manera en que la gloria Shekinah estaba oculta, por así decirlo, en el Lugar Santísimo del tabernáculo antiguo, y sólo el sumo sacerdote entraba a ese lugar. Había un velo que separaba el Lugar Santísimo del resto del tabernáculo. Cuando el Señor Jesucristo estuvo aquí anteriormente, Su gloria no fue demostrada totalmente. Él se presentó en carne humana. Pero cuando Él venga nuevamente, entonces, se manifestará visiblemente. Así es que esta palabra se utiliza para Su segunda venida.

La tercera palabra que representa esto es parousía. Eso significa sencillamente "presencia," "estar al lado de," o "estar presente". En realidad, ésa es la mejor palabra para indicar "estar presente". Se traduce generalmente para referirse a la venida de Cristo, y así es como es traducida aquí. Indica "una presencia". Eso es todo lo que significa. Para aclarar esto, creo que conviene leer lo que dice el Apóstol Pablo: Por tanto, amados míos, como siempre habéis obedecido, no como en mi presencia solamente, sino mucho más ahora en mi ausencia, ocupaos en vuestra salvación con temor y temblor. (Fil. 2:12) Allí tenemos esta palabra nuevamente. Es decir, Pablo estaba presente. Entonces, ¿qué es lo que quiere decir esta palabra "venida o presencia?"

Por lo tanto, en Su venida se refiere al hecho de que los creyentes van a estar presentes con el Señor Jesús en el mismo momento en que somo arrebatados a encontrarnos con el Señor en el aire. Él nos llevará al lugar que Él ha preparado para nosotros. Así que esta "venida," no se refiere al regreso del Señor con Sus santos a establecer Su reino, sino a nuestra llegada al cielo en la presencia del Padre. Tenemos el mismo pensamiento en 1 Tesalonicenses 2:19: Porque ¿cuál es nuestra esperanza, o gozo, o corona de que me gloríe? ¿No lo sois vosotros, delante de nuestro Señor Jesucristo, en Su venida? Entraremos en la presencia del Señor Jesús y en esa ocasión seremos presentados sin mancha e irreprensibles delante de Él. (Col. 1:22)

CAPÍTULO 4

La venida de Cristo es una esperanza purificadora; la venida de Cristo es una esperanza consoladora

Cómo deben conducirse los creyentes

Por lo demás, hermanos, os rogamos y exhortamos en el Señor Jesús, que de la manera que aprendisteis de nosotros cómo os conviene conduciros y agradar a Dios, así abundéis más y más.
[1 Ts. 4:1]

Esta sección indica cómo debe conducirse el creyente en esta tierra, y eso a la luz de la venida de Cristo. Se hace énfasis en la forma de "conducirse". Encontramos esta palabra en el primer versículo y también en el versículo 12. Éste es el aspecto práctico de la esperanza de la venida del Señor. Nos gusta meditar y hablar del ser arrebatados para encontrarnos con el Señor en las nubes. Pero, mientras tanto, nuestros pies están aquí abajo sobre esta tierra y tenemos que andar y caminar. Tenemos que andar de una forma en que complazcamos a Dios.

...de la manera que aprendisteis de nosotros cómo os conviene conduciros y agradar a Dios, así abundéis más y más. Debemos seguir tratando de mejorar nuestro vivir. Debemos crecer en la gracia y conocimiento de Él. El andar del creyente es muy importante. Es enfatizado en muchas porciones de la Escritura, y es enfatizado aquí. Un creyente no puede hacer cómo le plazca; debe hacer como le plazca a Cristo.

Porque ya sabéis qué instrucciones os dimos por el Señor Jesús.
[1 Ts. 4:2]

Ahora, él les va a presentar algunos mandamientos. Algunos de éstos son mandamientos nuevos. El Señor Jesucristo también dio mandamientos. Él habla aquí con respecto al andar del cristiano. Éstos son algunos mandamientos para los creyentes. Nosotros no estamos sin ley. Deberíamos ser disciplinados y deberíamos estar en obediencia a Cristo. Esto debería ser una relación de amor. Debemos ser motivados por el amor. El Señor Jesucristo dijo: Si Me amáis, guardad Mis mandamientos. (Jn. 14:15)

Permítame decir esto con precaución. Los Diez Mandamientos no tienen nada que ver con la salvación del pecador. Los Diez Mandamientos no son una norma o una pauta para la conducta cristiana. El propósito de los Diez Mandamientos, es que son un pedagogo que lo toma a usted y me toma a mí de la mano como un niño, y nos lleva a la cruz y nos dice: "Bien, jovencito, usted necesita un Salvador". Los Diez Mandamientos también son como un espejo, y que le permite verse a sí mismo como lo que es, un pecador. Los Diez Mandamientos no han sido dados para salvarnos; han sido dados para demostrarnos que somos pecadores y que necesitamos un Salvador. Ése es el propósito de los mandamientos.

Sin embargo, la pauta o norma de conducta del creyente, se encuentra en un plano o en un nivel mucho más elevado que los Diez Mandamientos. Veremos en el capítulo 5, que hay 22 mandamientos dados para los creyentes.

Surge la pregunta: Si el hombre no podía cumplir los Diez Mandamientos, ¿cómo podrá cumplir mandamientos más elevados? La Biblia deja bien en claro que hombre no pudo cumplir con los Diez Mandamientos. La nación de Israel no fue capaz de cumplir con los Diez Mandamientos, como vemos en la confesión, que hizo Simón Pedro: Y después de mucha discusión, Pedro se levantó y les dijo: Varones hermanos, vosotros sabéis como ya hace algún tiempo Dios escogió que los gentiles oyesen por mi boca la palabra del Evangelio y creyesen. Y Dios, que conoce los corazones, les dio testimonio, dándoles el Espíritu Santo lo mismo que a nosotros; y ninguna diferencia hizo entre nosotros y ellos, purificando por la fe sus corazones. Ahora, pues, ¿por qué tentáis a Dios, poniendo sobre la cerviz de los discípulos un yugo que ni nuestros padres ni nosotros hemos podido llevar? Antes creemos que por la gracia del Señor Jesús seremos salvos, de igual modo que ellos. (Hch. 15:7-11)

Ahora, la pregunta es: ¿Cómo puede el hombre cumplir mandamientos más elevados si no pudo cumplir con los Diez Mandamientos? Él no los puede cumplir él mismo. Esto sólo puede ser logrado por medio del poder del Espíritu Santo morando en el creyente (Vs. 8).

Porque ya sabéis qué instrucciones os dimos por el Señor Jesús. Pablo tiene algunos mandamientos para creyentes. No somos sin ley. Debemos ser disciplinados, y debemos estar en obediencia a Cristo. Debe ser una relación basada en el amor—debemos ser motivados por el amor. El Señor Jesús dijo, Si Me amáis, guardad Mis mandamientos. (Jn. 14:15)

> *Pues la voluntad de Dios es vuestra santificación; que os apartéis de fornicación. [1 Ts. 4:3]*

La palabra "santificación", es algo maravilloso; pero temo que haya sido muy malentendida. Si usted lee las Escrituras, allí podrá encontrar que la santificación tiene diferentes significados. Cuando se usa con Cristo, significa que Él ha sido hecho santificación para nosotros, y uno no puede mejorar eso. Él ha sido hecho eso para nosotros: nuestra santificación. Por lo tanto, no quiere decir que nos encontremos en un estado sin pecado. Significa que usted ha sido separado para Dios. Simón Pedro habla del hecho de que los santos hombres de Dios hablaron siendo inspirados por el Espíritu Santo. (2 P. 1:21) Esos hombres santos, (si usted puede leer la historia de algunos de ellos) en sus vidas no parecían ser tan santos. Por ejemplo, allí tenemos a Moisés, quien fue un asesino. David, quién escribió tantos Salmos maravillosos, también fue un asesino. Pero ellos fueron santificados porque habían sido separados por Dios.

La santificación del creyente es una obra del Espíritu de Dios. Necesitamos repasar el aspecto tripartito de ella, porque esto es tan importante:

La santificación posicional significa que Cristo ha sido hecho santificación para nosotros. Somos aceptos en el Amado, y nunca seremos más salvos de lo que somos en el momento en que ponemos nuestra confianza en Cristo. Nunca somos aceptados por lo que somos, sino por lo que Cristo ha hecho. Esta santificación posicional es perfección en Cristo.

La santificación práctica es el Espíritu Santo obrando en nuestras vidas para producir una santidad en nuestro andar. Esta santificación práctica nunca será perfecta mientras estemos en estos cuerpos con nuestra carne pecaminosa.

La santificación total ocurrirá en el futuro cuando seamos conformados a la imagen de Jesucristo. Entonces tanto la santificación de posición como la santificación práctica serán perfectas.

El significado literal de la palabra santificación es "ser apartado para Dios." El momento que un pecador perdido viene a Cristo y acepta a Cristo como Salvador, esa persona es apartada para el uso de Dios. Esto es enseñado claramente en el Antiguo Testamento en el tabernáculo. Dios les enseñó a los creyentes del Antiguo Testamento las grandes verdades doctrinales por medio de lecciones prácticas muy simples. En el tabernáculo había utensilios y vasos que se usaban en los sacrificios. Después que Israel había pasado por el desierto por cuarenta años, esos utensilios eran bastante gastados y golpeados. No creo que eran muy atractivos. Creo que cualquier ama de casa habría dicho, "Vamos a comprar unos nuevos. Vamos a botar éstos." Sin embargo, Dios los llamó utensilios santos. Eran santos porque estaban apartados para el uso de Dios. Eso es lo que los hizo santos.

De igual modo esto se le aplica a una persona. Cuando alguien viene a Cristo, él es salvado. Él es redimido; pertenece a Cristo. Pablo dice, Pues la voluntad de Dios es vuestra santificación. Usted ha sido apartado para un propósito santo, para el uso de Dios. Todo hijo de Dios—no sólo los ministros o los misioneros o los obreros cristianos, sino todo creyente—está apartado para el uso de Dios.

Que os apartéis de fornicación. No crea usted que eran sólo los tesalonicenses que necesitaban esta amonestación de Pablo. No crea usted que ellos eran los únicos que participaban en pecados, especialmente los pecados sexuales. No crea usted que era sólo en los tiempos romanos que la idolatría involucraba pecados de sexo. Hoy estamos viendo un aumento en la adoración de Satanás y la práctica de lo oculto. Hay toda clase de amuletos y ritos relacionados con tal adoración; también hay astrología que intenta decirle a la gente algo de ellos mismos. Y el sexo siempre está involucrado en todo ello.

La gran tragedia hoy es escuchar a algunos obreros cristianos que se han involucrado en pecado sexual. Desafortunadamente, hasta hay iglesias que defenderán a un ministro que es culpable de tal pecado. ¡Somos un pueblo que se supone esté apartado para el uso de Dios! Pablo dice que usted no puede estar involucrado en pecado sexual y al mismo tiempo ser usado de Dios. Uno no puede vivir en pecado y ser un ministro o cantante, maestro de la escuela dominical, o un oficial de la iglesia. No importa quien sea usted, si lo hace, usted destruirá la obra de Dios.

Ahora, ¿debe el creyente, entonces, buscar la santidad? Creo que sí. Pero usted y yo necesitamos reconocer que es sólo en Cristo, donde podemos ser aceptables ante Dios. Pues la voluntad de Dios es vuestra santificación. Usted ha sido colocado en un nivel mucho más alto. Usted ha sido separado para el uso de Dios. ¿Y ahora qué?

> *Que cada uno de vosotros sepa tener su propia esposa en santidad y honor; No en pasión de concupiscencia, como los gentiles que no conocen a Dios. [1 Ts. 4:4-5]*

Por todas partes alrededor de la región de Tesalónica había paganos que mezclaban el sexo y la religión. El sexo era una religión entre los griegos. Usted podía ir a Corinto y descubrir eso; pero no era necesario ir hasta Corinto—uno podía descubrir eso ahí mismo en Tesalónica.

Pablo dice que usted debe vivir una vida hoy que eleve el Evangelio. Algunos creyentes viven vidas demasiado libertinas, y eso causa que el Evangelio sufra. Esos creyentes no están hoy viviendo para Dios o sirviendo a Dios. Usted no puede servir a Dios y vivir en el pecado. Él no acepta eso. ¡Él dice eso y lo aclara muy bien aquí! Él dice que uno no debe vivir de esa manera.

Que cada uno de vosotros sepa tener su propia esposa en santidad y honor. La inmoralidad del día de hoy es asombrosa. Un líder cristiano que enseña clases bíblicas en una universidad aquí en el sur de California, me dijo que los dormitorios de los varones son como Sodoma y que los dormitorios de las jóvenes son como Gomorra. Los pobres jóvenes de hoy saben todo en cuanto al sexo, pero no saben cómo amar. Dios dice que nuestro cuerpo debe ser reservado para el matrimonio, y esto se les aplica igualmente a los hombres como a las mujeres. Se dan toda clase de razones para el hecho de que hay tanta infelicidad en el matrimonio. El problema es que los miembros del matrimonio no son personas que han sido apartadas para el uso de Dios, y no son fieles uno al otro en el matrimonio. Cuando una persona reserva su cuerpo para el matrimonio y es fiel a su pareja, esa persona está manteniendo su cuerpo en "santidad y honor". Todo hijo de Dios debe practicar la fidelidad en el matrimonio. Pablo habla aquí con gran claridad.

> *Que ninguno agravie ni engañe en nada a su hermano; porque el Señor es vengador de todo esto, como ya os hemos dicho y testificado. [1 Ts. 4:6]*

Que ninguno agravie ni engañe en nada a su hermano. Uno tiene que ser honrado si va a ser un hijo de Dios.

Porque el Señor es vengador de todo esto. Yo he vivido por mucho tiempo como creyente y trabajado como Pastor entre los creyentes para observar esto en la vida de muchos de los creyentes. He podido ver que algunos creyentes han sido deshonestos, y, el Señor es vengador. Él actúa y los juzga. He visto esto una y otra vez.

> *Pues no nos ha llamado Dios a inmundicia, sino a santificación. [1 Ts. 4:7]*

El hijo de Dios no puede continuar en el pecado. El hijo pródigo quizá puede entrar a la pocilga del cerdo, pero él no se va a quedar allí. Él no puede vivir allí.

> *Así que, el que desecha esto, no desecha a hombre, sino a Dios, que también nos dio su Espíritu Santo. [1 Ts. 4:8]*

En el hijo de Dios mora el Espíritu Santo, y él no puede seguir viviendo de esa manera porque el Espíritu Santo es un Espíritu Santo. El día llegará cuando el hijo de Dios deseará vivir por Dios y deseará la santidad en su vida. Esto es algo que necesita ser enfatizado hoy.

El Espíritu Santo, es el único medio por el cual usted puede vivir para Dios. Observamos, en la Epístola a los Gálatas que el hijo de Dios no ha de satisfacer los deseos de la carne. En vez de eso, debe tener el fruto del Espíritu en su vida. En Romanos 8:3, Pablo lo hace muy claro: Porque lo que era imposible para la ley, por cuanto era débil por la carne, Dios, enviando a Su Hijo en semejanza de carne de pecado y a causa del pecado, condenó al pecado en la carne. ¿Por qué? ¿Es equivocada la ley? No, la ley no es equivocada; los Diez Mandamientos no son equivocados. El problema es con el hombre, no con la ley. El hombre no puede alcanzar el nivel de los Diez Mandamientos, y no puede vivir por los mandamientos en el Nuevo Testamento. Es el Espíritu Santo dentro del creyente que le ha sido dado que le capacita para vivir una vida para Dios.

Dios ha dado al Espíritu Santo a todo creyente. Él no es algo que uno busca después de ser salvo. El momento que un pecador confía en Cristo, esa persona recibe al Espíritu de Dios. En Hechos 19 encontramos que cuando Pablo llegó a Éfeso, encontró a gente que profesaba ser cristianos, pero él vio que el Espíritu Santo no moraba en ellos. Les preguntó si habían recibido al Espíritu Santo. Ellos le dijeron que nunca habían escuchado acerca de tales cosas: sólo habían escuchado del bautismo de Juan. Así que Pablo les predicó el Evangelio, y entonces fueron salvos y recibieron al Espíritu Santo. Usted sólo recibe al Espíritu Santo cuando usted es convertido y viene a Cristo. El creyente recibe y es bautizado con el Espíritu Santo y es colocado en el cuerpo de creyentes para funcionar en él. Después de eso, usted puede ser llenado muchas veces por el Espíritu Santo. Y yo creo que necesitamos eso constantemente. Es sólo el Espíritu Santo que mora en nosotros que nos capacita para poder vivir vidas santas.

> *Pero acerca del amor fraternal no tenéis necesidad de que os escriba, porque vosotros mismos habéis aprendido de Dios que os améis unos a otros. [1 Ts. 4:9]*

El amor es el tema de los versículos 9 y 10, y ésta es una declaración sorprendente. Un creyente tiene que tener amor por los hermanos, y esto es provisto sobrenaturalmente. El fruto del Espíritu es amor... (Ga. 5:22), y eso no es algo teórico, nada más. Hemos mencionado antes que no es un término abstracto, aun cuando parezca serlo. Tiene que ser amor en un término concreto. Note que, cuando Pablo habla del Espíritu Santo, amor por los hermanos es lo primero que él menciona.

Pero acerca del amor fraternal no tenéis necesidad de que os escriba porque vosotros mismos habéis aprendido de Dios que os améis unos a otros. Creo que el amor es lo que identifica al hijo de Dios.

Mi compañero de estudio y yo nos acostumbrábamos a luchar siempre y a discutir, y siempre estábamos tratando de salir de paseo con la misma muchacha y toda esa clase de cosas que hacen los jóvenes. Éramos muy amigos, pero, al mismo tiempo, teníamos nuestros desacuerdos, y nuestras peleas. En cierta ocasión, luego de haber luchado por mucho tiempo, mi amigo me dijo lo que pensaba de mí, y lo que dijo, no era muy bueno. Luego, yo le respondí y le dije lo que yo también pensaba de él, y eso, tampoco era muy bueno. Pero de pronto, dije: "¿Sabes?, tú eres la mejor prueba que tengo de que yo soy un hijo de Dios. Tú sabes que una de las evidencias de que uno es hijo de Dios, que Juan enfatiza y que se enseña en la Primera Epístola a los Tesalonicenses, es que Dios le enseña a uno a amar a su hermano. A pesar de que tú eres la peor clase de persona que he conocido, de que tú eres la persona más despreciable, yo te amo". Mi amigo me miró un poco sorprendido y comenzó a reírse y dijo: "Sabes, yo también te amo, y ¡tú eres mucho peor de lo que yo soy!" Es posible amar a una persona, aunque sea difícil de tratar porque él es nuestro hermano, ya que es hijo de Dios, y esa persona también nos puede amar a nosotros. Ésa es la prueba de que usted es un hijo de Dios. Ésa es la evidencia. Hay algo malo cuando usted no ama a sus hermanos.

Ese amigo es hoy un Pastor jubilado, como yo. De vez en cuando tenemos la oportunidad de vernos. Él sigue siendo un individuo travieso, pero le amo porque él es un hijo de Dios. Y, creo que él me ama a mí. Ésa es la prueba de que somos hijos de Dios.

> *Y también lo hacéis así con todos los hermanos que están por toda Macedonia. Pero os rogamos, hermanos, que abundéis en ello más y más. [1 Ts. 4:10]*

Amor por los hermanos, es un área para crecimiento y desarrollo. Hay algunos santos que no son muy fáciles de amar. Alguien dijo lo siguiente: "El morar arriba con los santos en amor, eso será la gloria; pero el estar aquí abajo con los santos que conozco, bueno, eso es otra historia".

Estos tesalonicenses, amaban a todos los hermanos, pero evidentemente su amor no había llegado al punto óptimo de la vida. Ellos no habían podido alcanzar la cima todavía. El amor de ellos, podría trastabillar un poco.

A veces a causa de nuestras propias personalidades tenemos conflicto con nuestros hermanos. Quizá no sería bueno el que tratáramos de abrazar esa persona y caminar juntos, demasiado tiempo. Pero eso no quiere decir que usted le odie. Usted aún puede amarle como hijo de Dios. Por ejemplo, conozco a un ministro cuyos métodos aborrezco, pero puedo decir honradamente que le amo. No conozco a nadie que se pare y presente a Jesucristo mejor que este hombre, y le amo porque él hace eso.

Ésa es una verdadera prueba hoy. Si usted quiere comprobar si es verdadero, genuino o no, entonces, aquí tiene lugar donde hacerlo: ¿Ama usted a sus hermanos?

> *Y que procuréis tener tranquilidad, y ocuparos en vuestros negocios, y trabajar con vuestras manos de la manera que os hemos mandado. [1 Ts. 4:11]*

Ése es un mandamiento interesante para los creyentes: que procuréis tener tranquilidad. Eso de procurar, también se podría traducir como estudiar. Tenemos toda clase de escuelas y colegios para enseñarle a la gente a hablar hoy. Cada seminario tiene su clase para enseñar a hablar en público. Me hubiera gustado que hubiera alguna clase donde se le enseñara a la gente a estar tranquilos. Hay muchos santos que necesitan un curso para aprender a estar tranquilos.

Es como una señora que fue a una reunión de lenguas en cierta ocasión y uno de los líderes pensó que ella estaba interesada. Se dirigió a ella y le dijo: "Señora, ¿le gustaría a usted hablar en lenguas"? Ella respondió: "No, lo que me gustaría es perder unos diez metros de la que yo tengo ahora". Necesitamos procurar tener tranquilidad. Ése es un mandamiento, digamos de paso.

Y ocuparos en vuestros negocios, es otro buen mandamiento. Lo que eso quiere decir es que debemos cuidar nuestros propios asuntos. Eso es algo bueno para los creyentes. No meterse en las cosas de los demás.

Y trabajar con vuestras manos de la manera que os hemos mandado. Creo que cada creyente debería realizar alguna clase de actividad por medio de la cual él esté haciendo algo que es tangible para Dios. Eso sería algo realmente maravilloso.

> *A fin de que os conduzcáis honradamente para con los de afuera,*
> *y no tengáis necesidad de nada. [1 Ts. 4:12]*

Que os conduzcáis honradamente. El conducirnos o andar honestamente es algo que los santos necesitan hacer hoy. Nosotros como creyentes debemos comportarnos de una manera que sea honrada y honesta. Hay algunas personas que no actúan de esa manera. Un hijo de Dios no puede comportarse así, porque debemos andar honradamente para con los de afuera, y no tengáis necesidad de nada. Porque Dios nos juzgará si nosotros no andamos honradamente.

La venida de Cristo es una esperanza consoladora

Éste es un pasaje muy destacado de las Escrituras, y, ha sido llamado uno de los más importantes pasajes proféticos de las Escrituras. Enseña la inminente venida de Cristo para Su iglesia. Eso no quiere decir que sea inmediata; y hablando francamente, tampoco quiere decir: "La pronta venida de Cristo". Hay muchas personas que usan esa expresión; pero Pablo nunca la usó así, porque si él hubiera dicho: "La pronta venida de Cristo", muchas personas hubieran tomado esto como que Él vendría durante la vida de ellos, o inmediatamente después. Pero, ya han pasado más de dos mil años. La Palabra indica la inminente venida; no indica la pronta venida. Indica la venida que se acerca, y quiere decir que es el próximo evento en la agenda de Dios.

Permítame ilustrar el punto. Una vez cuando mi esposa y yo fuimos a Florida en avión, el capitán era muy afable y empezó a hablarnos inmediatamente después que empezó el vuelo. "Hace muy buen tiempo aquí en el sur de California como se puede ver. También hace buen tiempo en Miami, y se espera buen tiempo para nuestro aterrizaje allí. Volaremos sobre Texas, y desde luego, nadie sabe cómo está el tiempo allí, pero nuestro vuelo debe ser tranquilo. La próxima parada es Miami." Con esto, él indica que se trata de algo inminente, que la próxima parada es inminente. Es decir, que el avión o el tren, no se va a detener en ninguna otra parte. Pero, mientras dura todo el viaje, la llegada es algo inminente. Eso no quiere decir que los pasajeros se tienen que poner de pie, tomar sus maletas y estar listos para salir. Hay que esperar cierto período de tiempo hasta que el vehículo que lo transporta, llegue a ese lugar. Lo importante es que uno tiene que estar preparado en el momento apropiado porque la llegada es inminente; eso era lo próximo que ocurriría al finalizar el viaje.

La diferencia que existe entre un viaje de esa naturaleza y la venida de Cristo por Su iglesia, es que Su venida no está estipulada para cumplirse dentro de unas cinco horas de distancia. En realidad, no se sabe cuánto va a demorar. Podría ser cinco días, como puede ser tal vez cinco semanas; también podría ser cinco meses o podría ser cinco años; o aún quinientos años. Puede que esté muy lejos, pero es algo inminente. Es decir, que ése es el próximo evento; y ésa es la enseñanza que el Apóstol Pablo enseña aquí claramente.

Por lo cual os decimos esto en palabra del Señor: que nosotros que vivimos, que habremos quedado hasta la venida del Señor, no precederemos a los que durmieron. (4:15) Pablo creía que el Señor Jesucristo podría venir durante su vida, pero él no dijo o no creía que Él llegaría a venir en su día; él simplemente dijo que podría venir, pero él no insistió en que llegaría a venir. Se puede decir que la actitud del Apóstol Pablo se mantuvo así: aguardando la esperanza bienaventurada y la manifestación gloriosa de nuestro gran Dios y Salvador Jesucristo. (Tit. 2:13)

Al comienzo de este estudio, dije que esta epístola, fue la primera carta que el Apóstol Pablo escribió en su segundo viaje misionero. Cuando Pablo escribió la carta a los Filipenses, él ya era un anciano. Él estaba en la prisión en Roma. ¿Ha cambiado él entonces su teología? Hay algunos que dicen que sí, que lo hizo. Pero, fíjese en lo que dice: Mas nuestra ciudadanía está en los cielos, de donde también esperamos al Salvador, al Señor Jesucristo. (Fil. 3:20) Pablo, al final de su vida estaba todavía esperándole. Es decir, que Su venida era inminente.

Pablo llamó a esto la venida de Cristo por Su iglesia, cuando nosotros seremos arrebatados para encontrarnos con el Señor en las nubes—el Rapto de la iglesia. Hay personas hoy, que tienen un punto de vista diferente a este asunto. Ellos dicen que la Biblia no enseña el Rapto y que uno no encuentra esa palabra en el Nuevo

Testamento. Insisto en que sí se menciona, y se encuentra en este pasaje en el versículo 17: Luego nosotros los que vivimos, los que hayamos quedado, seremos arrebatados juntamente con ellos en las nubes para recibir al Señor en el aire, y así estaremos siempre con el Señor. En este versículo tenemos la palabra arrebatados, y es algo muy interesante. La palabra griega utilizada es jarpázo, y quiere decir arrebatado, como se traduce aquí; ésta es una traducción muy buena. También quiere decir "tomar", así como también "quitar"; y aún más, ya que puede indicar "levantar". Así mismo, también quiere decir "transportar"; y el significado para esta palabra es "raptar"; y el raptar es una palabra tan buena, como la que tenemos aquí de: "arrebatar".

La palabra que se utiliza aquí, quiere decir "Rapto" o "transportado", pero es un problema de semántica; es decir, la palabra que usted escoge usar. Pablo enseñó el "Rapto de la iglesia". Si a usted no le gusta esto, entonces puede usar la palabra original. Usted puede decir que cree en jarpázo porque ésta es la palabra griega que se ha utilizado, y quiere decir "arrebatar", y también quiere decir "raptar"; puede ser cualquiera de las dos. Estoy hablando, de la escatología; acerca del Rapto de la iglesia que puede tener lugar en cualquier momento, y que éste es el próximo suceso en el programa de Dios.

Ahora voy a hacer una declaración que puede ser sorprendente en cuanto a este pasaje de las Sagradas Escrituras. En general, la primera consideración aquí no es el Rapto. La pregunta exacta es: ¿Qué podemos decir acerca de los creyentes que murieron antes del Rapto?

Es necesario que comprendamos y entendamos bien los antecedentes aquí, y quiero revisar un poco, por qué esta pregunta era tan importante para los creyentes tesalonicenses. Pablo fue a Tesalónica en su segundo viaje misionero; él estuvo allí por tres días de reposo y discutió con ellos, declarando y exponiendo por medio de las Escrituras. (Hch. 17:2) Esto indica que él estuvo allí menos de un mes. Pablo llegó a esa ciudad y en el transcurso de un mes, él realizó una tarea de Hércules. Para comenzar, él realizó la obra misionera; él predicó el Evangelio, hubo convertidos, y estableció una iglesia. Él era organizado. Luego, él enseñó a estos nuevos creyentes, grandes verdades de la fe cristiana.

Lo interesante de notar es que él enseñó en cuanto al arrebatamiento de la iglesia.

Cuando yo era un joven predicador en una denominación, no se decía mucho en cuanto a la profecía; y hablando honradamente, creo que los predicadores de aquella denominación no sabían mucho en cuanto a este punto, y ellos presentaban como excusa que: "Uno no debía predicar en cuanto a esto; ésta es una verdad muy profunda y debe darse solamente a los santos ya maduros; eso no debe presentarse a los creyentes nuevos". Es una lástima pues, que Pablo no supiera esto, porque él no había estado ni siquiera un mes en Tesalónica, y ya él les estaba enseñando en cuanto a la profecía. Más aún, cuando lleguemos a ver lo que dice la Segunda Epístola, vamos a ver allí que él habló con ellos en cuanto a la Gran Tribulación. Él les habló acerca del hombre de pecado, el anticristo que vendría. El Apóstol Pablo cubrió toda la gama de profecías para los creyentes de Tesalónica, y es una insensatez el decir que esto no debe presentarse a los creyentes nuevos. Se debe presentar a ellos, y Pablo nos está demostrando eso aquí.

Está claro que Pablo les enseñó en cuanto al arrebatamiento de la iglesia, que puede ocurrir en cualquier momento, de que era algo inminente. Luego Pablo partió de Tesalónica, y se fue a Berea donde estableció una iglesia, y se detuvo en ese lugar por algún tiempo. Luego, él se embarcó y se dirigió a Atenas. No se sabe en realidad cuánto tiempo él pasó allí. Él estaba esperando a Timoteo y Silas para que ellos regresaran y le trajeran noticias de Tesalónica. Ellos no llegaron, así es que Pablo se dirigió a Corinto. Luego de haber estado allí por un tiempo, llegaron Timoteo y Tito y le dieron informes en cuanto a esta iglesia en Tesalónica. Los creyentes de esta iglesia tenían algunas preguntas que hacer. Entonces, Pablo escribe esta Primera Epístola a los Tesalonicenses para animarles, y para aclarar este tema del arrebatamiento de la iglesia. La pregunta que surgió mientras Pablo estuvo ausente, fue la siguiente: En este intervalo de tiempo desde que Pablo partió de Tesalónica hasta el momento en que él escribió la epístola, algunos de los creyentes en Tesalónica murieron. Entonces la pregunta surgió: ¿Qué pasó con éstos que murieron? ¿No estarán en el arrebatamiento?

Es obvio que Pablo enseñó la inminente venida de Cristo; de otro modo, esta pregunta no hubiera sido algo pertinente. Pablo había dicho que el Señor Jesucristo podría regresar en cualquier momento, y estos santos murieron y el Señor no había venido aún. ¿Qué pasa con ellos entonces? ¿Se perdieron el arrebatamiento? ¿No serán arrebatados cuando ocurra el Rapto? ¿Qué ocurrirá con ellos? Pablo, pues, contestó esto en esta Primera Epístola a los Tesalonicenses. Nosotros tenemos esta respuesta.

Para nosotros, ésa ya no es una pregunta muy significante porque usted y yo vivimos dos mil años después de la Primera Epístola a los Tesalonicenses, y en ese intervalo la mayor parte de la iglesia ya ha pasado a través de las puertas de la muerte. Por lo tanto, la mayoría de la iglesia ya ha pasado a través de la muerte, y queda una pequeña minoría en el mundo.

Pablo les había enseñado que la venida de Cristo era inminente, y eso es lo que nosotros todavía creemos hoy. Entre el punto en el cual nos encontramos en este instante hasta la venida de Cristo por Su iglesia, hay una separación muy, pero muy delgada. Esto significa que podría ocurrir en cualquier momento. Podría ocurrir aún antes de que usted termine de leer esta página, o puede estar por suceder en alguna época en el futuro.

Es muy peligroso hoy el decir que el Señor puede venir e indicar una fecha determinada. Es imposible para nosotros estar buscando una fecha exacta para saber cuándo Él viene. La razón, es que Él Mismo ha dicho que nadie sabe ni el día ni la hora cuando Él regresará. Creo que esta gente nos roba a usted y a mí la oportunidad de esperar que Él venga.

Así es que, aquí tenemos a Pablo contestando la pregunta, de si aquéllos que habían muerto ¿habían ya perdido el Rapto de la iglesia? Cuando pensamos en esto, podemos comprender mejor lo que nos dice este pasaje de las Escrituras.

Ahora, los tesalonicenses estaban preocupados en cuanto a los santos que habían muerto antes del Rapto. Necesitamos mantener esto en mente mientras estudiemos el resto de este capítulo.

Tampoco queremos, hermanos, que ignoréis acerca de los que duermen, para que no os entristezcáis como los otros que no tienen esperanza. [1 Ts. 4:13]

Tampoco queremos, hermanos, que ignoréis... Me gusta bastante la forma en que Pablo presenta este punto. Ya lo hemos visto anteriormente en las dos Epístolas a los Corintios. Cuando Pablo dice, No quiero, hermanos, que ignoréis, uno puede estar seguro que los hermanos eran ignorantes. Pablo no lo dice en una forma cruda. Lo dice de una forma muy diplomática, muy amable. También lo dice en una forma muy cristiana.

Acerca de los que duermen. Él está hablando de la muerte del cuerpo. Esto nunca se refiere al alma o al espíritu del hombre, porque el espíritu del hombre no muere. Notaremos esto más adelante, pero primero quiero mencionar varias razones por las cuales la muerte del cuerpo se describe con la frase "estar dormido."

1. Hay una semejanza entre el sueño y la muerte. Un cuerpo muerto y un cuerpo dormido son muy similares. Estoy seguro que, si usted ha estado presente en un funeral, tiene que haber oído a alguien decir: "Bueno, fulano de tal parece como si estuviera durmiendo". En realidad, eso es cierto en cuanto al creyente: el cuerpo está dormido. El que duerme no deja de existir, y ésa es la inferencia que tenemos aquí de que el muerto no deja de existir simplemente porque el cuerpo está dormido. El dormir es algo temporal; la muerte lo es también. El dormir tiene su despertar; la muerte tiene su resurrección. La vida no es simplemente existencia, y la muerte no es inexistencia, como se puede ver.

2. La palabra griega utilizada para dormir proviene de la raíz koimáo, y esa palabra quiere decir "acostarse". Así es que, nuevamente esta palabra nunca se puede referir al espíritu, porque ¿cómo se puede acostar un espíritu? Es muy interesante notar también que la palabra "resurrección" es una palabra que se refiere solamente al cuerpo. Esa palabra es ana-stasis, y proviene de dos palabras griegas: histemi que significa "estar de pie"; y luego ana, que es la preposición que quiere decir, "levantarse". Es sólo el cuerpo el que puede levantarse en la resurrección. Hay algunos que tienen la idea que en la Biblia se habla de una resurrección espiritual. Pero, no hay tal cosa. El espíritu o el

alma no muere, y el espíritu o el alma no son levantados y resucitados porque no mueren. Sólo el cuerpo puede acostarse, en la muerte, y sólo el cuerpo puede levantarse en la resurrección. Eso es muy obvio. Pablo podía decir: ausentes del cuerpo (era estar) presentes con el Señor. (2 Co. 5:8)

El gran escritor C. S. Lewis, en una de sus novelas, ridiculiza a los liberales porque ellos creen que la resurrección es nada más que del espíritu y no del cuerpo. Este escritor pregunta en una forma bastante sarcástica lo siguiente: "¿En qué posición se encuentra el alma o el espíritu cuando se levanta, o cuando se acuesta en la muerte? (o ¿al morir?)" Así es que, si usted me quiere decir a mí, que esto indica que "el alma duerme", usted tiene que explicarme, en qué posición se coloca el alma, porque aquí la palabra indica "acostarse". Sólo puede referirse al cuerpo, porque el cuerpo es lo único que puede acostarse, y es lo único que está allí. Ésta es la misma palabra que se usa para indicar el sueño natural, y que siempre se refiere al cuerpo.

La misma palabra en griego para "dormir" se usa aquí que se usa para referirse al sueño natural cuando uno se acuesto en la cama. Permítame darle dos ilustraciones de esto. San Lucas 22:45, en el relato en cuanto a lo que ocurrió en el huerto de Getsemaní, dice: Cuando se levantó de la oración, y vino a Sus discípulos, los halló durmiendo a causa de la tristeza. Pedro, Jacobo y Juan se durmieron como dos o tres veces. ¡Imagínese usted, en un momento de crisis, estos hombres se ponen a dormir! Luego, Hechos 12:6, dice: Y cuando Herodes le iba a sacar, aquella misma noche estaba Pedro durmiendo entre dos soldados, sujeto con dos cadenas, y los guardas delante de la puerta custodiaban la cárcel. Aquí se habla de cuando Pedro había sido arrestado. ¡Imagínese usted, Simón Pedro durmiendo nuevamente en otro momento de crisis! Nosotros sabemos muchas cosas en cuanto a Simón Pedro, y una de estas cosas, es que él no padecía de insomnio. Este hombre podía dormir en cualquier ocasión, y especialmente en un momento de crisis. Cuando se menciona el dormir aquí, se refiere al sueño natural del cuerpo físico.

3. La Biblia enseña que el cuerpo vuelve al polvo del cual fue creado, pero el espíritu regresa a Dios quien lo dio. Aun en el Antiguo Testamento se enseña eso. Eclesiastés 12:7, dice: y el polvo vuelva a la

tierra, como era, y el espíritu vuelva a Dios que lo dio. Nuestro cuerpo es el polvo. Dios le dice al hombre: polvo eres, y al polvo volverás. (Gn. 3:19) ¿De qué está hablando Él aquí, del alma o del espíritu? De ninguno de los dos. Es el cuerpo el que fue tomado del polvo, y, luego, Dios le dio el aliento de la vida, o el espíritu. Es el cuerpo que va a dormir hasta la resurrección.

El espíritu o el alma no muere, y por lo tanto el espíritu o el alma no es resucitada. Sólo el cuerpo puede "acostarse" en la muerte, y sólo el cuerpo puede levantarse en la resurrección. Esto es obvio cuando Pablo dice ausentes del cuerpo y presentes al Señor. (Véase 2 Co. 5:8)

El cuerpo es meramente una tienda frágil que se pone al lado temporáneamente en muerte. Porque sabemos que si nuestra morada terrestre, este tabernáculo, se deshiciere, tenemos de Dios un edificio, una casa no hecha de manos, eterna, en los cielos. (2 Co. 5:1) La palabra utilizada aquí para "tabernáculo" es skénos, y quiere decir "tienda". Estos cuerpos en los que usted y yo habitamos, son nada más que tiendas. No me estoy refiriendo a la casa en la cual usted vive; usted puede tener una residencia que cuesta mucho dinero. Pero, usted vive nada más que en una tienda—este cuerpo—y allí es donde realmente usted vive. No hay tal cosa como alguna gente que vive en los barrios bajos y otros que viven en otras partes. Dios nos colocó a todos en una tienda aquí en este mundo. Se ha dicho que si uno toma este cuerpo y separa las diferentes substancias químicas que lo componen, uno podría venderlas, aun con la inflación presente, por un poco menos de cuatro dólares. Su casa puede haber costado muchísimo dinero, como he dicho; pero, usted está viviendo en una tienda que cuesta menos de cuatro dólares, y que puede ser derribado en cualquier momento, y si usted no cree esto, pues, puede salir a la calle y pararse delante de un automóvil y, usted va a tener que doblar esa tienda, y calladamente desaparecer. Eso es lo que le va a suceder. Es un cuerpo muy frágil en el cual vivimos nosotros aquí. Pablo dice: Y por esto también gemimos, deseando ser revestidos de aquella nuestra habitación celestial. (2 Co. 5:2) Pablo está diciendo: por esto también gemimos en nuestros cuerpos. Y: Porque asimismo los que estamos en este tabernáculo gemimos con angustia... (2 Co. 5:4) Gemimos en estas tiendas nuestras. ¿Ha llegado usted ya a descubrir eso?

Conocí a un anciano hace muchos años. Él habría tenido unos ochenta años. Él maldecía terriblemente. Le dije, "Señor, usted no estará aquí por mucho más tiempo, y usted va a tener que dar cuentas a Dios." "¿Cómo sabe usted que yo no estaré aquí por mucho más tiempo?" "Dios se lo está contando. Usted tiene canas en el pelo, usted vacila al andar, y tiene dificultad al respirar. Él está tratando de decirle que usted no estará aquí por mucho más tiempo. Usted está viviendo en una pequeña tienda aquí, y está deslizándose poco a poco."

Se cuenta que cuando el Presidente John Adams, era anciano, un amigo le preguntó en cuanto al estado de su salud. Él contestó que él estaba bien, pero que la "casa" en que vivía se estaba debilitando y que no estaba en muy buenas condiciones. Ése es el tipo de cuerpo en el cual cada uno de nosotros vive, amigo.

Cuando yo era joven, podía subir y bajar las escaleras de mi casa dando saltos. Pero en mis años maduros, todo es diferente. Cuando tengo que bajar por las escaleras, sólo puedo dar un paso a la vez, y ya no ando saltando más. Las rodillas me duelen mucho. Me quejo bastante. Mi esposa dice que no debería quejarme tanto. Pero, yo contesto que esto es algo bíblico, porque Pablo dice que nosotros gemimos en nuestros cuerpos y que yo quiero tener mi parte en este asunto de gemir.

Éstos son los cuerpos que van a ser colocados en la tumba. Para el creyente, son colocados para dormir, y no puedo pensar en algo más hermoso que esto. El espíritu va a estar con Cristo. Pablo ha dicho: Así que vivimos confiados siempre y sabiendo que entre tanto que estamos en el cuerpo, estamos ausentes del Señor (porque por fe andamos, no por vista). (2 Co. 5:6-7) Ahora nos sentimos "en casa" en este cuerpo; es donde vivimos. La gente realmente no nos ve a nosotros—estamos escondidos en nuestros cuerpos. A veces la gente que asiste a los servicios donde hablo, me dicen que me han escuchado en la radio y que han venido para ver cómo me veo. Siempre me gustaría decirles, "Usted realmente no me ha visto a mí. Todo lo que ha visto es una cabeza, y dos manos en un traje. Usted no me ve a mí—el verdadero yo vive en este cuerpo." La casa en que vivo no está en muy buenas condiciones, pero es donde vivo mientras ande por la tierra.

Pablo sigue diciendo, Pero confiamos, y más quisiéramos estar ausentes del cuerpo, y presentes al Señor. (2 Co. 5:8) ¡No hay nada más bello que eso! Si usted asistiera a mi funeral, yo no quisiera que usted pasara y dijera que me veo muy natural. Amigo, yo ni estaré allí. Usted sólo estará viendo mi tienda que he dejado atrás. Es mi casa vieja, que se ha dormido. Yo estaré ausente para estar con el Señor. Luego, en la resurrección, este cuerpo será levantado.

Hace mucho tiempo tuvo lugar una reunión de teólogos y líderes de las iglesias, cuando se estaba llevando a cabo un argumento entre el modernismo y el fundamentalismo. Parece que esta gente hizo un último esfuerzo para tratar de reconciliar las cosas. Uno de los liberales que se encontraba en ese lugar, un erudito griego, presentó una disertación sobre el cuerpo espiritual. Él basó su disertación en lo que dice 1 Corintios 15:44: Se siembra cuerpo animal, resucitará cuerpo espiritual. Él puso mucho énfasis en lo espiritual, y dijo: "Hermanos, vosotros podéis ver que la resurrección es espiritual porque aquí se habla de un cuerpo espiritual". Muy bien, entonces, los liberales aplaudieron mucho. Esta gente quería votar para que ese manuscrito fuese impreso y se le diera amplia circulación. Pero en ese lugar también se encontraba un erudito griego de tendencia conservadora y él dijo: "Yo quisiera hacerle una pregunta a fulano de tal". Un profundo silencio cayó en esa sala porque todos sabían que este hombre podría hacer preguntas muy importantes y directas. Así es que este hombre que acababa de presentar su disertación se puso de pie y dijo: "Bien, trataré de responder a su pregunta". El otro dijo: "La pregunta es muy sencilla, usted la puede responder. ¿Qué tiene más valor, el sustantivo o el adjetivo?" Él se dio cuenta de lo que este hombre estaba haciendo, y quería contestar, pero tuvo que decir: "Por supuesto que el sustantivo tiene más importancia que el adjetivo." El otro hombre le dijo: "Me sorprende y me disgusta que usted, una persona tan versada en el idioma griego, le haya dado más énfasis al adjetivo que al sustantivo. Usted ha presentado una interpretación equivocada a lo que Pablo intentó decir. Pablo dice: Se siembra cuerpo natural. Cuerpo es el sustantivo; natural es el adjetivo, y resucitará cuerpo espiritual". Continuó diciendo: "Lo único que es transportado en la resurrección es el cuerpo. Eso fue lo que fue cambiado; pero todavía era un cuerpo. Pero ahora es un cuerpo espiritual, y el énfasis se da al cuerpo, y no a lo espiritual". Nunca llegaron a imprimir el manuscrito que había leído el otro hombre. Si uno analiza esto se da cuenta de que era algo ridículo; porque es el cuerpo el que es resucitado. Son los cuerpos los que duermen en el polvo de la tierra.

Daniel usó esa expresión en Daniel 12:2, que dice: Y muchos de los que duermen en el polvo de la tierra serán despertados. Ya hemos visto lo que Salomón escribió en el libro de Eclesiastés y él había dicho allí que el cuerpo regresaba al polvo. El polvo regresa al polvo; ése es el cuerpo. Pero el espíritu va a Dios quien lo había enviado.

4. Los primeros creyentes adoptaron una palabra muy hermosa para el lugar donde enterraban a sus seres queridos. Ellos usaban la palabra Koi-meterion. Ésa es la palabra de la que viene nuestra palabra por cementerio, y era una casa de descanso para los extranjeros. Nosotros lo podemos llamar ahora "posada". En aquellos días ellos tenían estas posadas, como la posada en Belén. Cada ciudad tenía un lugar como éste, una casa de descanso para los extranjeros. Uno podía pasar la noche en un lugar así. Los primeros creyentes llamaron a ese lugar cementerio, y eso era nada más que un lugar de descanso. En esto podemos incluir a los hoteles hoy. Ése es un lugar al cual uno va a pasar una noche. A la mañana siguiente uno se levanta y está listo para partir. Lo hermoso de esto es que es un cuadro del lugar donde uno va a sepultar a los seres queridos. ¿Usted no se pone a llorar cuando un amigo va a pasar una noche a un hotel, verdad? Usted se regocija con él. Pues, bien, el cuerpo del creyente ha sido colocado en un hotel por decirlo así, por cierto tiempo. Pero, un día, el Señor regresa y ese cuerpo será resucitado, ha dicho Pablo.

Para que no os entristezcáis como los otros que no tienen esperanza. "Los otros" que se mencionan aquí, son aquéllos que no son salvos, los paganos de aquel día que se encontraban en la ciudad de Tesalónica y en el mundo. En Tesalónica se encontró una inscripción que decía: "Después de la muerte, no hay un revivir; después de la tumba, no se reúne otra vez." Y uno de los poetas griegos, Teócrito, escribió: "Las esperanzas están entre los vivos; los muertos están sin esperanza alguna." Eso es para nosotros algo muy pesimista, ¿no le parece? Es algo fúnebre. No hay ninguna esperanza. El mundo antiguo era así. Yo he tenido la oportunidad de predicar la Palabra de Dios en muchos funerales, y siempre he podido darme cuenta de si la familia era creyente o no por la forma en que llora la gente. Los cristianos lloran, desde luego—no hay nada malo en ello. Pablo nunca dice que los creyentes no deben llorar. Lo que sí dice es que no hemos de estar tristes como los que no tienen esperanza. Un cristiano siente pena a la muerte de un ser querido, pero también tiene esperanza.

Porque si creemos que Jesús murió y resucitó, así también traerá Dios con Jesús a los que durmieron en él. [1 Ts. 4:14]

Quisiera que usted note que Pablo dijo que "Jesús murió y resucitó". No dice, que Él durmió. ¡Él murió! ¡Cuán acertado es esto!

Hay tres clases de muertes en las Escrituras: existe la muerte física, la separación de lo espiritual del cuerpo; y eso es lo que nosotros llamamos muerte hoy. Adán, por ejemplo, no murió físicamente sino hasta 930 años después de la caída.

Entonces, existe una muerte espiritual. Pablo dice: Porque el ocuparse de la carne es muerte. ¿Qué quiere decir esto? Es el estar separado de Dios, y eso es lo que le sucedió al hombre en el huerto del Edén. Dios le había dicho: De todo árbol del huerto podrás comer, mas del árbol de la ciencia del bien y del mal no comerás; porque el día que de él comieres, ciertamente morirás. (Gn. 2:16) Eso quería decir que él iba a ser separado de Dios, y eso sucedió así. Cuando Dios buscó al hombre en el huerto del Edén, el hombre trató de huir. Dios y el hombre están separados desde entonces. Adán, en realidad, murió ese día cuando él comió; él murió una muerte espiritual. El Señor Jesucristo dijo bien claramente que nosotros estábamos muertos; Pablo describe esta muerte espiritual en Efesios 2:1: Y Él os dio vida a vosotros cuando estabais muertos en vuestros delitos y pecados.

En cierta ocasión un Juez bastante famoso estaba recorriendo su país presentando una disertación titulada "Millones que ahora viven, nunca morirán". A éste le seguía un predicador bautista bastante famoso también, que predicaba diciendo: "Millones que ahora viven, ya están muertos". Por cierto, que así era, muertos espiritualmente.

Luego, existe la muerte eterna; ésa es la separación eterna de Dios. Ésta es la segunda muerte descrita en Apocalipsis 20:14.

> *Por lo cual os decimos esto en palabra del Señor: que nosotros*
> *que vivimos, que habremos quedado hasta la venida del Señor,*
> *no precederemos a los que durmieron. [1 Ts. 4:15]*

Pablo está diciendo: "Vosotros os habéis estado preocupando en cuanto a aquéllos que habían muerto antes de que tuviera lugar el Rapto de la iglesia". Él dice: "Bien, yo quiero que vosotros sepáis que ellos tendrán parte en el arrebatamiento". La realidad es que aún nosotros que estamos vivos no vamos a ir antes que ellos. Ellos serán primero.

> *Porque el Señor mismo con voz de mando, con voz de arcángel,*
> *y con trompeta de Dios, descenderá del cielo; y los muertos en*
> *Cristo resucitarán primero. [1 Ts. 4:16]*

El Señor mismo...descenderá del cielo... Éste es un pasaje muy importante de las Escrituras. Yo quisiera corregir algo. El Señor Mismo descenderá del cielo. Eso me gusta mucho. Él no va a enviar a los ángeles. Cuando Él venga a establecer Su reino a la tierra, entonces, Él enviará a Sus ángeles a los cuatro puntos cardinales de la tierra para reunir a los elegidos. (Véase Mt. 24:31) Ésos serán los de Israel y los gentiles, para que ellos entren al reino. Pero no hay un ministerio de los ángeles en conexión con el Rapto de la iglesia. Los ángeles anunciaron el nacimiento de Cristo, pero ¿cómo lo anunciaron? Él era el Hijo de David. Él es el Rey. Así fue como Él fue anunciado. Él iba a ser el Salvador. Pero lo importante del anuncio era que un Rey os ha nacido. Los hombres magos querían saber: ¿Dónde está el Rey de los judíos, que ha nacido? Pero cuando uno está tratando con la iglesia en el día de Pentecostés, allí no había ángeles. El Espíritu Santo vino por Sí Mismo.

Cuando el Señor arrebate a Su iglesia de este mundo El Señor Mismo descenderá del cielo. No habrá ángeles allí. Los ángeles están relacionados con Israel, pero no con la iglesia.

Porque el Señor Mismo con voz de mando. Ésa es la voz de comando, de mandato, como la que se oyó cuando Él estuvo a la puerta de la tumba de Lázaro y dijo: Lázaro, ven fuera. (Véase Jn. 11:43)

...con voz de arcángel. Ahora alguien dice: "Un momento. Allí tenemos un ángel relacionado con el Rapto". No, amigo. Su voz será como la voz de un Arcángel. Es decir, es la calidad de la voz, la majestad y la autoridad de ella.

Con trompeta de Dios. ¿Habrá una trompeta? No, es que Su voz, será como la trompeta. ¿Podemos estar seguros de esto? En Apocalipsis 1:10, Juan estaba exilado en la isla de Patmos, y él dice: Y estaba en el Espíritu en el día del Señor, y oí detrás de mí una gran voz como de trompeta. Él se volvió para ver la voz que hablaba con él, y él vio al Cristo glorificado. Es la voz del Cristo glorificado que es como voz de trompeta.

No creo que Gabriel posea una trompeta. Si tiene una, no habrá necesidad de que la toque. ¿Cree usted que el Señor Jesucristo necesitaba a Gabriel para que viniera y le ayudara a resucitar a Lázaro de entre los muertos? ¿Se puede usted imaginar al Señor Jesucristo en la tumba de Lázaro, diciendo: "Gabriel, podrías venir aquí y ayudarme a sacar a este hombre de la tumba?" El Señor Jesucristo no necesita a nadie que le ayude; cuando Él llame a Su iglesia, sus cuerpos saldrán de las tumbas. Y, los muertos en Cristo resucitarán primero.

> *Luego nosotros los que vivimos, los que hayamos quedado, seremos arrebatados juntamente con ellos en las nubes para recibir al Señor en el aire, y así estaremos siempre con el Señor.*
> *[1 Ts. 4:17]*

Otra vez, "arrebatados" es jarpázo, que significa "arrebatado, rapto, apoderarse".

Esto va a ser una cosa muy ordenada: los muertos primero. Primero sale Esteban de su tumba. Puede ser que él encabece esa procesión ya que él fue el primer mártir. Luego, le seguirán los Apóstoles, y, luego, aquéllos que murieron durante ese período cuando millones entregaron sus vidas por Jesucristo. Luego, continuarán a través de los siglos. Finalmente, si usted y yo todavía estamos vivos, nos uniremos al fin de ese gran desfile. Nos encontraremos bien al final de esa procesión. La gran mayoría de la iglesia ya ha pasado a través de las puertas de la muerte.

> *Por tanto, alentaos los unos a los otros con estas palabras. [1 Ts. 4:18]*

¿Dice él: "Por tanto, aterrorizaos los unos a los otros con estas palabras"? ¡Por supuesto que no! Mi Biblia dice: Por tanto, alentaos los unos a los otros con estas palabras. Esto es algo, que debería alentarle a usted, y ¡cuán maravilloso y glorioso parece este consuelo! En realidad, no sólo indica el consolarse el uno al otro, sino indica que debemos instruirnos y exhortarnos unos a otros, y hablar acerca de estas cosas. El Señor Jesucristo va a llevar a los Suyos de este mundo algún día. Y ¡qué glorioso y qué maravilloso consuelo es éste! Los cuerpos de los muertos serán levantados, y nosotros que estemos vivos, seremos arrebatados juntamente con ellos en las nubes para recibir al Señor en el aire. Así vamos a ir a estar con el Señor siempre. Luego, regresaremos con Él a esta tierra para reinar con Él en esa época cuando Él establezca Su reino.

CAPÍTULO 5

La venida de Cristo es una esperanza animadora

En este último capítulo de la epístola vemos la conducta del creyente en vista del regreso de Cristo. Usted recordará que llamé al capítulo 1: "La actitud del creyente hacia el regreso de Cristo". Si esa actitud o conducta no lleva a una acción o a una actividad, entonces hay algo que anda mal. ¡La venida de Cristo es una esperanza animadora, que conduce a acción!

Llamado para estar despierto y alerta en vista de la venida de Cristo

El creyente en Cristo ha de estar despierto y alerta en vista de la venida de Cristo porque el creyente no entrará en esa noche terrible del período de la Gran Tribulación que se llama "El Día del Señor". Ese Día de Jehová o del Señor, comienza con la noche porque ésta era la forma que Dios tenía de señalar el tiempo en Génesis 1:5: fue la tarde y la mañana un día. Dios comienza con la noche y avanza hacia la luz. La Gran Tribulación lleva hacia el reino glorioso milenario de Cristo, cuando el Hijo de Justicia llegará con sanidad en Sus alas.

El Día del Señor es una expresión que necesitamos analizar.

Pero acerca de los tiempos y de las ocasiones, no tenéis necesidad, hermanos, de que yo os escriba. [1 Ts. 5:1]

Esta mención del tiempo y de las ocasiones, no es la propiedad de la iglesia; pertenecen a este mundo y al pueblo terrenal, a Israel y a los gentiles que sean salvos aquel día. La iglesia está esperando a una Persona, no por tiempos y ocasiones. La palabra que se utiliza aquí para "tiempo" es chronos; de allí sacamos nuestra palabra "cronología". Los tiempos y de las ocasiones y la cronología no son para la iglesia.

Porque vosotros sabéis perfectamente que el día del Señor vendrá así como ladrón en la noche. [1 Ts. 5:2]

El Señor Jesucristo no viene a la iglesia como un ladrón en la noche. La iglesia está esperando a que Él venga. Un ladrón no es bienvenido; uno no lo está esperando. Cuando usted sale de su casa, no deja una nota en la puerta diciendo: "He dejado la puerta abierta, señor ladrón, y usted puede encontrar las cosas de valor en tal y cual lugar en la casa. Tome lo que usted desee". No me imagino que usted haga una cosa semejante. Posiblemente lo que usted haga cuando sale de su casa, es cerrar todo apropiadamente con llave. Usted quiere que el ladrón se quede afuera. Entonces, el Señor Jesús no viene como ladrón a la iglesia. Sin embargo, el Señor Jesucristo vendrá como ladrón en la noche, después que la iglesia haya sido arrebatada. Como he dicho, el Día del Señor vendrá repentinamente a la tierra, y empezará con la noche del período de la Gran Tribulación. Entonces Cristo vendrá personalmente a la tierra.

El día del Señor vendrá de esa manera y también, llegará de pronto a este mundo.

> *Que cuando digan: Paz y seguridad, entonces vendrá sobre ellos destrucción repentina, como los dolores a la mujer encinta, y no escaparán. [1 Ts. 5:3]*

¿Ha notado usted el cambio de pronombre aquí? En los primeros dos versículos, Pablo se dirige a "los hermanos," y dice que no es necesario para él escribirles en cuanto a los tiempos y de las ocasiones, porque ellos no tendrán nada que ver con eso. Los creyentes no estarán aquí cuando llegue ese tiempo. Pero en el versículo 3, el pronombre cambia a cuando digan paz y seguridad, y se refiere aquí a ellos. Creo que eso es importante de notar de nuestra parte.

Quisiera repetir una vez más, que el día del Señor es un período de tiempo que comienza con el período de la Gran Tribulación y continúa a través del reino milenario de Cristo sobre esta tierra. Hay muchos pasajes de las Escrituras que hablan de esto. Por ejemplo, en Isaías capítulos 12-13 se puede leer que habrá un juicio sobre la sociedad y el gobierno, sobre los militares, sobre el comercio y el arte; y sobre la pompa y el orgullo y la religión. He aquí el Día de Jehová viene, terrible, y de indignación y de ardor de ira, para convertir la tierra en soledad, y raer de ella sus pecadores. (Is. 13:9) Empieza como un día de ira: Por lo cual las estrellas de los cielos y sus luceros no darán su luz... (Is. 13:10) Luego, continúa hablando de las terribles cosas que sucederán. En la profecía de Joel, se dice: ¡Ay del día! porque cercano está el Día de Jehová, y vendrá como destrucción por el Todopoderoso. (Jl. 1:15) Joel 2:2 habla de esto como un día de tinieblas y de oscuridad, día de nube y de sombra. Ése es el cuadro que tenemos de esto en el Antiguo Testamento. El Día del Señor comienza, con la Gran Tribulación y continúa a través del reino milenario, y ése es el tema del Antiguo Testamento.

El evento descrito en el capítulo 4, de esta epístola, de la venida de Cristo para arrebatar a Su iglesia de este mundo, ni siquiera es mencionado en el Antiguo Testamento. Encontramos esto allí por medio de la tipología, sin duda alguna, y se ve en personajes como Enoc y Elías, quienes fueron llevados vivos a estar con el Señor. Pero no se enseña en el Antiguo Testamento que el Señor Jesucristo vaya a sacar de este mundo una compañía de gente para Sí Mismo. ¡Qué verdad más gloriosa y hermosa es ésta! Ésa es la verdad que se revela por primera vez en el Aposento Alto cuando el Señor Jesucristo dijo: ...Voy, pues, a preparar lugar para vosotros. Y si Me fuere y os preparare lugar, vendré otra vez, y os tomaré a Mí Mismo, para que donde Yo estoy, vosotros también estéis. (Jn. 14:2b-3) Hasta donde entiendo, ésa es la primera vez que se menciona en la Biblia. Pablo desarrolla esto en el capítulo 4, como ya vimos anteriormente.

Pero en este capítulo 5, él está hablando acerca de algo que es el tema del Antiguo Testamento y que era bien conocido en el Antiguo Testamento.

Cuando digan: Paz y seguridad, entonces vendrá sobre ellos destrucción repentina... Él se aparta de eso y dice que llegará un tiempo que será una gran sorpresa para el mundo. Por cierto que no lo estarán esperando. Yo creo que la "gran mentira," la cual veremos en la Segunda Epístola a los Tesalonicenses, capítulo dos, es la promesa de paz y seguridad. El Señor Jesucristo nos advirtió en cuanto a esto: Tened cuidado de que nadie os engañe, porque el mundo creerá que están entrando al milenio, y, entonces, gozarán de una era de paz. Pero, en realidad, lo que está sucediendo es que están entrando en el período de la Gran Tribulación, y llegará de pronto, así como ladrón en la noche.

> *Mas vosotros, hermanos, no estáis en tinieblas, para que aquel*
> *día os sorprenda como ladrón. Porque todos vosotros sois hijos*
> *de luz e hijos del día; no somos de la noche ni de las tinieblas.*
> *[1 Ts. 5:4-5]*

El Rapto de la iglesia hace dos cosas: (1) Da por terminado este día de gracia en el cual nos encontramos en el presente; este llamar a un pueblo para Su nombre, y el llevar a muchos hijos a su hogar en la gloria. Eso es lo que Dios está haciendo hoy. El Rapto de la iglesia, pues, pondrá punto final a todo esto. No sólo dará por terminado eso, sino que (2) dará comienzo al Día del Señor. El período de la Gran Tribulación comenzará cuando la iglesia parta de este mundo. Ese evento, el Rapto terminará el día de la gracia, y empezará el Día del Señor. Termina un día y empieza otro.

Mas vosotros, hermanos, no estáis en tinieblas, para que aquel día os sorprenda como ladrón. ¿Por qué? Bueno, porque nosotros no estaremos aquí. Encontramos en el capítulo 4 que… el Señor Mismo con voz de mando, con voz de arcángel descenderá del cielo, y quitará a Su iglesia del mundo.

Porque todos vosotros sois hijos de luz. En otras palabras, vosotros no pertenecéis a esa dispensación que viene en el futuro. Vosotros pertenecéis a la dispensación de gracia en la que estamos hoy.

Amigo, mientras usted no aprenda a hacer estas distinciones en las Escrituras, usted va a continuar en la confusión en la que se encuentra. Hablando honradamente, no conozco a ninguna otra persona que esté más confusa hoy, que algunos de nuestros teólogos en los seminarios. He hablado con algunos de ellos y un hombre me dijo que no quería ni tener nada que ver con la profecía y la ha dejado de lado. ¿Por qué? Porque no estaba dispuesto a estudiar las Escrituras enteras.

Cuando llegue el día del Señor, nosotros vamos a estar con el Señor. No vamos a estar en las tinieblas. Él lo expresa bien claro cuando dice: Para que aquel día os sorprenda como ladrón, porque Él no vendrá como ladrón para la iglesia. La iglesia está esperando esa bendita esperanza y la venida gloriosa de nuestro gran Dios y Salvador.

Ahora Pablo da la admonición a los creyentes:

Por tanto, no durmamos como los demás, sino velemos y seamos sobrios. [1 Ts. 5:6]

Por tanto, no durmamos como los demás. Usted, puede ver que esa bendita esperanza, que es el Rapto de la iglesia, puede tener lugar en cualquier momento. En vista de eso, nosotros no deberíamos ser cristianos dormidos.

Lo que Pablo está diciendo, es que en vista de que el Señor Jesucristo va a tomar Su iglesia y va a arrebatarla de este mundo, que nosotros no vamos a estar aquí y que el mundo, aquéllos que no han sido salvos, van a pasar por un período tremendo, y él dice: Por tanto, no durmamos como los demás, sino velemos y seamos sobrios.

Este asunto de ser sobrios que él menciona, puede tener varios significados. No sólo quiere decir el estar sobrio en lo que se refiere a las bebidas alcohólicas y a las drogas, sino también a lo que ocurre con muchas personas, que se emborrachan con el poder, o con el hacer dinero, o con los placeres de este mundo. Hay muchas cosas hoy en las cuales uno puede embriagarse y dejarse llevar por las mismas. Pablo está diciendo que el hijo de Dios tiene que ser sobrio. ¿Por qué? Debido a los grandes eventos que van a tener lugar en el futuro.

Creo que estamos muy cerca de la venida del Señor. No lo sé, pero creo que estamos muy cerca. Sé que puedo decir con las Escrituras ...porque ahora está más cerca de nosotros nuestra salvación que cuando creímos. (Ro. 13:11) Nosotros no debemos dormir como duermen los demás, las otras personas que nos rodean. Tenemos que velar y ser sobrios.

Pues los que duermen, de noche duermen, y los que se embriagan, de noche se embriagan. Pero nosotros, que somos del día, seamos sobrios, habiéndonos vestido con la coraza de fe y de amor, y con la esperanza de salvación como yelmo. [1 Ts. 5:7-8]

Pues los que duermen, de noche duermen, y los que se embriagan, de noche se embriagan. El pensamiento aquí es que los hijos de luz no pueden hacer esta clase de cosa. Ellos deben vivir para Dios hoy. De nuevo, él menciona la palabra sobrios. Debemos comprender que tenemos un deber que cumplir.

Él va a mencionar algo que ya ha dicho en la carta a los Efesios: Habiéndonos vestido con la coraza de fe y de amor, y con la esperanza de salvación como yelmo. Ahora, esto nos habla del servicio del soldado. Debemos vestirnos con la coraza de fe y de amor. Eso cubre, protege las partes vitales del cuerpo como lo es su corazón. Y, luego, se habla del yelmo, la esperanza de salvación. Hoy es un día cuando la mayoría de los hombres no usan nada para cubrir sus cabezas. Y las mujeres tampoco usan mucho los sombreros en el presente. Cada creyente debería tener su yelmo; y ésa es la esperanza de salvación.

Aquí encontramos nuevamente estas tres palabras: fe... amor... esperanza. Ésta es la tercera vez que han aparecido aquí en esta epístola. El trabajo del amor, la obra de la fe, y la constancia en la esperanza. La fe, a propósito, es la fe que salva. La fe que salva produce obras. Como dijo Calvino: "Sólo la fe salva, pero la fe que salva no está sola". ¡Qué cuadro el que tenemos aquí! La fe mira hacia el pasado, cuando aceptamos al Señor Jesucristo. El amor, es para el presente; y ésa es la relación que el creyente tiene que tener con aquéllos que le rodean. La esperanza de salvación, es la bendita esperanza para el futuro. Eso es lo que él dice que el creyente está ansiando, esperando. Nosotros no estamos esperando o ansiando el Día del Señor. Nosotros no estamos esperando el período de la Gran Tribulación. No veo cómo uno pueda regocijarse en eso de alguna manera. Nosotros estamos esperando esa bendita esperanza, y es la consumación de nuestra salvación.

Juan dice: Amados, ahora somos hijos de Dios, y aún no se ha manifestado lo que hemos de ser; pero sabemos que cuando Él se manifieste, seremos semejantes a Él, porque le veremos tal como Él es. (1 Jn. 3:2) Dios no ha finalizado Su tarea conmigo, así que no sea muy impaciente conmigo. Cierta señora dijo en una ocasión: "La mayoría de los creyentes deberían tener escrito en sus espaldas: 'Esto no es lo mejor que la gracia de Dios puede hacer'". Pienso que eso también debería ser escrito sobre mi espalda. Dios no ha concluido Su tarea conmigo, y por favor, no sea impaciente conmigo. De paso, debo decir que yo no seré impaciente con usted tampoco, porque yo no creo que Él haya acabado con usted todavía. En el día de hoy tenemos esta esperanza de salvación. Es decir que Él consumará aquello que ha comenzado en nosotros. ...Él que comenzó en vosotros la buena obra, la perfeccionará hasta el Día de Jesucristo. (Fil. 1:6)

Porque no nos ha puesto Dios para ira, sino para alcanzar salvación por medio de nuestro Señor Jesucristo. [1 Ts. 5:9]

Porque no nos ha puesto Dios para ira. Esto debería ser bien claro aun para aquéllos que proclaman ser a-milenarios. Pero por alguna razón ellos no comprenden esto. Dios no nos ha puesto para la ira, para la Gran Tribulación. La iglesia no va a pasar a través de esto. Ésa es una época de juicio. Cristo llevó en Él nuestro juicio.

Alguien va a decir: "¿Cree que usted es lo suficientemente bueno como para ser arrebatado en el Rapto?" No, no soy ni siquiera lo suficientemente bueno como para ser salvo. Pero Él me salvó por medio de Su gracia, pero, cuando Él venga a llevar a Su iglesia, yo voy a salir con todos los que se creen súper santos—por la gracia de Dios.

Sino para alcanzar salvación por medio de nuestro Señor Jesucristo. Dios no nos destinó para la ira, para la Gran Tribulación, sino para salvación por el Señor Jesucristo.

Quien murió por nosotros para que ya sea que velemos, o que durmamos, vivamos juntamente con él. [1 Ts. 5:10]

Esto tendrá lugar para usted aun cuando usted esté muerto o vivo a Su venida. Después de todo, la mayoría de la iglesia ya ha pasado a través de las puertas de la muerte; ¡qué marcha, qué desfile va a ser ése, algún día comenzando con Esteban y los Apóstoles! Luego, seguirán los mártires. Luego seguirán los creyentes a través de todas las edades. Usted y yo, si aún estamos vivos, nos encontraremos al final. Gracias a Dios, nosotros vamos a estar allí, pero sólo por la gracia de Dios.

¿Qué hacen estas maravillosas verdades por usted? El próximo versículo nos dice: Por lo cual, animaos unos a otros. ¡Qué consuelo es esto para nosotros como creyentes!

Mandamientos para los creyentes

Comenzando con el versículo 11, hay una serie de 22 mandamientos para los creyentes. Uno habla acerca de los Diez Mandamientos, pero, ¿qué acerca de los 22 mandamientos? Hasta el momento en que usted es salvo, Dios lo tiene a usted acorralado por la cruz. Es decir, Él no le está pidiendo nada al mundo con excepción de lo siguiente: "¿Qué vas a hacer con Mi Hijo que murió por ti?" Después de que usted haya contestado esa pregunta, y haya aceptado a Cristo, como su Salvador, entonces Él va a hablar con usted acerca de su vida. El hijo de Dios no está bajo los Diez Mandamientos como una manera de vida—está muy por encima de eso. Él debe vivir en un nivel mucho más alto, como se puede ver en los mandamientos en esta sección. Estos mandamientos son muy prácticos. Estos mandamientos son para la vida diaria. Es algo maravilloso, glorioso, el poder seguir mirando y esperando la venida de Cristo; pero, también es muy importante que sigamos andando y caminando aquí en el lugar donde nos encontramos, ya sea en el hogar o en la fábrica, en la oficina, en el colegio, en el taller, dondequiera que seamos llamados a andar.

El Señor Jesucristo dijo: Si me amáis, guardad Mis mandamientos. (Jn. 14:15) Hay algunos creyentes que ni siquiera han escuchado Sus mandamientos. Bueno, aquí tenemos 22 de ellos, y se presentan, de la misma forma en que se dan las órdenes militares: breves y concisas. Se dan como un lugarteniente las daría. Se nos acaba de decir que seamos sobrios y que nos pongamos la armadura para la guerra (véase v. 8). Ahora, se dan las órdenes, y se nos presentan aquí agrupados en racimos. Es decir que, algunos de ellos son relacionados unos con otros.

> *Por lo cual, animaos unos a otros, y edificaos unos a otros, así como lo hacéis. [1 Ts. 5:11]*

El primer mandamiento es animaos unos a otros, es decir en la fe.

El segundo mandamiento es edificaos unos a otros. "Edificar" es ayudarse mutuamente. Usted y yo, debemos estar trabajando como en equipo, edificándonos unos a otros con la Palabra de Dios.

> *Os rogamos, hermanos, que reconozcáis a los que trabajan entre vosotros, y os presiden en el Señor, y os amonestan. Y que los tengáis en mucha estima y amor por causa de su obra. Tened paz entre vosotros. [1 Ts. 5:12-13]*

Aquí hay tres mandamientos que parecen pertenecer juntos. Se debe reconocer a aquéllos que enseñan la Palabra de Dios. En realidad, Pablo está hablando aquí de una situación local, peculiar de Tesalónica. Él había estado allí menos de un mes. Les había ganado para Cristo y les había enseñado. Comenzó una iglesia, se podría decir, de la nada. Allí no había ningún creyente hasta cuando llegó Pablo y realizó su obra misionera. (Véase Hch. 17:2-3) Así es que todos habían llegado a ser salvos casi al mismo tiempo. Entre ellos habría algunos que tenían el don de enseñar ya que cada creyente recibe un don. En el momento en que usted llega a ser salvo, usted recibe un don, y usted tiene que usar ese don en el cuerpo de los creyentes, para edificar el cuerpo de los creyentes. Había algunos de ellos que tenían el don de la enseñanza y de la predicación y de la ayuda. Creo que allí se podía presentar alguna situación como la siguiente: "Bueno, fulano de tal y yo fuimos salvos al mismo tiempo. Yo lo conocí a él antes de su conversión; entonces, ¿de dónde sacó él la idea de que me puede enseñar a mí?" Pablo les está diciendo que ciertos hombres y mujeres han recibido ciertos dones y nosotros debemos respetarlos, y estimarlos. Debemos buscar en ellos amonestación.

El problema, todavía existe hoy con los maestros en la iglesia, que la gente no les presta ninguna atención. Dios los ha dado. Muchas personas dicen que creen que la Biblia es la Palabra de Dios. Creen cada palabra que se menciona allí. Entonces, ¿por qué no la obedecen? ¿Por qué no escuchan y prestan atención a lo que se está enseñando? Ellos no lo hacen. Es como si no tuviera sentido para ellos hoy. Es por cierto algo hipócrita el hablar acerca de creer en la Biblia, y luego no saber nada en cuanto a ella.

Un hombre me dijo en cierta ocasión en una forma muy honrada: "Yo creo en la Biblia de tapa a tapa, pero soy ignorante de lo que se encuentra entre esas tapas." Ésa es una posición imposible de mantener. Creo que, si usted supiera lo que se encuentra entre las tapas de la Biblia, usted lo llegaría a creer. Pero no diga que usted lo cree y, luego es ignorante de lo que allí se dice porque entonces usted se está derrotando a sí mismo, y está tomando una posición hipócrita. Si usted dice que cree que ésta es la Palabra de Dios, entonces, usted tiene que escuchar lo que ella dice. Por tanto, aquéllos que están predicando y enseñando la Palabra de Dios deberían ser escuchados.

Luego, tenemos el cuarto mandamiento: Y que los tengáis en

mucha estima y amor por causa de su obra. Siempre aprecio mucho a la gente que ama la Palabra de Dios, porque he descubierto que ellos siempre llegan a ser mis amigos. Una de las cosas que me gusta mucho en cuanto al ministerio radial, es la cantidad de amigos que Dios me ha dado por todas partes. Hay muchos que me escriben y me dicen que sus hogares tienen las puertas abiertas para mí. Por supuesto que sería imposible para mí aceptar todas esas invitaciones, ya que no podría visitarlos a todos. Pero cuando llego a visitar sus ciudades, hacen tantas cosas por mí, y revelan un gran amor para mí. Cuando ellos revelan ese amor para conmigo, me revelan que están honrando la Palabra de Dios, porque creen que estoy enseñando la Palabra de Dios.

Luego, el quinto mandamiento es: Tened paz entre vosotros. Todo esto viene en un solo paquete, digamos. Uno no puede tener a toda la gente tratando de gobernar la iglesia. Uno no puede tener a toda la gente tratando de guiar ninguna organización. Es necesario tener a cierta persona que haga eso.

Creo que uno de los grandes problemas en muchas iglesias es como dice el antiguo refrán: "Muchas manos en un plato causan mucho garabato". Es necesario tener a alguien que sea el líder, y esa persona tiene que ser la que los demás deben seguir. Cuando usted tiene eso, entonces, tiene paz. Pero cuando todos están tratando de hacer su propia voluntad, entonces, no hay allí ni armonía ni paz. Así es que, todo esto va junto.

Ahora tenemos el sexto hasta el noveno mandamiento que dice:

También os rogamos, hermanos, que amonestéis a los ociosos, que alentéis a los de poco ánimo, que sostengáis a los débiles, que seáis pacientes para con todos. [1 Ts. 5:14]

Que amonestéis a los ociosos. Esto sigue naturalmente el quinto mandamiento: Tened paz entre vosotros. La idea aquí es que éstos no están andando con los demás. En realidad, hay personas que pierden el paso. Pienso que son aquéllos que siempre quieren hacer las cosas solos. No quieren trabajar junto con la iglesia. Hacen su pequeña tarea y no quieren apoyar la obra de Dios. Se les debe amonestar.

Que alentéis a los de poco ánimo. Hay personas que son temerosas en cuanto a actuar para Dios y necesitan ser animados. Hay muchos santos hoy que necesitan que alguien ponga sus manos en el hombro y que le diga: "Hermano, usted puede realizar esa tarea. Yo estoy con usted; estoy orando por usted". ¡Esto es algo realmente maravilloso!

Que sostengáis a los débiles es el octavo mandamiento. Ésos son aquéllos que son débiles en la fe. No pueden marcar el paso con los demás. Son como pequeñas criaturas, o son como niños; no pueden marcar el paso y, por tanto, hay que ayudarles. Hay que levantarlos.

Que seáis pacientes para con todos. Esto indica que nosotros no debemos perder la paciencia. Parece que él se está entremetiendo en nuestras cosas ahora, porque esto es algo muy difícil, el tratar en asuntos de negocios o en alguna oficina pública con alguna persona que no es salva, que es pagana, irritable, que está tratando de abusar de usted o de no prestarle algún servicio. Pero él dice: Que seáis pacientes para con todos. No pierda su paciencia. Dios manda que seamos pacientes con todos.

> *Mirad que ninguno pague a otro mal por mal; antes seguid siempre lo bueno unos para con otros, y para con todos. [1 Ts. 5:15]*

El décimo mandamiento dice: Mirad que ninguno pague a otro mal por mal. En otras palabras, no peleen uno con otro.

El undécimo es, antes seguid siempre lo bueno unos para con otros, y para con todos. Hay tres filosofías para la vida o tres estándares. La primera, es la norma que el pagano tiene para la vida. Este mundo pagano opera según la filosofía de que uno puede hacer mal con aquél que le hace bien. Es decir que usted trata de aprovecharse de la otra persona antes de que esa persona se aproveche de usted. Usted puede usar cualquier clase de método posible. Esa persona puede que le haya tratado bien a usted, pero si usted se puede aprovechar de ella, entonces haga eso. Ésa es una filosofía pagana.

Luego existe otra norma del así llamado mundo educado, refinado, cultural; ése es el de hacer el bien a aquéllos que le hacen bien a usted. Los partidos políticos operan basándose en ese principio. Uno le ayuda a usted a lograr un puesto en el gobierno y usted ayuda a esa persona, a que ocupe un puesto en el gobierno. Así que el uno cuida del otro. Ésa es la filosofía del así llamado "mundo civilizado". Jesús dijo, Y si hacéis bien a los que os hacen bien, ¿qué mérito tenéis? Porque también los pecadores hacen lo mismo. (Lc. 6:33)

La fe cristiana tiene una filosofía distinta: "Haced el bien a aquéllos que obran mal con nosotros". Eso es algo contrario a la naturaleza del hombre. En el momento en que alguien le golpea a usted, usted ya quiere golpear también. Usted siente ese deseo de golpear a la otra persona. Ésta es la filosofía de la cual Pablo nos está hablando aquí, que usted no tiene que devolver mal por mal; usted no tiene que devolver ese golpe, sino que debe seguir aquello que es bueno, aún con aquéllos que le están haciendo mal a usted.

Ahora, tenemos el duodécimo mandamiento:

Estad siempre gozosos. [1 Ts. 5:16]

Creo que aquí encontramos tres mandamientos que van juntos. Estad siempre gozosos. Esto no quiere decir que uno tiene que estar contento siempre. No me estoy refiriendo aquí a "la hora feliz". La palabra "feliz" no es una palabra bíblica. Aquí se habla de regocijarse. Pablo dice (y él escribió esto al final de su ministerio): Regocijaos en el Señor, y otra vez os digo, regocijaos. (Fil. 4:4) ¡Qué mandamiento es ése! Usted no encuentra eso en los Diez Mandamientos. Como hijo de Dios, usted no tiene ningún derecho de andar con esa cara larga. No tiene ningún derecho de andar como una persona contenciosa. Usted tiene que regocijarse siempre como hijo de Dios. ¡Cuán maravilloso, es poder regocijarse! De paso, esto es uno de los frutos del Espíritu Santo: amor, gozo, paz. Si usted no puede regocijarse ahora, entonces, comience por leer la Palabra de Dios, pidiéndole a Dios que ponga gozo en su corazón. Y Él lo hará.

Orad sin cesar. [1 Ts. 5:17]

Esto tiene que ver con una actitud en cuanto a la oración. No quiere decir que uno debe permanecer de rodillas todo el tiempo, sino que indica que debemos orar, regular y constantemente, en una actitud de oración.

Asociado a ése tenemos el número catorce.

Dad gracias en todo, porque ésta es la voluntad de Dios para con vosotros en Cristo Jesús. [1 Ts. 5:18]

Eso es dar gracias en todas las circunstancias. No una vez al año, sino todo el tiempo. Él dice: porque ésta es la voluntad de Dios para con vosotros en Cristo Jesús. Si usted me viene a preguntar: "¿Cuál es la voluntad de Dios para mí?" Yo, en realidad, no le podría decir, pero puedo decirle tres cosas que están en la voluntad de Dios para usted: regocijarse siempre, orar sin cesar, y dar gracias a Dios en todo. Ésa es la voluntad de Dios para con nosotros.

Ahora el número quince:

No apaguéis al Espíritu. [1 Ts. 5:19]

¿Cómo puede uno apagar al Espíritu? Una de las cosas que se usa para representar al Espíritu Santo es el fuego, y, ¿cómo hace uno para apagar el fuego? Uno lo puede cubrir y no dejarlo quemar. El apagar el Espíritu quiere decir que usted se niega a hacer la voluntad de Dios. Es decir que usted no está escuchando al Espíritu Santo. Usted se está negando a permitir que el Espíritu Santo sea su guía y quien le esté llevando a usted y mostrando el camino. Usted ha tomado sus propios asuntos en sus manos. Usted y yo apagamos el Espíritu Santo cuando hacemos nuestra propia voluntad.

Ésta es la misma palabra que se utiliza en Efesios, donde dice Y no contristéis al Espíritu Santo con el cual fuisteis sellados para el día de la redención. (Ef. 4:30) No es posible contristar a alguna cosa; uno puede contristar a una persona. En ese pasaje, quiere indicar el pecado en la vida de uno. Aquí en Tesalonicenses, el apagar al Espíritu Santo, quiere decir el no andar en la voluntad de Dios.

No menospreciéis las profecías. [1 Ts. 5:20]

No debemos considerar a un estudio bíblico como algo que es inferior o por debajo de nosotros. No debemos ser indiferentes a la Palabra de Dios. Hay muchas personas que están en el servicio cristiano, y quienes ignoran la Biblia y que desprecian el estudio bíblico. Por lo general, uno escucha decir, y esto muchas veces de parte de una persona muy ignorante: "Uno puede pasar todo el tiempo yendo a estudios bíblicos y nunca llega a hacer nada. Lo que hace falta es salir y estarse ocupado".

Lo que usted necesita es ir y ocuparse en el estudio de la Palabra de Dios y, cuando hace eso, entonces tendrá la oportunidad de salir y hacer algo eficaz.

Durante veintiún años tuvimos un estudio bíblico en el centro de Los Ángeles, con una asistencia de 1.500 personas. ¡Qué maravilloso era! Pero, a veces alguien decía algo así como esto: "Usted necesita salir a hacer algo, y no sólo sentarse escuchando la Biblia." Lo interesante es, que aquéllos que asistieron y escucharon la enseñanza de la Biblia, sí salieron a hacer algo. De los que asistieron, cientos de ellos han salido al campo misionero; otros están testificando para el Señor; y muchos más están en el ministerio, gracias al estudio bíblico que tuvieron regularmente. He notado que los que no estudian la Palabra de Dios no duran mucho tiempo en su ministerio. El mandamiento dieciséis que Pablo les da a los tesalonicenses es, No menospreciéis las profecías, es decir, las enseñanzas de la Palabra de Dios.

Examinadlo todo; retened lo bueno. [1 Ts. 5:21]

Examinadlo todo. Es decir que, tenemos que hacer las cosas inteligentemente. No dejemos que otras personas se aprovechen de nosotros. Simplemente porque alguien le envía a usted la fotografía de algunos huérfanos o de alguna persona en algún lugar desconocido y del cual usted no tiene ni siquiera ninguna clase de información, y que es una tarea de promoción, debemos investigar. Los cristianos no debemos ser incautos. Debemos probar todas las cosas. Esto también significa que no debemos ser engañados por la lisonja. Hay muchos engañadores en el mundo.

Retened lo bueno, lo que es verdadero y real.

Absteneos de toda especie de mal. [1 Ts. 5:22]

Aquí tenemos la respuesta al asunto de las diversiones. Creo que aquí tenemos la respuesta para algunos pasatiempos dudosos. Usted se pregunta: "¿Está bien, o está mal hacer esto?" Aquí se nos dice: Absteneos de toda especie de mal. Si usted tiene alguna duda en su mente, entonces, eso es algo malo para usted.

Luego, note que el hombre es un ser tripartito:

> *Y el mismo Dios de paz os santifique por completo; y todo vuestro ser, espíritu, alma y cuerpo, sea guardado irreprensible para la venida de nuestro Señor Jesucristo. [1 Ts. 5:23]*

El hombre es un ser tripartito; cuerpo, alma (la mente), y espíritu. Os santifique por completo, no perfectamente, pero nosotros debemos llegar a una edad, a un lugar de madurez. No debemos continuar como niños nada más en Cristo. Debemos continuar creciendo hasta ser maduros.

> *Fiel es el que os llama, el cual también lo hará. [1 Ts. 5:24]*

Usted puede depender de Dios.

> *Hermanos, orad por nosotros. [1 Ts. 5:25]*

Este mandato es orar por aquéllos que dan el Evangelio. Usted no puede orar hoy por Pablo, pero sí puede orar por este ministerio, y yo aprecio mucho eso. Usted puede orar también por su Pastor y por sus misioneros. Ellos lo apreciarán.

> *Saludad a todos los hermanos con ósculo santo. [1 Ts. 5:26]*

Ése también es un mandamiento. Debemos estar seguros de que eso sea un ósculo santo, digamos de paso. En algunas culturas un apretón de manos es suficiente.

El último es:

> *Os conjuro por el Señor, que esta carta se lea a todos los santos hermanos. [1 Ts. 5:27]*

Éste es el vigésimo segundo y eso es lo que he hecho. He incluido la carta completa para usted en este estudio.

> *La gracia de nuestro Señor Jesucristo sea con vosotros. Amén.*
> *[1 Ts. 5:28]*

Yo oro que la gracia del Señor sea con cada uno de los lectores en este recorrido bíblico.

La Segunda epístola del Apóstol San Pablo a los
Tesalonicenses

INTRODUCCIÓN

La segunda epístola fue escrita poco tiempo después de la primera en d.C. 52-53.

Los creyentes de Tesalónica aún eran creyentes nuevos en el Señor, y la primera carta escrita por Pablo no respondió a todas las preguntas que ellos tenían. En realidad, parece que esa carta despertó otras preguntas de parte de esos creyentes, y Pablo aquí está intentando responder a todas ellas. En la iglesia de Tesalónica, estaba circulando una carta o un informe fraudulento, el cual se decía provenir del Apóstol Pablo, y esto había conturbado el ánimo de los creyentes de ese lugar. Este informe falso indicaba que el Señor Jesucristo ya había venido, y que Él ya había llevado a Su iglesia de este mundo, y que el mundo de esos días estaba pasando por el juicio de ese "Día grande y terrible de Jehová". Esta gente estaba siendo perseguida como apreciamos en la epístola anterior. Ellos estaban sufriendo por amor al Evangelio, y era muy fácil para ellos el creer que quizá ya habían entrado en el período de la Gran Tribulación, y que los muertos no sólo habían perdido su oportunidad de participar en el arrebatamiento de la iglesia, sino que todos los creyentes habían perdido esa oportunidad y que ahora se encontraban en el período de la Gran Tribulación. Entonces, Pablo les escribe nuevamente con la intención de clarificar este asunto de que él no había escrito la otra epístola y que el Día del Señor no tendría lugar hasta cuando ocurrieran ciertas cosas. En realidad, él menciona dos cosas que deben tener lugar, y por tanto, ellos podían pensar que no se encontraban en el período de la Gran Tribulación. Les dice que nuestra reunión con Él, es todavía algo futuro (2 Ts. 2:1) y que el Día de Jehová, tiene ciertos precursores: la apostasía y "el hombre de pecado" tienen que venir antes. Por lo tanto, ellos podrían creer con certeza que no estaban en la Gran Tribulación.

Luego, él muestra que la iglesia profesante, esa organización externa, se está dirigiendo a una apostasía completa. El Señor Jesucristo dejó eso bien claro: Pero cuando venga el Hijo del Hombre, ¿hallará fe en la tierra? (Lc. 18:8b) Por la forma en que se presenta esta pregunta en el griego, la respuesta a esto es que él no encontraría la fe en la tierra. La iglesia, esa organización, se encontrará en una apostasía total, y el libro de Apocalipsis, por supuesto, confirma que cuando la iglesia es arrebatada, al comienzo del capítulo 4 de Apocalipsis, uno no tiene nada más que un cascarón vacío de una organización que aparenta tener santidad pero que niega el poder de ella. Y ésa es también la gran ramera que se menciona en Ap. 17. Ése es uno de los cuadros más terribles que uno pueda encontrar en la Palabra de Dios.

Los creyentes en Tesalónica, creían que ellos ya habían entrado o estaban entrando al período de la Gran Tribulación. En diferentes épocas en la historia de este mundo ha habido aquéllos que han creído que ya habíamos entrado al período de la Gran Tribulación. Por ejemplo, durante la segunda guerra mundial, durante los bombardeos contra Gran Bretaña, algunos de los Ministros y Predicadores que eran de tendencia conservadora en su fe, llegaron a la conclusión de que habían entrado al período de la Gran Tribulación, y que la iglesia estaba pasando a través de ese período.

Un buen amigo mío, un predicador de Inglaterra, cree que la iglesia pasará por la Tribulación. De hecho, él cree que la iglesia está ya en ese período. Ahora él está viviendo en California, y un día él y yo estábamos almorzando juntos con otro amigo que era laico. Surgió el tema de la iglesia y la Tribulación, y él insistió en que la iglesia estaba en la Gran Tribulación. Para confirmar su argumento él dijo: "McGee, si usted hubiera estado en Gran Bretaña durante esos bombardeos, y noche tras noche se hubiera tenido que refugiar en un túnel o en un sótano con muchas otras personas, miembros de su iglesia; y donde cada noche una persona llegaba a tener un ataque de histeria, un colapso nervioso total, que hacía necesario que esa persona fuera llevada a otra zona del país; y pasar noche tras noche por cosas como ésas, usted hubiera creído que era el tiempo de la Gran Tribulación". Yo le argumenté y le dije: "Si yo hubiera estado en Gran Bretaña durante esos ataques aéreos, estoy convencido de que yo, siendo tan humano como usted, hubiera dicho lo mismo, nos encontramos ahora en el período de la Gran Tribulación. Pero si hubiera tenido la oportunidad de salir de esos lugares de refugio cuando llegaron las fuerzas libertadoras y se comenzó el ataque contra Alemania, me imagino que esa gente allá también pensaba que se encontraba en el período de la Gran Tribulación. Pero luego de haber sido liberado, me encontraba disfrutando de una suculenta comida en algún restaurante con mis amigos, yo creo que me hubiera pellizcado y me hubiera preguntado: ¿es esto en realidad el período de la Gran Tribulación? Porque si es así, entonces, tengamos más tribulación, porque eso significaría más comidas suculentas". Él me miró y me dijo que yo estaba volviéndome ridículo. Pero yo le respondí que no pensaba que me estaba volviendo ridículo, sino más bien que él era quien se estaba volviendo ridículo.

No creo, que la iglesia vaya a pasar por el período de la Gran Tribulación y opino que esta epístola va a aclarar esto completamente. La descripción de la Tribulación en la Biblia, es mucho peor que cualquier cosa que haya sucedido durante la segunda guerra mundial. Este período ha sido tan claramente identificado por Cristo, que no hay razón por preocuparse o por dejarse arrastrar a una posición injustificada. Cristo dijo que veía un corto intervalo ...cual no ha habido desde el principio de mundo hasta ahora, ni lo habrá. (Mt. 24:21) Nada como esto ha tenido lugar antes, y nada como esto tendrá lugar después.

La primera epístola enfatizaba el regreso de Cristo por Su iglesia; a eso nosotros llamamos "el Rapto". Esta epístola enfatiza el regreso de Cristo a la tierra y el establecimiento de Su reino aquí sobre la tierra, y nosotros regresamos con Él en esa oportunidad; eso se llama la revelación y esta epístola pone su énfasis en eso. En el arrebatamiento, el énfasis no se da a Su venida a esta tierra porque Él no viene a la tierra. Él expresa con claridad, que no ocurre eso. Se le da énfasis a lo que dice 1 Ts. 4:17, de que seremos arrebatados juntamente con ellos (jarpázo en griego, que significa "arrebatar").

Nosotros seremos arrebatados, y ése es el Rapto de la iglesia. Así lo dice muy claramente. La revelación de Cristo es cuando Él regresa a la tierra para establecer Su reino sobre esta tierra. El espacio de tiempo entre estos dos eventos, es el período de la Gran Tribulación.

El arrebatamiento de la iglesia no es un tema que se trata en el Antiguo Testamento. No existe allí para nada. La esperanza del Antiguo Testamento era una esperanza terrenal de que su Mesías establecería un reino sobre esta tierra y que el cielo vendría a esta tierra. Todo lo que "el reino de los cielos" significa es el reino de los cielos sobre esta tierra. Hay algunos teólogos que han complicado esto demasiado. Tan complicado es todo esto que me pregunto a veces qué es lo que están tratando de hacer; están tratando quizá de sostener o mantener alguna clase de teoría. Sin embargo, el reino de los cielos sobre la tierra, del cual Cristo habló, será aquí sobre la tierra, porque esta tierra se convertirá en un cielo algún día.

Bosquejo

I. **LA PERSECUCIÓN actual de los creyentes;** el juicio de los inconversos en lo futuro (en la venida de Cristo), Capítulo 1

    B. Introducción, 1:1-2

    C. La Persecución de los creyentes y los frutos de ella, 1:3-7

    D. El juicio de los pecadores en la venida de Cristo, 1:8-12

II. **EL PROGRAMA para el mundo con respecto a la venida de Cristo, Capítulo 2**

    A. El arrebatamiento ocurre primero, 2:1

    B. Sigue el Día del Señor; implantado por una apostasía total y la manifestación del hombre de pecado, 2:2-5

    C. El misterio de iniquidad ya está en acción; el inicuo es retenido por el Espíritu Santo, 2:6-8

    D. El inicuo se manifestará en el período de la Gran Tribulación, 2:9-12

III. **LO PRACTICO de la venida de Cristo, 2:13-3:18**

    A. Los creyentes deben de ser establecidos en la Palabra, 2:13-17

    B. Los creyentes deben ser establecidos en su conducta, 3:1-7

    C. Los creyentes deben ser establecidos en su trabajo, 3:8-18

CAPÍTULO 1

Persecución actual de los creyentes, y el juicio de los inconversos en lo futuro (en la venida de Cristo)

Introducción

Pablo, Silvano y Timoteo, a la iglesia de los tesalonicenses en Dios nuestro Padre y en el Señor Jesucristo. [2 Ts. 1:1]

La salutación de Pablo, es su saludo cordial acostumbrado a la iglesia que es teológica y espiritualmente sana, y él coloca a su lado a Silas y Timoteo. Estos tres hombres habían padecido mucho por el Evangelio. Pablo y Silas (sobrenombre para Silvano) se encontraron juntos en la prisión en Filipos. Pablo, Silas y Timoteo habían ido a Tesalónica; y cuando Pablo tuvo que partir de ese lugar, él los dejó atrás y esperó que se reunieran con él en Atenas. Ellos no pudieron hacerlo y luego él se dirigió a Corinto a donde ellos también llegaron finalmente. Fue, entonces, cuando él escribió su primera epístola en respuesta a algunas preguntas que se habían surgido desde que él se había ido.

Al escribir su segunda epístola, Pablo identifica a estos dos colaboradores suyos, a sus hermanos con él. Él se identificaba con hombres que para nosotros hoy, hubieran sido completamente desconocidos si Pablo no los hubiera incluido a ellos en estas epístolas suyas. Esto revela algo del carácter del Apóstol Pablo. Un hombre que había sido muy orgulloso como joven fariseo, se había convertido en un humilde seguidor del Señor Jesucristo, así como también Su siervo y Su Apóstol.

A la iglesia de los tesalonicenses. Ésa es la iglesia local en Tesalónica. Pablo creía en la iglesia local y esta iglesia que se encontraba en Tesalónica es en Dios nuestro Padre y en el Señor Jesucristo. Probablemente él no dijo "en el Espíritu Santo" porque el Espíritu Santo estaba en la iglesia de Tesalónica, morando en los creyentes. El Espíritu Santo que moraba en ellos los capacitaba para que manifestaran de la vida de Cristo en ese lugar, y para que anduvieran dignos de la alta vocación del llamado de Dios. Pero, su posición es que ellos estaban en Dios nuestro Padre y en el Señor Jesucristo. Eso quiere decir, que Pablo enseñó en cuanto a la Deidad de Jesucristo. No hay ninguna duda en su mente en cuanto a quien era el Señor Jesucristo. Él es Dios el Hijo.

La iglesia está tanto en Dios el Padre como en el Señor Jesucristo. El Señor Jesucristo Mismo dijo: Mis ovejas oyen Mi voz, y Yo las conozco, y Me siguen, y Yo les doy vida eterna; y no perecerán jamás, ni nadie las arrebatará de Mi mano. Mi padre que Me las dio, es mayor que todos, y nadie las puede arrebatar de la mano de Mi Padre. (Jn. 10:27-29) Aquí tenemos las dos manos de la Deidad: El Señor Jesucristo y Dios el Padre. Ésa es la posición en que se encuentra la iglesia hoy; y eso era lo que ocurría en Tesalónica. Lo importante no es el nombre de su iglesia local. Lo importante es que usted y los demás creyentes estén en Cristo Jesús, y entonces, la iglesia local llega a ser muy importante. Si ellos están en el Señor Jesucristo, el Espíritu Santo, mora en ellos. Luego, ellos pueden manifestar en su vecindario, en la comunidad y en la parte de la ciudad donde ellos viven y en el mundo, la vida de Dios. Eso es lo que Pablo está diciendo en realidad en esta introducción.

Gracia y paz a vosotros, de Dios nuestro Padre y del Señor Jesucristo. [2 Ts. 1:2]

Gracia y paz son dos grandes palabras del Evangelio. Primero viene la gracia. Si usted ha experimentado la gracia de Dios, eso indica que usted ha sido salvo. Porque por gracia sois salvos por medio de la fe; y esto no de vosotros, pues es don de Dios; no por obras, para que nadie se gloríe. (Ef. 2:8-9) Si usted ha ido a Él como pecador perdido llevando nada a Dios y recibiéndolo todo de Él, entonces usted ha experimentado la gracia de Dios. Él le ofrece salvación a usted. El don de Dios es vida eterna y usted no puede hacer nada para lograr un regalo, un don. Si usted pudiera hacer algo, entonces, ya dejaría de ser un regalo y sería algo que usted ha obtenido por su propio medio, por su propio trabajo. La salvación, no es que Dios le esté dando palmaditas a usted en la espalda, porque usted es un muchachito que se porta muy bien en la Escuela Dominical. Dios se la está ofreciendo a usted gratuitamente; un pecador perdido y condenado como usted, puede tener salvación si usted confía en Él, y eso, es la gracia.

Paz a vosotros. Si usted ha experimentado la gracia, entonces usted sabe algo en cuanto a la paz de Dios; sabe lo que es poder colocar su cabeza en la almohada en la noche y regocijarse en una salvación como ésta. Esta palabra "paz" es la almohada más cómoda que pueda existir para poder descansar en la noche. Es la paz que le llega cuando usted sabe que sus pecados han sido perdonados. Ésta no llega a causa de algún giro psicológico por el cual ha pasado usted, o porque ha realizado una visita al siquiatra. Esto viene de Dios nuestro Padre y del Señor Jesucristo, y es algo sobrenatural. Si usted no lo tiene, usted puede obtenerlo porque es un don de Dios que se les da a los pecadores que se vuelven a Cristo.

Persecución de creyentes y los frutos de esto

Debemos siempre dar gracias a Dios por vosotros, hermanos, como es digno, por cuanto vuestra fe va creciendo, y el amor de todos y cada uno de vosotros abunda para con los demás. [2 Ts. 1:3]

En el versículo 4, Pablo va a hablar en cuanto a la paciencia y la fe. Aquí tenemos otra vez esta trinidad que utiliza Pablo: fe, amor y paciencia. Son términos abstractos, pero es necesario sacarlos de lo abstracto y ponerlos en lo concreto. Es necesario colocarlos donde caminamos hoy. Ésta es la obra de fe que Pablo menciona en 1 Tesalonicenses 1:3. La fe que salva produce obras. La fe que salva producirá amor en su corazón por los hijos de Dios. Amigo, si usted es un hijo de Dios, usted va a tener que amarme a mí quiera o no lo quiera hacer, y yo voy a tener que amarlo a usted también. Esto es un arreglo maravilloso.

En el próximo versículo tenemos la paciencia que Pablo usa junto con "amor" y "fe". Esta paciencia no es la paciencia que necesitamos para esperar el cambio de las luces del semáforo o cuando nos encontramos en un embotellamiento del tráfico. Es una paciencia que está dispuesta a vivir para Dios sabiendo que todas las cosas obran a bien, y que nosotros tenemos esa visión futura, ese objetivo futuro de que algún día vamos a llegar a Su presencia. Esto le capacita a usted, para sobreponerse a los obstáculos en su vida.

La vida del cristiano es como viajar por un camino. Hace muchos años, yo viajaba en carro desde Texas hasta California. Por el camino, había muchos lugares con un letrero que indicaba un desvío, y éste conducía a una carretera sin pavimento. Pero por el camino, había otro letrero que decía: "5 kilómetros a la carretera pavimentada". Entonces, el camino sin pavimento, no parecía tan malo porque pronto podía continuar mi recorrido de una forma suave. Sabiendo que las cosas van a mejorar más adelante, entonces, usted puede soportar el presente. Muchos de nosotros nos encontramos en una situación como ésta. El camino es difícil y se nos ha pedido que suframos. Si usted tiene una buena vista, ésa es la paciencia de la esperanza, y la esperanza mira hacia adelante y puede contemplar un camino liso, suave para el futuro, y eso, puede estar más cerca de lo que nosotros pensamos.

Debemos siempre dar gracias a Dios por vosotros, hermanos, como es digno. Es apropiado dar gracias a Dios por ellos.

Por cuanto vuestra fe va creciendo, y el amor de todos y cada uno de vosotros abunda para con los demás. Uno no puede crecer hacia Él sin crecer también hacia su hermano. Uno crece para Dios en gracia y conocimiento y en fe, y uno crece para con su hermano en amor. ¿Qué hace todo esto? Él tiene que enviarnos pequeños problemas, porque ésta es una disciplina que produce en nuestra vida una paciencia, que nos capacita para mirar hacia el futuro y tener esperanza.

> *Tanto, que nosotros mismos nos gloriamos de vosotros en las iglesias de Dios, por vuestra paciencia y fe en todas vuestras persecuciones y tribulaciones que soportáis. [2 Ts. 1:4]*

La iglesia no va a pasar a través del período de la Gran Tribulación, pero pasamos a través de un período de pequeña tribulación. Vamos a tener pequeños problemas aquí, y si usted no está padeciendo esto, entonces hay algo que está completamente mal con usted, porque Dios disciplina a Sus hijos.

Paciencia es una palabra interesante. La palabra en griego, quiere decir "mantenerse debajo". Es ser colocado debajo de algo. Hay muchas personas que tratan de salir, de escabullirse de debajo de sus problemas, de sus dificultades. La persona que es paciente, es capaz de mantenerse debajo de todo eso, y continúa llevando esa carga. Soporta eso y no trata de botarla en algún lugar. No trata de librarse de su responsabilidad.

Los creyentes de Tesalónica tenían un verdadero testimonio en el mundo romano de aquel día. Ellos se encontraban viviendo en una colonia romana, y siempre había personas que iban a ese lugar y que salían de allí, y, entonces, los informes en cuanto a ellos se esparcían por todas partes. Ellos, en realidad, soportaban muchas dificultades, persecuciones y aflicciones, pero su fe y su paciencia no vacilaban.

Esto no es algo extraño. La Palabra de Dios deja en claro, que usted tendrá problemas aquí en la tierra. Pedro, dice lo siguiente: Amados, no os sorprendáis del fuego de prueba que os ha sobrevenido, como si alguna cosa extraña os aconteciese. (1 P. 4:12) A veces escuchamos a algún creyente decir: "Ah, yo no sé por qué Dios permite que eso me suceda a mí. Nadie ha tenido que pasar a través de las cosas que yo he tenido que soportar". No sé cuales son las cosas por las cuales usted está pasando ahora, pero cualquier cosa que eso sea, usted no está solo; usted está muy acompañado porque no es algo extraño, o nuevo. En vista de esto, Pedro dice que a veces los cristianos se meten a sí mismos en problemas …sino gozaos por cuanto sois participantes de los padecimientos de Cristo, para que también en la revelación de Su gloria os gocéis con gran alegría... así que, ninguno de vosotros padezca como homicida, o ladrón, o malhechor, o por entremeterse en lo ajeno. (1 P. 4:13,15) Hay muchos creyentes que tienen problemas porque hablan demasiado; hablan de otras personas y allí es donde se crean los problemas. Hay algunos que no son honrados. Luego, tienen problemas y se quejan en cuanto a eso. Si usted sufre de esa manera, entonces, no hay ningún beneficio en la disciplina en su vida y en el desarrollo de la paciencia. Usted, simplemente, está recibiendo lo que merece. Luego, Pedro dice: Pero si alguno padece como cristiano, no se avergüence, sino glorifique a Dios por ello. (1 P. 4:16) Hay una diferencia entre el ser disciplinado para aprender paciencia y el castigar a los perversos. Dios disciplina a Sus hijos para su propio desarrollo, para su crecimiento, para que éstos lleguen a tener paciencia y esperanza en el futuro. No es necesario que usted se ponga demasiado cómodo aquí. Si fuera así, entonces usted no estaría esperando que venga el Señor.

> *Esto es demostración del justo juicio de Dios, para que seáis tenidos por dignos del reino de Dios, por el cual asimismo padecéis. [2 Ts. 1:5]*

El sufrimiento no tiene nada que ver con su salvación, pero sí lo prepara a usted para su estado eterno. Usted y yo vamos a mirar atrás a esta vida sobre la tierra, y quizá algunos de nosotros vamos a desear haber tenido un poco más de disciplina de la que recibimos.

Mientras que el juicio de los impíos, comienza con el versículo 8, aquí tenemos la introducción a él.

> *Porque es justo delante de Dios pagar con tribulación a los que os atribulan. [2 Ts. 1:6]*

Cuando Dios juzga, Dios es justo al hacer esto. Pablo hace la pregunta: ¿Hay alguna injusticia con Dios? La respuesta es: En ninguna manera. (Ro. 9:14) No importa lo que Dios haga; Él siempre hace lo correcto. Él no puede hacer las cosas mal. Él hace las cosas justas. Nosotros nos quejamos de lo que nos sucede, porque somos ignorantes. No comprendemos por qué Dios hace ciertas cosas, pero Él hace eso con un propósito bien establecido. Es un juicio de pecadores.

> *Y a vosotros que sois atribulados, daros reposo con nosotros, cuando se manifieste el Señor Jesús desde el cielo con los ángeles de su poder. [2 Ts. 1:7]*

El Señor Jesucristo viene en juicio.

Juicio de los perversos a la venida de Cristo

> *En llama de fuego, para dar retribución a los que no conocieron a Dios, ni obedecen al evangelio de nuestro Señor Jesucristo; Los cuales sufrirán pena de eterna perdición, excluidos de la presencia del Señor y de la gloria de su poder. [2 Ts. 1:8-9]*

La Palabra de Dios dice, en realidad, muy poco en cuanto al cielo. Una de las razones es que es tan maravilloso que nosotros no podemos comprenderlo. El Señor no quiere que pensemos tanto en el cielo, que lleguemos al punto de no servir para nada aquí en la tierra. Así es que, Él quiere que nosotros mantengamos nuestros ojos en nuestro andar, en nuestro camino. Él tiene un propósito para nosotros aquí en la tierra, y Él quiere que nosotros llevemos a cabo ese propósito.

La Escritura no sólo dice muy poco en cuanto al cielo; dice mucho menos en cuanto a la condición de los perdidos. Eso es tan terrible que el Espíritu Santo ha colocado un velo sobre eso y no hay nada aquí que pueda satisfacer la curiosidad morbosa o el deseo de venganza. Porque, cuando Dios juzga, Dios no lo hace de una forma vengativa. Él lo hace para vindicar, para justificar Su justicia y Su santidad. Pero no hay nada en las Escrituras para satisfacer ese deseo morboso; pero tenemos lo suficiente sí, como para darnos una advertencia. No quiere decir que es menos real porque se dice tan poco de ello. En realidad, el Señor Jesucristo dice mucho más en cuanto al infierno que cualquier otra persona. El infierno es una realidad terrible. No voy a especular en cuanto a esto. Voy a mencionar simplemente lo que se dice aquí y esto es suficiente: Él viene, en llama de fuego, para dar retribución a los que no conocieron a Dios, ni obedecen al Evangelio de nuestro Señor Jesucristo; los cuales sufrirán pena de eterna perdición, excluidos de la presencia del Señor y de la gloria de Su poder.

Hay muchas personas que ponen en ridículo el infierno. Pero eso no quiere decir que no exista. En los meses antes de la segunda guerra mundial, la idea popular era que Hitler no iba a lanzar a Europa a una guerra, y hacer un holocausto de todo eso y convertir a Europa en un verdadero infierno. Sin embargo, lo hizo. Hubo hasta quienes dijeron que iban a tener paz; sin embargo, no fue así. Hubo otros que decían que Japón no iba a atacar a los Estados Unidos. Aun el mismo gobierno estadounidense no creía en eso, y las iglesias liberales en ese entonces predicaban el pacifismo. Pero, aunque ellos no lo creyeran, tuvo lugar el terrible ataque en Pearl Harbor.

Sí, debemos enfrentar el hecho de que hay un infierno. Y Cristo vendrá a esta tierra un día. Pero primero Él va a sacar a los Suyos de esta tierra. Él vendrá y será un terror para los impíos. Habrá un juicio, para aquéllos que no conocieron a Dios, ni obedecen al Evangelio de nuestro Señor Jesucristo. Y ésta es la vida eterna: que te conozcan a Ti, el único Dios verdadero, y a Jesucristo, a quien has enviado. (Jn. 17:3) Ése es el punto aquí. Ésa es la obra de Dios. ¿Quiere usted trabajar para lograr su salvación? Jesús, dice en Jn. 6:29: Ésta es la obra de Dios: que creáis en el que Él ha enviado. Eso es lo que la Palabra de Dios dice.

Sé que no es popular hablar del infierno y de juicio. Hasta los testimonios que escuchamos y leemos en estos días están llenos de "yo". En cierta ocasión, alguien escribió su testimonio en un libro, y en realidad, lo que se veía en ese libro, era la palabra "yo", o sea mucho en cuanto a "yo, yo, yo". No se decía mucho en cuanto al Señor Jesucristo aparte de que este hombre había llegado a ser rico, que tenía una personalidad muy buena; que él había salvado su hogar y había salvado todo. Pero no había nada en su testimonio, y no existe nada tampoco en el testimonio de gran cantidad de creyentes hoy, que debieran decir: "Yo era un pecador condenado al infierno. Yo estaba perdido y Él me salvó". Lo importante de decir en su testimonio, no lo que Él le ha dado a usted, sino de qué lo libró Él a usted. Ésa es la razón por la cual Él vino. Él vino para redimirnos. No para darnos una nueva personalidad y hacernos hombres de negocios de mucho éxito. Él vino para librarnos del infierno. Eso no es muy popular hoy. A la gente no le gusta eso.

Hay pocas personas que están dispuestas a confrontar a la gente en cuanto al hecho de que están perdidos. Si alguien viniera y usted estuviera en un edificio que está quemándose, y usted estuviera dormido en ese momento; si esa persona le despertara, le levantara y le sacara de ese edificio que se está quemando; y llegara a amarle a usted; y resultara ser un hombre muy rico que le adoptara a usted como hijo suyo y le llevara a su propia casa, una casa muy hermosa, y luego le diera a usted muchas cosas maravillosas, ¿qué haría usted, si tuviera la oportunidad de hablar ante un grupo de personas para darle las gracias—¿por cuáles de esas cosas le agradecería usted? ¿Le daría usted las gracias por haberle adoptado como su hijo? Espero que así fuera. Eso sería algo bueno. Pero, ¿por qué, realmente, le agradecería usted? ¿No le daría usted las gracias porque él le rescató de un edificio que se encontraba en llamas, que estaba quemándose? De nada le valdría lo demás si él no le hubiera rescatado de una muerte por fuego.

Ahora, amigo, el juicio de los impíos se acerca. Si usted permanece con ese grupo, entonces usted va a ser juzgado. Alguien debería decirle eso; y yo se lo estoy diciendo ahora mismo.

De nuevo, ¿quiénes son los perdidos? Son aquéllos que (1) no conocieron a Dios, y (2) ni obedecen al Evangelio de nuestro Señor Jesucristo. Permítame repetir el versículo 9: Los cuales sufrirá pena de eterna perdición, excluidos de la presencia del Señor y de la gloria de Su poder.

> *Cuando venga en aquel día para ser glorificado en sus santos y ser admirado en todos los que creyeron (por cuanto nuestro testimonio ha sido creído entre vosotros). [2 Ts. 1:10]*

La venida de Cristo a la tierra en juicio justificará a los creyentes quienes han confiado en Él, y glorificará grandemente al Salvador.

> *Por lo cual asimismo oramos siempre por vosotros, para que nuestro Dios os tenga por dignos de su llamamiento, y cumpla todo propósito de bondad y toda obra de fe con su poder. [2 Ts. 1:11]*

Él quiere hacer cosas buenas por usted hoy. Pero Él le salvó a usted de algo. Y eso es lo importante.

> *Para que el nombre de nuestro Señor Jesucristo sea glorificado en vosotros, y vosotros en él, por la gracia de nuestro Dios y del Señor Jesucristo. [2 Ts. 1:12]*

Para que el nombre de nuestro Señor Jesucristo sea glorificado en vosotros. Si Dios le ha hecho prosperar, si usted ha tenido éxito financieramente, y si usted puede glorificar a Cristo, eso está muy bien. Sin embargo, estoy mucho más impresionado por una señora que se encuentra internada en un hospital, y que ha debido guardar cama la mayor parte de su vida, pero tiene un testimonio realmente radiante. Es muy fácil hablar ante un grupo de personas después de haber participado de algún banquete, y jactarse de cómo Dios le ha bendecido. ¿Pero qué de esta mujer que tiene que permanecer en cama en un hospital? Ella sí que tiene un testimonio radiante. Ciertamente, ella está glorificando a Dios.

CAPÍTULO 2

El programa para el mundo con relación a la segunda venida de Cristo

En 1 Tesalonicenses 4:13, señalamos donde se comienza a hablar del arrebatamiento de la iglesia. También, hablamos del Día del Señor, y la Gran Tribulación y la venida de Cristo en gloria a esta tierra. En esta epístola, el énfasis se da al período de la Gran Tribulación, pero también vamos a encontrar aquí uno de los mejores pasajes, en cuanto al rapto de la iglesia.

El arrebatamiento ocurre primero

Pero con respecto a la venida de nuestro Señor Jesucristo, y nuestra reunión con él, os rogamos, hermanos. [2 Ts. 2:1]

Nuestra reunión juntos con Él es el arrebatamiento de la iglesia. Este primer aspecto se refiere a la venida de Cristo. En esa oportunidad no hay ninguna clase de juicio.

El Día del Señor sigue al arrebatamiento

Que no os dejéis mover fácilmente de vuestro modo de pensar, ni os conturbéis, ni por espíritu, ni por palabra, ni por carta como si fuera nuestra, en el sentido de que el día del Señor está cerca. [2 Ts. 2:2]

El Día del Señor no tiene ninguna referencia a la iglesia. Lo que ocurre, cuando sucede el arrebatamiento, es que el día de Cristo, o el día de gracia, llega a su fin, es decir, el llamamiento de la iglesia, y la iglesia es arrebatada para encontrarse con Él. Así comienza el Día del Señor. El Día del Señor es un tema tratado a menudo en el Antiguo Testamento, mientras que el arrebatamiento de la iglesia no es mencionado. El Día del Señor comienza con la noche. El Día del Señor, dice Joel, no es luz sino que es tinieblas. Es una época de juicio, que comienza de esa manera, porque el día hebreo, comienza con la tarde: Y fue la tarde y la mañana un día. (Gn. 1:5)

En este versículo pues, se menciona algo que había circulado por esa zona por palabra o por carta, ya que dice: ni por palabra, ni por carta, o alguien había dicho que habían tenido una comunicación especial del Señor. Es interesante que siempre haya algún grupo de personas que parece recibir información directa del Señor. Esta gente en realidad, piensa que no necesita estudiar la Palabra de Dios, ya que reciben los mensajes directamente de sueños, visiones, o revelaciones especiales. Es mucho más fácil tener una conversación por teléfono y recibir el mensaje de esa manera, que el ir a la escuela y tomar la Biblia y estudiarla. Así es que por Tesalónica estaba circulando un mensaje, por medio del cual algunos decían que tenían una revelación especial, algo que el hermano Pablo en realidad, no les había dicho.

Ni por palabra indica que era un mensaje que se pasaba de boca en boca. Ni por carta. Parece que por allí estaba circulando una carta fraudulenta, que nadie en realidad había visto. Pablo dice: Como si fuera nuestra. Es decir, de parte de Pablo, Timoteo y Silas.

En el sentido que el Día del Señor está cerca. Esto había causado un problema con los creyentes en Tesalónica, y usted ya se puede dar cuenta por qué. Ellos estaban sufriendo persecución. Estaban teniendo dificultades, y era muy fácil para alguien decir: "Bueno, éste es el período de la Gran Tribulación, en el cual nos encontramos. El Día del Señor ya ha llegado, y ya nos encontramos en él".

El "Día del Señor" es una frase técnica que habla del período que empieza con la Gran Tribulación y continúa hasta el milenio. Es un día que comienza con juicio. Joel describe el Día del Señor con detalles en el capítulo 2 de su profecía, y Pedro lo citó en el día de Pentecostés. En Hechos 2:20, él dijo: El sol se convertirá en tinieblas, y la luna en sangre, antes que venga el Día del Señor, grande y manifiesto. Por cierto que eso no ocurrió en el día de Pentecostés. Cuando tuvo lugar la crucifixión de Cristo, hubo un terremoto y también hubo tinieblas. Pero ahora, en el día de Pentecostés, no había nada de eso. Y de repente vino del cielo un estruendo como de un viento recio que soplaba... y se les aparecieron lenguas repartidas, como de fuego, asentándose sobre cada uno de ellos. (Hch. 2:2-3) No hubo ningún viento, pero hacía ruido, como si fuera un huracán; esto llegó a la ciudad y causó que todo el mundo corriera hacia el templo para ver lo que había ocurrido. Pedro llama a esto, citando a Joel, que es similar al Día del Señor. El Día del Señor es un tiempo de juicio, y comienza de esa manera. Lo que Pedro está diciendo es que esto era algo similar a eso. ¿Creéis vosotros que estos hombres están borrachos? Ellos están llenos del Espíritu Santo. Los judíos ortodoxos de aquel día, creían que iba a llegar un día cuando Dios derramaría Su Espíritu sobre toda carne; y, en el día de Pentecostés, no fue derramado sobre toda carne. El Día del Señor es todavía futuro.

Pedro menciona el Día del Señor de nuevo, en su epístola: Pero el Día del Señor vendrá como ladrón en la noche; en el cual los cielos pasarán con grande estruendo, y los elementos ardiendo serán deshechos, y la tierra y las obras que en ella hay serán quemadas. (2 P. 3:10) El Señor no vendrá como un ladrón en la noche para la iglesia. (1 Ts. 5) La iglesia debe permanecer despierta, esperándole. Es al mundo dormido que Él vendrá como un ladrón en la noche. Pedro sigue diciendo …En el cual los cielos pasarán con grande estruendo, y los elementos ardiendo serán deshechos y la tierra y las obras que en ella hay serán quemadas. (2 P. 3:10) Eso no ocurrió en el día de Pentecostés.

Otra referencia más en cuanto a esto es, Apocalipsis 6:17, que dice: Porque el gran día de Su ira ha llegado; y ¿quién podrá sostenerse en pie? Eso no es para la iglesia. La iglesia tiene que esperarle a Él, una Persona, que vendrá, porque nosotros estamos identificados con Él.

Nadie os engañe en ninguna manera; porque no vendrá sin que antes venga la apostasía, y se manifieste el hombre de pecado, el hijo de perdición. [2 Ts. 2:3]

Nadie os engañe en ninguna manera. Para no ser engañados, escuchemos lo que dice Pablo.

Porque no vendrá sin que antes venga la apostasía. ¿A qué se está refiriendo? Al Día del Señor. No está haciendo referencia al Rapto de la iglesia, sino que se refiere al Día del Señor; no vendrá sin que antes venga la apostasía (eso es la primera cosa), y se manifieste el hombre de pecado. Aquí tenemos esas dos cosas. Tenemos dos cosas que deben tener lugar antes de que el Día del Señor pueda comenzar. Ninguna de estas cosas ha tenido lugar aún.

Lo primero que tendrá lugar, es que debe haber un apartamiento, una separación. Hay algunos que miran a esto como si fuera la apostasía; y yo opino que se refiere a eso. Sin embargo, significa mucho más que eso, porque la palabra que se utiliza aquí tiene un significado más profundo que ése. Este apartarse es una traducción de la palabra "apostasía", y viene de la raíz, apostasía, que, en realidad, indica partir, o quitar. El verbo significa quitar, o remover. Debe haber pues, una remoción.

Pablo dice que antes de que el Día del Señor comience, debe haber primero una remoción. Hay dos clases de remociones que van a tener lugar. Una es que ellos se apartarán de la fe. Eso es apostasía. Pero eso no puede tener lugar hasta que la iglesia verdadera sea quitada, porque habrá una apostasía total cuando venga el Señor. El Señor Jesucristo preguntó: Pero cuando venga el Hijo del Hombre, ¿hallará fe en la tierra? (Lc. 18:8) Se refiere aquí al cuerpo de verdad que Él había dejado. La respuesta a esto es: "No", Él no encontrará fe. Habrá una apostasía total por dos cosas. La organización de la iglesia se ha apartado de la fe. Se ha apostatado. Pero ha habido también otro apartamiento, y ése es el apartamiento de la iglesia verdadera. Ya que el uno provoca lo otro. Es decir que el Día del Señor no puede venir (y eso también quiere decir que la Gran Tribulación no puede comenzar, y el hombre de pecado no puede aparecer) ¿hasta que suceda qué? Hasta que tenga lugar esta separación, la remoción de la iglesia, la partida de la iglesia de esta tierra. El arrebatamiento de la iglesia verdadera conduce a la apostasía total de la iglesia organizada. El Día del Señor no puede comenzar—ni el período de la gran tribulación— hasta la remoción de la iglesia verdadera haya tenido lugar.

Pablo no va a hablar en detalle del arrebatamiento de la iglesia aquí, porque ya ha escrito de eso en su primera epístola: Porque el Señor Mismo con voz de mando, con voz de arcángel, y con trompeta de Dios, descenderá del cielo; y los muertos en Cristo resucitarán primero. Luego nosotros los que vivimos, los que hayamos quedado, seremos arrebatados juntamente con ellos en las nubes para recibir al Señor en el aire, y así estaremos siempre con el Señor. (1 Ts. 4:16-17) Ésa es la remoción, el arrebatamiento, de la iglesia.

La iglesia organizada que queda aquí abajo apartará de la fe. Vemos eso representado en la gran ramera mencionada en Apocalipsis 17. La Iglesia de Laodicea, la séptima y última iglesia descrita en Apocalipsis, se encuentra en una triste condición. Creo que nos encontramos en ese período en particular en el presente. Después del arrebatamiento de los verdaderos creyentes, será aún peor. Eso terminará en una apostasía total.

Desde el punto de vista de la tierra, es una partida de los creyentes. Desde el punto de vista del cielo, es un arrebatamiento, un Rapto. Creo que el mundo va a decir en aquella ocasión: "Bueno, ya se fueron. Esos maestros de la Biblia que eran tan latosas, ya se han ido. Han partido, nos han dejado y estamos ahora tranquilos. Nosotros diremos: 'Aleluya'". El mundo se regocijará. Pero ése será un día muy triste para la tierra. Pensarán que están entrando en el milenio, y sin embargo, están entrando al período de la Gran Tribulación, y va a ser algo muy terrible para ellos.

Quizá pueda ilustrar esto que estoy diciendo con lo siguiente: Hace algún tiempo mi esposa y yo estábamos en el aeropuerto de Los Ángeles para abordar un vuelo para Florida. Siempre llegamos temprano para tomar el desayuno en el aeropuerto. Mientras esperábamos, un avión se alistaba para ir a las Islas Hawaianas. Había, en una de las salas de espera, una joven pareja. Él, era un soldado del ejército; ella era una muchacha muy hermosa, y tenían un niño muy bonito también. No estaban diciendo nada, estaban allí sentados, y el niño se veía muy contento y jugaba con sus padres. Pero cuando pasaron unos pocos minutos se anunció la partida del avión, y los jóvenes se pusieron de pie, y ese soldado abrazó a su esposa y a su niño, y comenzaron a llorar. Los dos mayores lo hicieron, porque el niño no se daba cuenta de lo que ocurría y simplemente se reía, pero su mamá y su papá estaban llorando. Aparentemente el joven soldado regresaba al lugar de servicio que se le había asignado, así es que él tomó su maletín de mano y salió. Luego, cuando se había apartado ya a cierta distancia, se volvió y saludó con su mano. Su esposa quedó en ese lugar, con su rostro lleno de lágrimas y se aproximó a una ventana para poder observar mejor la partida del avión. Luego, cuando ya el avión había partido, salió llevándose a su niño. Eso era una partida. Era una apostasía. Eso es lo que había ocurrido. Hystomi quiere decir "colocarse", y apo quiere decir "fuera de". Literalmente indica el ser removido. Ese muchacho, ese soldado se removió a sí mismo. Esa madre agarró a su hijo y caminó lentamente hacia fuera. Sentí compasión por ella. La vida iba a ser difícil para ella ahora.

Yo no podía menos que pensar que el mundo, se va a regocijar cuando parta la iglesia, pero van a venir días muy difíciles. El mundo va a entrar en el período de la Gran Tribulación.

Pablo dice aquí: Nadie os engañe en ninguna manera; porque no vendrá sin que antes venga la apostasía. Tendrá lugar la apostasía de la iglesia, la iglesia verdadera va a partir. No puede haber una apostasía total mientras haya creyentes aquí en la tierra. A los liberales les gustaría librarse de nosotros, y eso ocurrirá con seguridad en uno de estos días.

Luego, la segunda cosa que él menciona en este versículo es: Y se manifieste el hombre de pecado, el hijo de perdición. Cuando él sea revelado, cuando él se manifieste, usted se encontrará en el período de la Gran Tribulación. Aquí él le llama: "el hombre de pecado". Juan por su parte, lo llama "el anticristo" y Juan es el único que usa ese término. Este personaje tiene como 30 títulos diferentes en la Biblia. Él es un tema del Antiguo Testamento. Él será el hombre de Satanás. Este hombre volverá a reunir el Imperio Romano; y luego él llegará a ser, finalmente, un dictador mundial y él va a engañar al mundo. Pero él no puede aparecer aún en poder. Él podría estar en nuestro medio hoy, pero él no puede venir en poder y revelarse hasta que se haya entrado al período de la Gran Tribulación.

Pablo nos dice más en cuanto a él:

> *El cual se opone y se levanta contra todo lo que se llama Dios o es objeto de culto; tanto que se sienta en el templo de Dios como Dios, haciéndose pasar por Dios.* [2 Ts. 2:4]

Una de las cosas que este hombre dirá es, que él es Dios. En Apocalipsis 13 encontramos "la bestia que sube del mar". Ése será el Anticristo reuniendo a Europa occidental, como la conocemos en el día de hoy, y éste unirá a todos estos países nuevamente, y cuando él haga eso, él se mostrará a sí mismo como Dios. El mundo creerá que él es Cristo. Ése es el gran engaño que se menciona aquí.

> *¿No os acordáis que cuando yo estaba todavía con vosotros, os decía esto? [2 Ts. 2:5]*

Pablo no tenía dificultad o inconveniente en hablar de esas cosas. Hay algunos que dicen que los predicadores no deberían tocar esas cosas. Sin embargo, Pablo hablaba de esto. Pablo dice ...cuando yo estaba todavía con vosotros, os decía esto.

Misterio de la iniquidad que obra hoy, restriñido por el Espíritu Santo

> *Y ahora vosotros sabéis lo que lo detiene, a fin de que a su debido tiempo se manifieste. [2 Ts. 2:6]*

¿Qué puede detener el mal en este mundo? El Único que conozco es el Espíritu Santo. El gobierno no lo puede hacer. En ningún país sucede eso. El Imperio Romano no lo pudo hacer. Ellos formaban una fuerza de mal en sí mismo.

> *Porque ya está en acción el misterio de la iniquidad; sólo que hay quien al presente lo detiene, hasta que él a su vez sea quitado de en medio. [2 Ts. 2:7]*

Ya tenemos iniquidad en este mundo, y eso aumentará. ¿A quién se refiere cuando dice que será quitado de en medio? Él, el Espíritu Santo, será quitado con la iglesia.

El misterio de la iniquidad ya había comenzado a obrar en el día de Pablo, y continúa hoy. El Señor Jesús dio una parábola en Mateo 13 que revela la condición del mundo actual. Éstos son los misterios del reino del cielo, y ellos explican la condición del mundo y de la iglesia en el mundo de hoy. La Palabra de Dios está siendo sembrada en el campo del mundo, pero un enemigo ha entrado y ha sembrado cizaña. La cizaña y el trigo están creciendo juntos—la Palabra de Dios y la iniquidad crecen juntos hoy. El mundo se está haciendo cada vez peor, y en un sentido, el mundo se está haciendo cada vez mejor, porque creo que la Palabra de Dios se está predicando mucho más hoy que en cualquier otro momento de la historia del mundo. Las puertas están abiertas—la Palabra está creciendo, el trigo está creciendo. Pero la cizaña está creciendo también.

La iniquidad continuará y se empeorará más y más, pero el Espíritu Santo no permitirá que Satanás siga para siempre. Cuando el Espíritu Santo sea removido, será como destapar una botella—el líquido de la iniquidad se derramará por todo el mundo en aquel día.

¿Cuándo será quitado el Espíritu Santo? Él será quitado cuando la iglesia sea arrebatada. ¿No estará el Espíritu Santo en el mundo durante el período de la Gran Tribulación? Sí. ¿No estaba en el mundo antes de Pentecostés? Por cierto que sí estaba. Él estaba también en el Antiguo Testamento pero con una obra, o con una misión diferente. Él estará con una misión diferente después que la iglesia sea quitada. Ahora el Espíritu de Dios nos está sellando a nosotros hasta el día de la redención cuando nos presentará y entregará al Señor Jesucristo. Si no fuera así, nosotros no podríamos hacerlo, pero Él nos entregará. Después que Él haga eso, entonces, regresará a la tierra, según creo, para reanudar Su misión anterior en este mundo. Pero no estorbará al mal. Permitirá que el diablo controle esto por un tiempo. ¡Yo no quisiera estar aquí cuando el diablo tenga control de este mundo! Parecería que lo tuviese hoy, y para mí, eso es demasiado malo. Yo no quisiera estar aquí cuando este mundo sea entregado en sus manos.

> *Y entonces se manifestará aquel inicuo, a quien el Señor matará con el espíritu de su boca, y destruirá con el resplandor de su venida. [2 Ts. 2:8]*

Aquel inicuo, el Anticristo, el hombre de pecado, será un dictador mundial. Nadie podrá detenerlo. No habrá ningún poder en la tierra— sólo la venida de Cristo lo podrá hacer. Es lo mismo que ocurrió con el pueblo de Dios cuando éste se encontraba en Egipto y ninguno podía librarlos a ellos. Se encontraban desamparados. Pero Dios les dio libertad, y ése es un cuadro de lo que será cuando el Señor Jesucristo venga a esta tierra para establecer Su reino. Durante la Tribulación los creyentes estarán desamparados bajo el poder del anticristo hasta que el Señor Jesús venga a la tierra para establecer Su reino.

El Señor matará con el espíritu de Su boca, eso es, la Palabra de Dios que es una espada de dos filos que procede de Su boca, matará al Anticristo. Fue la Palabra de Dios que creó este universo. Todo lo que Dios tuvo que hacer fue hablar. Y dijo Dios: Sea la luz: y fue la luz. (Gn. 1:3) El Señor Jesucristo, es la Palabra de Dios viva. Hoy tenemos la Biblia, que es la Palabra de Dios escrita. La Palabra escrita habla acerca de la Palabra viva, y está viva y es potente. Cuando el Señor Jesús vuelva, Él vendrá como la Palabra de Dios viva.

Y destruirá con el resplandor de Su venida. "Resplandor", es la palabra griega epifáneia. Tito 2:11, usa esa palabra epifáneia cuando dice, Porque la gracia de Dios se ha manifestado para salvación a todos los hombres. Ésa fue la manifestación bondadosa de Su venida.

Él vino primero como un pequeño bebé, y una mujer lloró. Cuando Él venga otra vez, será otra epifanía. Él quitará a Su iglesia del mundo, y entonces Él viene a la tierra a establecer Su reino. Su primera venida tuvo dos episodios, si lo quiere ver de esa manera. Él vino a Belén como un pequeño bebé, y entonces más tarde Él empezó Su ministerio a la edad de treinta años cuando Él entraba al templo y lo limpió. Su segunda venida también tiene dos fases. Él llama a Su iglesia a encontrarse con Él en el aire; y, entonces, Él viene a la tierra a establecer Su reino. En ese tiempo el anticristo será matado y destruido con el resplandor de Su venida.

El inicuo ha de aparecer durante la Gran Tribulación

Inicuo cuyo advenimiento es por obra de Satanás, con gran poder y señales y prodigios mentirosos. [2 Ts. 2:9]

Éste es el Anticristo, el hombre de Satanás, el hombre de pecado y el único obrador de milagros que se ha profetizado en el día de hoy.

El poder mencionado aquí es dúnamis en el griego. Ése es un poder físico cuya fuente es algo sobrenatural. Él va a ser sanador, y realizará muchos milagros. También creo que podrá caminar sobre el agua, y creo que será capaz de controlar el viento. Recuerde usted que Satanás permitió, en una ocasión, que el viento destruyera a los hijos e hijas de Job. Siempre tengo miedo cuando me dicen que alguien está realizando milagros hoy, porque el próximo hacedor de milagros predicho por la Biblia, es uno cuya venida es según las obras de Satanás. Siempre temo que los realizadores de milagros no han venido del cielo. El diablo mandará a este hombre con poder y señales y prodigios mentirosos. Por esta razón es importante que no nos fijemos en los hombres, sino en Cristo, y es importante andar por fe en Él.

Señales, es decir, el propósito de eso es el de atraer o complacer el entendimiento. Esto va a tener cierta atracción para el mundo científico de ese día. También lo será para los políticos. También tendrá atracción para el mundo religioso. Me asombra que aún hoy la gente es atraída por toda esta clase de cosas. Me sorprende mucho ver cuántas personas caen en aquello que es realmente falso. Alguien quizá pregunte, "¿Por qué cree usted que sucede eso?" Creo que puede ser expresado de la siguiente manera: Aquéllos que no se mantienen firmes por algo, pueden caer por cualquier cosa. La gente que no está arraigada en la Palabra de Dios creerá por cualquier clase de señales.

Prodigios mentirosos, es algo que produce un efecto en aquéllos que lo están observando. Esto de prodigios mentirosos será observado por la gente y en todo el mundo se hablará en cuanto a esto. La gente alrededor de todo el mundo hablará del hombre de pecado, diciendo, "Bueno, ese gobernador mundial del presente, es una gran persona; mire usted lo que él puede hacer".

¿Quiénes son los que le seguirán? Aquéllos que no creen en el Evangelio:

> *Y con todo engaño de iniquidad para los que se pierden, por cuanto no recibieron el amor de la verdad para ser salvos. [2 Ts. 2:10]*

El lo hará con todo engaño de iniquidad para que se pierdan— ¿por qué? —por cuanto no recibieron el amor de la verdad para ser salvos. Creo que el Evangelio va a ser esparcido hasta los confines de la tierra; aun quizá por medio de la iglesia. Está penetrando muy bien hoy por medio de la radio. La radio alcanza a muchas personas en áreas inaccesibles a los misioneros. Pero habrá aquéllos que escucharán una mentira, y se negarán a recibir la verdad.

> *Por esto Dios les envía un poder engañoso, para que crean la mentira. [2 Ts. 2:11]*

Dios va a dejar que el mundo crea una mentira. ¿Por qué hace eso? ¿No es algo injusto? Ah, no, no lo es. Es lo mismo que se dice cuando Dios endureció el corazón de Faraón. Faraón no estaba llorando por los israelitas, queriendo dejarles salir, pero siendo impedido por Dios. Si usted cree eso, está completamente equivocado. Faraón no quería que ellos se fueran, y todo lo que Dios hizo fue provocar que Faraón se pusiera firme y que tomara una decisión. Dios le hizo entrar en una situación que reveló lo que ya había en su corazón. Hay muchas personas hoy que no se quieren comprometer. No quieren tomar una posición con Dios. No quieren escuchar el Evangelio. Han cerrado completamente sus oídos a esto. Dios les está dando la Palabra de Dios a ellos. Dios en Su gracia, les está dando Su Palabra, pero la rechazan. Luego que ellos hayan escuchado la Palabra de Dios y no la hayan aceptado, entonces, Dios les va a enviar un poder engañoso. ¿Por qué? Porque ellos no quisieron recibir la verdad; entonces van a tener que creer una mentira.

Las personas que han dejado de asistir a iglesias donde escuchaban el Evangelio, están dispuestas a prestar atención a las sectas y religiones falsas. Ésa es la razón por la cual estos engañadores, van a visitar a la gente los domingos por la mañana y saben que los creyentes débiles no van a estar en la casa de oración entonces. Estos falsos mensajeros, saben quiénes son los débiles; pues, son aquéllos que no quieren estudiar la Palabra de Dios, y como resultado, estos mentirosos pueden saber muy bien que los llegarían a alcanzar al presentarles estas mentiras, disfrazadas de verdad. Si usted no recibe la verdad, entonces usted está abierto para recibir cualquier cosa que se le presente.

Me he asombrado al ver alguna gente inteligente que han asistido a la iglesia, han escuchado el Evangelio, lo han rechazado, y luego son engañados fácilmente por las sectas más bárbaras y extravagantes que uno pueda encontrar, o que están siguiendo a un individuo que es falso y que no les está dando para nada, la Palabra de Dios. ¿Por qué? Porque Dios dice que es así: Cuando la gente rechaza la verdad, van a cree la mentira.

Dios está separando a las ovejas de las cabras. Dios usa el mejor método posible para hacerlo. Si la gente no recibirá el amor de la verdad, entonces Dios les envía un poder engañoso, para que crean la mentira. ¿Cuál es la mentira? La mentira del Anticristo es que Jesucristo no es el Señor, que Él no es quien dice ser. Él les va a decir que son realmente inteligentes al no llegar a ser unos locos religiosos que creen en Jesucristo. Creo que el Anticristo presentará muchas explicaciones en cuanto a la desaparición de los santos de la tierra en el Rapto, y le dirá a esta gente que ellos han sido verdaderamente inteligentes al esperar, porque ahora van a construir un reino aquí en la tierra. La gente va a creer lo que el Anticristo les está diciendo, y ellos van a pensar que están entrando al milenio. Pero no van a darse cuenta de que en realidad están entrando al período de la Gran Tribulación. Ésa es la mentira, y la gente va a creerla porque no han creído la verdad.

A fin de que sean condenados todos los que no creyeron a la verdad, sino que se complacieron en la injusticia. [2 Ts. 2:12]

Dios va a juzgar a aquéllos que han rechazado la verdad. He dicho esto muchas veces y quiero repetirlo una vez más. Si usted puede estar sentado y leer la Palabra de Dios y continuar rechazando a Jesucristo, usted está completamente abierto para cualquier otra cosa que se le presente para engañarle y está sujeto al juicio. Pero, eso sí, usted nunca podrá entrar a la presencia de Dios y decir: "Bueno, yo nunca escuché el Evangelio". Porque, usted lo está leyendo en este mismo instante, y usted ya lo ha escuchado, y probablemente lo ha escuchado en varios lugares diferentes, y usted posiblemente le dio la espalda. Cuando usted le da la espalda a Dios, queda completamente abierto, vulnerable para cualquier cosa y está entonces, listo para el juicio. Porque para Dios somos grato olor de Cristo en los que se salvan, y en los que se pierden; a éstos ciertamente olor de muerte para muerte, y a aquéllos olor de vida para vida. (2 Co. 2:15-16) Le he colocado a usted en un lugar difícil, porque usted no puede decir que nunca ha escuchado el Evangelio. Usted lo ha escuchado y probablemente lo ha escuchado en varios lugares diferentes. Si usted rechaza a Jesucristo, entonces yo soy un olor de muerte para usted. Si usted acepta a Jesucristo como su propio Señor y Salvador, entonces soy un olor de vida para usted.

El lado práctico de la venida de Cristo

Comenzando con el versículo 13, Pablo inicia el lado práctico de esta epístola, lo práctico en cuanto a la venida de Cristo. A la luz del conocimiento de los hechos futuros, el creyente debe vivir una vida que demuestre que él cree en la venida de Cristo. El creer en la venida de Cristo, no quiere decir que uno tiene que estar corriendo y mirando hacia arriba hacia el cielo y decir: "Ah, cómo me gustaría que venga el Señor Jesucristo". Eso es cosa sin sentido. Eso se va a manifestar a sí mismo en tres maneras diferentes si uno cree en el avenida de Cristo: afectará su actitud hacia la Palabra de Dios, su forma de andar aquí en la tierra, y su trabajo.

Los creyentes deben estar establecidos en la Palabra

Pero nosotros debemos dar siempre gracias a Dios respecto a vosotros, hermanos amados por el Señor, de que Dios os haya escogido desde el principio para salvación, mediante la santificación por el Espíritu y la fe en la verdad, A lo cual os llamó mediante nuestro evangelio, para alcanzar la gloria de nuestro Señor Jesucristo. [2 Ts. 2:13-14]

Creo que estos dos versículos nos presentan el aspecto total de la salvación. Es decir que se nos presenta la salvación desde el pasado hasta el presente y al futuro; todo esto se presenta aquí.

1. Que Dios os haya escogido desde el principio para salvación. Esto se enseña claramente en Romanos 8: Y sabemos que a los que aman a Dios, todas las cosas les ayudan a bien, esto es, a los que conforme a Su propósito son llamados. (El Dr. R. A. Torrey acostumbraba decir que este versículo era como una almohada muy suave para un corazón cansado, y por cierto que lo es.) Porque a los que antes conoció, también los predestinó para que fuesen hechos conformes a la imagen de Su Hijo, para que Él sea el Primogénito entre muchos hermanos. Y a los que predestinó, a éstos también llamó; y a los que llamó, a éstos también justificó, y a los que justificó, a éstos también glorificó. ¿Qué, pues, diremos a esto? Si Dios es por nosotros, ¿quién contra nosotros? (Ro. 8:28-31)

Eso es exactamente lo que Pablo está diciendo aquí en 2 Tesalonicenses: Que Dio os haya escogido desde el principio para salvación… Se nos dice que desde el mismo principio hemos sido escogidos para la salvación, y eso mira hacia el pasado. Todo lo que yo sé en cuanto a esto, es que dice eso y yo lo creo. "¿Quiere decirme que Dios nos eligió a nosotros antes de haber llegado aquí?" Spurgeon lo decía de la siguiente manera: "Me agrada saber que Dios me eligió antes que yo llegara aquí, porque si Él hubiera esperado hasta que yo llegara aquí, entonces, nunca me hubiera elegido". Quiere decir sencillamente, que usted no sorprendió a Dios cuando confió en Cristo. Pero también nosotros necesitamos ver el otro lado de la moneda. Todo aquél que quiera, puede ir. Eso no tiene ningún efecto en usted si usted no lo quiere hacer. Así es como son las cosas. Todo el que quiera, puede venir. Todo aquél que quiera, es elegido, y todo aquél que no quiera, no es elegido. Todo aquél que tenga sed; ésa es una oferta legítima; ésa es una oferta sincera; ésa es una oferta sin ninguna clase de complicación para la salvación. Jesús dijo: El que tenga sed venga a Mí y beba. (Jn. 7:37) La razón por la cual usted no está viniendo no es porque usted no ha sido escogido. La razón es porque usted no tiene sed. Usted no piensa que necesita un Salvador. Si usted tiene sed, entonces venga a Cristo.

2. Mediante la santificación por el Espíritu mira hacia el presente. Escogido… para salvación miraba hacia el pasado, y ahora la santificación por el Espíritu mira hacia el presente. Cuando usted acepta a Jesucristo como su Salvador personal, usted está en Cristo. Esto es santificación posicional. Éste es el tiempo pasado de la salvación. Entonces hay también el lado práctico de la santificación, que concierne a su vida. Por el Espíritu de Dios usted puede crecer en gracia.

3. Y la fe en la verdad. Eso quiere decir que usted va a estudiar la Palabra de Dios. La fe en la verdad, es la forma en que usted va a crecer y desarrollar.

4. Para alcanzar la gloria de nuestro Señor Jesucristo. Esto se refiere al arrebatamiento. Amados, ahora somos hijos de Dios, y aún no se ha manifestado lo que hemos de ser; pero sabemos que cuando Él se manifieste, seremos semejantes a Él, porque le veremos tal como

Él es. (1 Jn. 3:2) Ésa es una declaración maravillosa, ¿no le parece? Luego, tenemos una declaración en la Epístola a los Colosenses 1:27: *A quienes Dios quiso dar a conocer las riquezas de la gloria de este misterio entre los gentiles; que es Cristo en vosotros, la esperanza de gloria.* Eso mira hacia el futuro.

Así es que, aquí tenemos el aspecto total de la salvación; hemos sido salvos, estamos siendo salvos, y seremos salvos. Ahora, ¿qué es lo que le permite crecer al creyente? Es todo obra de Dios.

> *Así que, hermanos, estad firmes, y retened la doctrina que habéis aprendido, sea por palabra, o por carta nuestra. [2 Ts. 2:15]*

Pablo se está refiriendo, a lo que él les había enseñado cuando estuvo con ellos. La Palabra, le permite al creyente pararse y estar firme. La Palabra trae consolación y aliento. La Palabra y la obra están relacionadas mutuamente. El estudio de la Palabra le lleva a usted a la obra, o al trabajo para el Señor.

> *Y el mismo Jesucristo Señor nuestro, y Dios nuestro Padre, el cual nos amó y nos dio consolación eterna y buena esperanza por gracia, Conforte vuestros corazones, y os confirme en toda buena palabra y obra. [2 Ts. 2:16-17]*

El Señor Jesucristo, conforta los corazones. Él hace esto por medio de Su Palabra. Eso nos establecerá en toda buena palabra y obra. El estudio de la Palabra de Dios le conducirá a la obra de Dios.

Y os confirme. Eso quiere decir, que usted estará arraigado en la Palabra de Dios. Usted no será empujado por cualquier viento de doctrina. Usted no estará siguiendo cualquier cosa que se presente o leyendo cualquier libro que salga, porque presente algo del momento en lo cual la gente está interesada. Necesitamos, pues, estar establecidos en la fe.

La Palabra de Dios es por tanto, aquello que le guiará a usted a hacer la obra de Dios. En el próximo capítulo, veremos que los creyentes pueden ser establecidos en su andar; que su andar, es un andar ante el mundo, y el creyente necesita andar establecido en su obra aquí en esta tierra. Es algo engañoso, y usted se puede engañar a sí mismo y a los demás cuando usted habla de cómo ama la venida del Señor, pero, no estudia la Palabra del Señor, y la Palabra de Dios no se manifiesta, entonces, a sí misma en su vida y no hace que usted trabaje. Si usted realmente cree que Jesucristo viene, entonces, va a estar muy ocupado, trabajando por Él. Usted va a trabajar por Él porque usted tiene que rendir cuentas ante Él; y Él puede estar aquí mañana, y si así es, yo quiero estar ocupado en el día de hoy. Usted no va a tener tiempo de estar en la ventana mirando a ver si Él viene, o siempre mirando hacia el cielo para ver cuando va a aparecer. Usted va a estar observando a su alrededor y haciendo la obra del Señor aquí en esta tierra. Ésa es la mejor prueba de que usted sí cree en Su venida.

CAPÍTULO 3

El lado práctico de la venida de Cristo (continúa)

El capítulo 2 se concluye con el hecho de que los creyentes deben estar establecidos en la Palabra de Dios. Pablo dijo que Dios consuela nuestros corazones y nos establece en toda buena palabra y obra. Esto tiene que ver con la lealtad a la Persona del Señor Jesucristo. También habló en esta sección de la maravillosa posición que tenemos en Cristo. Somos escogidos—Dios os [ha] escogido desde el principio para salvación, mediante la santificación por el Espíritu. (2 Ts. 2:13-14) Somos llamados de Dios para alcanzar la gloria de nuestro Señor Jesucristo. Esto es muy importante. ¡Esto anima y emociona!

Ahora, en el capítulo 3, Pablo dice que hay ciertas responsabilidades que nosotros tenemos como creyentes. Tenemos que andar de tal forma, que demuestre que somos creyentes responsables. Como Pablo lo dijo a los creyentes efesios: Os ruego que andéis como es digno de la vocación con que fuisteis llamados. (Ef. 4:1) Eso es lo que Pablo está diciendo también aquí a los creyentes tesalonicenses.

Los creyentes deben estar establecidos en su andar

Por lo demás, hermanos, orad por nosotros, para que la palabra del Señor corra y sea glorificada, así como lo fue entre vosotros, Y para que seamos librados de hombres perversos y malos; porque no es de todos la fe. [2 Ts. 3:1-2]

Pablo está diciendo aquí, que la Palabra capacita al creyente para que ande ante este mundo impío. La Palabra es la que establece firmemente al creyente en su andar.

Por lo demás, hermanos—él se está acercando al final de su carta.

Orad por nosotros. La oración es algo que todo creyente puede hacer. No creo que la oración sea un don del Espíritu. La oración es algo que todos los creyentes deben practicar, y cualquier obra, si va a tener éxito, tiene que estar apoyada por la oración. Cada evangelista, cada predicador, y cada maestro de la Palabra de Dios, que tiene éxito y que está siendo usado por Dios, tiene a muchas personas que están orando por él. Pablo está pidiendo a los creyentes en Tesalónica, que oren para que en este respecto, la palabra del Señor corra y sea glorificada, así como lo fue entre vosotros. El Apóstol Pablo tenía un ministerio único. Él era un misionero. Él era un evangelista en la forma como lo conceptuamos hoy. En realidad, esa palabra en el Nuevo Testamento quiere decir "misionero". También él era Pastor y Maestro de la Palabra de Dios. Él tenía todas estas habilidades o capacidades, y él había desempeñado esos ministerios en Tesalónica. Él los había llevado al Señor; y él les había enseñado. Ahora, él actúa como Pastor en las cartas que les escribe. No solamente los instruye en la Palabra, sino que también está tratando de consolarles y de aconsejarles. Una de las cosas que el Apóstol Pablo les pide que ellos hagan, es ...orad por nosotros, para que la Palabra del Señor corra y sea glorificada.

En el día de hoy tenemos grandes oportunidades para presentar A través de la Biblia en otros idiomas. Existe la posibilidad de presentar este programa en idiomas que son hablados por millones de personas, y es algo que llevaría estos estudios bíblicos a gran cantidad de aquéllos que en el presente no los tienen. Éstos son días grandes, gloriosos, y queremos presentar esto ante nuestros lectores, para poder decirles: hermanos, orad por nosotros. Ya no se puede orar por el Apóstol Pablo, pero usted puede orar por este ministerio. Yo aprecio eso en gran manera, ya que quiero también que la palabra del Señor corra y sea glorificada, así como lo fue entre vosotros, y también que la Palabra de Dios sea exaltada, sea ensalzada el día de hoy. Hay veces que me preocupa hoy, el ver que aun aquéllos que dicen ser creyentes en la Palabra de Dios, no prestan mucha atención a la Palabra de Dios. Si usted cree que es la Palabra de Dios, entonces, debería ocuparse en esto y ver qué es lo que dice.

Aquí no se está hablando de "fe" simplemente, sino de "la fe". Porque no es de todos la fe. Es decir, que ellos no mantienen las doctrinas de los Apóstoles, lo que los Apóstoles les habían enseñado, y la fe en la cual descansa la iglesia. El fundamento es la doctrina que estos hombres han dado a la iglesia. Esto es algo que es muy importante, y nosotros deberíamos enseñar y predicar esto.

La persona que enseña la Biblia necesita sus oraciones. Permítame ser franco en cuanto a esto, y lo que digo lo digo con mucho cuidado; pero es mucho más fácil el tener conferencias en diferentes ciudades, que el ser un Pastor o el enseñar la Biblia en un solo lugar. Es mucho más fácil el viajar de un lugar a otro, que el estar establecido en un solo lugar. El Pastor tiene una gran responsabilidad hoy, debido a que tiene que tratar con muchas personas que en ocasiones son bastante difíciles de convencer o de ayudar. Eso es lo que Pablo está diciendo aquí, en el versículo 2: para que seamos librados de hombres perversos y malos. ¿Sabía usted que en la misma iglesia hay hombres perversos y malos? Un Pastor, necesita ser librado de esa clase de gente, y él necesita la oración para poder presentar la Palabra de Dios.

Un Pastor acostumbraba decir: "Yo no soy un obstetra; yo soy un pediatra". La verdad es que no creo que sea un obstetra, aun cuando me sorprende el número de cartas que me llegan a menudo, indicando que han recibido al Señor Jesucristo como Salvador personal, es decir, que han nacido de nuevo. La Palabra de Dios se presenta a través de la radio y lleva a los oyentes al conocimiento salvador de Jesucristo. Ésta es la obra de un evangelista. Opino que si uno predica la Palabra de Dios, pues, esa obra se llevará a cabo. Así es como sucede. Pero también siento que mi trabajo es más como la tarea del pediatra. Después de todo, hablando francamente, el obstetra tiene el trabajo más fácil. Es quien ayuda en el momento de dar a luz al bebé, y eso es algo fantástico. Pero luego, él entrega el niño al pediatra, el médico para los niños, y él es quien se preocupa en cuanto a la dieta de la criatura. Él es quien tiene que ver que continúe creciendo normalmente, y hasta cambiarle los pañales. Él es quien tiene que tratar con los santos de la iglesia que tienen mal carácter, y ésa, es una tarea bastante difícil. Así es que yo simpatizo mucho con los Pastores.

Hay algunos predicadores que como parte de su labor visitan diferentes iglesias, y tienen reuniones, digamos, durante una semana en ese lugar. Luego de haber predicado la Palabra, luego de haber enseñado la Palabra de Dios a los santos, parten de ese lugar. Entonces, es el Pastor quien tiene que continuar el trabajo en ese lugar. Él es quien tiene que enfrentarse a los problemas diarios que se presentan allí. El predicador que visita, tiene sus reuniones y luego se va. De modo que, el conferencista o el evangelista, o el que enseña la Biblia, tiene que desarrollar el trabajo más fácil, digamos, que el hombre que tiene la tarea del pastorado. Pablo está diciendo aquí que nosotros podemos ser librados de hombres perversos y malos.

Creo en realidad que la Palabra de Dios y la predicación del Evangelio son estorbadas en su mayor parte en el día de hoy, por personas dentro de la misma iglesia, que por cualquier otro método o por cualquier otra cosa. A mí nunca me han atacado, por ejemplo, los representantes de los intereses de la industria licorera, o los productores de las grandes empresas cigarreras. Pero, ha ocurrido que los así llamados "santos" de algunas iglesias, sí han tratado de atacarme, si no físicamente, por lo menos verbalmente. Ellos son los que le dan a uno momentos difíciles.

Es una cosa el mantener la verdad de la venida de Cristo, el amar Su venida; otra cosa es un andar digno de esa gran verdad. De eso es que nos está hablando Pablo aquí. Demostremos hoy, por nuestra relación con la Palabra de Dios, por nuestra forma de andar aquí, que estamos viviendo lo que creemos.

> *Pero fiel es el Señor, que os afirmará y guardará del mal. [2 Ts. 3:3]*

Pero fiel es el Señor. Eso, es maravilloso. Muchas veces no cumplimos con Él; sin embargo, Él siempre, siempre cumple con nosotros. Él es fiel. Él siempre ha sido fiel.

Eso es algo que, creo, debiera ser mantenido por muchos que profesamos ser creyentes; este versículo tan pequeño que tenemos ante nosotros, es muy importante. Yo le he fallado a Él muchas veces, pero Él nunca me ha fallado a mí. Él es siempre fiel. Y Él le afirmará a usted.

En el día de hoy, los creyentes necesitamos ser afirmados. El hogar en este instante, se encuentra desordenado; lo mismo ocurre con la iglesia y con la vida de los creyentes que están pasando por la misma situación. Es necesario que seamos afirmados. ¿Cómo puede un creyente ser afirmado? Yendo a la Palabra de Dios y permitiendo que ella tenga su influencia en su vida. Sólo la Palabra de Dios, le cuidará a usted del mal. Alguien ha dicho: "La Biblia le mantendrá alejado del mal, del pecado; pero el pecado le mantendrá alejado de la Biblia".

Así es que, para ser afirmado, vaya a la Palabra de Dios.

Y tenemos confianza respecto a vosotros en el Señor, en que hacéis y haréis lo que os hemos mandado. [2 Ts. 3:4]

A los creyentes se les ha mandado hacer ciertas cosas, y hay mandamientos para los creyentes. Vimos eso empezando en 1 Tesalonicenses 5:22, donde encontramos 22 mandamientos. No tenemos que detenernos en cumplir solamente 10 de ellos, sino que debemos cumplir con los 22. Ésas son las cosas que tienen que hacer los creyentes. El Señor Jesucristo dijo: Si Me amáis, guardad Mis mandamientos. (Jn. 14:15) Ésos son Sus mandamientos.

Pablo tenía su confianza puesta en el Señor en cuanto a esto, ya que dice: Y tenemos confianza respecto a vosotros en el Señor, en que hacéis y haréis lo que os hemos mandado. Es decir, que esta iglesia que tenía un testimonio tan maravilloso, continuaría manteniendo ese testimonio.

Y el Señor encamine vuestros corazones al amor de Dios, y a la paciencia de Cristo. [2 Ts. 3:5]

El creyente tiene que andar en el amor de Dios y en la espera paciente de la venida de Cristo. Amigo, si usted está andando en el amor de Dios, en el calor de Su amor, entonces el amor de Dios se demuestra en su corazón, y usted sabe que Él le ama. Y usted puede manifestar ese amor por el poder del Espíritu Santo; porque sólo el Espíritu de Dios puede hacer que Dios sea algo real para nosotros; y el fruto del Espíritu es el amor, y éste se manifiesta a sí mismo. Usted no puede amar así por naturaleza, a cualquier persona, a cualquier Ricardo, Tomás o Sebastián, que se atraviese por delante. Creo que Dios no pide que hagamos eso. Pablo había dicho a los creyentes de Filipos, que nuestro amor tiene que ser demostrado con juicio, y por tanto, tenemos que poner mucho cuidado en cuanto al amor que demostramos a aquéllos que nos rodean. Hay personas que nos harían daño si no tenemos cuidado. Así es que, debemos tener mucho cuidado cuando abrimos nuestros brazos a otra persona. Bien podríamos recibir una puñalada en la espalda.

Y a la paciencia de Cristo. Aquí no tenemos una doctrina para discutir en cuanto a si usted es pre-milenario, o post-milenario, o a-milenario o si el Señor viene antes de la tribulación, o después de la tribulación. Esto aquí se refiere a esperar pacientemente la venida de Cristo. Ésa es una buena posición—un buen lugar donde estar. Estos versículos, son versículos muy hermosos.

Pero os ordenamos, hermanos, en el nombre de nuestro Señor Jesucristo, que os apartéis de todo hermano que ande desordenadamente, y no según la enseñanza que recibisteis de nosotros. [2 Ts. 3:6]

Pero os ordenamos, hermanos... Pablo no vacila en hablar claramente y con autoridad. El creyente no tiene que andar con los que se comportan en forma desordenada. Hay algunos que piensan que tienen que ir a testificar a los bares y sentarse con los que están borrachos en ese lugar; y hay otros que hasta han dicho que uno debería tomar algunas de las bebidas que ellos están bebiendo. Sin embargo, hay quienes se han convertido en alcohólicos, haciendo eso. Dios dice que uno debe dejar a ésos que viven desordenadamente, fuera de nuestra comunión. Usted puede testificarles sin necesidad de ir al bar a sentarse con ellos. Usted no tiene que congregarse con aquéllos que están haciendo cosas malas. Dios nos presenta esto muy claramente en este versículo; Él dice ...que os apartéis de todo hermano que anda desordenadamente, y no según la enseñanza que recibisteis de nosotros. Si usted se junta con esa clase de personas, entonces usted va a llegar a ser también esa clase de persona. Como dice el adagio callejero: "Dime con quién andas, y te diré quién eres". Si ésa es la clase de personas con las cuales usted va a andar, ésa es la clase de persona que usted es. Tenemos pues, que tener mucho cuidado en cuanto a la clase de personas con las cuales nos juntamos y con aquéllos con los que nos asociamos. Eso es muy importante. Recordemos también las palabras del Apóstol Pablo, en 1 Tesalonicenses 5:22: Absteneos de toda especie de mal. Esto, pues, es muy importante de tener en cuenta.

Llegamos ahora, a la obra del creyente, y nuevamente esto es algo muy práctico. Eso es algo que es muy real y algo en lo cual debemos ocuparnos; es decir, la Palabra de Dios, y que la Palabra de Dios debe tener su obra en nuestros corazones y en nuestras vidas.

Los creyentes deben estar establecidos en su obra

Los creyentes tesalonicenses andaban en una relación correcta con el Señor Jesús, y estaban siendo perseguidos por ello. Pablo los consoló, los instruyó, y los animó. Ahora él les deja saber que él también está sufriendo persecución y dificultad. Amigo, si usted se mantiene firme para el Señor, le costará algo.

Hemos visto que el creyente debe estar establecido en la Palabra de Dios. Entonces hemos notado cuán importante es el andar del creyente, y que es también práctico. Ahora llegamos a la obra del creyente, que también es algo práctico. Esto indica cosas en las cuales necesitamos estar involucrados—para que la Palabra de Dios obre en nuestros corazones y vidas.

> *Porque vosotros mismos sabéis de qué manera debéis imitarnos; pues nosotros no anduvimos desordenadamente entre vosotros. Ni comimos de balde el pan de nadie, sino que trabajamos con afán y fatiga día y noche, para no ser gravosos a ninguno de vosotros. [2 Ts. 3:7-8]*

Ni comimos de balde el pan de nadie—eso es, sin pagar; es decir, él pagaba por lo que comía.

Sino que trabajamos con afán y fatiga día y noche, para no ser gravosos a ninguno de vosotros. La práctica del Apóstol Pablo, aparentemente, era que cuando él llegaba a un lugar como misionero, no permitía que nadie allí, le sustentara o le pagara. Creo que esto fue cierto especialmente en su primer viaje misionero. Por tanto, cuando Pablo llegaba a la ciudad como misionero, no había ninguna reservación para él en el hotel de la ciudad. Tampoco había ninguna remuneración por su trabajo. Ellos no recogieron una ofrenda de amor para él la primera vez que estuvo allí. Él era muy cuidadoso en cuanto a esto, aparentemente. Él les dice eso a los creyentes en Tesalónica, y también a los de Corinto. Cuando él establecía una iglesia, él se sustentaba haciendo tiendas de campaña.

Sin embargo, después que la iglesia había sido establecida, y Pablo la visitaba por segunda o tercera vez, entonces, él sí recibía una ofrenda. Él aclaró bien eso a los creyentes de Galacia, que ellos debían ofrendar. Él les da las gracias a los creyentes de Filipos por su ofrenda, y él mismo recogió una ofrenda en su tercer viaje misionero para los santos pobres de Jerusalén. Obviamente, la gran verdad de la venida de Cristo no era algo que hiciera que Pablo volviera fanático o que tomara una posición que no fuera razonable en cuanto al dinero.

En todas las edades hay personas fanáticas. Hubo personas que hicieron eso en el siglo diecinueve. Muchas personas vendieron sus hogares y sus propiedades, se cubrieron con sábanas blancas y se subieron a los techos de sus casas esperando la venida del Señor. Hay varias cosas en cuanto a esto que siempre parece ser la marca de los fanáticos. Para comenzar, ¿por qué subir al techo? Después de todo, el Señor puede tomarles desde el piso bajo de la casa, así como también del techo; y si ayudara de alguna forma el subirse al techo, ¿por qué entonces, no subir un poco más arriba, a un árbol, o quizá a la cima de una montaña? Quizá eso sea mucho mejor. Ahora, ¿para qué cubrirse con una sábana blanca? Pienso que el Señor va a proveernos nuestro uniforme. Y, ¿para qué vender sus propiedades y convertir eso en dinero? ¿Pensaban ellos llevarse ese dinero con ellos? Pero, la gente hace cosas raras, peculiares, porque dicen que creen en la pronta venida de Cristo. No hay ninguna otra cosa que vaya a hacer que usted trabaje mucho, como el creer en esa gran verdad. Si usted realmente cree en ella, entonces, usted va a trabajar mucho y razonablemente. Usted va a estar muy ocupado por el Señor en alguna faceta de Su obra. En algún lugar retirado hoy, usted va a estar colocando algunas semillas de la Palabra de Dios en la tierra, para que produzca una buena cosecha. Pablo nos muestra esto con toda claridad.

> *No porque no tuviésemos derecho, sino por daros nosotros mismos un ejemplo para que nos imitaseis. [2 Ts. 3:9]*

Pablo dice que como Apóstol él había llegado a ese lugar y les había llevado al Señor, había fundado la iglesia, y tenía el derecho, tenía la autoridad para pedir una ofrenda. "Pero queríamos daros un ejemplo", dice él. Lo hizo como un ejemplo para los creyentes en Tesalónica, para que ellos no fueran llevados a tomar una posición un poco fanática.

Había un matrimonio en las clases bíblicas que yo enseñaba en un instituto, que estaba inclinado hacia el fanatismo. Ellos eran de aquéllos que llamamos "súper-santos". Ellos pensaban que estaban más adelantados que cualquier otra persona, aun cuando en sus estudios nunca sacaban buenas calificaciones. No conocían, en realidad, la Palabra de Dios, pero querían dar la impresión de que ellos eran muy, pero muy espirituales. (A propósito, no creo que usted pueda ser espiritual e ignorante al mismo tiempo de la Palabra de Dios.) Después que llegué a ser Pastor en esa ciudad, estos jóvenes se acercaron a mí y me dijeron que querían ir al campo misionero; yo les pregunté en cuanto a su sustento financiero. Cuando les pregunté si tenían algún sustento, dijeron que no. "Bueno", les dije, "¿quieren ustedes decir que van a ir al campo misionero sin ninguna clase de sustento?" "Ah", contestaron, "vamos a confiar en el Señor para eso". Les dije, "Bueno es confiar en el Señor, ¿pero, no podrían confiar en el Señor aquí mientras están esperando salir al campo misionero? ¿Por qué no obtener el apoyo aquí? ¿Por qué no trabajar con un grupo misionero y hacerlo de esa manera? ¿No sería eso confiar en el Señor? Si Él los llamó el campo misionero, Él proveerá el sustento para ustedes y la gente estará interesada en lo que ustedes están haciendo, y el Señor pondrá en sus corazones esto y ustedes tendrán el apoyo que necesitan así como también una asociación misionera con la cual trabajar. Esta gente conoce muy bien el campo, y sabe mucho como llevar a cabo la obra misionera". Pero, no, ellos no iban a hacer las cosas de esa manera, decían que confiaban en el Señor nada más y que iban a ir al campo misionero. Consiguieron llegar al campo misionero pero no pudieron hacer ninguna tarea. Hubo necesidad de hacerlos regresar a su casa. Algunos amigos consiguieron dinero para que ellos pudieran regresar del campo misionero a su casa. Ellos se separaron, se divorciaron y ella se casó otra vez. Según me he enterado, él ha perdido su fe completamente, si es que la tuvo alguna vez. Dudo que haya sido así. Pero es una insensatez, el decir cosas así ligeramente: "Ah, yo confío en el Señor".

Pablo está diciendo: "Nosotros vamos a trabajar, y lo vamos a hacer para mostraros un ejemplo a vosotros, vamos a ganarnos la vida como corresponde para que vosotros puedan comprender". Porque él tenía interés en enseñarles algo específicamente:

> *Porque también cuando estábamos con vosotros, os ordenábamos esto: Si alguno no quiere trabajar, tampoco coma. [2 Ts. 3:10]*

El creyente que está esperando que el Señor venga no es un soñador; es un trabajador. Si no trabaja, no come; ésa es la regla que se presenta aquí por el Apóstol. Hay algunas personas que pueden ser muy absurdas en cuanto a esto. Si alguno no quiere trabajar, tampoco coma.

Es asombroso el fanatismo de alguna gente en cuanto a esto. Hace varios años atrás había un par de jóvenes que estaban estudiando en un Seminario o en un Instituto Bíblico. Estos jóvenes eran de los que llamamos "súper-santos" también. Muy santificados según ellos. En cierta ocasión, no bajaron a tomar su desayuno. Tampoco bajaron a comer el almuerzo, ni se hicieron presentes tampoco a la hora de la cena. Así es que uno de los directores del plantel del Instituto Bíblico se dirigió a la habitación de estos jóvenes para ver qué era lo que estaba sucediendo; entró a su habitación y los encontró sentados mirando al espacio. Les preguntó si estaban enfermos. Ellos le respondieron que no, que no estaban enfermos. Entonces les preguntó: "¿Por qué no han ido a comer en el día de hoy?" Contestaron, "Estamos confiando en el Señor para todo. Estamos esperando que Él nos diga a nosotros si tenemos que ir a comer". "Bueno", les dijo el director, "¿Tienen hambre?" Ellos contestaron: "Sí, tenemos hambre". "Pues, bien", les dijo el Director, "¿no creen ustedes que ésa es una de las formas que el Señor tiene para hacerles saber a ustedes que tienen que ir a comer?" "Ah, no, nosotros estamos esperando una revelación especial de parte de Él y no nos vamos a mover de aquí hasta entonces". "Bueno", les dijo el Director, "yo tengo algo que decirles. Ustedes se van a mover, pero no van a ir al comedor, van a salir directamente de este lugar. Éste no es un lugar para ese tipo de fanatismo".

Hoy estamos viendo este tipo de fanatismo, especialmente en este tema de la profecía. Es interesante notar que Pablo pasó mucho tiempo, más de un capítulo aquí, más de la mitad de la epístola, en esto que es práctico. Él pone el énfasis sobre el lado práctico de la gran verdad de la venida de Cristo para Su iglesia. Una cosa es el mantener la verdad de la venida de Cristo por Su iglesia, y es otra cosa el que esto funcione apropiadamente en nuestro vivir aquí, donde llega a ser algo práctico, y eso quiere decir, trabajando.

Debemos trabajar mientras estamos esperando. Hay una historia, de un hombre que tenía un trabajo como jardinero en uno de esos palacios en el norte de Italia, un lugar como un castillo. Cierto hombre estuvo visitando el lugar un día, y se le mostró alrededor de ese castillo. Todo se encontraba en forma inmaculada; era siempre hermoso. Él nunca había visto un jardín tan hermoso como ése. Él se quedó a comer con el jardinero y su esposa, y los felicitó por la tarea que habían realizado. Este visitante le preguntó cuándo había sido la última vez que el dueño había estado en ese lugar. El jardinero respondió que hacía como unos diez años. Luego el visitante le preguntó: "¿Por qué mantiene usted el jardín en tan buenas condiciones?" "Bueno", le contestó el jardinero, "estoy esperando que el señor regrese". Y el visitante respondió: "¿Me quiere usted decir que el dueño no ha venido aquí por 10 años?" El jardinero respondió: "Sí". "Bueno", le dijo el visitante, "¿está esperando a que él regrese entonces?" El jardinero contestó afirmativamente, otra vez. El visitante volvió a preguntar: "¿Está esperando que él venga la próxima semana?" El jardinero dijo: "Ah, no. Lo estoy esperando hoy". Pero él no llegó ese día. Pero, este hombre estaba viviendo, esperando a que el dueño viniera muy pronto, y, ¿qué significaba eso? Que él se mantenía ocupado. Él no estaba parado a las puertas del castillo esperando a ver si se acercaba el dueño. Él se encontraba en su jardín podando y cortando y arreglando las rosas y plantando. Estaba bien ocupado. Pablo está hablando de eso aquí, que nosotros debemos estar establecidos en la obra del Señor, en vista del hecho de que Él se aproxima, de que Él está viniendo. No podemos encontrar otra cosa más práctica que ésta.

Si alguno no quiere trabajar, tampoco coma. En ese lugar ellos tenían algunos fanáticos. Algunos de ellos se aislaban por ahí, y no estaban haciendo nada; ellos nada más estaban esperando que el Señor viniera. Pablo les dice entonces que no les den de comer. Ellos tienen que ir a trabajar.

> *Porque oímos que algunos de entre vosotros andan desordenadamente, no trabajando en nada, sino entremetiéndose en lo ajeno. [2 Ts. 3:11]*

Aquí se nos cuenta la situación. Había allí algunas personas que no estaban haciendo nada. No estaban interesadas en proclamar la Palabra de Dios, pero aún así estaban ocupados; éstos eran los chismosos del lugar. Esta palabra que encontramos aquí, significa que ellos estaban causando toda clase de problemas en la Iglesia de Tesalónica. Las moscas muertas hacen heder y dar mal olor al perfume del perfumista... (Ec. 10:1) Un fanático en la iglesia con su cara larga puede afectar la vida espiritual de muchas otras personas. Ésa es la razón por la cual el Apóstol Pablo había dicho antes que uno tiene que apartarse de aquéllos que andan desordenadamente. Usted puede apreciar que había por lo menos unos cuántos así en esta Iglesia en Tesalónica; y él por cierto que habla muy claramente aquí que esta gente, los chismosos, son aquéllos a quienes él hace referencia. No quieren trabajar, pero se mantienen ocupados haciendo otras cosas, cosas malas. Eran tan activos como la polilla, y con el mismo resultado en la Iglesia de Tesalónica.

A los tales mandamos y exhortamos por nuestro Señor Jesucristo, que trabajando sosegadamente, coman su propio pan. [2 Ts. 3:12]

Pablo les está diciendo que deben trabajar para que puedan comer su propio pan; y esto no es algo que parezca muy espiritual, ni tampoco muy teológico, ¿verdad? Sin embargo, esto es muy práctico. Sé que llegaría a resolver en muy grande manera, algunas de las preguntas y problemas que existen hoy en muchas iglesias, si aquéllos que están tan ocupados en cosas sin importancia, en bagatelas; aquéllos que siempre están creando problemas, si éstos callada y sosegadamente se dedicaran a trabajar, a hacer algo constructivo, esta situación cambiaría. Uno se pregunta qué es lo que hace esta gente para esparcir la Palabra de Dios. Es interesante que el individuo que causaba más problemas en las iglesias donde serví como Pastor, contribuyera menos que nadie. Esto lo supe por accidente. El tesorero de la iglesia estaba hablando conmigo de los problemas que este hombre había causado, y yo dije, "Bien, él es un hombre acomodado, y supongo que da generosamente, y por lo tanto tiene interés en cómo se está utilizando su dinero". El tesorero me miró, se rió y dijo, "¡Ese hombre da sólo diez dólares al año a la obra del Señor!" Créame, ¡que nos daba mucho más que diez problemas al año! Habrá habido gente así en Tesalónica. Pablo dice que se pongan a trabajar calladamente y que no se entrometan en los asuntos ajenos.

Y vosotros, hermanos, no os canséis de hacer bien. [2 Ts. 3:13]

Esto realmente es maravilloso. Un creyente que mantiene esa bendita esperanza no se debe cansar de la obra del Señor. O podríamos decirlo como lo dijo Moody: "Yo me canso en el trabajo, pero no me canso del trabajo". No os canséis de hacer bien.

Si alguno no obedece a lo que decimos por medio de esta carta, a ése señaladlo, y no os juntéis con él, para que se avergüence. [2 Ts. 3:14]

La gente debería separarse de aquéllos que crean problemas en las iglesias. La mayoría de la gente, siempre está tratando de ganar su favor, porque no quieren que los que hacen problemas vayan a hablar de ellos, porque saben que tienen una lengua muy ambiciosa, y muy dañina. Si los santos de esa iglesia se mantuvieran aparte de esa gente, sería una de las mejores cosas que pueda suceder en esa iglesia.

Mas no lo tengáis por enemigo, sino amonestadle como a hermano. [2 Ts. 3:15]

Se debe hacer un esfuerzo por retraer al hermano errante a la grey.

Y el mismo Señor de paz os dé siempre paz en toda manera. El Señor sea con todos vosotros. [2 Ts. 3:16]

¿No es esto algo hermoso?

La salutación es de mi propia mano, de Pablo, que es el signo en toda carta mía; así escribo. [2 Ts. 3:17]

Ésta es una epístola que Pablo firma con su propio nombre.

La gracia de nuestro Señor Jesucristo sea con todos vosotros. Amén. [2 Ts. 3:18]

Su carta termina con una bendición. Es la conclusión de una epístola maravillosa que enseña que el conocimiento de la profecía, en vez de conducir al fanatismo o la pereza, trae paz al corazón.

La primera epístola del Apóstol San Pablo a
Timoteo

INTRODUCCIÓN

La Primera epístola a Timoteo introduce un nuevo grupo de epístolas que fueron escritas por el Apóstol Pablo. Hay tres epístolas que forman un grupo y son las llamadas "Epístolas pastorales". La razón por la cual son llamadas en esta forma es que estas epístolas tienen que ver con las iglesias locales. Usted encontrará que estas epístolas pastorales están en contraste, por ejemplo, con la epístola a los Efesios. Allí, Pablo habla a la iglesia como un cuerpo de creyentes que está en Cristo hoy; la posición gloriosa, maravillosa que tiene la iglesia. La iglesia que es invisible está formada por todos los creyentes que están en el cuerpo de Cristo. Se manifiesta a sí misma aquí en la tierra en las asambleas locales, en iglesias locales.

Ahora, el sólo colocar un campanario en un edificio y el poner un púlpito al frente de una sala, y tener un lugar especial para el coro, y cantar la doxología, eso no indica que es una iglesia local en el sentido de la palabra como se usa en el Nuevo Testamento. Hay por cierto varios aspectos que la identifican. La iglesia visible debe manifestarse a sí misma en una forma muy definida aquí en este mundo, para llenar los requerimientos y también para cumplir con todas las definiciones de una iglesia local de manera que sea una iglesia del Señor Jesucristo.

Estas tres epístolas que han sido escritas en realidad, a dos jóvenes predicadores. Estos dos jóvenes fueron producto o fruto de la vida del Apóstol Pablo; es decir, ellos fueron guiados al Señor Jesucristo mediante el ministerio del Apóstol Pablo.

Él había tenido a estos hombres como sus ayudantes, y este joven Timoteo, y también Tito, estuvieron con él, y él les dice cosas en cuanto a la iglesia local.

En estas tres epístolas se tratan dos cosas principales: se trata con el credo de la iglesia, y luego con la conducta de la iglesia. Dentro de la iglesia, la adoración debe hacerse en forma correcta, y afuera, la iglesia debe manifestarse en buenas obras. Adentro, adoración; afuera, obras. Así es como debe manifestarse la iglesia.

La iglesia local debe tener ciertas cosas, y el Apóstol Pablo, en las tres epístolas, trata con estas cosas en una forma muy directa. Él trata, en realidad, con dos puntos importantes: aquello que está adentro, y aquello que está afuera de la iglesia. Él divide, por ejemplo, esta primera epístola a Timoteo de la siguiente manera:

Capítulo 1: fe, la fe de la iglesia, su doctrina; capítulo 2: el orden de la iglesia; capítulo 3: los obreros en la iglesia; capítulo 4: la apostasía que vendría; y en los capítulos 5 y 6, tenemos las obligaciones de los oficiales de la iglesia.

En la Segunda epístola a Timoteo, Pablo trata con las aflicciones de la iglesia en el capítulo 1, y en el segundo capítulo, trata con la actividad la iglesia. Luego, la apostasía de la iglesia, y la lealtad, o la fidelidad de la iglesia siguen en los capítulos 3 y 4.

La epístola a Tito, tiene el mismo tema. El primer capítulo trata con el orden de la iglesia, y luego, el capítulo 2 trata con la doctrina. Las buenas obras de la iglesia, se menciona en el capítulo 3. Así es que, tenemos: el credo adentro, y la conducta en la parte de afuera; adentro es la adoración; afuera son las buenas obras.

La iglesia se manifiesta hoy en una asamblea local. Primero, levanta o construye un edificio. En los días de Pablo, ellos no tenían un comité para la construcción de la iglesia. Ésa era una cosa que ellos no necesitaban porque, en ese entonces, no estaban construyendo templos. Por lo general, ellos se reunían en los hogares, y, también, probablemente se reunían en lugares o edificios públicos. Sabemos que en Éfeso, por ejemplo, el Apóstol Pablo aparentemente alquiló la escuela de Tirano, un lugar donde se llevaba a cabo clases, y Pablo aparentemente usaba el auditorio de ese lugar durante la hora de la siesta cada día, y la gente venía de todas partes para escucharle a él predicar. Eso se podría caracterizar como una asamblea local, y, por cierto, llegó a ser la iglesia local en Éfeso.

La iglesia, por tanto, para que llegue a ser una asamblea local, debe tener ciertas cosas que la caracterizan. La iglesia tiene que tener un credo, una doctrina. Tiene que ser exacta, cabal. Tiene que ser correcta. En la primera epístola a Timoteo hay dos versículos que presentan el mensaje que el Apóstol Pablo tiene aquí. En 1:3, dice lo siguiente:

Como te rogué que te quedases en Éfeso, cuando fui a Macedonia, para que mandases a algunos que no enseñen diferente doctrina. [1 Ti. 1:3]

Es algo muy importante que la iglesia tenga la doctrina correcta. Eso es lo que quiero decir cuando digo que el campanario no hace una iglesia local, de ninguna manera. Luego, en 3:15, él le dice a este joven predicador:

Para que si tardo, sepas cómo debes conducirte en la casa de Dios, que es la iglesia del Dios viviente, columna y baluarte de la verdad. [1 Ti. 3:15]

La iglesia local tiene que ser formada con creyentes que son miembros del cuerpo de Cristo. Para que eso funcione, debe haber liderazgo, y debe haber una persona que limpie el lugar, y alguien que arregle las cosas dentro del edificio. Es bueno tener un coro, ya que es muy hermoso tener uno en la iglesia, y alguien que dirija el canto. Es bueno tener obreros en la iglesia. En realidad, Pablo va a decir que esto es algo esencial para tener una iglesia ordenada. Debe haber obreros y tienen que cumplir con ciertos requerimientos, y la iglesia debe funcionar en una manera ordenada y manifestarse a sí misma en la comunidad por sus buenas obras.

Esto suena muy idealista, y desafortunadamente hoy en la mayoría de los lugares, es sólo idealismo, porque la iglesia local no siempre manifiesta lo que debiera manifestar. De estas tres epístolas pastorales han salido tres diferentes grupos o tipos de gobierno en la iglesia que se ha manifestado por iglesias en el pasado—las grandes denominaciones. En realidad, estos grupos nunca estuvieron en desacuerdo en días pasados en cuanto a la doctrina, sino que estuvieron en desacuerdo en el asunto del gobierno de la iglesia, cómo debería funcionar la iglesia local.

De estas epístolas pastorales salieron tres formas diferentes de gobierno de la iglesia, y uno se sorprende de que pudieran salir tres diferentes formas de gobierno, pero eso fue lo que sucedió. En primer lugar, tenemos aquello que es conocido como la forma de gobierno episcopal. Es decir, donde existe un hombre que está a cargo del gobierno de la iglesia, o quizá puede haber varios que estén ocupando una posición de liderazgo. En la iglesia católica, por ejemplo, a ese hombre se le llama el Papa; en otras iglesias se le llama el obispo, o arzobispo. La iglesia de Inglaterra tiene ese sistema, y hay muchas otras denominaciones que tienen esa forma de gobierno, una forma de gobierno episcopal que es guiada por un hombre de esa iglesia que está ocupando una posición de líder; o quizá un pequeño grupo de hombres ocupando esa posición.

Luego, tenemos aquello que es conocido como la forma de gobierno presbiteriana o representativa. La iglesia elige a ciertos hombres para que sea sus oficiales–ancianos–en la iglesia, y los diáconos en la iglesia, y el gobierno de la iglesia está en sus manos en cuanto a la iglesia local se refiere. Pero, desafortunadamente las iglesias están unidas por medio de una organización que es superior a la iglesia local. Esa organización puede controlar la iglesia local. Ése era otro método y funcionó por muchos años, y por supuesto que aún funciona en el presente.

Tenemos luego, el otro extremo de la forma de gobierno; es decir, al otro extremo del método episcopal se encuentra el método de gobierno congregacional, y en este método usted por supuesto puede apreciar la iglesia Congregacional, y también la iglesia Bautista. Es decir que, aquí es la gente la que toma las decisiones y ellos son los que, en realidad, están en control de la iglesia. La iglesia en su totalidad vota para aceptar miembros; la iglesia en su totalidad vota en todo lo que ocurre dentro de la iglesia local. Así es que eso se encuentra al otro extremo de lo que se conoce como episcopal.

Uno se pregunta: "¿Cómo pueden salir tres formas de gobierno así de las epístolas pastorales?" Bueno, esto se debe, por supuesto, a la interpretación de las palabras aquí mencionadas, y en la forma en que ellos interpretan ciertas palabras. Voy a tratar de destacar esto en la primera epístola a Timoteo, y en las otras dos epístolas pastorales.

Lo interesante de notar es que, en los días primeros de la iglesia, estas tres formas de gobierno funcionaban bien, y aparentemente tenían buenos resultados. Pero, en años recientes, estas tres formas de gobierno parece que han caído en días malos. No parecen estar funcionando como lo hicieron una vez.

Uno escucha hablar a miembros de las tres formas de gobierno que dicen que existe cierta lucha interna, y que existe cierto desorden interno, y que hay distensión, y se pregunta, "¿qué es lo que anda mal?" Inmediatamente alguien dice: "Bueno, el sistema anda mal". De paso digamos que hay países que tienen formas de gobierno representativas y eso se basa en el gobierno de la iglesia. De allí se tomó esta forma de gobierno. Usted recuerda que, por ejemplo, en los Estados Unidos, los colonos que llegaron a ese país no querían tener un rey. Ésa era la única forma de gobierno que ellos habían conocido, pero ya no querían saber nada de un rey. No querían tener una forma de gobierno autocrática, y no estaban muy dispuestos a dejar que la gente gobernara.

Eso puede parecer extraño cuando uno escucha hablar a los políticos hoy, cuando estos hablan acerca de que "cada uno tiene un voto", y cosas por el estilo. En los colonos primitivos, por ejemplo, las mujeres no votaban, y aquéllos que no tenían propiedades, tampoco tenían que votar. Sólo aquéllos que tenían propiedad y que formaban parte de la clase alta, digamos, eran quienes podían votar. La razón por la cual ellos no querían tener un rey que los gobernara era porque ellos no podían confiar en la naturaleza humana. Eso indicaba que ellos no podían confiar el uno en el otro. La gente opina que esos hombres eran políticos, patriotas, santos maravillosos. Ellos eran seres humanos y tenían debilidades y sabían que ellos no se podían confiar el uno del otro. Así es que, no querían dar o colocar el poder en las manos de un sólo hombre. También ellos tenían temor de poner ese poder en las manos del pueblo, porque, tampoco tenían confianza en el pueblo. Esto tiende a hacernos recordar la idea que dan los políticos de hoy cuando dicen que "Cuando habla el pueblo, uno escucha la voz de Dios", y que "la voz del pueblo es la voz de Dios".

Hablando honradamente, no creo que eso sea cierto. Lo que Pablo está indicando aquí, y quiero expresarlo de una manera en que no sea malentendido—y reconozco nuestra falta de habilidad para expresar esto en la forma en que debiera—pero creo que lo que Pablo está diciendo en esta epístola es que lo que es importante no es la forma de gobierno, sino que una forma de gobierno, es importante. Lo importante es que el carácter de los hombres que están ocupando ciertas posiciones, es que ellos tengan que ser de cierto calibre y que tengan cierto carácter.

En lo que se relaciona con esta primera epístola a Timoteo, y también corresponde a las otras dos, estos hombres tenían que cumplir con ciertos requisitos; marido de una mujer y cosas por el estilo. Tenían que ser hombres sobrios, y cosas como ésas. Lo esencial en todo esto es lo siguiente: Pablo está tratando de decirnos, y espero ser entendido en esto, que los hombres que son los oficiales, aquéllos que ocupan cargos en la iglesia, son aquéllos que deben ser espirituales. Porque ningún sistema puede funcionar bien a no ser que los hombres que ocupan una posición de autoridad sean dignos de esa posición. Si ellos no están preparados para eso, entonces, el sistema no puede funcionar. Ya sea el sistema congregacional, o episcopal, o presbiteriano. Ninguno de ellos obrará cuando los hombres que están al frente de esa iglesia no son dignos. Ése, es el problema hoy. Ése, es el problema en el sistema político. Ése, es el problema en la iglesia. Para que un hombre sea elegido hoy decimos que tiene que haber sido un hombre con éxito en los negocios. Él tiene que ser un hombre que pueda ser un líder, que tenga habilidades para dirigir.

Hablando honradamente, creo que esas cosas son buenas. Pero es necesario que reconozcamos, si es un hombre espiritual. Esas dos cosas que Pablo va a enfatizar (y vamos a mencionarlas ahora para que las note cuando él las mencione en la epístola, y entonces las cosas van a resultar más claras), esas cosas que Pablo va a enfatizar, es que ellos tienen que ser hombres de fe y tienen que ser motivados por el amor, y si esas dos cosas no están operando en sus vidas, no interesa entonces cuanta habilidad puedan tener ellos, ya que no van a poder funcionar en la iglesia. Eso significa sencillamente lo siguiente: que la autoridad que ellos puedan tener no resultará en ninguna autoridad en la realidad. Espero que pueda hablar claramente de esto con usted.

¿Qué es lo que Pablo va a decir? Pablo va a decir que usted ha sido nombrado un anciano o un obispo o un diácono en la iglesia. Usted tiene un cargo. Ahora, usted se siente algo pomposo, ostentoso. Usted tiene una autoridad. Pablo dice que usted no tiene autoridad. Bueno, entonces, ¿qué es lo que quiere decir? Quiere decir sencillamente esto: que Cristo es la Cabeza de la iglesia, y que el Espíritu Santo es quien va a mostrar el liderazgo y la guía y la dirección; y que el que tiene un cargo nunca tiene que demostrar su voluntad en cualquier cosa. Él tiene que descubrir cuál es la voluntad de Dios; y eso quiere decir que él tiene que ser un hombre de fe. Él tiene que ser una persona motivada por el amor. Debo decirle, que ésa es la única clase de hombre que debe tener un cargo o ser un ministro en la iglesia: El hombre de fe, motivado por el amor.

Eso no quiere decir que tiene que ser una persona que va a ir de un lado a otro siempre pronunciando palabras lisonjeras, dando palmaditas en la espalda, y tratando de complacer a los hombres. Lo que él va a tratar de hacer es el llevar a cabo la voluntad de Cristo en esa iglesia. Él tiene que dejar bien en claro que Cristo es la Cabeza de la iglesia, y que su labor es la de ver que Cristo sea la Cabeza en esa iglesia.

He gastado demasiadas horas en reuniones de juntas, hablando acerca de alguna pequeña cosa que no tenía nada que ver con el bienestar espiritual de la iglesia. En cambio, tenía mucho que ver con la voluntad de alguna persona obstinada, terca, porfiada, que pensaba ser un hombre espiritual, pero que no tenía ninguna idea de que él debía llevar a cabo las cosas a través de la voluntad de Cristo. En primer lugar, él nunca ni siquiera pensaba buscar la voluntad de Cristo. Todo lo que él estaba tratando de hacer era servir su propia voluntad porque pensaba que su voluntad era lo correcto.

En el día de hoy Cristo es la Cabeza de la iglesia local; y si Él no es la Cabeza de la iglesia local tenemos toda esta maquinaria volteada al revés–y vamos a ver esto en el primer versículo donde él dice aquí: Del Señor Jesucristo. El Señor Jesucristo dijo en su día: Me llamáis Señor, Señor, y no hacéis las cosas que os mando. Hay muchas personas que le llaman a Él, Señor, hoy en la iglesia, y no le están siguiendo para nada. El tener un cargo en la iglesia hoy, significa que usted tiene que llevar a cabo la voluntad de Cristo, Sus mandamientos, Sus deseos. Él es la cabeza de la iglesia local. Eso es algo que se necesita mucho hoy, ¿no le parece? y la forma de gobierno. Por tanto, he dicho todo esto para indicar que yo no estoy preparado para discutir o argumentar con cualquier persona en cuanto a su forma de gobierno. Si usted cree que la forma de gobierno que usted tiene en su iglesia es la mejor, muy bien, continúe haciéndolo. Pero, eso sólo va a dar resultado si usted tiene la clase indicada de persona. No tendrá ningún resultado, y no interesa qué clase de forma de gobierno sea, si usted no tiene allí a la persona correcta. Eso es lo que ha detenido muchas maquinarias el día de hoy. Eso es lo que evita que la iglesia funcione correctamente. Ésa es la razón por la cual no vemos mucha evidencia de Cristo. La obligación de la iglesia es de mostrarlo a Él, demostrar a Cristo a todo el mundo.

Bosquejo

I. La FE de la iglesia, Cap. 1

    A. Introducción, vs. 1-2

    B. Advertencia contra falsas doctrinas, vs. 3-10

    C. Testimonio personal de Pablo, vs. 11-17

    D. Encargo a Timoteo, vs. 18-20

II. La ORACION y el LUGAR DE LA MUJER en las iglesias, Cap. 2

    A. Oración por todos los hombres y por los gobernantes, vs. 1-7

    B. Cómo han de orar los hombres, v. 8

    C. Cómo han de orar las mujeres, vs. 9-15

III. Los OFICIALES de las iglesias, Cap. 3

    A. Requisitos de los ancianos, vs. 1-7

    B. Requisitos de los diáconos, vs. 8-13

    C. Informe de Pablo a Timoteo, vs. 14-16

IV. La APOSTASIA en las iglesias, Cap. 4

    A. Cómo conocer a los apóstatas, vs. 1-5

    B. Lo que el buen ministro puede hacer en tiempos de apostasía, vs. 6-16

V. Los DEBERES de los OFICIALES de las iglesias, Caps. 5-6

    A. Relación de ministros para con los diferentes grupos en la iglesia loca, Capítulo 5.

    B. Relaciones de los creyentes para con otros, Capítulo 6.

En el capítulo 1, tenemos la "fe de la Iglesia". En el capítulo 2, tenemos "la oración en público y el lugar de la mujer en las iglesias". Y, amigo, eso va a despertar un poco de interés. Luego, en el capítulo 3, tenemos "los ancianos y los diáconos de las iglesias". En el capítulo 4, tenemos "la apostasía en las iglesias". Y en los capítulos 5 y 6, "la obra de los obreros o ministros de las iglesias". Eso es lo que tenemos ante nosotros, y volvemos ahora al capítulo 1, donde encontramos "la fe de la iglesia".

CAPÍTULO 1

La fe de la iglesia

El énfasis de Pablo aquí no será una declaración doctrinal de la iglesia cristiana, sino una amonestación contra los maestros falsos en la iglesia local. Enfatizará que el evangelio de la gracia de Dios es central en la doctrina y concierne a la Persona de Cristo.

Introducción a la epístola

La introducción a esta epístola, es algo bastante destacado porque es diferente a todo aquello que usted encuentra en las otras epístolas del Apóstol Pablo. La mayoría de nosotros, llega a la conclusión de que todas las epístolas tenían la misma introducción, pero eso no es cierto. Las epístolas pastorales son un poquito diferentes. Como dice el Dr. Vincent: "El saludo en su totalidad no tiene paralelos en Pablo". Es decir que, usted no va a encontrar esto en ninguna otra epístola. Y, en realidad, es diferente. Veamos pues, entonces, en qué forma esto es diferente.

> *Pablo, Apóstol de Jesucristo por mandato de Dios nuestro Salvador, y del Señor Jesucristo nuestra esperanza, A Timoteo, verdadero hijo en la fe: Gracia, misericordia y paz, de Dios nuestro Padre y de Cristo Jesús nuestro Señor. [1 Ti. 1:1-2]*

Pablo nuevamente, escribiéndole a Timoteo, reafirma su apostolado. Él por cierto ha hecho eso anteriormente. Y, así es. Encontramos, por ejemplo, que, en la epístola a los Gálatas, él dice que es un Apóstol por la voluntad de Dios. (Ef. 1:1) Note que esto aquí es un poquito diferente. Aquí se dice que es por mandato de Dios. ¿Cuál es la diferencia entre mandato y voluntad de Dios? El Apóstol Pablo está escribiendo ahora a un joven predicador, quien es su amigo. En esta epístola, él escribe de una forma mucho más personal, aun cuando lo que dice, tiene que ver con la iglesia local. Es muy personal porque está escrita a este joven ministro, a este joven misionero, del Señor Jesucristo.

En realidad, la voluntad de Dios y el mandamiento de Dios son cosas sinónimas. Aun así, no son lo mismo. Permítame explicarlo de la manera siguiente. La voluntad de Dios es un término mucho más amplio que el mandato. Todos los mandamientos que usted encuentra en la Biblia revelan la voluntad de Dios, pero no toda la voluntad de Dios se encuentra sólo en los mandamientos. Eso no está limitado a los diez mandamientos. Esto es algo que alcanza mucho más allá de los diez mandamientos; por ejemplo, se nos dice que es la voluntad de Dios que nosotros oremos. Orad sin cesar. Dad gracias en todo, porque ésta es la voluntad de Dios para con vosotros en Cristo Jesús. (1 Ts. 5:17-18) Así que hay muchas cosas, en realidad, que son la voluntad de Dios, y la voluntad de Dios se expresa en los mandamientos. Pero no creo que usted tenga toda la voluntad de Dios, aun en la suma total de los mandamientos que tenemos en las Escrituras.

Recuerde que una de las razones para esto es que en las Escrituras tenemos lo suficiente para revelarnos que el hombre no es salvo por los mandamientos de Dios. Es importante reiterar eso y enfatizarlo porque hay tantos hoy que dicen que la ley es esencial para nuestra salvación.

Cuando lleguemos a estudiar el versículo 8, de este capítulo 1, vamos a ver esto en mucho mayor detalle. Pero sabemos que la ley es buena, si uno la usa legítimamente. (1 Ti. 1:8) ¿Cómo usa usted los mandamientos? Primero, necesitamos ver que es algo bueno: Es santa y el mandamiento santo y justo y bueno. (Ro. 7:12) Pero el mismo hecho de que la ley es buena, (y es absolutamente buena), y ésta demanda completa o absoluta bondad de parte del hombre, en quién no hay nada bueno, porque Pablo dice: Yo sé que en mí no mora cosa buena. (Ro. 7:18) La ley o los mandamientos fueron dados para revelarnos la voluntad de Dios, y para revelarnos que, para que el pecador pueda ser salvo, fue necesario encontrar un camino aparte del de la obediencia de la ley perfecta.

La gloria del evangelio es que Dios encontró un camino por medio del cual Él pueda ser justo y justificador de aquél que cree en Jesucristo. Pablo, en Hechos, predicó: Sabed pues, esto, varones hermanos: que por medio de Él se os anuncia perdón de pecados, y que de todo aquello de que por la ley de Moisés no pudisteis ser justificados, en

Él es justificado todo aquél que cree. (Hch. 13:38-39) ¿Por qué no podían ser salvos por la ley de Moisés? Porque era un servicio de muerte, era una ministración de muerte. La ley nos condenaba. La ley no fue dada para salvarnos. La ley fue dada para revelarnos que nosotros estamos tratando con un Dios santo y que usted y yo no somos santos. Por tanto, Dios tuvo que encontrar una forma para salvarnos, y esa forma, o camino, es el camino de la cruz. Ese camino es el camino del Señor Jesucristo. Él dijo: Yo soy el camino, Él dice: Yo soy la verdad y la vida. La ley no es el camino a Dios. Cristo es el camino a Dios, y la vida.

Cuando el Apóstol Pablo está diciendo a este joven predicador esto aquí, él no le da esa declaración tan amplia que dio a los Efesios, cuando dijo: Apóstol de Jesucristo por la voluntad de Dios. Eso, por supuesto, era cierto; pero Pablo está diciendo ahora a Timoteo: Pablo, Apóstol de Jesucristo por mandato de Dios. "Él me hizo un Apóstol. No es solamente porque es la voluntad de Dios hoy que soy un Apóstol, sino que hubo una ocasión cuando Él me mandó a ser un Apóstol". Creo que Pablo se mostró un poco reticente en cuanto a llegar a ser Apóstol. Estoy seguro de que Pablo podía presentar excusas de la misma manera en que lo hizo Moisés. Él no había estado con los otros 11 apóstoles. Nunca le conoció en los días de la carne, sino sólo como el Cristo glorificado. Él dijo que no era digno de ser un Apóstol. Pero el Señor Jesucristo dice: "Yo te mando a ser un Apóstol", y ésa es la razón por la cual este hombre podía entrar a una sinagoga, y ante una audiencia contradictoria en Atenas y un grupo corrupto de pecadores en Corinto, y ponerse de pie ante ellos y declararles el evangelio. Él era un soldado cumpliendo órdenes, un Apóstol por mandamiento; no simplemente por una comisión, sino por un mandamiento. Nadie puso sus manos sobre él y le hizo un Apóstol sino el Señor Jesucristo mismo, y Él fue quien le dio la autoridad.

Jeremías tenía la misma clase de autoridad. Jeremías se está encogiendo todo el tiempo, retirándose todo el tiempo, el hombre con un corazón quebrantado. Sin embargo, él podía ponerse de pie y presentar ese mensaje tan fuerte de parte de Dios. ¿Por qué? Porque él está bajo órdenes. Él es un soldado cumpliendo órdenes.

Pablo está dejando esto bien claro para Timoteo. Cualquier hombre que vaya a hablar de Dios hoy, necesita hablar con esa autoridad o debería quedarse callado. Cuando un hombre se pone de pie y comienza a decir: "Yo creo esto y si usted cree de esta forma, yo espero que quizá usted pueda ser salvo, si usted creyera en cierta manera en Jesucristo". Cuando alguien comienza a hablar de esa manera, entonces, en realidad, no tiene nada que decir de parte de Dios.

…Dios nuestro Salvador… ¿Es Dios nuestro Salvador? Por cierto, que lo es. Porque de tal manera amó Dios al mundo que dio a su Hijo unigénito; Él es el Salvador, y nuestra esperanza, dice Pablo. Dios proveyó el sacrificio y el Señor Jesucristo es aquél que lo ejecutó. Él fue quien vino a este mundo.

Tenemos luego aquí, esta declaración un poco extraña: Jesucristo nuestra esperanza. Eso es algo extraño porque no se usa muchas veces. Para decir la verdad, usted va a encontrar que se usa sólo otra vez, y es en el libro de Colosenses 1:28: Cristo en vosotros es la esperanza de gloria. El Señor Jesucristo murió para salvarle. Él vive para mantenerle a usted salvo, y Él va a venir un día y lo llevará a usted para poder consumar esa salvación. Amigo, de cualquier forma en que usted mire a Él, si lo mira de espaldas, Él es nuestra esperanza. Él es nuestra fe cuando miramos hacia atrás. Cuando miramos a nuestro alrededor, es amor. Cuando miramos hacia adelante, es esperanza. Es la esperanza por todo el tiempo, y está anclada en la persona del Señor Jesucristo. Como usted puede apreciar, esta introducción es un poquito diferente.

Luego, él dice: A Timoteo, verdadero hijo en la fe. Su nombre es Timoteo; el nombre Timoteo es formado por dos palabras que significa aquello que es muy estimado para Dios. Creo que es bueno que note eso. Este hombre era muy estimado para Dios; él también era muy estimado para el Apóstol Pablo y para la iglesia local en aquel Día. ¡Qué cuadro más maravilloso el que tenemos aquí!

Ahora, permítanos decirle unas palabras en cuanto a Timoteo. Timoteo se nos presentó en el estudio de Hechos. También, en el estudio de la epístola a los Efesios, y luego la epístola a los Filipenses. Su padre era griego. Su abuela Loida, y su madre Eunice, eran creyentes antes que él. Él vivió en Listra, y ése fue el lugar donde Pablo fue apedreado. También creo que fue levantado de entre los muertos; no estoy seguro, pero esto puede que haya tenido mucho que ver con la conversión del joven Timoteo. Quizá él era como cualquier otro joven, un poco escéptico, pero de seguro que eso lo pudo convencer a él, y él llegó a ser un seguidor de Pablo después de su conversión. Él era un hombre que tenía muy buena reputación.

En Hechos 16:2-5, leemos: Y daban buen testimonio de él los hermanos que estaban en Listra y en Iconio. Hizo Pablo que éste fuese con él; y tomándole, le circuncidó por causa de los judíos que había en aquellos lugares; porque todos sabían que su padre era griego. Y al pasar por las ciudades, les entregaban las ordenanzas que habían acordado los apóstoles y los ancianos que estaban en Jerusalén, para que las guardasen. Así que las iglesias eran confirmadas en la fe, y aumentaban en número cada día. Luego, al seguir al Apóstol Pablo, él llegó a ser uno en quien Pablo tenía toda su confianza. Pablo había encontrado en las iglesias a muchos que habían probado ser hermanos falsos y quienes le habían engañado. Pablo tenía aquéllos en quienes él no podía confiar. Sin embargo, él podía confiar en Timoteo. Veamos lo que nos dice Pablo en Filipenses 2:19-24: Espero en el Señor Jesús enviaros pronto a Timoteo, para que yo también esté de buen ánimo al saber de vuestro estado; pues a ninguno tengo del mismo ánimo, y que tan sinceramente se interese por vosotros. Porque todos buscan lo suyo propio, no lo que es de Cristo Jesús. Pero ya conocéis los méritos de Él, que como hijo a Padre ha servido conmigo en el evangelio. Así que a éste espero enviaros, luego que yo vea cómo van mis asuntos; y confío en el Señor que yo también iré pronto a vosotros.

Entonces, encontramos que Timoteo era una persona muy estimada para Pablo, y Pablo menciona eso aquí: A Timoteo, verdadero hijo en la fe. Pablo le había llevado a él al Señor, y luego él dice: Gracia, misericordia y paz, de Dios nuestro Padre y de Cristo Jesús nuestro Señor. (1 Ti. 1:2b)

Tal vez eso parece como cualquier otra introducción que hemos tenido antes. No, no lo es. Hay una diferencia en cuanto a eso, y la diferencia es ésta: sí, ya hemos tenido la gracia antes y hemos tenido también la paz. Hemos hablado de estas dos cosas, pero, tenemos otra palabra aquí y esa palabra es "misericordia". ¿Cuál es la misericordia de Dios? Misericordia es una palabra que fue usada en el Antiguo Testamento, y el equivalente es la palabra "gracia", porque allí se mencionaba el propiciatorio. Era el sacrificio que hacía del trono de Dios, el cual es santo y justo, lo hace un propiciatorio; y cuando usted y yo nos acercamos a Dios, no queremos justicia. Lo que queremos es misericordia. Necesitamos la misericordia de Dios. La misericordia es lo que Dios ha provisto para todas sus criaturas. Dios tiene toda la misericordia que usted necesita. Usted puede pedirla en cualquier momento; es como tener dinero en el banco. Pero, ese dinero no le da ningún beneficio a no ser que usted escriba un cheque, y usted escribe un cheque de fe. Pero, eso es lo que es la misericordia.

Dios es rico en misericordia, según se nos dice. Ya hemos visto esto anteriormente. Él tiene mucha misericordia. Pero, cuando Dios le salva, Él le salva por Su gracia. Ahora, Dios está siendo misericordioso con usted. Dios es misericordioso con todos aquellos pecadores que están en el mundo hoy y que están blasfemando contra Él, y que le están repudiando y dándole la espalda. Él está haciendo misericordia para con ellos. Él está enviando la lluvia sobre ellos, de la misma manera en que la envía para los justos y los injustos. Él no tiene favoritos, aún con aquéllos que son Suyos. Los pecadores prosperan hoy, se hacen ricos. Parecen progresar mucho más que cualquier otra clase de persona. Dios es misericordioso para con ellos. Pero, usted tiene que ir por fe y escribir ese cheque de fe. Usted tiene que ir por fe y entonces Dios le salvará a usted por Su gracia.

Usted puede apreciar estas tres palabras aquí. Amor y misericordia y gracia. Son como una pequeña trinidad, digamos. El amor es aquello que estaba en Dios antes de que él llegara a usar la misericordia o la gracia. Dios era amor. Ésa es Su naturaleza, Su atributo.

La misericordia es aquello en Dios que proveyó para la necesidad del hombre pecador. Luego, la gracia es aquello en Él que actúa libremente para salvar, porque todas las demandas de santidad han quedado satisfechas. Así es que, Dios, porque es misericordioso, permite que usted se acerque a Él y por Su gracia Él le salva. Usted no tiene que traer nada para Él.

En realidad, usted no le lleva nada porque cualquier cosa que pueda llevar es nada más que trapos de inmundicia, como Él mismo lo expresa.

Muchas personas me han criticado por haber hablado en cuanto a aquéllos que hacen buenas obras. Una persona que hace buenas obras es aquél que piensa que no necesita la misericordia de Dios. Esa persona piensa que sus propias buenas obras le salvarán. En cierta ocasión, un hombre dijo: "Ya no necesito que nadie me diga que necesito a Cristo como mi Salvador y que yo necesito la misericordia y la gracia de Dios. Yo no necesito eso. Yo estoy dispuesto a presentarme ante Él tal cual soy". ¿Sabe lo que hacía este hombre? Él era el presidente de varias organizaciones de beneficencia, de orfelinatos, y cosas por el estilo. Él era uno de ésos que hacían todas esas cosas buenas, y se iba a presentar ante Dios basado en sus buenas obras.

Esa clase de salvación no le va a hacer ningún bien a usted cuando en realidad la necesite. La salvación que Dios provee para usted le permite a usted hacer el bien; la clase de bien que es aceptable ante Dios. La justicia del hombre es solamente trapos de inmundicia ante Sus ojos. Ésta es una maravillosa introducción la que tenemos aquí.

Vamos a encontrar a través de esta epístola, así como también en las otras epístolas pastorales, expresiones que Pablo no usa en ninguna otra parte. Él obviamente hablaba con estos jóvenes predicadores y aquéllos que eran íntimos de él, de una manera en que probablemente él no siempre hablaba públicamente. ¿No le hubiera gustado a usted haber sido Timoteo? ¿Haber viajado con el apóstol Pablo, y haber podido observar la forma de pensar de este hombre y que él abriera el corazón para usted? No es Pablo directamente, sino el Espíritu de Dios quien está aquí y es en realidad Dios quien nos está hablando a través de la epístola que Pablo escribió a este joven predicador.

Usted debe recordar que Pablo había sido un fariseo, y en el judaísmo, nunca tuvo el privilegio de llamar a Dios su Padre y a Cristo Jesús nuestro Señor. Eso es algo que nosotros pasamos por alto. Esto es algo, que se necesita tanto hoy que cualquiera en la iglesia, cualquier función que usted tenga en la iglesia, cualquier cosa que usted tenga que hacer en la iglesia local, usted tiene que hacerlo no sólo en el nombre de Cristo, sino que usted lo hace por Su mandamiento. Usted debe recordar que Él es la cabeza de la iglesia, Él es el Señor. Él había dicho antes: me llamáis Señor, Señor, y no hacéis las cosas que os digo. "Vosotros no me obedecéis".

Yo me pregunto si Él no diría eso de muchos de nosotros hoy. No es simplemente llamarle Señor a Él. Él dice que hay muchos en aquel día que van a decir: "Señor, Señor, ¿no hicimos esto?, o dirán, ¿no hicimos esta otra cosa por Ti? Estuvimos muy ocupados por Ti". Pero, Él les va a decir: "Bueno, yo ni siquiera os conozco a vosotros. Yo no sabía que vosotros estabais haciendo eso en mi nombre. Por cierto, que no lo hicieron en esa manera. Vosotros no buscasteis hacer mi voluntad. Vosotros no buscasteis cómo obedecerme". Esto es muy personal, como se puede apreciar.

Advertencia contra la doctrina insana

Comenzando ahora con el versículo 3, del capítulo 1, tenemos una advertencia contra falsas doctrinas, y la doctrina es algo muy importante. Ya he dicho anteriormente en esta epístola que es credo y conducta. Su credo tiene que estar correcto antes de que su conducta pueda ser correcta. Usted no puede andar pensando mal y actuando correctamente. Eso es algo así como una imposibilidad. Hay muchas personas que critican la forma en que manejan las mujeres. En cierta ocasión, un hombre dijo: "Cuando una mujer que está manejando se acerca a un cruce de caminos, y saca su mano por la ventanilla, ¿qué es lo que eso significa?" Quien estaba escuchando le contestó: "Bueno, no sé". "Bien," dijo este hombre, "eso sólo significa una cosa, que ella ha bajado la ventanilla, eso es todo". Es que uno nunca sabe lo que va a pasar, porque hay veces que ella señala que va a ir a la izquierda y entonces voltea a la derecha, y viceversa. Lo interesante es que los hombres también hacemos lo mismo. Pero cuando uno hace algo así su forma de pensar y su forma de actuar causan grandes dificultades. Usted no puede continuar de esa manera en esta vida, pensando mal y actuando correctamente.

Como te rogué que te quedases en Éfeso, cuando fui a Macedonia,
para que mandases a algunos que no enseñen diferente doctrina.
[1 Ti. 1:3]

Usted recuerda que Pablo les dijo a los Gálatas que no había otro evangelio. Los judaizantes están predicando otro evangelio, pero él dice que, en realidad, no existe ningún otro evangelio. Hay sólo uno, y con la doctrina, es lo mismo.

Esta palabra "doctrina" indica las enseñanzas de la iglesia. ¿Cuáles son las enseñanzas de la iglesia? Debería ser aquello que era al mismo comienzo. En el día de Pentecostés, se dijo: Y perseveraban en la doctrina de los apóstoles. Había cuatro cosas que caracterizaban a la iglesia: la doctrina de los apóstoles; la comunión unos con otros; el partimiento del pan, o sea la cena del Señor; y las oraciones. Ésas son las cuatro impresiones digitales, por así decirlo, de la iglesia visible, y creo que también son las mismas hoy. La iglesia no es una iglesia si la doctrina no es la doctrina de los apóstoles.

En cierta ocasión, dos Pastores estaban conversando, y el uno le dijo al otro: "Hay tantas cosas en las que nosotros estamos de acuerdo, estamos de acuerdo en aquello que es básico, por tanto, no deberíamos separarnos a causa de las cosas que, en realidad, no son esenciales". Y, estoy de acuerdo con esta declaración. Mi sentimiento es que me da pena que todos no crean como creo yo, pero eso es lo que sucede.

Pero hay ciertas verdades básicas, y una de ellas es la doctrina de los apóstoles o las verdades de la fe. Ellos enseñaban la inspiración total, verbal de las Escrituras, la integridad, la infalibilidad de la Palabra de Dios. Ellos enseñaban la Deidad de Cristo. De paso digamos, que el apóstol Pablo, en esta epístola, presenta una vista sublime del Señor Jesucristo. Hay algunos que dicen que Él nunca enseñó la Deidad de Cristo. Sin embargo, ésa es una de las cosas que Pablo destaca tan claramente como el sol del mediodía. Él es muy claro en cuanto a la Deidad del Señor Jesucristo. ¿Qué piensa usted que él quiso decir cuando dijo aquí: Gracia, misericordia y paz de Dios, nuestro Padre y de Cristo Jesús nuestro Señor? Él lo está colocando al lado mismo de Dios nuestro Padre, y lo está haciendo a Él Dios aquí, y esto lo podemos ver una y otra vez en estas epístolas pastorales.

Hablando a este joven Timoteo, él dice: Como te rogué que te quedases en Éfeso. Éfeso era un centro importante de esa época. Pablo pasó más tiempo en ese lugar que en cualquier otro lugar. Él tuvo su mayor ministerio en este lugar. Él dijo: "Yo quiero, Timoteo, que te quedes en Éfeso, y yo iré a Macedonia, (y por cierto que allí necesitaban mucha ayuda), para que mandases a algunos que no enseñen diferente doctrina. Eso era lo importante. La enseñanza de la iglesia tiene que ser algo correcto, propio; y si no está bien, entonces, no es una iglesia, y no interesa cuántos sean los diáconos y ancianos y ministros y directores de canto y coros y escuelas dominicales que usted pueda tener. Si allí no se tiene la buena doctrina, entonces, no es una iglesia. Que no enseñen diferente doctrina.

> *Ni presten atención a fábulas y genealogías interminables, que acarrean disputas más bien que edificación de Dios que es por fe, así te encargo ahora. [1 Ti. 1:4]*

Luego, nos sigue diciendo: Ni presten atención a fábulas. Es decir que no le preste atención a los mitos y fábulas. En Éfeso, se encontraba el corazón de las religiones misteriosas de aquel día. En ese gran centro se podía encontrar los templos a Adrián; los templos de Troya; el gran templo de Diana de los Efesios, todo eso estaba allí en Éfeso, junto a las demás religiones misteriosas del lugar. Pablo dice que esas cosas están pasando porque están basadas en mitos, en la mitología de los griegos.

Ni presten atención a las fábulas y genealogías interminables. Esta expresión es algo muy interesante la que utiliza Pablo. Esto puede referirse a la filosofía de Filón. Filón fue un israelita muy destacado, brillante se podría decir, que tomó el Antiguo Testamento y lo espiritualizó. Él trató de introducir el punto de vista de la mitología. Tenemos eso hoy. En algunos seminarios, por ejemplo, dicen que el libro de Génesis es un mito. Es decir que todas las historias allí son mitos; que estas personas no vivieron y cosas por el estilo. Sin embargo, hoy tenemos una acumulación tal de descubrimientos arqueológicos y cosas relacionadas con eso, que noto que no se enfatiza tanto esa filosofía como se enfatizaba en días pasados. Pero aun así, hay quienes creen en eso, y son simplemente genealogías interminables: tratan con esta clase de cosas y hacen de la iglesia simplemente una continuación del judaísmo. Es una genealogía después de otra, y no hay diferentes dispensaciones. Así es que puede referirse a esto.

También los griegos estaban enseñando aquello que es conocido como "demiurgo", es el nombre del dios creador de la filosofía platónica. O sea, Eón que en el gnosticismo es una inteligencia eterna emanada de la Divinidad Suprema, y ésa fue la primera herejía en la iglesia: el gnosticismo. Por ejemplo, había ciertas emanaciones provenientes de un centro divino, y el original creó una criatura; y esa criatura creó otra criatura que estaba debajo de él y otra debajo del mismo, y así seguía hacia abajo. En esa línea, uno puede poner a Jesús como uno de ellos. Eso es lo que ellos estaban tratando de hacer.

...que acarrean disputas más bien que edificación de Dios que es por fe... Es decir que, todas esas cosas no te van a edificar en la fe. Si usted nota en las iglesias liberales, usted podrá apreciar mucho fruto de incredulidad que ha estado en la iglesia. Esto ha producido un grupo de individuos o personas sin compasión, duras; ellas no tienen ninguna fe. Rechazan la Palabra de Dios hoy y algunas de las cosas que están sucediendo en el liberalismo hoy son completamente increíbles.

> *Pues el propósito de este mandamiento es el amor nacido de corazón limpio, y de buena conciencia, y de fe no fingida. [1Ti. 1:5]*

Si lo que se enseña en la iglesia no es producto de amor nacido de corazón limpio, (y esas expresiones, digamos de paso, pueden ser usadas de una manera íntima con este joven predicador; Él nunca utilizó esta clase de lenguaje cuando escribía sus epístolas a las iglesias); pero, si lo que se enseña en la iglesia no es producto de amor nacido en corazón limpio, entonces, no sirve para nada. Ahora, yo me pregunto, ¿qué es un corazón limpio? Bueno, está en contraste con la vieja naturaleza que nosotros tenemos. Quiere decir una persona que ha sido hecha justa y que ahora puede manifestar los frutos del Espíritu, y uno de ellos es amor. Estas dos cosas, por tanto, que deben ser manifestadas en la iglesia son la fe, la fe en Dios y en la Palabra de Dios. Fe del uno con el otro, y en muchas iglesias hoy es difícil poder confiar en ciertas personas.

Eso ocurre en muchas iglesias, pero por supuesto no voy a entrar en detalles aquí. Así es que debe haber fe y debe haber amor. El amor no es algo que uno está expresando todo el tiempo verbalmente, especialmente por alguna persona que lo hace continuamente desde el púlpito. El amor hoy es cierta preocupación por los demás; y esa preocupación por los demás, quiere decir que usted no va a estar contando chismes en cuanto a esas personas. Indica que usted no va a hacer nada que le pueda causar daño a ellos. Usted no va a tratar de perjudicarles.

Cierta iglesia casi fue destruida porque la gente trató de arruinar el ministerio de un pastor. Habían tratado de hacer todo lo que podían. Una de las cosas que no podían hacer era acusarle a él de no enseñar la Palabra de Dios. Este hombre por cierto que predicaba la Palabra de Dios, y sin embargo, esta gente estaba tratando de hacer eso. Luego, hablan acerca del amor. Cuán hipócrita puede llegar a ser uno. Usted se da cuenta que esto no es algo de lo que uno habla a los demás; es algo que se manifiesta. La fe y el amor son cosas que deben ser manifestadas. En una organización como tal usted puede tener diáconos y tener esa organización. Si usted llega a tener una forma de gobierno episcopal o congregacional o presbiteriano, eso no hace ninguna diferencia. Si estas cosas están faltando allí, la fe y el amor, pues entonces, puede llegar a ser una sociedad cualquiera. Puede que sea un grupo religioso. Por el contrario, si estas cosas se están manifestando, entonces, la forma de gobierno que exista allí no es muy importante. Creo que eso es lo que Pablo está tratando de enfatizar aquí.

Aquí tenemos tres cosas. El amor, una buena conciencia, y la fe no fingida. No creo que la conciencia pueda ser una guía para los creyentes hoy, pero un creyente debe tener una buena conciencia. Cuando usted se acuesta a dormir durante la noche, ¿se siente mal en cuanto a algo que ha dicho o que ha hecho? Hay muchos creyentes que son sensibles y que sí lo hacen. Pero, hay otros que tienen una conciencia que ha sido estampada con un hierro candente. Pero aquí tenemos 3 cosas maravillosas: el amor, una buena conciencia y fe. Éstas son las cosas que deben ser manifestadas en la iglesia local.

De las cuales cosas desviándose algunos, se apartaron a vana palabrería. [1Ti. 1:6]

Lo que esto significa es una conversación vacía. Conversaciones sin sentido. Palabras hermosas quizá, un lenguaje muy florido. Le dan palmaditas en la espalda. Vana palabrería, dice Pablo, palabras vacías. No tienen ningún significado.

> *Queriendo ser doctores de la ley, sin entender ni lo que hablan*
> *ni lo que afirman. [1 Ti. 1:7]*

Pablo está hablando aquí de una manera muy directa. Diría que él está aclarando aquí a esta gente que enseña un error, y que lo están haciendo con mucha seguridad. Ellos no prestan ninguna atención a la Palabra de Dios, sino que están enseñando un error con mucha seguridad. Eso hace de esta sección algo sumamente importante.

Ahora, vamos a entrar en lo que el Apóstol dice, a este joven Timoteo, hijo en la fe. Él habla de una manera que tal vez no utilizó anteriormente. Lo que él dice, es para nosotros también, en este día en el cual vivimos. Él advierte aquí contra aquéllos que eran legalistas y que estaban tratando de enseñar la ley. Ellos enseñaban que la ley era un medio de salvación y con eso no terminaban las cosas, sino que enseñaban que la ley era un medio de santificación, y que lo que uno debía hacer, era regresar nuevamente a estar bajo la ley; eso aún después de haber sido salvo.

La ley siguió un propósito, pero ella nunca fue un medio de salvación. Nunca fue dada con ese propósito. Se podría decir, que era un agente de muerte, por la sencilla razón que nos condena; era un agente de condenación. Por tanto, la ley nunca fue dada para salvar al hombre, fue dada para revelar al hombre que él era un pecador y que necesitaba un Salvador.

Ésta es una sección que nos advierte contra la falsa doctrina. El problema era que había personas que estaban tratando de conseguir que los creyentes participaran en las religiones paganas de aquel día, y había muchas de ellas, por cierto, religiones misteriosas; la idolatría era una cosa muy abundante en Éfeso, y en ese lugar era donde estaba Timoteo. Pablo conocía muy bien esa zona porque él había estado allí. También había la idea de hacer del Antiguo Testamento simplemente un mito, y también el de tratarlo como una genealogía interminable, que continuaba hasta el Nuevo Testamento; diciendo que no había ocurrido mucho cambio cuando vino el Señor Jesucristo, y que Israel en el Antiguo Testamento es la iglesia, y que la iglesia en el Nuevo Testamento es Israel, y toda esa clase de pensamiento. Pablo advierte en contra de eso.

Luego, Pablo advierte contra aquéllos que eran legalistas y que estaban tratando de enseñar la ley. Ellos enseñaban que la ley era un medio de salvación, y con eso no terminaban las cosas, sino que enseñaban que la ley era un medio de santificación. Lo que uno tenía que hacer era volver a estar bajo la ley una vez más. Eso aun después de haber sido salvo.

La ley siguió un propósito, pero ella nunca fue un medio de salvación. Nunca fue dada la ley con ese propósito. Era un agente de muerte por la sencilla razón que nos condena un agente de condenación. Por tanto, la ley nunca fue dada para salvar al hombre. Fue dada para revelarle al hombre que él era un pecador y que necesitaba un Salvador.

En realidad, bajo la ley, aun el mejor hombre en el mundo estaba condenado completamente, mientras que el evangelio hoy permite que el peor hombre en el mundo pueda ser justificado si éste solamente cree en Cristo. El pecador no puede ser salvo por medio de buenas obras, porque él es incapaz de hacer eso. Al estar en la carne, Pablo dice que el hombre no puede complacer a Dios. Debo enfatizar eso ya que hoy existe la idea de que usted puede complacer a Dios, y, eso contradice completamente lo que dice la Palabra de Dios; porque Él dice que eso es imposible. Por ejemplo, en Romanos 8:8, leemos: Y los que viven según la carne no pueden agradar a Dios. Es imposible agradarle. Usted nunca puede llegar a cumplir con las normas establecidas por Él. Por tanto, las buenas obras nunca pueden producir salvación; en cambio, la salvación sí puede producir buenas obras. Nosotros no somos salvos por buenas obras, sino que somos salvos para hacer esas buenas obras. Pablo nos indica con toda claridad cómo somos salvos, en Efesios 2:8-10, donde dice: Porque por gracia sois salvos por medio de la fe; y esto no de vosotros, pues es don de Dios; no por obras, para que nadie se gloríe, porque somos hechura suya, creados en Cristo Jesús para buenas obras, las cuales Dios preparó de antemano para que anduviésemos en ellas.

Pero sabemos que la ley es buena, si uno la usa legítimamente.
[1 Ti. 1:8]

Por cierto, que la ley es buena, porque nos revela la voluntad de Dios. Moralmente es excelente. Es muy buena para la conducta moral, pero no para la salvación. La ley no puede salvar a un pecador. Puede corregir a un pecador. Puede revelarnos que somos pecadores, y, por cierto, que sirve ese propósito. Pero ese propósito era el de demostrarnos eso. Nunca fue dada a un hombre justo; es decir, alguien que haya sido hecho justo por fe en Cristo, porque Él ahora ha sido llamado a un lugar mucho más elevado ante Dios.

> *Conociendo esto, que la ley no fue dada para el justo, sino para los transgresores y desobedientes, para los impíos y pecadores, para los irreverentes y profanos, para los parricidas y matricidas, para los homicidas. [1 Ti. 1:9]*

La ley, por tanto, no fue dada para el justo, aquél que ha sido justificado ante Dios. Entonces, ¿por qué fue dada la ley? Bueno, fue dada para aquéllos que estaban sin ley. No matarás, por ejemplo; eso no fue dado para el hijo de Dios que no está dando muerte a nadie, que no quiere herir a nadie, sino que quiere ayudar. Eso fue dado para aquel hombre que tiene el corazón asesino; fue dado para controlar al hombre natural y ése era su propósito.

> *Para los fornicarios, para los sodomitas, para los secuestradores, para los mentirosos y perjuros, y para cuanto se oponga a la sana doctrina. [1 Ti. 1:10]*

Cuando usted y yo vamos al Señor Jesucristo, somos salvos por un propósito o un principio que es diferente, por la gracia de Dios. Ahora, hemos llegado a formar parte de la familia de Dios, y hemos sido llevados a un nivel más elevado para vivir, que ha cambiado completamente.

Permítame dar dos ilustraciones en este punto que quizá le sirvan de ayuda. Suponga que aquí tenemos un juez en el tribunal. Ante él traen a una persona que ha quebrantado la ley; que ha quebrantado muchas leyes en realidad, y él debe ser sentenciado. Él debe pagar una multa muy grande y tiene que ir a la cárcel. El juez dice: "Yo tengo un hijo que ama a este prisionero. Tengo que condenarle. Él ha quebrantado la ley. Mi hijo está de acuerdo en pagar la multa. Él es un hombre de dinero. También él ha dicho que va a ir a la cárcel en lugar de este hombre. Por tanto, el castigo ya ha sido pagado. Yo voy a tomar este criminal y llevarlo a mi hogar, y lo voy a tratar a él como si fuera un hijo mío". Así es que este juez toma a este criminal y lo lleva a su casa. Ahora, él no comienza a hablarle a él y decirle: "No matarás. No hurtarás". Él es su hijo.

Él va a hablar con él de cómo debe amar a los demás miembros de la familia; de cómo debe actuar en la mesa, cómo tiene que obedecer a la esposa del juez. Él tiene que tomar parte en las actividades y obligaciones de la familia.

Usted puede apreciar que él ahora se encuentra en una situación completamente diferente a la anterior. Eso es lo que Dios ha hecho por el pecador. Por tanto, nosotros ya no estamos bajo la ley. Ahora, estamos ocupando una posición muy superior a ésa; la ley es para aquella persona que está quebrantando la ley. Eso fue dado al comienzo para controlar la vieja naturaleza de la carne.

Permítame presentarle, otro ejemplo. Creo que con esto podemos demostrar lo que debería ser la vida en la familia de Dios donde hay fe y amor y buena conciencia. En cierta ocasión, un indio que se había convertido al cristianismo, se encontraba haciendo un viaje en tren. Él tenía que hacer un viaje bastante largo, y en cierto punto del viaje debía cambiar de trenes. Así es que cuando llegaron al punto intermedio, los pasajeros se bajaron del tren y esperaron en la estación. Debieron esperar como dos o tres horas hasta que pudieron conseguir el tren que estaban esperando. Cuando este indio llegó a la ciudad de destino, dio su testimonio. Él estaba hospedado en el hogar de unos creyentes muy buenos. A este indio, entre otras cosas, se le invitó a hablar al grupo de los jóvenes. En este grupo de jóvenes se estaba llevando a cabo esa noche una discusión en cuanto a la ley y la gracia. Ellos no podían descubrir la diferencia que existía entre las dos, o el lugar que ocupaba la ley. Así es que este indio pidió permiso para tomar la palabra y dirigirse al grupo. De modo que, él se puso en pie y dijo algo así: "Veo que ustedes aquí están muy confundidos en cuanto a esto de la ley y de la gracia. Quisiera contarles una pequeña historia. Yo llegué a esta ciudad viajando en tren, nos detuvimos en una estación para cambiar de trenes, y allí fuimos a ubicarnos en la sala de espera; mientras estábamos allí noté que sobre la pared había un cartel que decía: "no escupa en el suelo". Eso se encontraba en la parte interior y exterior del edificio. Era una regla en ese lugar. Observé el piso y me di cuenta que mucha gente había escupido en el suelo. Nadie prestaba ninguna atención a esa ley. Pero cuando llegué a esta ciudad de mi destino, y me colocaron en este hogar tan amable y hermoso, me invitaron a que me sentara en la sala de estar y me senté en ese lugar. Mientras esperaba al resto de la familia que llegara, observé que las paredes tenían cuadros muy hermosos, pero no había allí ningún cartel que dijera: 'no escupa en el piso'. Observé cuidadosamente el piso y la alfombra que allí había, y me di cuenta que nadie había escupido en el suelo. Esto era una ley en la estación del ferrocarril; pero era gracia en el hogar donde yo estaba morando". Ésa es la diferencia. Ésa es la verdadera diferencia.

El hombre bajo la ley nunca la cumplió. Él nunca podía alcanzar ese nivel. La quebranta continuamente. Pero ahora, él ha sido llevado por medio de la gracia a formar parte de la familia de Dios, y él no va a salir y asesinar a otra persona. Él es ahora un hijo de Dios. Él no debería mentir. Pero cuando él hace eso, él está fuera de la comunión con Dios, de eso estoy seguro.

Ahora, Pablo está diciendo aquí que estas cosas son "opuestas a la sana doctrina". Es decir, poner al hombre bajo la ley, porque el hijo de Dios se encuentra ahora en una familia donde el énfasis tiene que ser puesto en el amor, en la fe, y en la buena conciencia.

Testimonio personal de Pablo

Según el glorioso evangelio del Dios bendito, que a mí me ha sido encomendado. [1 Ti. 1:11]

Ahora él dice: según el glorioso evangelio del Dios bendito. Ésa es una declaración de Pablo, y es muy singular. Usted no encuentra esto en las cartas a las otras iglesias, pero la encuentra aquí donde él escribe a estos jóvenes predicadores: según el glorioso evangelio del Dios bendito. ¿No le parece ésta una forma maravillosa de hablar? El glorioso evangelio del Dios bendito, que a mí me ha sido encomendado.

Ahora, en el versículo 12, Pablo habla de una manera muy personal en este punto en particular. Yo quisiera que usted note cómo él enfatiza el Señorío del Señor Jesucristo. Esto es algo para el creyente. Esto es algo para la iglesia local.

Doy gracias al que me fortaleció, a Cristo Jesús nuestro Señor, porque me tuvo por fiel, poniéndome en el ministerio. [1 Ti. 1:12]

Esta palabra "ministerio" es una palabra muy mal entendida hoy. Todos los creyentes están en el ministerio. En realidad, debo decir que ninguno de nosotros está fuera del ministerio si somos hijos de Dios. Es decir, que cada creyente tiene un ministerio, y la palabra que se utiliza aquí es la misma palabra que se usa para la palabra "diácono", digamos de paso. Ésa es una palabra muy hermosa que tenemos. Él está diciendo aquí: Doy gracias a Cristo Jesús, nuestro Señor porque me tuvo por fiel poniéndome en el ministerio. Todos nosotros somos ministros; cada creyente es un ministro del Señor Jesucristo. Pablo hasta llama a los gobernantes, ministros. Ellos son ministros de Dios, ya que esta gente ha llegado a ocupar ese lugar de poder, gracias a los votos de los demás. La gente le dio ese cargo; pero, creo que Dios está en control, y muchas veces dirige lo que ocurre aquí con esta humanidad en la tierra. Ese hombre, no importa quién sea él, es un ministro de Dios. Así es como ese cargo debería funcionar. Si funciona así o no, no es lo que estoy tratando aquí en realidad. Lo que quiero enfatizar es que usted es un ministro. A usted se le ha encomendado un servicio que cumplir. Pablo le está dando gracias a Dios porque Él le ha colocado en un servicio, que, en su caso en particular, era el ser misionero.

Habiendo yo sido antes blasfemo, perseguidor e injuriador; mas fui recibido a misericordia porque lo hice por ignorancia, en incredulidad. [1 Ti. 1:13]

Habiendo yo sido antes blasfemo–Pablo toma esta terrible palabra de ser blasfemo y eso es lo que dice haber sido. Hablando honradamente, él había blasfemado al Señor Jesucristo; él le odiaba. Creo que él podía haber estado presente en la crucifixión del Señor Jesucristo. Creo que él hasta ridiculizó al Señor. Él dice que ha sido antes blasfemo, perseguidor e injuriador de la iglesia.

Note que ahora dice: mas fui recibido a misericordia. Cuando Pablo habla acerca de su salvación, él indica que fue salvo por la gracia de Dios, pero fue la misericordia de Dios la que lo colocó a él en el ministerio.

Ésa es la razón por la cual digo constantemente que tengo que tener mucha de la misericordia de Dios. Nunca pude, por ejemplo, descubrir por qué el Señor me utilizaría en esta clase de servicio, presentando la Palabra de Dios. Si alguien me hubiera dicho que yo iba a estar haciendo esto hace algunos años atrás, quizá le hubiera dicho que eso era una cosa absurda. En primer lugar, yo no tenía el deseo de hacerlo, y en segundo lugar, no tenía nada que me capacitara para hacer eso.

Pero, Dios lo hace por Su misericordia. Él nos coloca en el servicio; Él tiene que ser muy misericordioso con nosotros. Hemos usado mucha de Su misericordia, pero Él dice que es rico en misericordia, así es que hemos podido usar mucho de esa misericordia de Dios.

Pablo dice que lo que él hizo, lo hizo por ignorancia, y que también lo hizo a causa de su incredulidad. Ésa es la condición en que nos encontrábamos la mayoría de nosotros, de eso estoy seguro.

> *Pero la gracia de nuestro Señor fue más abundante con la fe y el amor que es en Cristo Jesús. [1 Ti. 1:14]*

La gracia de Dios le había salvado a él. Le llevó a él al lugar de fe y amor que es en Cristo Jesús. Esas son las cosas que deben manifestarse.

> *Palabra fiel y digna de ser recibida por todos: que Cristo Jesús vino al mundo para salvar a los pecadores, de los cuales yo soy el primero. [1 Ti. 1:15]*

Éste es un versículo muy importante de las Escrituras; Él vino al mundo para salvar al mundo pecador. Él no vino al mundo como un gran Maestro. Él era eso, sin duda alguna. Él no vino aquí a darnos un ejemplo. Él hizo eso. Él vino a este mundo para salvar a los pecadores.

Cuando usted llegue a dar su testimonio, cerciórese de decirle a la gente, no lo maravilloso que usted es hoy y de todas las cosas que ha logrado. Dígales que usted fue un pecador y que Cristo le salvó a usted. Eso es lo importante. De los cuales yo soy el primero, dice Pablo.

Cuando Pablo está diciendo que él es el primero de los pecadores, él no está exagerando. Él no está utilizando una oratoria muy elocuente. Lo que él está diciendo es la verdad. Él era el primero de los pecadores. Él había blasfemado al Señor Jesucristo. Él se había burlado de Él, y creo que estuvo presente en la crucifixión del Señor. Uno no puede hundirse más. Pablo dice: "yo he sido salvo".

El Señor Jesucristo vino a este mundo a salvar a los pecadores. Si dice usted: "Yo no creo que Él pueda salvarme a mí, yo soy de los peores". No, usted no lo es. Pablo es el primero entre los pecadores; y el primero de los pecadores ya ha sido salvo, así es que, usted, también puede llegar a ser salvo si quiere serlo. El problema siempre está en usted, como puede apreciarlo. Usted puede ser salvo si quiere ser salvo. Todo lo que tiene que hacer es volverse a Cristo, acudir a Él. Él hará lo demás. Él es fiel: palabra fiel y digna.

Pero por esto fui recibido a misericordia, para que Jesucristo mostrase en mí el primero toda su clemencia, para ejemplo de los que habrían de creer en él para vida eterna. [1 Ti. 1:16]

Pablo necesitaba misericordia para llegar a ser un ministro; para ser un misionero. Pablo dice: "no sólo soy un predicador del evangelio, sino que soy un ejemplo de él".

Por tanto, al Rey de los siglos, inmortal, invisible, al único y sabio Dios, sea honor y gloria por los siglos de los siglos. Amén. [1 Ti. 1:17]

Pablo no podía continuar sin mencionar esta tremenda doxología. ¿Quién es el Rey de los siglos? Es el Señor Jesucristo. ¿Quién es Él? El único y sabio Dios. No me venga a decir, que Pablo no hizo del Señor Jesucristo un Dios. Él le consideraba al Señor Jesucristo, Dios manifestado en la carne, y aquí él nos da este tremendo testimonio.

Encargo a Timoteo

Este mandamiento, hijo Timoteo, te encargo, para que conforme a las profecías que se hicieron antes en cuanto a ti, milites por ellas la buena milicia. [1Ti. 1:18]

Ya he dicho varias veces que esta carta es una epístola personal que Pablo le escribe a este joven Timoteo, aun cuando él está hablando acerca de la iglesia local, y lo que Timoteo debe hacer en ella, y cómo debe comportarse allí, y cuál es su responsabilidad. Es algo muy práctico, por cierto.

Pero, aun así, aquí se nos revela algo de la maravillosa relación que debía haber existido entre el Apóstol Pablo y este joven Timoteo, así como también con el joven Tito. También debería haber habido otros amigos personales del Apóstol Pablo.

Timoteo es su hijo espiritual. El Apóstol Pablo lo había llevado a los pies del Señor. Ahora, Pablo le está diciendo algo aquí, que él no discutió mucho con otras personas, o con la iglesia en general, y es que Pablo se sintió guiado de una manera muy directa, a llevar a este joven Timoteo junto con él. Pablo tenía discernimiento espiritual, y Dios evidentemente le había guiado de una manera directa para que llevara a este joven, y le ayudara a llegar a la posición que aparentemente ocupaba en la Iglesia primitiva.

Nosotros aquí en este mundo nos encontramos en una batalla. Cuando uno va a la guerra, nunca debe ir a luchar en una guerra, a no ser que su corazón esté en eso; a no ser que usted esté luchando por una causa verdadera, a no ser que usted tenga la intención de lograr la victoria. Pablo quería que él luchara, que militara por ellas, la buena milicia. Él tenía un enemigo real y verdadero. Pablo quería que él pelara la buena batalla y que no fuera náufrago de la fe—como lo eran algunos.

Manteniendo la fe y buena conciencia, desechando la cual naufragaron en cuanto a la fe algunos. [1 Ti. 1:19]

Aquí tenemos una gran verdad, y según mi opinión, tiene que ver con nuestras complicadas e intrincadas personalidades. Hay veces en que me canso de ver a aquellas personas que tratan de hacer del Evangelio algo tan sencillo, como el hacer que las luces cambien de un color a otro. Cuando se pone verde, usted avanza; y cuando se pone luz roja, se detiene. Algo bien sencillo. Sin embargo, no es tan sencillo. Tenemos personalidades intrincadas, y lo que el Apóstol Pablo está diciendo aquí es lo siguiente: Que hay un peligro para usted y para mí en nuestra inconsistencia y en nuestros fracasos. Estoy suponiendo que usted no vive por allá en una torre de marfil. Algunos creyentes piensan así; ellos piensan que se encuentran sobre todas las cosas y que están ocupando un lugar muy elevado. Pero, aquéllos de nosotros que estamos caminando por las calles de nuestras ciudades y codeándonos con la humanidad en las ciudades y con los problemas de este mundo, notamos que hay ciertas inconsistencias en nuestras vidas; que hay fracasos en nuestras vidas. Ahora, ¿cuál es el peligro? El peligro en un tiempo así, es que usted y yo lleguemos a acomodar nuestra fe a nuestros fracasos. Hay muchas personas que están obrando de esa manera en el presente.

En cierta ocasión, un hombre regresó del campo misionero y consiguió un trabajo haciendo otra cosa. Él dijo que el Señor le había llevado a eso. Yo le visité y le dije: "A usted se le enseñó a trabajar como misionero por 9 años. Ahora, según usted, el Señor le ha llevado de regreso a hacer algo que en realidad no es muy importante. ¿Usted verdaderamente cree que el Señor lo está guiando de esa manera?" "Ah, sí"–fue su respuesta. Él estaba seguro que el Señor le había guiado a ese trabajo. Él hablaba tanto acerca de eso, que parece que él había acomodado su fe a su fracaso. Y, ése es un peligro muy grave.

Cuando usted y yo fracasamos y naufragamos en cuanto a la fe, ¿cuál es la solución? Donde hay inconsistencia en nuestras vidas, debemos ir al Señor a decirle a Él que hemos fracasado, que no hemos logrado tener lo que buscábamos. Después de todo, Él es un maravilloso Mediador entre Dios y el hombre.

> *De los cuales son Himeneo y Alejandro, a quienes entregué a Satanás para que aprendan a no blasfemar. [1 Ti. 1:20]*

Aquí, el Apóstol Pablo cita algunos ejemplos de los apóstatas de aquel día. Estos dos hombres se van a presentar ante nosotros una vez más. Pablo no tiene mucho de bueno que decir en cuanto a ellos, de ninguno de los dos. Él dirá que Alejandro, el calderero le hizo mucho daño. (2 Ti. 4:14) No me hubiera gustado ser Alejandro y causarle daño al Apóstol Pablo, y no me hubiera gustado tampoco ser Himeneo. Los dos andan juntos aquí.

Lo que nos llama la atención aquí, es que el Apóstol Pablo dice: a quienes entregué a Satanás para que aprendan a no blasfemar. Yo quisiera que usted note algo aquí, lo cual creo es de importancia. Lo que tenemos aquí en realidad, es un fracaso de parte de estos hombres. Ellos son apóstatas, y Pablo hace algo ahora, que según creo, es muy importante de notar, para aprender algo. Él está actuando según su cargo; y supongo que sólo un Apóstol de Jesucristo puede hacer eso.

Éste es un ministerio y él dice: a quienes entregué a Satanás. Según mi opinión, así no es como opera o funciona un tribunal de una iglesia. Es decir, que ésta no es una disciplina eclesiástica, y por cierto, no es lo que uno llama "excomunión" en el día de hoy. Pero el Apóstol Pablo está haciendo uso de su prerrogativa y su posición como Apóstol. Así es que, él entrega a Satanás a estos hombres.

Ésta no es la primera vez que ha ocurrido algo así. Usted recuerda que en 1 Corintios 5:3-5, Pablo dice: Ciertamente yo, como ausente en cuerpo, pero presente en espíritu, ya como presente he juzgado al que tal cosa ha hecho. En el nombre de nuestro Señor Jesucristo, reunidos vosotros y mi espíritu, con el poder de nuestro Señor Jesucristo, el tal sea entregado a Satanás para destrucción de la carne, a fin de que el espíritu sea salvo en el día del Señor Jesús. Creo que ésta es una autoridad que el Apóstol tenía, que nosotros no tenemos en el presente. No creo que la iglesia la tenga en el día de hoy. ¿Qué derecho tenemos usted y yo, de entregar a cualquier persona a Satanás? Pero estos hombres lo tenían. El Apóstol Pedro hizo uso de ese privilegio. Me imagino que si Ananías y Safira, por ejemplo, estuvieran aquí en este instante, ellos podrían decirnos algo en cuanto a la autoridad de Simón Pedro como Apóstol. (Hch. 5:1-11)

CAPÍTULO 2

Oración pública

La oración en público es para la gente y para los oficiales, para aquéllos que están en autoridad. Eso se menciona en los primeros siete versículos de este capítulo.

Exhorto ante todo, a que se hagan rogativas, oraciones, peticiones y acciones de gracias, por todos los hombres;

Por los reyes y por todos los que están en eminencia, para que vivamos quieta y reposadamente en toda piedad y honestidad.
[1 Ti. 2:1-2]

Pablo está diciendo algo aquí que los creyentes deben hacer; supongo que estas oraciones deberían hacerse en la iglesia, y que deberían hacerse a favor de las autoridades de la ciudad o del país. Si uno quiere traer esto al día en que vivimos, yo diría sencillamente lo siguiente: que los miembros de un partido deberían orar por los miembros de los otros partidos, y viceversa. Ah, pero eso sería algo muy difícil de hacer.

En cierta ocasión, hace muchos años, se le preguntó a un capellán del Senado de su país, si él oraba por los senadores, a lo cual él respondió: "No". "Yo miro a los senadores, y luego oro por el país". De paso debo decir que ése es un consejo bastante bueno. Debemos orar por nuestros países y debemos orar por aquéllos que tienen autoridad sobre nosotros. Si somos miembros de un partido político, y la persona que está en el poder en ese instante es del otro partido político, pues oremos por él. Ése es un lugar donde el creyente puede orar.

Aquí se nos dice que debemos orar por los reyes. Pablo está diciendo que debemos orar aun cuando el gobierno es corrupto. Cuando ese gobierno es corrupto, debemos orar. Debemos orar por cualquier autoridad que esté ocupando el poder. Usted debe recordar que el que estaba ocupando el poder en Roma en aquel entonces, era Nerón, y aun así, Pablo manda a los creyentes que oren por los reyes, y por aquéllos que están en autoridad.

¿Por qué debemos orar así? Para que vivamos quieta y reposadamente en toda piedad y honestidad. Cualquier gobierno es mejor que el no tener gobierno alguno. Quizá eso se pueda contradecir. Por lo menos puede ser puesto en duda. Aun un gobierno malo, corrupto, si gobierna realmente, es mejor que una anarquía. El gobierno civil es un don o regalo de Dios, y hablando honradamente, debemos darle gracias a Dios por él y orar por él. Esto es algo, según creo, que muchos de nosotros dejamos de hacer, el orar por nuestros gobernantes, por los que están en autoridad.

El hombre ha corrompido ese gobierno, y lo ha usado mal en muchas ocasiones. Pero, por lo menos existe cierta apariencia de ley y orden. Entonces, nosotros deberíamos orar para que vivamos quieta y reposadamente en toda piedad y honestidad. Y ¿qué es lo que eso puede hacer?

> *Porque esto es bueno y agradable delante de Dios nuestro Salvador, El cual quiere que todos los hombres sean salvos y vengan al conocimiento de la verdad. [1 Ti. 2:3-4]*

Allí tenemos la segunda razón. Allí está el por qué. Debemos orar por los gobernantes para que el evangelio pueda ser predicado. Eso es lo importante, que el Evangelio pueda ser predicado. Estoy seguro que, en muchos países en el futuro, habrá la persecución de los creyentes. No me estoy refiriendo a los miembros de las iglesias. Porque la iglesia ha llegado a hacer muchos acuerdos, y va con lo que mejor le conviene. Es decir, eso es lo que hace el liberalismo. Pero aquéllos que son verdaderos creyentes en Cristo, hoy, pueden encontrar la persecución.

El Apóstol Pablo estaba comenzando a encontrar eso de parte de Roma, y aun así él dice que debemos orar por los que están en autoridad, y eso es bueno, es la voluntad aceptable de Dios. ¿Por qué? Porque Dios quiere que los hombres sean salvos.

Lo importante para usted y para mí hoy, no es el elegir a cierto hombre para que ocupe la presidencia de nuestro país. Es por eso que en mi trabajo (o en mis estudios) nunca recomiendo a ningún candidato. En algunos lugares se acostumbra a hacerlo. Pero, nosotros no hacemos eso. Nosotros debemos orar por esa persona, no importa quién sea. ¿Por qué? Para que pueda ser predicado el Evangelio. Quiero que la persona que ocupa el cargo más importante en nuestros países, haga posible que nosotros continuemos predicando la Palabra de Dios a los perdidos. Ésa es la manera en que debe orar todo creyente; creo que eso es lo que Pablo está diciendo aquí.

Porque hay un solo Dios, y un sólo mediador entre Dios y los hombres, Jesucristo hombre. [1 Ti. 2:5]

Note usted: Porque hay un solo Dios. En el Imperio romano de aquella época había muchos dioses, y la gente en el día de hoy, busca muchos dioses. Algunos, buscan el placer; otros, el entretenimiento. En realidad, el mundo del entretenimiento ha llegado a ser como una religión hoy, hay muchos devotos de eso. Hay muchas mujeres que están listas a sacrificar su virtud en cualquier momento, y el hombre puede sacrificar su honor para llegar a ser una estrella. Hay muchos que han llegado a hacer esa clase de sacrificio, y algunos ni siquiera han sido notados. Nunca llegaron a figurar en alguna parte. Pero existen muchos dioses hoy, y nosotros necesitamos comprender que hay un solo Dios, y Él es el Creador.

Sólo hay un mediador. Antes, en Israel, uno podía ir al templo y allí podía encontrar muchos sacerdotes. Uno podía ir por intermedio de ellos. Pablo está diciendo aquí que hay un sólo mediador al cual uno debe dirigirse. No es necesario que usted se dirija a un ser humano aquí, a algún ministro. Eso no es necesario. Ya hay un sólo mediador entre Dios y los hombres. Necesitamos ese mediador; yo necesito ese sacerdote, y ya tengo Uno–Él es el Sumo Sacerdote.

Usted recordará que ése era el clamor de Job al mismo comienzo de su libro; en el capítulo 9, versículo 33, él clamaba: No hay entre nosotros árbitro que ponga su mano sobre nosotros dos. Job estaba clamando: "Ah, si hubiera alguien que pudiese asirse de la mano de Dios y luego asir mi mano y unirnos a los dos; para que pueda existir comunicación, para que podamos llegar a un acuerdo".

Hoy nosotros tenemos un mediador, el Señor Jesucristo ha venido; y Él tiene Su mano puesta en la mano de la Deidad porque Él es Dios y Él puede salvar porque Él es Dios y porque Él ha pagado el precio de su salvación y la mía. Él es el mediador, pero Él también se hizo hombre. Él puede tomar mi mano aquí en esta tierra. Él me comprende y le comprende a usted. Él le conoce. Usted puede ir a Él. Él no va a preocuparse porque usted vaya a Él. Él no se va a enojar por eso. Él no le va a golpear. Él no va a lastimarle a usted de ninguna manera.

Pero, usted dice: "Bueno, es que yo he fracasado, yo he hecho esto y aquello. Yo no puedo alcanzar la gloria de Dios, soy un fracaso completo". Bueno, Él sabe eso, y Él aún así le ama. Él aún así quiere poner Su brazo alrededor de usted.

El profeta Isaías dijo: En toda angustia de ellos él fue angustiado. (Is. 63:9) Hay algunos que piensan que eso debería haberse traducido de la siguiente manera: "En toda angustia de ellos Él no fue angustiado". De cualquier manera en que uno lea esto, es algo realmente maravilloso. Quizá Dios quiere que nosotros leamos esto de ambas maneras. Pero a mí me gusta leerlo: En toda angustia de ellos Él no fue angustiado. Dios ha acompañado a los hijos de Israel a través del desierto. Cuando ellos fracasaron en Cades-barnea, Él no dijo: "Bueno, adiós. Yo no quiero estar más con vosotros. Yo ya no tengo nada que ver con vosotros porque vosotros habéis fracasado". No, Él continuó con ellos por cuarenta años. Él siguió adelante. Él le dio instrucciones a Moisés: Cuando entren a la tierra, vosotros tenéis que hacer esto, aquello y eso otro. Dios continuó con ellos, y usted se da cuenta que Él esperó por ellos. Él trató con ellos con mucha paciencia, todo el tiempo de su angustia, Él no fue afligido. Él no cayó y fracasó. Él se mantuvo con ellos.

Él ha tratado así conmigo también. Es maravilloso, el día de hoy, tener a alguien que sea un Mediador tan maravilloso. Nosotros podemos ir a través de Él, y ésa es la razón por la cual debemos dirigirnos a través de Él a Dios. No vale la pena venir y contarme las cosas a mí. Puede ser que yo simpatice con usted; quizá ni siquiera comprenda su caso. Pero, Él sí que lo hace. Él es humano. Él es un Mediador.

Escuchamos un canto que dice: "Pon tu mano en la mano de Aquél. . ." Bueno, usted no pone su mano en la mano de Él, Él pone Su mano en la suya. Eso es lo que Él hace, y eso es lo que hace de esto, algo verdaderamente maravilloso. Él descendió y puso Su mano en mi mano, y Él ha asido, Él ha agarrado mi mano; pero Él también ha tomado la mano de Dios porque Él es Dios, y Él nos ha unido. ¡Cuán maravilloso es esto, amigo!

El mundo necesita conocer de Aquél del cual estoy hablando, porque Él es el único camino a la salvación. Usted recuerda lo que Pedro les dijo a los líderes religiosos de aquella época: Y en ningún otro hay salvación; porque no hay otro nombre bajo el cielo, dado a los hombres, en que podamos ser salvos. (Hch. 4:12) ¡Cuán tremendo es todo esto! Esto es realmente maravilloso porque puede hacer una cosa por usted, le puede llevar a usted directamente al Señor.

Hay ciertas veces en que hay sólo un camino por el cual nosotros podemos ir de un lado al otro. Debemos seguir ese camino si queremos llegar a nuestro destino. Eso es lo que sucede aquí con el Señor Jesucristo. ¡Él es el único Camino! Yo estoy muy agradecido cuando se nos dice aquí que hay un sólo camino a Dios, sólo un Mediador. Él es tan maravilloso y Él es el único que puede unirnos con Dios hoy. Él puede llevarnos a Dios porque Él es Dios, pero también es Hombre, Jesucristo Hombre.

> *El cual se dio a sí mismo en rescate por todos, de lo cual se dio testimonio a su debido tiempo. [1 Ti. 2:6]*

Esa palabra rescate, diría que es una palabra muy importante, que Él se entregó a Sí mismo como rescate. Esta palabra viene del griego antílutron, y quiere decir que Él pagó un precio por nuestra redención. Nosotros teníamos que ser redimidos. Eso indica que usted y yo éramos pecadores perdidos y que Él era el rescate.

> *Para esto yo fui constituido predicador y Apóstol (digo la verdad en Cristo, no miento), y maestro de los gentiles en fe y verdad. [1 Ti. 2:7]*

Debería decir aquí que cuando Pablo dice que él ha sido constituido, está indicando que él ha sido nombrado o designado. Creo que nos da una mejor idea el decir que él fue nombrado Apóstol, designado como Apóstol; él dice: un predicador y Apóstol.

La palabra predicador proviene de la palabra griega kerux, y eso es una trompeta o un heraldo; aquello que proclama el Evangelio. Así es que Pablo está diciendo: "Yo he sido nombrado, he sido designado como una persona para declarar el Evangelio, y he sido designado también Apóstol".

Quizá parezca extraño que el Apóstol Pablo esté hablando de esta manera a un joven que es su amigo personal. Pero creo que Pablo lo está diciendo porque él sabe que Timoteo conoce que ésta es la verdad.

Digo verdad en Cristo, no miento–afirma Pablo. Luego Pablo dice algo que él no les dijo a las iglesias: y maestro de los gentiles en fe y verdad. Pablo siempre dijo que él era un Apóstol de los gentiles. Eso era cierto. Pero aquí él no sólo dice que es eso, es decir, un Apóstol para presentar el Evangelio, sino que él también es quien les va a enseñar a ellos. Creo que eso es algo verdaderamente tremendo, lo que dice el Apóstol.

Cómo deben orar los hombres

Quiero, pues, que los hombres oren en todo lugar, levantando manos santas, sin ira ni contienda. [1 Ti. 2:8]

Ésta es una declaración magnífica del Apóstol Pablo. Cuando él está diciendo aquí quiero, no creo que él esté poniendo su propia voluntad en esto. Es el deseo de él: Deseo, pues, que los hombres oren en todo lugar. Es decir, que sea en todo lugar donde se reúnen los creyentes. Esto se refiere a la oración pública, digamos de paso. Es muy obvio que esto se está refiriendo a una reunión pública. Luego él dice: levantando manos santas. Ésa era la costumbre de aquellos días. Se practicaba en la iglesia primitiva y revelaba la dedicación, la consagración en la vida de aquéllos que estaban orando.

Hay ciertas personas que acostumbran a hacer eso en sus reuniones, y son criticados por hacer eso. Pero, no debería ser así. No hay nada malo con hacer eso. Uno lo puede hacer así, si eso es lo que siente hacer en ese momento, el levantar sus manos. Siempre he mostrado cierta vacilación en hacer eso, porque no estoy muy seguro de si tengo las manos limpias o no; limpias físicamente y quizá limpias de otra manera también. El Apóstol habla aquí de las manos como manos santas. Eso indicaría que esas manos están dedicadas, consagradas al servicio de Dios. Usted no debería levantar las manos en una reunión si esas manos no están siendo usadas en el servicio de Cristo. Usted puede echar una mirada retrospectiva en su vida y decidir si tiene que levantar las manos en una reunión o no. El Apóstol dice aquí: Levantando manos santas, y ésa era la costumbre de aquel día.

Pablo está diciendo aquí que él quiere que ellos levanten sus manos santas, sin ira ni contienda. Este asunto de sin ira, indica que todos los pecados han sido ya confesados. Usted no necesita ir a Dios con ira en su corazón, con un espíritu amargado, preocupado, sino que usted puede ir a Él con sus pecados confesados y sin ninguna contienda o duda. Hebreos 11:6 dice: Pero sin fe es imposible agradar a Dios; porque es necesario que el que se acerca a Dios crea que le hay, y que es galardonador de los que le buscan. Eso indica que tenemos que ir a Él en fe, en oración.

Pienso que una de las razones (y puede haber más de una) por la cual las reuniones de oración no tienen más asistencia en nuestras iglesias, es que a la gente le falta fe; no creen ellos que Dios va a escuchar y contestar la oración. Al observar algunas reuniones de oración (y lo digo con todo respeto), creo que el Señor aparentemente está bostezando durante esa reunión de oración, ya que son tan aburridas. La reunión de oración debería ser hecha por aquéllos–si usted se da cuenta de eso–que han confesado sus pecados; que ellos no vayan a ese lugar con odio o rencor en sus corazones y que vayan con fe, creyendo verdaderamente. Ésa es la clase de reunión que produce una buena reunión de oración.

Cómo las mujeres deben orar

Asimismo que las mujeres se atavíen de ropa decorosa, con pudor y modestia; no con peinado ostentoso, ni oro, ni perlas, ni vestidos costoso. [1 Ti. 2:9]

Llegamos ahora a este asunto de la vestimenta de las mujeres. Pablo ha dicho cómo los hombres deben orar. Él va a decir cómo las mujeres deben orar. Creo que nos ayudaría a entender esto mejor, si pusiéramos al comienzo de este versículo la palabra "quiero". Antes, él habló de la forma en que debían orar los hombres. De la misma manera "quiero, pues, que las mujeres oren de esta manera". Quisiera que usted lea cuidadosamente porque lo que voy a decir es algo de suma importancia, y es algo que debemos notar.

Estamos viviendo en un tiempo cuando en realidad existen dos posiciones extremas en cuanto al lugar que la mujer debe ocupar en la iglesia local y visible, y los dos usan este pasaje de las Escrituras.

Una posición permite que la mujer ocupe un lugar de prominencia y de liderazgo en las reuniones públicas. Hay algunas iglesias que tienen mujeres predicadoras, directoras del coro u otros cargos. No hay ninguna posición en la iglesia que esté fuera de su alcance, y como resultado, las mujeres no sólo ocupan un lugar destacado, sino que su presencia es dominante en esa iglesia. Usted puede comprobar eso.

En muchas partes se han destacado un gran número de mujeres que son predicadoras. No quiero ser muy duro en cuanto a esto, sino que me gusta llevar adelante esta controversia con ellas. Pero, algunas de esas mujeres son destacadas, algunas son muy buenas; pero ése es sólo un lado de este asunto. En esa clase de denominación, como ya he dicho, uno descubre que no sólo ocupan un lugar prominente, sino que dominan la situación. Existen varias denominaciones fundadas por mujeres, también.

En cierta ocasión hubo un equipo, podríamos decir, formado por una pareja, donde la esposa era la que predicaba, mientras que el esposo era el que realizaba todos los trabajos manuales; él levantaba la carpa donde se llevaba a cabo la reunión, colocaba las bancas y todo ese tipo de cosas. Además, él era el que dirigía los cantos. Luego, era ella la que predicaba el Evangelio. Dios usa estos grupos, en el día de hoy, en una forma amplia, pero personalmente opino que Él los usa a pesar de, no debido a la posición de la mujer. Quizá yo esté en un extremo cuando hablamos así, pero espero que usted me entienda bien.

También existe otro extremo con el cual no estoy de acuerdo, donde no se permite a la mujer que diga nada en las reuniones públicas. Uno nunca puede escuchar la voz de una mujer en una de esas reuniones, ni siquiera en el canto. Creo que estos grupos sufren mucho, especialmente en la pérdida de talento, al actuar de esa manera. Creo que las mujeres hubieran contribuido mucho para el progreso de estos grupos, si hubieran sido utilizadas.

Se cuenta una historia, que es más bien jocosa, de una solterona que era muy prominente en su ciudad. Todos estaban de acuerdo que ella hubiera llegado a ser una maravillosa esposa. Pero nunca se casó y falleció. El periódico de la ciudad quería escribir un artículo en cuanto a ella, pero la editora de la página social que estaba a cargo de las defunciones se encontraba de vacaciones. Así es que le pidieron al editor de la página deportiva que escribiera este artículo. Él lo hizo, y como si describiera un partido de béisbol, concluyó: "Aquí yacen los restos de Nancy Nieto; en la vida de ella no hubo ningún terror, vivió como una solterona, y falleció como una solterona–cero carreras, cero imparables, cero errores". Creo que eso se puede decir de muchas iglesias, en el día de hoy, que no utilizan los talentos de las mujeres. Dios puede usarlos, y los usa. Éstos son puntos de vista un poco extremos. Creo que ambos grupos comienzan a aflojar un poco hoy. Creo que podemos comenzar a apreciar eso en el presente.

¿Por qué existe tanta confusión en cuanto a este asunto bastante práctico? Creo que la confusión ha sido producto del mal entendimiento de este pasaje de las Escrituras, en particular, así como también de algunos otros. Las personas que interpretaban esto no conocían muy bien el mundo romano en el tiempo del Apóstol Pablo, y también existía cierta incertidumbre en cuanto a lo que Pablo estaba diciendo aquí. En primer lugar, vamos a apreciar el mundo de Pablo en aquel día.

Dios ha utilizado a las mujeres, y necesitamos comprender esto. Uno no puede leer la Palabra de Dios sin notar cómo Dios usó a Débora, a la reina Ester, y a Rut. Creo que en la historia moderna también se destacan algunas mujeres; hay multitud de mujeres aquí, a quienes Dios ha usado en forma maravillosa. Pero, en el mundo romano, el principio femenino se encontraba en todas las religiones paganas, y la mujer ocupaba un lugar muy prominente.

Por ejemplo, se puede tomar el caso de la adoración a Afrodita en Corinto. Ésa era probablemente una de las cosas más inmorales que existía, donde en realidad se hizo una religión de la prostitución, y donde se podía encontrar miles de tales "vírgenes" en el templo de Afrodita, lugar que se encontraba en Acrópolis en Corinto. Estas mujeres no eran otra cosa sino prostitutas. Tenían su cabello enmarañado, y ésa es la razón por la cual Dios habló en cuanto a que la mujer debía cubrirse su cabeza, a causa de las religiones que existía en ese entonces.

En Éfeso, donde se encontraba Timoteo, y donde Pablo había pasado algún tiempo, las mujeres ocupaban un lugar muy prominente. Allí se encontraba el templo de Diana, y todas esas religiones misteriosas tenían estas sacerdotisas. Lo que Pablo está diciendo aquí es que este asunto del sexo no debe entrar en el asunto de la oración en público. Espero que usted le escuche a él, con esto en mente. En primer lugar, él dice que ésta es la manera en que los hombres deben orar. Él está diciendo que ésta es la manera en la cual deben orar las mujeres. Lo que Pablo está diciendo es que las mujeres deben orar en público; pero él les está indicando la forma en que deben hacerlo cuando oran en público. El énfasis que se da aquí es sobre un adorno interno y no sobre algo externo.

Sino con buenas obras, como corresponde a mujeres que profesan piedad. [1 Ti. 2:10]

Lo que el Apóstol Pablo está diciendo es lo siguiente, y es algo muy importante: Que las mujeres deben orar en público, pero que cuando oren en público no tienen que vestirse desde el punto de vista del sexo; que ellas no tienen que presentarse ante Dios llenas de adornos, como si quisieran llamar la atención desde ese punto de vista.

Quiero indicar lo siguiente. Creo que la mujer debe vestirse hoy tan bien como sea posible y lucir tan atractiva como pueda. No hay nada malo con esto, mientras ella esté tratando de agradar a su esposo; o si es soltera, a un hombre. No hay nada malo en esto. Cuando estuvimos tratando con lo que se decía en el último capítulo del libro de Proverbios, recibimos una carta que decía lo siguiente: "Nunca pensé que llegaría el día cuando estaría escribiéndole, mencionando una queja. Por lo general, yo siempre estoy de acuerdo con lo que usted dice. Pero el otro día, cuando usted se encontraba tratando el tema del último capítulo de Proverbios, creo que usted puso el dedo en la llaga. Usted estaba aconsejando a los jóvenes en cómo conseguir una esposa, y usted dijo: –En primer lugar estén seguros de que ella sea creyente.–Estoy de acuerdo con eso. Luego usted dijo: –y si es posible que ella sea hermosa y bella.–No creo que eso sea algo bueno de decir. Después de todo, hay muchas mujeres comunes en comparación a las que realmente son hermosas. ¿A dónde irían ellas a parar si los hombres eligieran solamente las hermosas? Yo soy una de esas mujeres ordinarias, comunes, y estoy muy agradecida que mi esposo no eligió una de esas muchachas hermosas; de lo contrario yo me hubiera perdido 25 años de una vida feliz en el matrimonio. No estoy enojada con usted. ¿Cómo podría estarlo, cuando yo he aprendido tanto de las verdades que allí, cualquier persona puede encontrar? Sólo quería informarle que usted debería decir algo en cuanto a mujeres como yo, a quienes el Señor decidió no bendecir con una belleza física".

Deseo ahora, decir algo a esta señora y a las demás que están leyendo este estudio. Amiga, ¿se ha detenido usted a pensar alguna vez, que cuando su esposo se enamoró de usted y le propuso matrimonio, que él estaba pensando que usted era hermosa en realidad para él? Sí, mi amiga, así es. Los hombres siempre pensamos que la mujer con la cual nos hemos casado es una mujer muy hermosa, quizá la más hermosa de todas. Me imagino que el esposo de esta señora ha pensado que ella es una mujer hermosa. Pienso que las mujeres deben vestirse de una manera muy atractiva, es decir, lo mejor que puedan.

Pero, cuando usted se dirige a Dios en oración, no necesita vestirse con muchos adornos. Lo que es necesario son adornos que yo llamaría internos. Eso es lo que el Apóstol Pablo está diciendo aquí en este versículo. Él no está diciendo que las mujeres no deben orar. Él en realidad está diciendo que deben orar, y les está indicando la forma en que ellas deben presentarse ante Dios. Pienso que, si una mujer va a cantar en la iglesia, va a tener una parte, o va a decir algo, que ella debe vestirse de manera tal, que no sea basado en el sexo. Haciéndolo de esa manera, está entonces complaciendo a Dios. Y, amiga, usted no puede complacer a Dios, basándose en el sexo, y eso era lo que caracterizaba a las religiones paganas.

> *La mujer aprenda en silencio, con toda sujeción. Porque no permito a la mujer enseñar, ni ejercer dominio sobre el hombre, sino estar en silencio. [1 Ti. 2:11-12]*

Esto tiene que ver con la doctrina. Esto es muy importante. Hay algunos que quizá no estén de acuerdo ya que las mujeres tenían una parte principal en las religiones misteriosas del día de Pablo. Si usted lee las notas que tenemos en cuanto a nuestro estudio, con referencia a la carta a los Efesios, usted se dará cuenta qué es lo que ellos hacían. Ellos tenían verdaderas fiestas bacanales; y Pablo está advirtiendo a las mujeres aquí, que no deben hablar públicamente con la idea de hacer un llamado basado en el sexo, y él les prohibió directamente el hablar en lenguas.

> *Porque Adán fue formado primero, después Eva; Y Adán no fue engañado, sino que la mujer, siendo engañada, incurrió en transgresión. Pero se salvará engendrando hijos, si permaneciere en fe, amor y santificación, con modestia. [1 Ti. 2:13-15]*

Fue el pecado de Eva lo que trajo el pecado al mundo. Por medio de engendrar hijos, cada vez que la mujer da a luz una criatura en este mundo, ella trae a un pecador al mundo. Eso es todo lo que puede traer a este mundo. Pero María dio a luz en este mundo al Señor Jesucristo. Ella trajo al Salvador a este mundo. ¿Cómo son salvas las mujeres? Engendrando hijos. María trajo al Salvador al mundo. Nunca diga usted que la mujer trajo pecado al mundo, hasta que usted esté preparado para decir que una mujer, trajo al Salvador a este mundo. No hubo ningún hombre que proveyera un Salvador. Una mujer lo hizo. Sin embargo, la mujer es salva por medio de la fe, de la misma manera que el hombre es salvo por medio de la fe. Ella debe crecer en amor y santificación, de la misma manera en que lo debe hacer el hombre.

CAPÍTULO 3

Requisitos para los ancianos

Aquí nos encontramos en una parte nueva de esta epístola, donde se trata de la cualidad o los requisitos que deben tener los ancianos y diáconos en la iglesia. Esto, es algo muy práctico ya que tiene que ver con la iglesia local.

> *Palabra fiel: Si alguno anhela obispado, buena obra desea. [1 Ti. 3:1]*

Note usted unos cambios en este versículo. Comienza diciendo: Palabra fiel: Esto indica que lo que aquí se dice, puede soportar la prueba del tiempo, que uno puede depender de esto, puede confiar en esto.

Si alguno anhela obispado: Creo que hubiera sido mejor traducir esto como "buscar". Si alguno busca obispado. Esa palabra presenta el pensamiento de que puede existir la acción de buscar ese cargo. Creo que alguno que tenga las cualidades necesarias, debería buscar ese cargo. Es decir que debería desear un lugar donde pudiera utilizar el don que el Espíritu de Dios le ha dado. Si el Espíritu de Dios no le ha dado a él ese don, y si el Espíritu no le está guiando, entonces eso llegaría a ser una tragedia para la persona que buscara ocupar el cargo de obispo. Por lo que aquí veo, esto no indica que había solo uno en la iglesia, sino que había varios en ese lugar.

Esta palabra obispado que se utiliza en este versículo, ha sido mal interpretada y también ha sido interpretada de manera diferente por grupos diferentes. Aquéllos que creen en una forma de gobierno episcopal en la iglesia, ponen mucho énfasis en esta palabra. La palabra "obispo" indica en realidad un sobre-veedor, un supervisor, un inspector, o un superintendente. Ésa es otra palabra por la cual se puede indicar este cargo. En la iglesia primitiva el Pastor era llamado por varios nombres. Era llamado un presbítero o anciano. También se le llamaba Pastor. También se le llamaba obispo o sobre-veedor. También se utilizaba la palabra "ministro" como título para esta persona. De paso digamos que a él nunca se le llamó "reverendo". Creo que ningún predicador debe ser llamado "reverendo". Reverendo, quiere decir en realidad "terrible", y quizá eso pueda aplicarse a algunos de nosotros; pero quiere indicar aquello que incita al terror; y es un nombre que sólo se utiliza en cuanto a Dios.

Personalmente creo que "anciano" y "obispo" son la misma persona. Debo decir que la iglesia Episcopal estará en total desacuerdo con esto, o aquellas iglesias que tienen ese tipo de gobierno. Creo que el título de "anciano" viene de la palabra griega "presbuteros", y es la palabra que se aplica a la persona. Es decir, que este hombre tiene que ser un creyente ya maduro.

Luego, tenemos el término "obispo", que viene de la palabra griega "episkopos", que se refiere al cargo que ocupa. De modo que, tenemos aquí la palabra "anciano" y también la palabra "obispo". Creo que esta palabra se puede aplicar a la misma persona. De todos modos, un obispo, nunca en la iglesia primitiva, tenía autoridad sobre los demás obispos o los demás ancianos. Este hombre tampoco tenía ninguna autoridad sobre las iglesias. Uno no encuentra eso en la Palabra de Dios. Aún el Apóstol Pablo, quien fundó esas iglesias, nunca habló en cuanto a sí mismo, como si fuera el obispo de tal o cual iglesia; o alguien que estaba gobernando la iglesia de alguna manera. Entonces, el "ministro", como lo llamamos en el día de hoy en la iglesia, es aquella persona que está allí para servir. Este nombre de "ministro" es un nombre mal utilizado porque esta palabra se puede aplicar a cada uno de los miembros de la iglesia. Todos nosotros somos "ministros", en realidad, es decir, todos nosotros servimos, y eso, por supuesto, es muy importante.

Buena obra desea. Éste es un lugar donde él puede servir en la iglesia.

> *Pero es necesario que el obispo sea irreprensible, marido de una sola mujer, sobrio, prudente, decoroso, hospedador, apto para enseñar. [1 Ti. 3:2]*

Ahora los requerimientos, las calificaciones positivas:

Pero es necesario que el obispo sea irreprensible. [1 Ti. 3:2] Esta palabra irreprensible puede ser malentendida. Uno siempre va a ser acusado de algo, si ocupa algún cargo en la iglesia. Usted puede descubrir muy pronto que va a ser acusado de esto o aquello. Pero lo importante aquí es que se presenta la idea de que, si se le hace a alguien alguna acusación, ésta no resultará cierta. Eso es lo de importancia aquí. Usted será irreprensible en el sentido de que usted está acusado de algo de lo cual no es culpable. Probablemente, la mejor palabra para describir esto, sería llamar a la persona "inocente"; una persona que es inocente, es decir, que está viviendo una vida que no puede ser acusado de nada.

Un poco después de ser llamado yo como Pastor de una iglesia en la ciudad de Los Ángeles, me encontré con el Dr. James McGinley en la ciudad de Chicago. Él me preguntó, "¿Le gusta a usted ser Pastor de una iglesia tan grande?" "Bueno", le contesté, "es una oportunidad maravillosa; pero me encuentro ocupando un lugar único. Me acusan de muchas cosas de las cuales no me puedo defender. Uno no puede pasarse todo el tiempo respondiendo a la gente, así es que he determinado simplemente predicar la Palabra de Dios y no tratar de contestarles porque no puedo hacerlo". Él me dijo entonces: "Bueno, ¿no es cierto que es bueno saber que uno es acusado de algo de lo cual no es culpable?" Es muy bueno estar en una posición así. Sí es como debe ser el obispo, irreprensible. Será acusado de algo, pero no va a ser hallado culpable.

Marido de una sola mujer. Esto puede ser tomado de dos formas diferentes. Marido de una mujer indicaría que el hombre debe ser casado, y soy de la opinión que ése es probablemente el pensamiento que quería comunicar el Apóstol Pablo. Alguien nos va a decir: "Pablo no era casado". Aquéllos que han estudiado junto conmigo la Primera epístola a los Corintios, saben que yo tomo la posición de que Pablo había sido casado. Creo que Pablo tuvo una esposa maravillosa, y que ella probablemente falleció y él no se volvió a casar, porque ahora él está viajando como Apóstol. Pero, creo que él sí estuvo casado. No podía haber sido un miembro del Sanedrín sin haber sido casado. Es por esta razón que afirmo eso.

Hay algunos que interpretan este versículo como indicando que uno no tiene derecho de ser Pastor si no es casado, y citan este versículo: Debe ser marido de una sola mujer. Pero pienso que el punto principal o primordial de este versículo es que este hombre no tiene que tener dos mujeres, porque en aquel día la poligamia era una cosa común. La bigamia era algo muy destacado en esa época. Pero el creyente debe ser el esposo o marido (es decir, si ocupa un cargo en la iglesia) de una sola mujer.

La siguiente palabra que encontramos en este versículo 2, es que este hombre debe ser sobrio. Probablemente yo debería expresar esto de una manera mejor, diciendo que es una persona o debe ser una persona que piensa sobriamente. Mejor aún, debería decir que tiene que ser una persona seria, que cumple lo que dice. Esto no quiere indicar que esta persona tiene que ser seria en el sentido de que le falte humor, sino que es necesario en cuanto al cargo que ocupa.

Prudente. Esto indica que este hombre debe ser una persona calmada, que tenga la facultad de pensar bien, y que no sea muy crédula. Es decir, que debe ser un hombre capaz de mantenerse calmado.

Decoroso. Es decir, que guarde orden en su conducta, que no haga cosas dudosas. Debe ser una persona que no les dé qué hablar a los demás.

En cierta ocasión un Pastor fue acusado, falsamente, de haber tenido una relación ilícita con una mujer de su congregación. De seguro que, por la información recibida de varias fuentes, él no era culpable de eso, pero él se comportó sin cuidado, por cierto. Era un hombre joven y a veces se encontraba con varias otras personas en alguna otra actividad social, y muchas veces no se cuidaba en lo que decía o hacía. Por ejemplo, le decía al esposo de una dama en la fiesta, "Bueno, voy a llevar a tu esposa a la casa esta noche". Entonces se llevaba a esa señora a su hogar y el otro caballero llevaba a la esposa de él. Luego, él la dejaba a la puerta de su casa y se iba a su propio hogar. Hacían esto como un chiste. Pero, eso puede causar que la gente, especialmente los chismosos, comiencen a hablar. Pienso que aquel hombre que tiene un cargo en la iglesia, un ministro, tiene que comportarse de manera tal, que no pueda ser acusado de nada por nadie. El hacer chistes está bien, pero no que éstos lleven a hacer cosas dudosas. Estoy seguro que ése es el pensamiento que el Apóstol Pablo quiere presentarnos aquí.

Hospedador. Esto nos indica a una persona a quien le gusta tratar bien a aquéllos que vienen a visitarle. Si es un Pastor y un predicador viene de visita, pues él lo lleva a comer ya sea a su casa o a cualquier otro lugar. A esa clase de persona se la conoce como hospedador. Si uno tiene que hacer muchos viajes, es bueno poder encontrar esta clase de personas que hacen algo por aquél que está viajando. Por cierto, puedo decir que hay muchas de estas personas que uno puede encontrar por muchas partes.

Apto para enseñar. Creo que un hombre no debe llegar a ocupar un cargo de anciano en la iglesia, o de obispo en la iglesia, a no ser que él pueda enseñar la Palabra de Dios. Hubiera sido muy bueno si las iglesias se acostumbraran a dar una prueba teológica a cada persona que quisiera ocupar algún cargo. Si esta persona no pasa esa prueba, entonces, no debe llegar a ocupar ese cargo que busca. Esto podría ser una buena prueba.

Llegamos ahora a los requerimientos negativos.

No dado al vino, no pendenciero, no codicioso de ganancias deshonestas, sino amable, apacible, no avaro. [1 Ti. 3:3]

No dado al vino. Estoy seguro que eso se entiende bien. Por cierto, que esa persona no debe ser un borracho.

No pendenciero. Es decir, una persona que no ande buscando pleito, pelea con los demás, o cosas por el estilo.

No codicioso de ganancias deshonestas. Esto indica que no debe tener amor al dinero. Se nos dice que el amor al dinero es la raíz de todos los males. (1 Ti. 6:10). Esta persona no tiene que tener amor al dinero. Esto ha causado que muchos que ocupaban cargos en las iglesias, hayan tenido problemas, por la forma en que tratan con el dinero; por la forma en que actúan en sus negocios o donde trabajan; y por la forma en que utilizan el dinero de la iglesia. Es necesario pues, tener mucho cuidado en cuanto a esto. Lo que Pablo nos dice aquí es algo muy serio.

Amable. Debe ser una persona razonable.

Apacible. Tiene que ser una persona con la cual se pueda conversar. Hay algunos que piensan de forma tal, que es imposible razonar con ellos, no se puede hablar con ellos; con otros sí se puede. Esto indica también que esta persona no debe buscar pleitos con los demás. Hay algunos que siempre están creando problemas en la iglesia. Éstos, nunca deben llegar a ocupar cargos en la iglesia.

No avaro. Uno podría decir que ésta es una persona que ama el dinero, pero aquí indica una forma de idolatría. Esto no es sólo el amor al dinero, sino que es en realidad, el rendirle adoración, y poner la riqueza antes que cualquier otra cosa.

> *Que gobierne bien su casa, que tenga a sus hijos en sujeción con toda honestidad. [1 Ti. 3:4]*

El anciano debe ser la autoridad en el hogar, sin llegar a ser un dictador, por supuesto.

> *(Pues el que no sabe gobernar su propia casa, ¿cómo cuidará de la iglesia de Dios?). [1 Ti. 3:5]*

Si no puede gobernar su propia casa, entonces, no va a poder gobernar en la iglesia.

> *No un neófito, no sea que envaneciéndose caiga en la condenación del diablo. [1 Ti. 3:6]*

Esto indica en realidad que no debe ser un recién convertido. Debe ser una persona que haya sido convertida por algún tiempo. Hay veces que un hombre se convierte esta semana, y ya en la próxima semana está él ocupando un cargo en la iglesia, y no creo que esté listo para hacer eso. Esto ocurre principalmente con personas que en la vida secular ocupan altos cargos o que son artistas, y por sus prominentes personalidades y en forma natural, son rápidamente empujados a ocupar algún lugar de importancia en la iglesia también. Hay algunos de ellos que piensan que ya son teólogos. Creo que muchas veces la causa de Cristo se ve perjudicada por personas que han tratado de llegar a ser autoridades en las cosas de los creyentes, que ellos mismos no conocen. Creo que es algo bueno si quieren dar su testimonio. Pero cuando esta gente comienza a decirles a aquéllos que ya han sido creyentes por mucho tiempo, por muchos años, y quieren corregirles en cuanto a esta doctrina y aquella otra, entonces decimos que están perjudicando la causa de Cristo.

No sea que envaneciéndose caiga en la condenación del diablo. Aquí se nos menciona el gran pecado de Satanás. Fue el orgullo, el envanecimiento, y ése puede ser uno de los grandes pecados de los que ocupan cargos en la iglesia, como así también de los predicadores. Esto puede ocurrir en cualquier campo, pero especialmente es algo que se nota mucho cuando es en la iglesia.

También es necesario que tenga buen testimonio de los de afuera, para que no caiga en descrédito y en lazo del diablo. [1 Ti. 3:7]

Es decir, si una persona tiene una mala reputación fuera de la iglesia, por ejemplo: No paga sus cuentas o no se puede confiar en él, eso quiere decir que es un mentiroso. Entonces, ese hombre es un candidato, no a ocupar un cargo en la iglesia, sino que es un candidato del diablo, y es mejor que él represente al diablo, que representar la causa de Cristo.

Los requerimientos para los diáconos

Los diáconos asimismo deben ser honestos, sin doblez, no dados a mucho vino, no codiciosos de ganancias deshonestas. [1 Ti. 3:8]

La palabra que se utiliza como diácono, es como la palabra que se traduce como "ministro" o "siervo". Pablo y Apolos eran llamados diáconos. El Señor Jesucristo se llama "ministro" o "siervo" en Mateo 20:28. Los que ocupan cargos en el gobierno son llamados también ministros o servidor. (Ro. 13:4) Luego, los que trabajan para Satanás son llamados también ministros en 2 Corintios 11:15. Por lo tanto, éste es un término o un nombre general que se utiliza para un siervo o un trabajador. Lo interesante de notar aquí, es que pensamos que el lugar donde comenzó el uso de esa palabra o cargo de diácono, es en el capítulo 6 del libro de Hechos, y allí ni siquiera se usa esta palabra diácono, o una palabra explicándolo. Pero estoy seguro (y pienso que tenemos base bíblica para esto), que éstos eran los diáconos que fueron nombrados en la iglesia.

Un diácono, aun cuando tiene que ver con las cosas materiales de la iglesia, no indica que esta persona no tenga que ser una persona espiritual. El problema que existe en el día de hoy es, que muy a menudo colocamos a un hombre en un cargo en la iglesia, sólo porque tiene ciertos requerimientos o cualidades en cuanto a lo físico; pero este hombre no tiene ninguna cualidad espiritual. Es decir que, este hombre ha obtenido éxito en el mundo de los negocios. Sabe cómo llevar a cabo sus negocios. Pensamos que porque este hombre puede hacer esto, que él va a llegar a ser un buen diácono. Desafortunadamente, hay aquéllos que llegan a ocupar cargos en una iglesia, basándose en cosas como éstas.

Una de las cosas que he tratado de enfatizar en esta primera epístola a Timoteo, es el hecho de que la iglesia es una organización local y tiene que manifestarse a sí misma en la comunidad. Debe tener un edificio que es un lugar que debe tener electricidad y luz y calefacción y muchas cosas que no parecen muy románticas, o que tampoco parecen ser muy religiosas. Pero, lo importante es las cualidades espirituales de esa iglesia local; que tiene un ministerio espiritual y que estos hombres allí, ocupan cargos de liderazgo. Yo opino que, en el día de hoy, esas cualidades espirituales deben ser consideradas primero.

Honestos. Los diáconos deben ser hombres de dignidad. No tienen que ser personas de dos caras. Eso puede ser algo muy peligroso. Una persona que trata de complacer a todo el mundo, o que no tiene el coraje, el valor de mantener su posición.

Los diáconos deben ser personas que hablan sin doblez, personas que mantienen su calma; personas que no muestran una cara para cierta persona y otra para otra clase de persona. Tienen que ser hombres cuyas palabras quieran decir algo.

También aquí se nos dice que no deben ser dados a mucho vino. Como hemos visto anteriormente, la Biblia enseña sobriedad, moderación y no una abstinencia total.

Debemos tomarlo tal cual está aquí. Creo que la Biblia enseña moderación, sobriedad. Creo que esto es algo importante. No creo que la Biblia enseñe una abstinencia total, porque usted debe recordar que en aquella época no había muchas medicinas, y el vino era un remedio. Puede ser un remedio, si se usa de esa manera hoy. Aún en el día de hoy, muchas medicinas contienen un porcentaje de alcohol. Así es que, el alcohol puede ser usado en cierta medida como remedio.

Pero creo que cuando se usa como bebida, entonces comienzan los problemas.

En aquellos días, esto no llegaba a ser un problema. En el día de hoy, sí que es un problema. Opino que la iglesia hoy, debe enseñar una abstinencia total, en vista de que el alcohol se usa y abusa en el presente, y la única forma en que debe ser utilizado, por supuesto, es en el lugar de la medicina, como dijimos antes. Pensamos que no debe ser usado por el creyente como una bebida o algo refrescante.

Luego dice: no codiciosos de ganancias deshonestas. Eso quiere decir, el tener un amor por el dinero que nunca puede ser satisfecho. Y se hace la sugerencia aquí que aquellos hombres que manejan el dinero de la iglesia tienen que ser hombres honrados, hombres de integridad.

Pablo le va a decir esto a Timoteo más adelante: usa un poco de vino por causa de tu estómago. Probablemente Timoteo tenía algunos problemas con el estómago. Quizá siendo un joven Pastor tenía muchos problemas con los diáconos, y eso, le puede dar a cualquier Pastor úlceras, quizá más rápido que cualquier otra cosa.

Alguien ha dicho lo siguiente: "Cuando una iglesia deja de mantener contacto con otro mundo, no tiene ya contacto con éste aquí abajo". Estoy de acuerdo con eso. La iglesia no puede comenzar a hacer lo material, sino hasta cuando haya puesto énfasis en lo espiritual; hasta cuando haga eso, no puede hacer lo que es práctico aquí.

Debemos decir que no hay nada que pueda dañar o perjudicar más a una iglesia más, que el que la gente comience a decir que los diáconos están manipulando las finanzas; que el dinero que se dio para cierto propósito no se usa para esa causa, y que el dinero se está usando de una forma en que no se había planeado usar, y que no están manejándolo en forma honrada.

He descubierto que, en gran parte, de las iglesias, están a cargo de personas de mucha integridad. Pero, ese pequeño medio por ciento que queda, son los que están enturbiando las aguas, y están causando grandes dificultades hoy. Es por eso que deseo recomendar a las iglesias locales, que una de las áreas a la cual se debe prestar mucha, pero mucha atención, es la relacionada con el asunto del dinero. Allí es donde se debe mostrar integridad, en la forma en que se trata con el dinero.

Que guarden el misterio de la fe con limpia conciencia. [1 Ti. 3:9]

El misterio de la fe significa la revelación del Evangelio en Cristo. La fe no es una cualidad abstracta de fe, sino que es la doctrina de la fe, y estas doctrinas no fueron reveladas en el Antiguo Testamento, por eso eran un misterio. Pero ahora han sido reveladas en el Nuevo Testamento. Se nos dice que la iglesia primitiva "continuaba en la doctrina de los apóstoles". Eso era la fe de la iglesia primitiva, y debería ser la fe de la iglesia, en el día de hoy; por tanto, debería presentar ante el mundo esa fe. Hay muchas personas que opinan que eso ya ha pasado de moda, y que debería cambiarse.

Hemos notado que ha habido cierto cambio en los siete pecados capitales, como han sido llamados, y que han sido sometidos a cambios para hacerlos más modernos. Hace muchos años, en una revista internacional, apareció un editorial del cual voy a citar una parte que decía: "Juzgando por el estado deplorable en que se encuentra la lista de los siete pecados capitales, éstos se deberían mencionar en el siguiente orden: egoísmo, intolerancia, indiferencia, crueldad, violencia, destrucción", y reemplazando la lujuria, por supuesto, se menciona la aceptación de la "mojigatería". De las cosas que se han cancelado hay muchas que se notan rápidamente. La lujuria, por ejemplo, ha llegado a ser algo muy común en la venta de revistas pornográficas o en el cine. La glotonería a veces ha dado al hombre un problema con su colesterol, pero no le ha dado ningún problema teológico. Otras palabras han llegado a ser cosas anticuadas y, por tanto, se las ha dejado de lado. En cuanto a lo que se ha agregado a la lista, se ha dejado de lado dos pecados que solamente tocan a cierto segmento de la población, tal como la irrelevancia, o sea, algo que no tiene propósito y que podría encabezar la lista de los pecados de los jóvenes. A algunos jóvenes tampoco les gustaría ver en esa lista la violencia. Esta minoría podría cambiar si gustara, otro pecado de su elección, como la hipocresía. De parte de los jóvenes, no habría ninguna oposición en cuanto a la inclusión de destructividad, siempre y cuando signifique la destrucción del medio ambiente. Los ancianos por su parte, gustarían ver en esta lista, el cabello largo, los ruidos y la incivilidad.

Puede discutirse sin duda alguna, que nuestra lista revisada de estos pecados capitales, en realidad, perpetúa alguno de los antiguos, que aparecen bajo nombres nuevos. El "egoísmo" por la "codicia", por ejemplo. Quizá sea así, pero los nombres antiguos ya son obsoletos y necesitan ser cambiados, si es que el pecado en sí mismo puede continuar siendo una fuerza moral contemporánea, en forma alguna. Después de todo, el pecado es un concepto que merece ser conservado. Digo que sí lo es, pero no ha cambiado. El pecado es aún pecado. La naturaleza humana es aún naturaleza humana, y las cualidades o requerimientos señalados, aquí en este capítulo 3, para estos hombres, aún tienen vigencia si la iglesia va a representar al Señor Jesucristo aquí en esta tierra; si quiere continuar siendo una iglesia en la comunidad, debe continuar manteniéndolos; así como también la persona que ocupa el cargo, debe guardar el misterio de la fe. Ésta es la doctrina del Nuevo Testamento, y ese pecado es pecado, y estos pecados tienen nombre y han sido llamados o identificados muy claramente aquí en la Palabra de Dios.

Esto debe ser guardado, por supuesto, con limpia conciencia y no una conciencia cauterizada como lo que veremos en el próximo capítulo.

> *Y éstos también sean sometidos a prueba primero, y entonces ejerzan el diaconado, si son irreprensibles. [1 Ti. 3:10]*

Es decir, que un hombre no debe ser empujado a ocupar un cargo en la iglesia, un mes después de haber entrado en ella, y antes de haber demostrado que él es el tipo de hombre para ese cargo, como lo detallan aquí las Escrituras.

Aquí también tenemos una palabra para las esposas. No sólo los hombres, sino también las mujeres, las esposas de los diáconos, también tienen que alcanzar ciertos niveles y normas.

> *Las mujeres asimismo sean honestas, no calumniadoras, sino sobrias, fieles en todo. [1 Ti. 3:11]*

Deben ser personas serias, capaces de mantener la calma y la cordura.

No calumniadoras indica que no deben ser chismosas. Las esposas chismosas de los diáconos pueden causar muchos problemas en la iglesia. En contraste con el alboroto que algunas mujeres ocasionan, deben ser:

Sobrias es, pensar con sobriedad.

Fieles en todo. Es decir, que deben ser fieles a sus esposos, y fieles por supuesto, a la causa de Cristo, y a Cristo mismo.

> *Los diáconos sean maridos de una sola mujer, y que gobiernen bien sus hijos y sus casas. [1 Ti. 3:12]*

Los diáconos tienen que tener las mismas cualidades personales que tiene los Pastores, así como también sus familiares.

> *Porque los que ejerzan bien el diaconado, ganan para sí un grado honroso, y mucha confianza en la fe que es en Cristo Jesús. [1 Ti. 3:13]*

Un diácono que cumple bien con sus obligaciones, llega a ser una persona en la cual se puede confiar. Tienen que ser personas que demuestren valor y confianza en su testimonio. Es decir, que primordialmente tienen un cargo espiritual, y esto es algo muy difícil de hacerles entender a los diáconos. En cierta ocasión se le pidió a un diácono que actuara como anciano en la iglesia, y él respondió: "Ah, yo no creo que soy lo suficientemente espiritual para eso, o que conozco lo suficiente de la Biblia". Esa excusa o confesión que él hizo en cuanto a llegar a ser un anciano, tendría que haber sido la misma que hubiera impedido que él llegara a ser un diácono. Pero, aparentemente, no es lo mismo, porque él era un hombre de mucho éxito en sus negocios, y una persona así no llega a ser un buen diácono, aun cuando sea un buen hombre en cuanto a los negocios.

Alguien dijo: "¿Cuándo un hombre de negocios, deja de ser un hombre de negocios?" La respuesta es: cuando ocupa un cargo en la iglesia. Creo que hay cierta verdad en esto. ¿Por qué? Debido a las cualidades espirituales que necesita. Los que no han llegado a ese nivel no deberían representar a la iglesia.

Reportaje de Pablo a Timoteo

Esto te escribo, aunque tengo la esperanza de ir pronto a verte.
[1 Ti. 3:14]

Pablo se encontraba en Macedonia, y Timoteo en Éfeso y él esperaba ir a ver a Timoteo.

Para que si tardo, sepas cómo debes conducirte en la casa de Dios, que es la iglesia del Dios viviente, columna y baluarte de la verdad. [1 Ti. 3.15]

Este versículo es muy importante. Presento este versículo como la clave para la epístola. Pienso que esta epístola sería como un libro de orden y conducta en la iglesia, para la iglesia local, en la ausencia del Apóstol Pablo. Él dice que ha escrito esto a Timoteo para que sepas cómo debes conducirte. Luego dice: en la casa de Dios, que es la iglesia del Dios viviente, la iglesia que es la iglesia columna y baluarte de la verdad. Ésta es una expresión muy interesante la que tenemos aquí: columna y baluarte de la verdad. Esta palabra columna quiere decir apoyo, sostén, puntal de la iglesia. Esta palabra columna, indica aquello que sirve de cimiento. Se podría traducirlo aquí como la idea básica, que la iglesia es la columna. En otras palabras, el cimiento que sirve de apoyo y sostén de la verdad. Es decir, que si los obreros, o ancianos o diáconos no representan la verdad, entonces, la iglesia no tiene ningún cimiento. No tiene ningún sostén. No puede mantener o guardar la verdad de Dios. No importa cuánto hablen ellos en cuanto a esto, de que guardan la verdad.

En una iglesia había un hombre que era diácono, y que siempre cargaba la Biblia más grande que se podía haber impreso. Cuando él caminaba, caminaba inclinado a causa del peso de esa Biblia, pero este hombre era una persona en quien no se podía tener confianza. Había ciertas dudas en cuanto a su integridad, y él causó mucho daño en esa iglesia; él causó tanto daño a la iglesia, que llegó a tener mala fama. Pablo está indicando aquí, que él quiere que Timoteo sepa cómo actuar, cómo comportarse y conducirse en la iglesia. No sólo en cuanto a comportamiento, sino que él habla de cómo debe ser la vida de uno, para que cuando esté fuera de la iglesia, uno demuestre que es parte del sostén, del apoyo de la verdad, y esto es muy importante.

> *E indiscutiblemente, grande es el misterio de la piedad: Dios fue manifestado en carne, justificado en el Espíritu, visto de los ángeles, predicado a los gentiles, creído en el mundo, recibido arriba en gloria. [1 Ti. 3:16]*

Éste fue probablemente uno de los primeros credos de la iglesia. Algunos opinan que fue uno de los cánticos de la iglesia primitiva. Aquí se dice: indiscutiblemente. Indiscutiblemente quiere decir obviamente, conocidamente.

Note lo que sigue diciendo: grande es el misterio de la piedad. Eso es lo que Dios va a traer a este mundo en el cual vivimos. Él va a quitar el pecado y va a traer aquí hombres piadosos y mujeres piadosas.

Dios fue manifestado en carne. Eso por cierto es el nacimiento virginal, pero también está hablando de la existencia de Cristo antes de Su encarnación. Su existencia era espiritual. En Filipenses 2:6, el Apóstol Pablo dice: El cual, siendo en forma de Dios... O sea que, el Señor Jesucristo era en forma de Dios. Hebreos 1:3, dice: El cual, siendo el resplandor de su gloria, y la imagen misma de su sustancia. Y Dios es Espíritu; el Señor Jesucristo mismo dijo eso en Juan 4: 24.

De esta condición, como Dios, no habiendo sido visto por ojos humanos, Él vino a manifestarse para poder ser visto en la carne. Él vino como hombre, y entró a las condiciones humanas. Bajo esas condiciones humanas, los atributos de Su personalidad, esencialmente espiritual, estaban velados. Ése es el pensamiento que nos da a entender Juan, cuando él dice: Y aquel Verbo fue hecho carne, es decir, nació carne, y habitó entre nosotros (Jn. 1:14). Nació carne, El fue hecho carne y tomó Su lugar entre nosotros. El pensamiento que tenemos aquí es que Él fue cubierto con carne humana. Así como Dios no era visible en el tabernáculo, así también Él habitó entre nosotros en carne humana. Ahora que Él es un ser humano, entonces, Él es como nosotros, y nosotros podemos saber algo en cuanto a Dios. Pero bajo esas condiciones humanas, los atributos de Su ser esencial estaban velados.

A los hombres no les pareció que Él era lo que Él era en realidad. Ellos no le reconocieron como lo que Él era: Aquél que en el principio era Dios, y era con Dios y era Dios mismo. Todas las cosas por él fueron hechas. (Jn. 1:3a) Él vino a este mundo como un bebé que no podía hacer nada por sí mismo, y Él era la imagen del Dios invisible, uno con Dios, y Él tenía todo el poder en el cielo y en la tierra; pero aquí en esta tierra Él tomó para Sí forma humana. Como resultado de esto, Él fue tratado como impostor, como usurpador, blasfemador. Él fue odiado, fue perseguido, fue asesinado. Él fue pobre, fue tentado, fue probado; Él podía derramar lágrimas; Él era un varón de dolores.

Y en todo esto Él no fue justificado en la carne, sino en el Espíritu. (Él salió de la esfera de Su ser espiritual y bajó a esta tierra.) Estando aquí abajo, Él tomó un lugar humilde. Pero ahora, como dice aquí: Él fue manifestado en carne. Así es como le vio el mundo, pero justificado en el Espíritu. Hubo oportunidades cuando Su gloria resplandeció aquí.

Hubo revelación y expresiones de testimonio de quién era Él verdaderamente, cuando estuvo en esta tierra. Él fue visto, y Su nacimiento fue virginal en la presencia de los ángeles allí. Fue visto en Su bautismo, en Su transfiguración y en la oportunidad cuando los hombres llegaron a arrestarle. Aún las cosas que sucedieron en Su crucifixión, que causaron que el centurión dijera: Verdaderamente este hombre era Hijo de Dios. (Mr. 15:39b) Pero fue cuando Él regresó de entre los muertos, que podemos verle a Él justificado. Ahora, Él ha regresado a la diestra de Dios. Ningún enemigo puede tocarle desde ahora en adelante. Él no volverá a ser deshonrado y nadie en Su presencia podrá hacer eso de nuevo. Porque Él vino a este mundo; el hecho de que Él ha regresado al cielo, significa nuestra justificación. Porque aquí Él fue entregado por nuestras ofensas. Él estaba ocupando nuestro lugar como pecador; ahora, Él nos da un lugar allá arriba, y nosotros somos justificados; y ahora Él es justificado por el Espíritu en la gloria. ¡Cuán maravilloso es todo esto!

Luego, continúa el Apóstol Visto de los ángeles. Eso ocurrió cuando Él estuvo aquí. Él no vio a los ángeles, ellos lo vieron a Él. En el día de hoy, Él ya ha regresado al cielo; y pienso que todas las criaturas creadas en el cielo le adoran a Él. ¿Por qué? Porque Él descendió y trajo la redención para la humanidad. Este pequeño hombre aquí en la tierra, aún no se ha dado cuenta de esto, pero esto va a ser el cántico de la eternidad: El cántico de redención.

Luego, continúa diciendo: Predicado a los gentiles. Esto es lo que estamos haciendo en el día de hoy.

Luego dice: Creído en el mundo. Hay muchos hoy, que están confiando en Él como su Salvador.

Luego, dice Pablo: Recibido arriba en gloria. Hoy Él se encuentra a la diestra de Dios. En este mismo instante Él se encuentra en ese lugar. ¿Ha tenido usted, algo que decirle a Él en el día de hoy? ¿Ha hablado usted con Él? ¿Le ha dicho usted que le ama? ¿Le ha dado gracias a Él por algo que Él ha hecho? ¡Cuán maravilloso es Él!

CAPÍTULO 4

Cómo reconocer a los apóstatas

Pero el Espíritu dice claramente que en los postreros tiempos algunos apostatarán de la fe, escuchando a espíritus engañadores y a doctrinas de demonios. [1 Ti. 4:1]

Al principio del estudio del capítulo 4, quisiera dirigir su atención a la palabra con la cual comienza el versículo 1, pero. Éste es un contraste a lo que se ha dicho antes en el capítulo 3, cuando se hablaba del credo de la iglesia primitiva, en el versículo 16.

Luego el capítulo 4 comienza diciendo: Pero el Espíritu dice. Éste es un contraste a lo dicho anteriormente.

Ya he mencionado en las notas que los postreros tiempos se refieren aquí a los últimos días de la iglesia sobre esta tierra. Deseo decirle, amigo, que quiero cambiar eso porque creo que esa expresión de en los postreros tiempos y los postreros días que se mencionan aquí en 2 Timoteo 3:1, tienen que ver con aquello que seguiría inmediatamente en la vida del Apóstol Pablo. Porque, usted puede ver, que cuando él estaba en Éfeso, Él les había advertido que llegarían lobos vestidos con pieles de cordero, e iban a engañar a los creyentes, y que la apostasía comenzaría en esa época.

Juan podía decir: "Ya hay muchos anticristos" y el error ya había entrado en la iglesia. Encontramos muchas de las iglesias primitivas, que se habían volcado a la herejía. La primera gran iglesia era la iglesia Cóptica en África, que estaba muy adelantada a las demás. África del Norte ha producido algunos de los principales santos de la iglesia primitiva. San Agustín vino de allí; Tertuliano, también vino de ese lugar. Atanasio vino de esa zona y muchos otros santos de la iglesia primitiva. Pero aquella iglesia se volcó a la herejía. Se apartaron de la fe. Así es que, lo que tenemos aquí mencionado, como los postreros tiempos, tenía que ver con aquello que se aproximaba. No tenía en mente la venida de Cristo.

Pero 2 Timoteo 3:1, dice: ...en los postreros días vendrán tiempos peligrosos. Aquí uno está tratando con una expresión técnica que habla de los últimos días de la iglesia en la tierra, antes de que el Señor Jesucristo la arrebate. Pero no creo que ése sea el mismo pensamiento que tenemos aquí. Los postreros tiempos se refieren a nuestros tiempos en la época presente. No sabemos si el Señor vendrá por nosotros antes de que finalice este siglo. Hay algunos que dicen eso, pero no lo saben verdaderamente, y es algo peligroso en realidad, enseñar cosas así.

Aquí se está hablando de los postreros tiempos; no de los últimos, sino de los tiempos postreros. Quiere decir, aquello que estaba delante, en el futuro inmediato de la iglesia. Nosotros ya hemos tenido dos mil años de esos tiempos postreros. La palabra algunos, se refiere a algunos que enseñarían herejías, y que ellos harán descarriar a muchos, gran cantidad de gente, y algunos apostatarán de la fe. Esto indica que se apartarían de la fe. Ésa es la palabra que indica una partida. Como vimos 2 Tesalonicenses 2, llegaría una apostasía. Eso indicaba que iba a haber una separación, y esa separación era el rapto de la iglesia, y que este asunto de la apostasía había estado en la iglesia por algún tiempo. La apostasía no sería algo nuevo al fin de las edades, de ninguna manera. Creo que crecerá y ha estado creciendo a través de los años.

Cuando la iglesia de Cristo sea arrebatada, usted habrá en la tierra una organización, como vimos en el estudio de 2 Tesalonicenses. Pero, esta organización, es completamente apóstata. Eso es porque la verdadera iglesia ha sido arrebatada y sacada de este mundo. Esto ha sido traducido casi literalmente como apostasía; el que algunos apostatarán de la fe. Esto significa el separarse, apartarse, partir. El partir indica que usted tiene que tener un lugar no sólo de llegada, sino también de partida o de procedencia, y los apóstatas son aquéllos que han profesado en alguna época el haber tenido la fe, pero ahora se han apartado de ella. "Apóstata" quiere indicar literalmente aphistemi, en el idioma griego, y significa literalmente "pararse o permanecer lejos de". O sea que, uno se aparta de un lugar, y ése es el partir de un lugar a otro.

El lugar en el cual ellos se encontraban era la fe, ya que tenían esa fe; ahora se han apartado de la fe que profesaban. No puede haber una apostasía en el paganismo porque ellos nunca han profesado la fe. Ellos nunca han profesado tener o confiar en Cristo como su Salvador. Ellos nunca habían escuchado acerca de Cristo; por tanto, no puede haber una apostasía en ese lugar. Tiene que venir en la iglesia organizada, y de eso es exactamente de lo que el Apóstol Pablo está hablando aquí, que el Espíritu dice claramente que en los postreros tiempos algunos apostatarán de la fe. Cuando ellos se apartan de la fe, ¿cuál es la causa responsable por eso? ¿Qué fue lo que causó que ellos se apartaran de la fe? ¿Es acaso porque ellos han llegado a ser muy intelectuales? ¿Es a causa del desarrollo científico y del aumento del conocimiento, que les revela que la fe no puede guardarse más? Ah, no, no. Ellos se apartarán de la fe escuchando a espíritus engañadores y a doctrinas de demonios.

Aquí tenemos esta expresión de espíritus engañadores. Esto es muy interesante. Indica, uno que va de un lado para otro. Proviene de la palabra "vagabundo", o "engañador", o "alguien que seduce". En realidad, Satanás es todo eso. Así es que, ellos escucharán a espíritus engañadores. Es decir, éstos son espíritus satánicos; y doctrinas de demonios. Prestarán atención a esas cosas.

Existe una grave separación en el día de hoy, y una de las cosas que ha alarmado a mucha gente es ésta: Que en esta edad materialista existe cierto regreso al mundo de los espíritus, y se le da mucho énfasis a eso.

Nos dice la Palabra de Dios: probad los espíritus si son de Dios; porque muchos falsos profetas han salido por el mundo. (1 Jn. 4:1b) La verdadera prueba de esto es ese credo que mencioné anteriormente: "Dios fue manifestado en carne, justificado en el Espíritu". El único camino de salvación es por medio de la muerte de Cristo, y ésa es la forma en que usted puede probar estas doctrinas de demonios en el presente.

Hay algunos hoy, que se han apartado (éstos son creyentes, por lo menos ellos dicen que lo son), y no puedo comprender por qué ellos se han pasado a este otro lado, digamos, poniendo tanto énfasis en los demonios. Es así que hay mucha gente en el presente, que está interesada en cuanto a este tema. Leen todo lo que se publica en cuanto a esto, y creo que estamos viendo una verdadera manifestación de esto aquí.

En cierta ocasión una señora contaba preocupada, que donde ella vivía, algunos creyentes se estaban metiendo demasiado en este asunto, y dedicaban mucho tiempo hablando de esto. Bueno, permítame decirle que lo mejor que usted y yo podemos hacer es evitar vernos involucrados en este tipo de situaciones. Hay algunas personas que se dedican a expulsar demonios. Mantengamos nuestra distancia de esto porque ya se nos ha advertido en cuanto a estas doctrinas de demonios. Debemos mantenernos apartados de eso, y debemos probar a todos por medio de su reconocimiento del hecho, de que el Señor Jesucristo es divino, de que Él es Dios manifestado en la carne y que hoy somos justificados por medio de la redención que Él trajo, que Él logró para nosotros en la cruz del Calvario.

Por la hipocresía de mentirosos que, teniendo cauterizada la conciencia. [1 Ti. 4:2]

Pretenden ser muy piadosos y muy religiosos. Uno llega a tener cierta sospecha de personas que toman una posición demasiado piadosa; tratando de ser súper-santos; que ellos tienen algo verdaderamente especial. Si usted tiene la verdad, ésta hará que usted sea una persona humilde, porque una de las cosas que usted descubrirá, es lo poco que usted sabe verdaderamente. Yo pensaba en una época lo poco que conocía en cuanto a la Biblia, pero ahora, he llegado al punto donde me he dado cuenta de lo ignorante que verdaderamente era. Me considero realmente atrevido al tratar de enseñar la Biblia, cuando me doy cuenta de lo poco que realmente sé de ella. Pero, al mirar a mi alrededor puedo ver a aquéllos que no saben prácticamente nada en cuanto a la Palabra de Dios y hoy ellos se consideran una autoridad en este campo.

Usted recuerda que lo que debe caracterizar a la iglesia visible era la fe, el amor y una buena conciencia, es decir, personas con corazones tiernos.

Hay muchas de estas personas que se han pasado al otro lado, pues, están hablando demasiado hoy en cuanto a sexo en la iglesia. Y, se dice cosas que están sucediendo en algunos lugares, que hace que se me ponga de punta el cabello. Están diciendo y haciendo cosas. No creo que usted pueda hacer este tipo de cosas, a no ser que su conciencia haya sido cauterizada, es decir, si usted se ha apartado de la Palabra de Dios. Usted puede ver que es necesario tener una conciencia tierna en la iglesia. La iglesia necesita reconocer lo importante que es esto en el plan y propósito de Dios; y no debería inclinarse a un nivel tan bajo.

Es imposible comprar música hoy. No creo que la música sea celestial, en la actualidad, sino más bien infernal. Creo que muchas cosas como éstas están ocurriendo en el presente, es decir que están ya sucediendo por mucho tiempo. Aún en los días del Señor Jesucristo había personas que se habían apartado a cultos y sectas aparte del judaísmo. Por ejemplo, prohibían casarse:

Prohibirán casarse, y mandarán abstenerse de alimentos que Dios creó para que con acción de gracias participasen de ellos los creyentes y los que han conocido la verdad. [1 Ti. 4:3]

Hay aquéllos que a veces se quieren meter en dietas, crean ciertas reglas y normas que, en realidad, no se encuentran en la Palabra de Dios. Aquí leemos: Prohibirán casarse. En los días del Señor Jesucristo, por la zona cerca al Mar Muerto, existía un grupo de Escenios, como eran llamados, y fue entre ese grupo que se encontró varios manuscritos, es decir, los manuscritos del libro de Isaías (que fueron llamados los manuscritos del Mar Muerto), allí fueron encontrados. Esta gente se encontraba en esos lugares aún en los días del Señor Jesucristo. Cuando llegó el cristianismo, esta gente se unió a esto, y añadieron la regla en contra de casarse.

También dice: Y mandarán abstenerse de alimentos. Hay algunos que se apoyan en esto hoy, como si la comida lo recomendara a uno ante Dios. Ah, es cierto que si usted come cierta clase de comida, puede ser que le cause un malestar estomacal, y le traiga otras complicaciones. Pero esto no tiene nada que ver, con su vida espiritual.

Porque todo lo que Dios creó es bueno, y nada es de desecharse, si se toma con acción de gracias;

> *Porque por la palabra de Dios y por la oración es santificado.*
> *[1 Ti. 4:4-5]*

La Palabra de Dios no condena esto, sino que lo encomienda. Usted puede dar gracias por la comida, y eso lo santifica para su cuerpo, porque la Palabra de Dios ya lo ha dicho. Hay ciertas cosas por las cuales nosotros no podemos dar gracias. Hay ciertas comidas que nos hacen mal, y por tanto no las podemos comer. Pero, si usted puede recibir algo con agradecimiento, amigo, entonces, cómalo.

Lo que el "buen ministro" puede hacer en tiempos de apostasía

> *Si esto enseñas a los hermanos, serás buen ministro de Jesucristo,*
> *nutrido con las palabras de la fe y de la buena doctrina que has*
> *seguido. [1 Ti. 4:6]*

Hay muchos pastores que tienen la preocupación de cómo vamos a crecer en la Palabra de Dios. Pablo está aclarando aquí que la forma en que nosotros nos edificamos, es no saliéndonos por una tangente en este asunto de las dietas: que se puede comer esto o que no se debe comer aquello; que debemos adoptar un programa estético, como si eso nos diera una posición especial ante Dios. Entonces, ¿cómo vamos a ser edificados? Nuestra dieta es, según el versículo 6: Nutrido con las palabras de la fe y de la buena doctrina que has seguido. Él le dice a Timoteo que él debe lograr eso. Algunas personas opinan que existía cierto peligro para Timoteo en el lugar donde él se encontraba en la ciudad de Éfeso, donde había tantas religiones, donde la obra de Satanás era tan obvia, que podía existir el peligro de que ese joven predicador se apartara por algún camino desviado. No creo que eso sea así. Creo que el Apóstol Pablo de una manera muy clara dice que Timoteo ha logrado esto; que él ha seguido las palabras de la fe y de buena doctrina. "Eso es lo que tú debes pasar a los demás para que ellos también sean advertidos contra estas cosas", le dice el Apóstol.

…que has seguido. Algunos intérpretes piensan que había peligro en Éfeso, en el medio de tanta religión falsa y obra de Satanás, que Timoteo lo siguiera, pero Pablo dijo que Timoteo había alcanzado las cosas que él ha mencionado y le encomienda por haberlo hecho.

Pablo continúa indicando que eso es lo que él debe advertir a los demás, no sólo de la apostasía y de los falsos maestros, enseñando las palabras de fe él mismo, sino que tiene que rechazar lo que se menciona a continuación:

> *Desecha las fábulas profanas y de viejas. Ejercítate para la piedad. [1 Ti. 4:7]*

Él tiene que ejercitarse para la piedad en esta vida. Él tiene que sellar o rechazar las fábulas profanas y las cosas de viejas.

De seguro que usted como muchos de nosotros, ha tenido oportunidad de visitar alguna vez a una señora anciana, que quiere que uno coma cierta cosa, porque dice ella que le va a hacer bien. Esto se trata, estoy seguro especialmente con los niños, diciendo que los va a hacer crecer fuertes y sanos. A veces uno tiene que comer cosas que son muy desagradables. Uno las come porque es un niño y tiene que obedecer a los mayores, no sabiendo si eso en realidad le ayuda o no. Es en cuanto a estas cosas que el Apóstol Pablo está presentando esta advertencia.

Cuando el médico descubrió que yo tenía cáncer, la gente me envió como 100 libros tratando de diferentes clases de dietas; de las cosas que yo debía comer para librarme del cáncer. Una de las cosas interesantes que noté es que si yo seguía una de las dietas, esto contradecía otra de las dietas. Un libro decía: "Coma muchas uvas", y el otro decía: "No toque las uvas". Un libro decía: "Coma miel", y el otro decía: "No toque la miel". Así, mientras un libro decía algo, el otro contradecía lo que el primero decía. Así es que, yo decidí no prestar mucha atención a eso porque yo estaba escuchando más al Gran Médico Divino, y sentí que Dios podía hacerse cargo de mi situación.

Es a estas cosas que el Apóstol Pablo hace referencia. Hay tantas personas que le dan más énfasis a esto que a la Palabra de Dios. Los ministros no deben enfatizar esto. Nosotros, después de todo, debemos presentar la Palabra de Dios.

> *Porque el ejercicio corporal para poco es provechoso, pero la piedad para todo aprovecha, pues tiene promesa de esta vida presente, y de la venidera. [1 Ti. 4:8]*

Hay aquellas personas que creen que el apóstol Pablo aquí está menoscabando, digamos, el ejercicio físico. No creo que eso sea lo que dice. Después de todo podemos observar la vida de este apóstol por un momento. Creo que el Apóstol Pablo era uno de aquéllos que iba a presenciar los juegos que se presentaban en el coliseo de aquel día. Pablo pasó varios años en Éfeso, unos tres años. Cuando él se encontraba allí, él podía ir al gran coliseo de la ciudad donde se llevaban a cabo los juegos olímpicos de su época. En ese lugar se llevaba a cabo carreras de atletismo y toda clase de deportes. Allí podían ir unas 100.000 personas y el Apóstol Pablo usa el ejemplo de una carrera de aquel día y lo compara a la vida del creyente, al andar del creyente indicando que la vida cristiana es en realidad una carrera en sí misma. El apóstol Pablo sabía mucho en cuanto a esto, creo que él hacía ejercicios. Luego, alguien pregunta: "Y, ¿puede usted estar seguro de eso?" Sí. Lo puedo explicar de la siguiente manera: Cuando usted contempla las ruinas en las cuales se encuentra la ciudad de Sardis, y contempla la parte que se ha excavado del camino romano en ese lugar, y dirige su mirada al este (el Apóstol Pablo caminó por ese lugar); y también puede dirigir su vista hacia el oeste; al observar esto, usted puede imaginarse que el Apóstol Pablo recorrió ese camino más de 2.000 años atrás, predicando el evangelio de Cristo, y él no lo recorrió en ómnibus o en automóvil. Él tampoco viajó a caballo o siquiera en un borriquito. Pablo caminaba por ese lugar. Hacía falta que la persona fuese bastante fuerte para recorrer las distancias que Pablo recorrió a través del Imperio romano. Cuando él no se encontraba viajando por barco, él pasaba la mayoría del tiempo caminando. Ése era su método. Quizá no corría mucho, pero creo que el Apóstol Pablo caminó bastante y eso es algo que se recomienda mucho hoy para mantenerse saludable.

Así es que, Pablo hace referencia a estos ejercicios atléticos aquí. Los ejercicios físicos son muy populares en cualquier país. Grandes ciudades tienen estadios y coliseos donde se lleva a cabo grandes espectáculos; muchos creyentes dan más énfasis a esto que a las cosas de Dios hoy. Hay algunos miembros de las iglesias que pasan más tiempo durante la época del verano en los estadios y en los gimnasios que en los cultos de oración. Todo lo que el Apóstol Pablo está diciendo aquí es que esto no está mal. Lo que él está diciendo es que hay que observar las cosas desde la perspectiva correcta.

Dice: Porque el ejercicio corporal para poco es provechoso, pero la piedad para todo aprovecha. ¿Cuál es la diferencia entre estas dos cosas en cuanto a importancia se refiere? El ejercicio físico, el ejercicio del cuerpo le ayuda a usted solamente en esta vida, porque más adelante usted va a recibir un cuerpo nuevo y entonces no habrá necesidad de ejercitarse. Pero la piedad, y esto, indica algo, note lo que Pablo está diciendo aquí: La piedad para todo aprovecha. Hay quienes dicen que el creyente puede regresar a Dios en términos o normas fáciles. Eso es cierto. Él puede hacer eso. Él puede regresar a Dios. También debo decir que el creyente puede pecar. Pero, una vida piadosa no sólo tiene sus beneficios aquí en la tierra, sino que tendrá beneficios en la eternidad. Tenemos el ejemplo en el hijo pródigo quien perdió mucho cuando se fue a un lugar apartado de su hogar. Cualquier creyente hoy que está viviendo una vida descuidada, y no está viviendo una vida piadosa descubrirá que aún en la eternidad él tendrá que pagar por haber actuado de esa manera. El Apóstol Pablo dice, que, si uno hace ejercicios corporales, eso está bien. Creo que Pablo lo hizo, como he mencionado. Pero él dice, un momento, ¿qué me dice en cuanto a la piedad? ¿Está demostrando usted el mismo interés en cuanto a la piedad como el que demuestra en cuanto al ejercicio físico; en cuanto a los hechos o sucesos deportivos? Usted debe recordar que lo físico termina cuando se nos acaba esta vida, pero la piedad continúa en la vida siguiente. Es muy importante que veamos esto.

Palabra fiel es esta, y digna de ser recibida por todos. [1 Ti. 4:9]

Es decir, que él dice que aquí tenemos algo en lo cual podemos poner nuestra confianza total. Uno podía confiar en esto en la época de Éfeso en el primer siglo, como puede hacerlo ahora en el Siglo XXI, y podrá confiar también en el Siglo XXII si es que llegamos a esa época.

Que por esto mismo trabajamos y sufrimos oprobios, porque esperamos en el Dios viviente, que es el Salvador de todos los hombres, mayormente de los que creen. [1 Ti. 4:10]

Nuevamente tenemos algo importante aquí. En primer lugar, tenemos lo siguiente: que si usted se mantiene firme por Cristo esto le va a costar algo. No hay ninguna duda en cuanto a eso. Lo siguiente que se menciona aquí, y que es muy importante para nosotros, es que el Señor Jesucristo, "es el Salvador de todos los hombres". En el día de hoy hay muchas discusiones y polémicas en cuanto a de qué color eran los ojos del Señor Jesucristo, por ejemplo. ¿Cuál era la apariencia física del Señor cuando estuvo aquí? ¿Era rubio o era moreno? Cierto hombre en una ocasión le dijo a su pastor: "¿Sabe una cosa, he visto un cuadro terrible? Pintaron a Cristo negro". El Pastor le respondió: "Bueno, y, ¿por qué no? Él es el Salvador de todos los hombres". Lo importante es el comprender no de qué color era Su piel, o el color de Su cabello, ni si era alto o bajo o cuánto pesaba. Eso no es lo importante y la Escritura nunca me informa en cuanto a esto. Aunque él fue un hombre, nunca se nos dice nada en cuanto a Su descripción física. Sin embargo, la Biblia nos informa que Él es el Salvador de todos los hombres. No importa quién sea usted, Él puede ser su Salvador. Él es el único Salvador. ¿Pero qué dice al final del versículo? De los que creen. Usted puede volverse a Él si quiere hacerlo.

Estoy seguro que usted ha podido observar muchos buses recorriendo las calles y avenidas de la ciudad. Si usted quisiera, pudiera subir en cualquiera de ellos; paga su pasaje y puede subir. Sin embargo, no toda la gente está haciendo eso. Lo mismo se puede decir en cuanto al Señor Jesucristo. Cristo es el Salvador de todos los hombres, mayormente de los que creen. Usted, tiene que creer para poder subir a ese bus. Eso es lo importante de ver de nuestra parte.

Esto manda y enseña. Ninguno tenga en poco tu juventud. [1 Ti. 4:11-12]

Habría aquéllos en la iglesia que dirían: "Bueno, él es un jovencito solamente; no sabe mucho todavía". Quizá fuera así, pero, ninguno tenga en poco tu juventud, sino sé ejemplo de los creyentes. ¿Cómo puede uno evitar que los demás lo critiquen o digan que uno es demasiado joven? No se porte como un joven insensato. Debemos decir las cosas claramente.

Un joven estudiante de un seminario, preparándose para el pastorado, decía que a él siempre le daba temor hablar en la congregación cuando veía una persona de edad que le estaba escuchando. Un anciano pastor que le escuchó hablar así, le dijo que no se preocupara por eso, y citó este versículo de las Escrituras que tenemos ante nosotros aquí. Él enfatizó que uno tiene que ser un buen ejemplo para los creyentes. Eso es lo importante. No es la edad lo que es importante, sino si uno es ejemplo de los creyentes. ¿De qué manera? En palabra, conducta, amor, espíritu, fe y pureza.

En el día de hoy quizá tengamos lo que se llama una "nueva moralidad". La Biblia también tiene una nueva moralidad, y aquí la tenemos ante nosotros. En la época en que vivimos nosotros, esto que estamos diciendo puede ser algo completamente nuevo para muchas personas. Quiero decir esto porque sé que hay muchos jóvenes que están leyendo este estudio: aquí tenemos la norma de Dios. Tenemos que ser ejemplo hoy en palabra; en nuestra conversación; en nuestra conducta; en nuestro amor; en nuestro espíritu, en fe y en pureza.

Entre tanto que voy, ocúpate en la lectura, la exhortación y la enseñanza. [1 Ti. 4:13]

Llegamos aquí a algo un poco diferente en esta sección. En primer lugar, él le dice a este joven predicador (aparentemente Timoteo era un hombre joven, creo que tendría unos 30 años), Pablo le dice que el ministro debe leer las Escrituras públicamente. ¿Con qué propósito? Para consolar y para enseñar. Dice el Apóstol: Entretanto que voy, ocúpate en la lectura (o sea, lee la Palabra de Dios), en la exhortación y la enseñanza. Esto es algo importante de comprender de nuestra parte hoy. La Palabra de Dios se debe leer. Creo que la iglesia no está cumpliendo con su función principal hasta cuando llega a hacer que la gente lea la Palabra de Dios. Eso es de suma importancia.

Esto se puede aplicar personalmente a Timoteo. ¿Qué debe hacer el ministro hoy? ¿Cómo va a crecer el ministro? Él va a crecer por medio de la lectura y mediante la exhortación y la enseñanza. Un ministro que crece también hace crecer a la iglesia, y eso es importante de notar.

Una de las mejores cosas que se dijo en cuanto a Dwight Moody, aquel gran evangelista, fue dicho por uno de sus vecinos. Este hombre dijo: "Cada vez que el Señor Moody regresa a su hogar, uno se da cuenta de cuánto él ha crecido espiritualmente". ¿Qué puede usted decir de usted mismo? ¿Ha avanzado usted un poco más del lugar donde se encontraba el año pasado? ¿Está usted creciendo en gracia y en el conocimiento de Cristo? La única forma de llegar a serlo es leyendo las Escrituras, leyendo la Palabra de Dios, las grandes verdades que se encuentran en la Palabra de Dios.

No descuides el don que hay en ti, que te fue dado mediante profecía con la imposición de las manos del presbiterio. [1 Ti. 4:14]

El Espíritu de Dios le da a cada creyente un don; y este hombre tenía un don como lo tienen todos los creyentes.

Que te fue dado mediante profecía. Aparentemente, Pablo había predicho esto. Él había dicho lo que este joven haría y se hizo con la imposición de las manos del presbiterio. Aquí se está haciendo referencia a los oficiales de la iglesia.

La imposición de las manos nunca comunica nada. Existe la idea hoy de que si uno pone las manos en otra persona eso hará que algo se transfiera a ella. Lo único que usted puede transferir al imponer las manos sobre alguien, es microbios. Eso es todo lo que usted puede transferir. Pero, ¿qué es lo que él quiso decir? Cuando usted pone las manos sobre un hombre quiere decir que él ahora es su compañero en el ministerio.

En algunas iglesias se insiste en que los diáconos, los ancianos, pongan sus manos sobre cada misionero que se encomienda a la obra. ¿Por qué? Porque eso indica que nosotros somos compañeros con él en el ministerio. Creo que cada ministro que es encomendado a la obra debería tener esa imposición de las manos de aquéllos que van a ser sus compañeros en esa tarea; aquéllos que son los representantes en la iglesia, esos siervos obreros. Eso es todo lo que quiere decir; pero es algo muy importante, como usted puede apreciar.

Ocúpate en estas cosas; permanece en ellas, para que tu aprovechamiento sea manifiesto a todos. [1 Ti. 4:15]

Esto indica que él debe ser diligente en su estudio. El ministro no tiene ninguna excusa por la cual no pueda estudiar la Palabra de Dios. El creyente tampoco tiene excusa alguna para no estudiar la Palabra de Dios. Esto es importante. Estudie, medite en estas cosas.

Para que tu aprovechamiento sea manifiesto a todos. Ésta es una de las razones por las cuales rechazo las devociones como un sustituto para la lectura y el estudio de la Palabra de Dios. Uno no puede abrir la Biblia una noche cuando ya tiene los ojos casi cerrados por el sueño, los pies están casi en la cama y uno abre la Biblia y nunca llega a leer el capítulo. O, cuando se levanta por la mañana cuando uno está medio despierto, uno no puede hacer eso. O cuando está sentado a la mesa, listo para salir a trabajar. Usted no puede estudiar Matemáticas o Ciencias o Geometría de esa manera. La Palabra de Dios es digna de toda la atención que usted pueda darle. Usted puede descubrir, que nunca podemos dedicar tanto tiempo como merece tener la Palabra de Dios, esto es importante. El Apóstol Pablo subraya a Timoteo, los puntos en los cuales debe trabajar.

Una de las mejores cosas que usted puede decirle a su predicador es: "¡Usted está mejorando mucho en su predicación!" Esto es lo mejor que uno sí puede decirle a él.

> *Ten cuidado de ti mismo y de la doctrina; persiste en ello, pues haciendo esto, te salvarás a ti mismo y a los que te oyeren. [1 Ti. 4:16]*

Permítame decir sin intención de ofender a nadie. ¡Que Dios tenga misericordia con aquel ministro que no está predicando la Palabra de Dios! A mi juicio, ése es un pecado terrible. Sería mejor si él fuese un criminal que el ser un hombre que se supone debe presentar la Palabra de Dios y no lo está haciendo. Eso es lo que el Apóstol Pablo está diciendo aquí. Eso es lo que corresponde a la iglesia en el día de hoy.

CAPÍTULO 5

Los deberes de los oficiales en la iglesia

Los capítulos 5 y 6 van juntos, y tratan con los deberes de los oficiales en la iglesia. Créame, que esto llega hasta la esencia misma de la vida de la iglesia hoy. Tenemos aquí una sección muy práctica. No hay nada romántico en esto; hay algo verdaderamente realista aquí, y confío en que pueda ser de mucho significado para nosotros hoy.

La relación de los ministros con los diferentes grupos en la iglesia local

No reprendas al anciano, sino exhórtale como a padre; a los más jóvenes, como a hermanos. [1 Ti. 5:1]

Un anciano. En primer lugar, tenemos la relación de Timoteo con los ancianos. Ha habido cierta diferencia de opinión en cuanto al uso que Pablo le da a esta palabra "anciano". ¿Se está refiriendo él al cargo de anciano en la iglesia o simplemente a la persona que es anciana? En vista de que en la iglesia primitiva el anciano era un cargo en la Iglesia y que también la palabra se refiere a una persona, indicando un santo ya maduro, un hijo de Dios maduro y un hombre que ocupaba cierto cargo, creo que las dos cosas pueden estar en mente por la sencilla razón de que un anciano en la iglesia era un anciano. Era una persona ya entrada en años.

No reprendas al anciano. Él no debía reprender a un anciano públicamente, sino que debía hablar con él en forma privada. La razón para esto es que uno debe recordar que Timoteo era un hombre joven y que él tenía que actuar con mucho tacto en su relación con los hombres ancianos en la iglesia. Es decir, que él no debía tomar una posición de un "sabelotodo", o de un dictador sobre los ancianos. Lo que él debía hacer era animarles, y también si era necesario, él tenía que hablar con ellos en forma privada.

A los más jóvenes, como a hermanos. Ésta es una relación muy dulce que debía existir entre Timoteo y los ancianos y también con aquéllos de su misma edad.

Ahora aquí tenemos también la relación que debe tener el Pastor o el ministro con las ancianas.

A las ancianas, como a madres; a las jovencitas, como a hermanas, con toda pureza. [1 Ti. 5:2]

Note las palabras con las cuales finaliza este versículo: Con toda pureza. El ministro o el Pastor tienen que actuar con mucho cuidado en la iglesia en su relación con el sexo opuesto. Creo que ésta es una de las cosas que ha arruinado el testimonio o ministerio más que cualquiera otra cosa o pecado específico. Nada perjudica a la iglesia tanto como esta clase de pecado. Si usted tiene la oportunidad de visitar una iglesia donde el Pastor ha tenido que salir por esta razón, usted podrá darse cuenta inmediatamente que la espiritualidad de ese lugar está completamente muerta. No hay ninguna otra cosa que pueda destruir la vida espiritual de una iglesia, tanto como tener una experiencia así. La nueva moralidad no funciona en la iglesia y nunca va a funcionar dentro de la iglesia.

Pablo le dice a Timoteo que debe tratar a las ancianas como a madres. Puede ser una relación hermosa con ellas. Pero con las jóvenes–dice–debe tratarlas como a hermanas, y enfatiza: Con toda pureza.

Llegamos ahora a un tercer grupo con el cual él se relaciona, y es con las viudas. En primer lugar, teníamos a los ancianos, los oficiales; luego, su relación con los hombres jóvenes, y después, su relación con las ancianas y con las mujeres más jóvenes.

Honra a las viudas que en verdad lo son. [1 Ti. 5:3]

Esta palabra que tenemos aquí, honra, es una palabra interesante. En el idioma griego esta misma palabra es de la cual proviene nuestra palabra "honorario". Aquí se comunica el pensamiento de un valor que se le da a algo. Cuando en el día de hoy se invita a algún predicador o algún orador especial a una reunión, hay veces que uno recibe pago por haber predicado en aquel lugar. Se le llama "honorario". Es decir, que esa iglesia le da cierto valor a lo que ese hombre ha hecho.

Aparentemente, en la iglesia primitiva se cuidaba de las viudas y tenían que tener mucho cuidado en cuanto a esto. Usted debe recordar que esto fue algo que se presentó al mismo comienzo. En el capítulo 6 de Hechos, se menciona que los griegos, (éstos eran israelitas de Grecia, no habían crecido allí mismo en Israel), pensaban que sus viudas eran desatendidas en la distribución diaria, y que ellas no estaban recibiendo tanto como recibían las otras. Cuando se presentó este problema, los apóstoles inmediatamente buscaron hallar solución a esto, diciendo que debía nombrarse a hombres que se encargaran de esa tarea. Aquí, el Apóstol Pablo menciona qué es lo que debe hacerse: Honra a las viudas que en verdad lo son. O sea que, uno debía investigar. Aquí tenemos algo muy práctico en la misma Palabra de Dios. Esto es práctico ya que uno tiene que usar el sentido común y no solamente el sentimentalismo.

Uno, a veces no quiere ayudar a otras personas, porque no las conocemos o no sabemos quienes son. Para poder ayudarlas es necesario conocer la situación, y es por eso que el apóstol sugiere aquí este asunto de la investigación. Porque si uno se pone a ayudar a cualquier persona que le pide ayuda, entonces habrá muchos que tendrán su mano extendida para recibir algo también. La iglesia primitiva cuidaba de las viudas; pero esto no se hacía de una forma descuidada, basándose nada más que en el sentimentalismo, o en las emociones.

Que los diáconos conduzcan una investigación y que vean cuál es o cuáles son en realidad las viudas: Si existe allí una verdadera necesidad, y cuánto es esa necesidad. Entonces sí se puede ayudar.

Es muy fácil que las iglesias cometan errores en asuntos como éstos. No hay nada malo en tratar de ayudar a los que son necesitados, pero es necesario investigar la situación de cada uno de ellos. Es algo muy bueno cuando uno puede apreciar que en la iglesia se está ayudando a aquéllos que tienen necesidad.

Luego el apóstol entra en más detalles y en el versículo 4:

Pero si alguna viuda tiene hijos, o nietos, aprendan éstos primero a ser piadosos para con su propia familia, y a recompensar a sus

*padres; porque esto es lo bueno y agradable delante de Dios. [1
Ti. 5:4]*

Cuando se está haciendo la investigación en la iglesia, hay que
ver si esa viuda tiene hijos. Si los tiene, hay que ver si ellos la están
ayudando o no. Si no tiene hijos, pues hay que ver si tiene nietos.
Si no tiene hijos allí, si se han ido a otro lugar o están muertos,
entonces ¿qué podemos decir en cuanto a los nietos? Ellos tienen una
responsabilidad. Ése era el método de Dios. Creo que aún hoy es el
método de Dios. Aprendan éstos primero a ser piadosos para con su
propia familia, y a recompensar a sus padres; porque esto es lo bueno
y agradable delante de Dios. Cuando se conduce esta investigación,
ésta es una de las cosas que uno puede descubrir.

> *Mas la que en verdad es viuda y ha quedado sola, espera en
> Dios, y es diligente en súplicas y oraciones noche y día. [1 Ti.
> 5:5]*

Aquí tenemos a una viuda, a una viuda verdadera; ella es una
mujer piadosa y está orando. Ella no sólo ora por la iglesia y su
Pastor, sino que ora por sí misma, por su propia necesidad. Tiene el
derecho de hacer eso. Permítame decir, que a Dios le agrada que usted
le ayude a Él a contestar sus oraciones. Dios dice, que éste es el lugar–
cuando usted encuentra una viuda como ésta que se menciona aquí,
entonces usted puede ayudarle. Eso es lo que está diciendo. Creo que
esto es algo verdaderamente hermoso. Continuando con este mismo
pensamiento, el Apóstol establece un contraste en el versículo 6:

> *Pero la que se entrega a los placeres, viviendo está muerta. [1
> Ti. 5:6]*

Pero si cuando usted está investigando, descubre que esa viuda
está en una fiesta, que está entreteniendo a otra gente, diría, entonces
que ella no necesita ser ayudada. No interesa cuán prominente o
destacada sea su posición en la iglesia, ella no debe ser ayudada.

> *Manda también estas cosas, para que sean irreprensibles. [1 Ti.
> 5:7]*

Es decir, que Pablo le está diciendo aquí a Timoteo, que tenga
cuidado en aclarar esto para que la iglesia se comporte de una forma
irreprensible en cuanto a esto.

> *Porque si alguno no provee para los suyos, y mayormente para los de su casa, ha negado la fe, y es peor que un incrédulo. [1 Ti. 5:8]*

Amigo, no sé cómo puedo enfatizar más aún de lo que aquí se menciona, de que la viuda debe ser cuidada por sus propios parientes. Si sus parientes están negándole eso, entonces cualquier otro testimonio que puedan dar no va a tener mucha importancia. El testimonio que puedan dar ante la sociedad misionera o en la iglesia, no va a tener mucho valor si no se comportan bien en casa. Si ellos no están cuidando de aquéllos que les pertenecen, entonces no tiene un buen testimonio. Son peores que los incrédulos, dice el Apóstol Pablo. No soy yo el que está diciendo esto.

La Escritura es muy clara en cuanto a esto. Quizá usted pueda errar en cuanto a cosas de doctrina, pero aquí estoy seguro de que no hay lugar a duda.

> *Sea puesta en la lista sólo la viuda no menor de sesenta años, que haya sido esposa de un solo marido. [1 Ti. 5:9]*

¿Por qué se dice eso? Si ella es menor de esa edad de 60 años, entonces puede trabajar y debe hacer eso.

> *Que tenga testimonio de buenas obras; si ha criado hijos; Si ha practicado la hospitalidad; si ha lavado los pies de los santos; si ha socorrido a los afligidos; si ha practicado toda buena obra. [1 Ti. 5:10]*

Es bueno investigar lo que sucedió antes en su vida. Hay que ver qué clase de persona ella ha sido en el pasado. Si ella está necesitada, entonces hay que ayudarla.

Me agradaría ver que la iglesia, que todas las iglesias en el día de hoy, regresaran a estas verdades, a estos principios básicos y sencillos y que se apartaran de lo sentimental, de lo que atrae la emoción (especialmente en la época de Navidad o de Pascuas), ya que hay muchas personas que se aprovechan de estas ocasiones y saben que los creyentes tienen buen corazón y les entregan dinero. Esto no ayuda a nadie. Uno está ayudando a alguien que en realidad no lo necesita, mientras que en la iglesia puede haber una viuda que sí está necesitando ayuda. Ella puede estar muy sola. Quizá no ha recibido visitas por mucho tiempo y los hijos quizá ya no están allí. Quizá ellos viven en otro lugar o han fallecido. Quizá ella tenga una necesidad y la iglesia ignora esa clase de cosas. Esto es algo que lo destaca uno. Si la iglesia hace eso, esa clase de testimonio se esparcirá por todas partes.

> *Pero viudas más jóvenes no admitas; porque cuando, impulsadas por sus deseos, se rebelan contra Cristo, quieren casarse. [1 Ti. 5:11]*

Esto es algo verdaderamente tremendo. Él dice que la viuda, debe tener testimonio de buenas obras. Es decir, que uno no debe ayudar a cualquier persona que se presente. Pero viudas más jóvenes no admitas. ¿Por qué? Porque cuando, impulsadas por sus deseos, se rebelan contra Cristo, quieren casarse. Es decir, que la viuda más joven, tiene otras cosas en mente. Pienso que estas viudas deberían hacer alguna tarea en la iglesia; que ellas deberían hacer algo para ayudar en ese lugar.

Por ejemplo, cuando una mujer pierde a su esposo, no hay nada mejor que otra viuda vaya a visitarle. Especialmente cuando esta mujer queda sola sin hijos, sin amigos. Pierde a su esposo y no le queda nadie. Entonces otra viuda puede ir a visitarle. Ella sabe por la situación que esta otra mujer está pasando. Pueden llegar entonces, a ser buenas amigas. Una señora que pasó por esta situación dijo: "La visita de esa otra señora, fue lo que hizo que yo llegara a tener una relación con Dios que nunca antes había tenido".

Las viudas jóvenes van a casarse. Y eso está muy bien, según lo veo yo.

> *Incurriendo así en condenación, por haber quebrantado su primera fe. [1 Ti. 5:12]*

Hay ocasiones cuando la viuda joven no elige un segundo esposo como debería hacerlo. En cierta ocasión una viuda que antes había estado casada con un predicador, se casó con un hombre adinerado que tenía inversiones en hipódromos. Cuando ella se casó con este hombre, ella de pronto se olvidó de su fe. Era una mujer joven. Estas personas deben ser probadas y la iglesia tiene que tener mucho cuidado en cuanto a esto.

> *Y también aprenden a ser ociosas, andando de casa en casa; y no solamente ociosas, sino también chismosas y entremetidas, hablando lo que no debieran.* [1 Ti. 5:13]

Es decir, que están llevando basura de un lugar a otro; esa basura son los chismes, lo llevan de un lugar a otro, hablando lo que no debieran. Y él teme que ahora que esa mujer ya no tiene obligaciones como esposa y ama de casa, y no tiene hijos, se convierta en una persona entremetida.

> *Quiero, pues, que las viudas jóvenes se casen, críen hijos, gobiernen su casa; que no den al adversario ninguna ocasión de maledicencia.* [1 Ti. 5:14]

Aquí él está hablando en cuanto al comportamiento del hombre y la mujer en la iglesia. No interesa lo que se diga y lo que se enseñe hoy. Hay ocasiones cuando la relación entre un esposo y una esposa ha llegado a ser algo desastroso. En cierta ocasión una señora le contó a un Pastor que estaba viviendo una vida angustiosa y miserable porque su esposo era un borracho que la golpeaba mucho. El Pastor le aconsejó que dejara a su esposo. Esto produjo una serie de severas críticas contra ese Pastor, diciendo que el esposo debe ganar a su esposa y la esposa debe ganar a su esposo. Eso es cierto; la Palabra de Dios enseña eso; pero nadie sabe en realidad por lo que esa mujer estaba pasando. Dios nunca le pidió a ella que viviera en esa clase de infierno aquí en la tierra. Ya no era asunto de tratar de ganar a su esposo, lo cual ella podía hacer aun estando fuera de esa relación. Era más bien asunto de escapar de una situación crítica y miserable, y hasta peligrosa, a la que había llegado. Hay algunas mujeres que se hacen mártires y se vuelven muy piadosas con esta clase de cosas. Eso es lo que se está enseñando hoy. Hay caso tras caso donde las esposas han llegado hasta el colapso nervioso, y cuando llegan a ese punto, podemos asegurarle una cosa: ellas no pueden ser testigos para sus esposos. Pablo está dejando muy en claro aquí que estas relaciones en la iglesia deben ser en el nivel más alto posible.

> *Porque ya algunas se han apartado en pos de Satanás.* [1 Ti. 5:15]

Éstas no son verdaderas creyentes, por supuesto.

Si algún creyente o alguna creyente tiene viudas, que las mantenga, y no sea gravada la iglesia, a fin de que haya lo suficiente para las que en verdad son viudas. [1 Ti. 5:16]

Es decir, que la iglesia debe concentrarse en aquéllas que están realmente en necesidad.

Los ancianos que gobiernan bien, sean tenidos por dignos de doble honor, mayormente los que trabajan en predicar y enseñar. Pues la Escritura dice: No pondrás bozal al buey que trilla; y: Digno es el obrero de su salario. [1 Ti. 5:17-18]

Los ancianos que gobiernan bien, sean tenidos por dignos de doble honor. Nuevamente opino que en la iglesia primitiva se les pagaba a los maestros. A un buen maestro creo que se le debería pagar un poquito más. Aquí se dice que debe pagársele doble.

Pablo está citando aquí lo que se dice en el libro de Deuteronomio 25:4. He encontrado en mi experiencia dos o tres predicadores que eran personas que realmente amaban el dinero. Pero la mayoría están en el ministerio por otros motivos que son muy diferentes a ésos. Pero usted, no le va a hacer ningún daño al predicador si usted le da una ofrenda generosa. Cuando algún maestro de la Biblia llega a su iglesia (y alguien quizá me acuse de hablar a modo personal aquí), pero usted debe ser generoso con esa persona si él le está trayendo una bendición.

Contra un anciano no admitas acusación sino con dos o tres testigos. [1 Ti. 5:19]

Si la gente prestara atención a lo que este versículo dice, esto evitaría muchos de los dolores y problemas que están presentes en la iglesia hoy.

En cierta ocasión un hombre se acercó a su Pastor y le dijo que quería acusar a un oficial de la iglesia. El Pastor le dijo: "Bueno, está bien. Pero hace falta que usted traiga un testigo con usted". Este hombre contestó: "Ah, no, pero si usted es el Pastor. Usted tiene que hacerlo". El Pastor le contestó: "No señor, la Escritura dice que yo ni siquiera tengo que escuchar su acusación sino hasta cuando usted tenga dos testigos. Yo puedo escucharle, pero usted tiene que traer a alguien más aquí antes de presentar su acusación". Si hiciéramos eso, si cerráramos los oídos a todos los chismes y obligáramos a la gente a hacer lo que aquí se menciona sería mucho mejor, ¿no le parece? No admitas acusación sino con dos o tres testigos.

A los que persisten en pecar, repréndelos delante de todos, para que los demás también teman. [1 Ti. 5:20]

Cuando en la iglesia hay un hombre o una mujer que es culpable de algún pecado grave, esa persona debe ser señalada para los demás. En algunas iglesias el predicador arriesgaría mucho si tratara de hacer algo así. Pero eso es lo que tiene que hacer. Eso es lo importante.

Uno tiene que estar seguro de tener toda la información necesaria. Pero después de haber reunido toda la información, si uno descubre que un líder ha pecado, él debe ser reprendido. Aquí surge la pregunta de si eso tiene que hacerse públicamente o no. Creo que cuando un miembro de la iglesia peca y esto no concierne a la iglesia, que eso nunca debe ser presentado abiertamente, y tampoco debe ser confesado allí. Pero cuando un líder de la iglesia, un oficial en la iglesia peca, y se reúnen las informaciones necesarias al caso y se ve que esto ha perjudicado a la iglesia, entonces creo que es hora de mencionar nombres. Puede que sea el momento de quitar nombres también. Esto quiere decir que hay que separar a esa persona de la iglesia porque la iglesia puede ser perjudicada si no se hace esto.

Te encarezco delante de Dios y del Señor Jesucristo, y de sus ángeles escogidos, que guardes estas cosas sin prejuicios, no haciendo nada con parcialidad. [1 Ti. 5:21]

Timoteo tiene que tratar a todas las personas de la misma manera. Quizá haya algunos de los líderes de la iglesia que hayan cometido algún pecado, y él es una persona rica; quizá haya sido una persona que ha sido buena con el Pastor, que haya comprado algún traje para él o algo por el estilo. Quizá el Pastor no se sienta muy inclinado a acusar a este hombre. Pero, Pablo está diciendo aquí (y esto es bueno para nosotros hoy también) que uno no debe mostrar parcialidad en la iglesia.

Santiago 2, dice lo mismo. Creo que los predicadores cometen esta equivocación o pecado, se podría decir, de jactarse de la clase de personas que asisten a su iglesia. Alguien dice: "¿Sabía usted que fulano de tal es miembro de una iglesia? ¿Y que él es una persona rica? Él es un hombre muy destacado". Eso en sí mismo es mostrar parcialidad. Eso es exactamente lo que el Apóstol Pablo dice que no se debe hacer, demostrar parcialidad, al tratar con los pecados.

No impongas con ligereza las manos a ninguno, ni participes en pecados ajenos. Consérvate puro. [1 Ti. 5:22]

Ya hemos visto esto anteriormente, que la instalación de los oficiales de la iglesia se hace mediante la imposición de manos. (1 Ti. 4:14) El pensamiento aquí es que esto no debe hacerse "repentinamente," que el individuo no debe ser un neófito, o alguien recientemente convertido.

El Dr. Tozer dijo en cierta ocasión: "Mi padre creía en esto de poner las manos encima y créame, que él hacía eso de una manera muy dura". Yo creo que la imposición de manos debe hacerse. En relación con esto, un periódico publicó, hace algún tiempo, una nota corta que decía: "Antes, el padre aplicaba su disciplina en la leñera; o sea, donde se guardaba la leña. Luego, con la calefacción moderna, ya no hubo necesidad de leña. La afeitadora eléctrica eliminó la correa. Las preocupaciones por los impuestos le hicieron perder el cabello, de modo que se dejó de lado el cepillo. Ésa es la razón por la cual los muchachos andan sin control hoy; al padre se le acabaron las armas". Por tanto, lo único que él podía hacer ahora era imponer las manos. Mi papá hacía eso muy bien. Muchas veces yo me preguntaba si a él le dolían tanto las manos como me dolía el castigo a mí. Pero la imposición de manos es una práctica muy buena. El pensamiento que tenemos aquí es el de no imponer las manos con ligereza. Es decir, en los neófitos, o sea, el hombre que recientemente se ha convertido.

Ésa es la razón por la cual yo me opongo a que personas famosas, recién convertidas ocupen la plataforma aun para dar su testimonio. En el día de hoy, por supuesto, esta clase de personas, están hasta escribiendo libros sobre la así llamada "teología". Por cierto, que es una teología muy rara. Ellos no tienen que ser hechos maestros inmediatamente.

Pienso que hoy la iglesia debe ser un lugar de instrucción, donde se enseña la Palabra de Dios y donde los hombres y las mujeres puedan edificar su fe. Lo que tenemos hoy son creyentes en iglesias como el Alka-Seltzer. Es algo efervescente, espumoso, y que lo único que tiene es emoción y mucho hablar en cuanto al amor. El Apóstol Pablo ha dicho ya que eso es muy importante que sea demostrado en la iglesia. Pero, eso tiene que estar anclado en la Palabra de Dios. Pero la equivocación que cometemos muchos de nosotros es que siempre interpretamos la experiencia como si fuera la prueba verdadera. Ponemos el carro antes del caballo. La Palabra de Dios es la prueba, y la experiencia debe seguir a eso, y debe probarlo. Pero la experiencia no debe contradecir la Palabra de Dios. Ése ha sido un gran problema en el día de hoy.

Esos hombres que son llamados ancianos aquí, obviamente eran los maestros de la iglesia primitiva. Creo, que ellos recibían un pago por esto. Creo que, en la ciudad de Éfeso, el Apóstol Pablo no se encontraba allí en ese momento, pero allí había literalmente miles de convertidos en esa zona cercana y éstos necesitaban enseñanza; entonces estos hombres llamados ancianos eran sus maestros. Éste era un asunto bastante serio para este joven misionero, el de seleccionar aquellos maestros y el de nombrarlos para que enseñaran la Palabra de Dios. Esto es lo que Pablo le está diciendo a él.

Ni participes en pecados ajenos. Consérvate puro. Es decir, "Timoteo, no te comprometas, no llegues a ninguna clase de acuerdo". Eso es lo que él le está diciendo aquí, porque algún día llegará alguien que será un recién convertido. Tiene un testimonio maravilloso. Dejemos que él lo presente. Este hombre se levanta y predica un pequeño sermón. El Apóstol Pablo está diciendo, que usted es participante de pecado con él si hace una cosa así. Debe mantenerse, conservarse puro. Uno tiene que estar seguro que estos hombres están anclados, asegurados, bien fundamentados en la Palabra de Dios.

> *Ya no bebas agua, sino usa de un poco de vino por causa de tu estómago y de tus frecuentes enfermedades. [1 Ti. 5:23]*

Este versículo siempre me hace sonreír. Este versículo ha sido abusado mucho. En primer lugar, quisiera aclarar que el vino que aquí se menciona no es como una bebida sino como una medicina.

Me pregunto, si Timoteo, tratando con este grupo de diáconos allí en Éfeso, ¿no habría llegado a tener una úlcera en el estómago? Por lo menos Pablo le dice aquí que tome un poco de esta medicina. Por cierto, que él ha sido colocado bajo una situación de mucha tensión y obligación y eso puede causar úlceras.

Los pecados de algunos hombres se hacen patentes antes que ellos vengan a juicio, mas a otros se les descubren después. [1 Ti. 5:24]

En ocasiones Dios puede juzgar a los creyentes aquí en esta tierra. Porque Él no lo juzgue a usted inmediatamente, no quiere decir, que Él no le vaya a juzgar.

Al pasar de los años uno puede observar cómo Él actúa. Él dejó muy en claro en 1 Corintios, que eso es en relación con la Cena del Señor. (1 Co. 11:30) Pablo dice que hay mucha gente que sufre enfermedades, porque han llevado a cabo esto sin discernir el cuerpo del Señor. Fue hecho de una manera equivocada: Por lo cual hay muchos enfermos y debilitados entre vosotros, y muchos duermen. Él está diciendo que algunos ya han sido juzgados, por lo cual hay algunos que están enfermos. Otros han muerto y ése ha sido el juicio de Dios. Eso fue algo muy real y verdadero en el caso de Ananías y Safira, por ejemplo. En 1 Co. 11:31, dice: Sí, pues, nos examinásemos a nosotros mismos, no seríamos juzgados. Cuando el creyente peca él se puede juzgar a sí mismo. Esto no quiere decir que él va a sentir lástima por sí mismo. Esto indica que él tiene que tratar con ese pecado en su vida. En primer lugar, si él le ha hecho daño o ha perjudicado a alguna persona, tiene que arreglar ese asunto. Lo segundo que tiene que hacer es apartarse de eso. Si él no lo hace, entonces él no se ha juzgado a sí mismo. 1 Co. 11:32, dice: Mas siendo juzgados, somos castigados por el Señor, para que no seamos condenados con el mundo. Es decir, que el mundo en el día de hoy comete esos pecados y Dios juzga. El creyente no va a dejar de pagar por su pecado. Ah, Dios lo va a juzgar, o él se tiene que juzgar a sí mismo. Si usted se juzga a sí mismo todo queda arreglado. Pero si usted no se juzga a sí mismo, entonces, Él le juzgará a usted. Se nos indica aquí de una manera muy clara, que hay veces cuando Dios juzgará a la persona aquí mismo y ahora. Luego esa persona tendrá que presentarse ante el Tribunal de Cristo.

> *Asimismo se hacen manifiestas las buenas obras; y las que son de otra manera, no pueden permanecer ocultas. [1 Ti. 5:25]*

Lo mismo se aplica a las buenas obras. Dios a veces bendice a un santo, a algún creyente aquí por algo que él ha hecho, por lo cual Dios puede recompensarle aquí mismo. Otros tendrán que esperar hasta llegar a la presencia de Dios. Creo que esto ha ocurrido en la vida de muchos de Sus santos en el presente.

CAPÍTULO 6

La relación de los creyentes con otros

Todos los que están bajo el yugo de esclavitud, tengan a sus amos por dignos de todo honor, para que no sea blasfemado el nombre de Dios y la doctrina. Y los que tienen amos creyentes, no los tengan en menos por ser hermanos, sino sírvanles mejor, por cuanto son creyentes y amados los que se benefician de su buen servicio. Esto enseña y exhorta. [1 Ti. 6:1-2]

Éste es uno de los lugares importantes en la Palabra de Dios. Aquí tenemos esa relación que debe existir entre la parte laboral y la parte patronal. El creyente debe trabajar el día completo para quien sea que esté trabajando. Si él tiene que trabajar hasta las 5 de la tarde, entonces tiene que trabajar hasta esa hora. Hay personas que abandonan su tarea dejando su herramienta en el aire. No completan su tarea y la persona que es un creyente debe cumplir con su tarea de todo el día para poder recibir el pago por ese día.

Pero suponga que su jefe es un creyente. Eso coloca todo esto en una base completamente diferente. Esto lo eleva aún más allá de cualquier clase de contrato. Una fábrica, cuyos dueños son creyentes, utiliza como obreros a muchos estudiantes de seminarios. Esta gente hasta recibe 45 minutos por día durante los cuales pueden tener una reunión en la iglesia y todo ese tiempo lo paga el patrón. Es realmente maravilloso estar allí. Cuando se felicitó a uno de los patronos por esto, éste contestó: "No nos felicite a nosotros porque nosotros hemos descubierto que muchos de los que trabajan para nosotros son creyentes, y ellos hacen una tarea mucho mejor que cualquier otra persona". Luego dijo: "Pensamos que esto nos beneficia más a nosotros que a ellos. Nosotros pensamos que son unos empleados maravillosos y en realidad no les estamos quitando o dando nada de más. Ellos están cumpliendo con nosotros en una forma sobresaliente". Ésta es una relación maravillosa. Como éste, tenemos muchos otros ejemplos.

Hay un lugar donde el patrón es creyente, y todos los trabajadores siempre escuchan nuestro programa, y no sólo lo escuchan, sino que también apoyan este programa de "A través de la Biblia". Usted puede apreciar, que el cristianismo no es algo que solamente pertenece a la iglesia, sino que obra aún en el taller. Se ensucia las manos en el trabajo, a veces hasta pone sus pies en el barro. No en el barro del pecado, sino en el barro de un trabajo duro.

> *Si alguno enseña otra cosa, y no se conforma a las sanas palabras de nuestro Señor Jesucristo, y a la doctrina que es conforme a la piedad, Está envanecido, nada sabe, y delira acerca de cuestiones y contiendas de palabras, de las cuales nacen envidias, pleitos, blasfemias, malas sospechas, Disputas necias de hombres corruptos de entendimiento y privados de la verdad, que toman la piedad como fuente de ganancia; apártate de los tales. [1 Ti. 6:3-5]*

Él está tratando aquí con esos hombres orgullosos que se encuentran en el ministerio, y por cierto que causan muchos problemas al ministerio. El orgullo no es algo que vaya muy bien con el hijo de Dios. Debemos reconocer que somos pecadores salvados por la gracia de Dios. Siempre existe la probabilidad o la posibilidad de ser orgullosos; enorgullecernos de algún lugar, de alguna raza o de la cara de uno; o el orgullo de la gracia. Hay algunas personas que hasta tienen orgullo por haber sido salvados por gracia de parte de Dios.

Una persona le dijo en cierta ocasión a Winston Churchill en cuanto a alguien a quien ambos conocían: "Bueno, por lo menos él es un hombre muy humilde". Churchill contestó: "Bueno, él tiene mucho por lo cual ser humilde". Nosotros los creyentes tenemos mucho por lo cual podemos ser humildes. Tenemos unos antecedentes tristes, sórdidos. Somos pecadores salvados por la gracia de Dios. Ahora, Pablo habla de cómo tratar a los demás. Él habla en cuanto a los ricos; cómo los ministros deben tratar a los ricos.

> *Pero gran ganancia es la piedad acompañada de contentamiento.*
> *[1 Ti. 6:6]*

Es importante que el hijo de Dios halle satisfacción en su lugar en la vida.

Porque nada hemos traído a este mundo, y sin duda nada podremos sacar. [1 Ti. 6:7]

Cuando una persona muy rica falleció hace ya unos años, algunos de sus herederos estaban esperando afuera. Cuando el médico y un abogado salieron de la sala en que estaba el difunto, ellos preguntaron inmediatamente: "¿Cuánto dejó?" El abogado contestó: "Lo dejó todo. No se llevó nada con él". Venimos a este mundo de esa manera y ésa es la razón por la cual un hijo de Dios debe usar su dinero para la obra de Dios. Creo que es algo bueno el hacer un testamento. Pero hasta esto ha sido abusado en el presente. El hijo de Dios tiene que estar seguro que él está apoyando la obra de Dios.

Así que, teniendo sustento y abrigo, estemos contentos con esto. Porque los que quieren enriquecerse caen en tentación y lazo, y en muchas codicias necias y dañosas, que hunden a los hombres en destrucción y perdición; Porque raíz de todos los males es el amor al dinero, el cual codiciando algunos, se extraviaron de la fe, y fueron traspasados de muchos dolores. [1 Ti. 6:8-10]

Es el amor al dinero, y no simplemente el dinero, lo que es la raíz de todos los males. No sólo tenemos aquí a los ricos, sino que se nos habla del creyente normal.

Mas tú, oh hombre de Dios, huye de estas cosas, y sigue la justicia, la piedad, la fe, el amor, la paciencia, la mansedumbre. Pelea la buena batalla de la fe, echa mano de la vida eterna, a la cual asimismo fuiste llamado, habiendo hecho la buena profesión delante de muchos testigos. [1 Ti. 6:11-12]

Éstas son las virtudes que el hombre de Dios debería procurar tener. Pelea la buena batalla de la fe. Esta pelea puede ser externa o interna, física o espiritual.

Echa mano de la vida eterna. Permítame hacerle una pregunta: Si a usted se le acusara de ser un creyente y si usted fuera llevado al tribunal, ¿habría suficientes pruebas como para condenarle? De esto es de lo que está hablando Pablo aquí. Demuestre claramente que usted es un hijo de Dios.

Te mando delante de Dios, que da vida a todas las cosas, y de Jesucristo, que dio testimonio de la buena profesión delante de Poncio Pilato, Que guardes el mandamiento sin mácula ni represión, hasta la aparición de nuestro Señor Jesucristo, La cual a su tiempo mostrará el bienaventurado y solo Soberano, Rey de reyes, y Señor de señores. [1 Ti. 6:13-15]

Que guardes el mandamiento sin mácula ni represión. Esto quiere decir "guardar los mandamientos que Pablo le había dado sin mácula ni represión". Si usted está siguiendo a Cristo, entonces usted debe portarse como un hijo de Dios.

A los ricos de este siglo manda que no sean altivos, ni pongan la esperanza en las riquezas, las cuales son inciertas, sino en el Dios vivo, que nos da todas las cosas en abundancia para que las disfrutemos. Que hagan bien, que sean ricos en buenas obras, dadivosos, generosos. [1 Ti. 6:17-18]

A los ricos de este siglo manda… Estos versículos contienen una advertencia para los ricos.

Dadivosos… Esto nos indica que nosotros debemos simpatizar, debemos estar listos para compartir.

Atesorando para sí buen fundamento para lo por venir, que echen mano de la vida eterna. [1 Ti. 6:19]

Ésta es la vida que es verdaderamente vida.

Oh Timoteo, guarda lo que se te ha encomendado, evitando las profanas pláticas sobre cosas vanas, y los argumentos de la falsamente llamada ciencia. [1 Ti. 6:20]

No trate de ser un predicador o un maestro o un creyente intelectual.

La cual profesando algunos, se desviaron de la fe. La gracia sea contigo. Amén. [1 Ti. 6:21]

…la falsamente llamada ciencia… debe ser traducido el falsamente llamado conocimiento. Pablo está hablando de la herejía del gnosticismo, pero esto se les puede aplicar a todas las filosofías humanas.

La segunda epístola del Apóstol San Pablo a
Timoteo

INTRODUCCIÓN

Una de las razones por continuar directamente con esta Segunda Epístola es porque casi forma parte de la Primera Epístola. Hay tres de estas epístolas que van juntas (la primera y la segunda a Timoteo y Tito), y se llaman "Las Epístolas Pastorales", porque tratan con las iglesias locales. Usted encontrará que estas epístolas contrastan, por ejemplo, con la epístola a los Efesios. Allí Pablo habla de la iglesia como un cuerpo de creyentes que están en Cristo y la posición gloriosa, maravillosa que tiene la iglesia. La iglesia invisible, compuesta de todos los creyentes que están en el cuerpo de Cristo, se manifiesta aquí abajo en la tierra en las iglesias locales.

El Apóstol Pablo aparentemente fue arrestado en Jerusalén en el año 58 d.C. Después de haber pasado tres años, llegó a Roma aproximadamente en el año 61 d.C. y pasó tres años, en la prisión, yendo de un juicio a otro ante diferentes gobernantes romanos. Luego, tenemos ese período que se llama su primer encarcelamiento romano, aproximadamente en el año 61 d.C. hasta el año 63 d.C. Sin embargo, parecería que no tenemos esa sección en el libro de los Hechos. El Libro de los Hechos de los Apóstoles termina en el momento en que comienza su primer encarcelamiento a manos de los romanos; y creo que eso ocurrió al comienzo de su encarcelación. Luego, de aproximadamente el año 64 d.C. hasta el 67 d.C., el Apóstol Pablo fue puesto en libertad y creo que, durante ese período, Pablo recorrió mucho territorio. Vemos que él escribió durante ese período de tiempo, la Primera Epístola a Timoteo y la carta a Tito, y que él hizo eso desde Macedonia. Luego él fue arrestado de nuevo en el año 67 d.C. y en el año 68 d.C. fue ejecutado. Según una tradición fidedigna, Nerón lo hizo decapitar, pero antes de morir en Roma, escribió la Segunda Carta a Timoteo.

La Segunda Epístola a Timoteo es en realidad una declaración del Apóstol Pablo, hecha en su lecho de muerte, digamos. Y una declaración que es pronunciada por una persona en su lecho de muerte, nos parece que tiene una importancia que no se le da a otra de sus declaraciones. Eso es lo que le da mucho significado a esta Segunda Epístola a Timoteo. Es una comunicación del Apóstol Pablo desde su lecho de muerte, digamos; es su mensaje final. Aquí hay cierta nota de tristeza, creo, algo que no se nota en otra de sus epístolas. Pero también existe algo de triunfo. Él dice: He peleado la buena batalla, he acabado la carrera. Ése, podemos decir, es el epitafio del Apóstol Pablo, y lo escribió él mismo.

Esta epístola es algo muy personal. Aquí se menciona por nombre a unas 25 ó 27 personas, y esto hace del capítulo 4 algo muy interesante; hace de esta epístola conmovedora, algo muy destacado, y queremos escuchar el mensaje del Apóstol Pablo de una manera muy atenta.

Hay ciertos versículos en esta carta, dos de ellos, que nos presentan el tema y nos dan el tono de esta epístola en particular. El primero de ellos lo encontramos en el capítulo 2, versículo 15, donde dice: Procura con diligencia presentarte a Dios aprobado, como obrero que no tiene de qué avergonzarse, que usa bien la palabra de verdad.

Luego, el otro se encuentra en el capítulo 4, versículo 2, donde dice: que prediques la palabra; que instes a tiempo y fuera de tiempo; redarguye, reprende, exhorta con toda paciencia y doctrina. Podemos darnos cuenta de que éstas son palabras muy importantes que se puede leer en esta epístola. Creemos que uno puede enfatizar una palabra en particular sobre las otras, y esta palabra es "lealtad". Uno puede encontrar la lealtad en el capítulo 1; la lealtad en el servicio en el capítulo 2; la lealtad en la apostasía en el capítulo 3 hasta el capítulo 4, versículo 5; y luego, hasta el final del libro encontramos la fidelidad del Señor para con Sus siervos, aun cuando ellos hayan desertado.

Sobre esta epístola parece que se mantuviera una nube oscura. Es como esa nube que uno puede apreciar en la distancia. Usted recuerda que Elías envió a su siervo a mirar, y él pudo observar que se acercaba una nube. Así es que él regresó y dijo a Elías: Yo veo una pequeña nube como la palma de la mano de un hombre. (1 Reyes 18:44) Entonces Elías le dijo a su siervo que llevara ese mensaje al rey para que se preparara porque iba a llover. Y amigo, aquí tenemos a un profeta que sí podía pronosticar el tiempo, ya que él dijo que iba a llover, y por cierto que se acabó la sequía, entonces.

Lo que tenemos en esta pequeña Segunda Epístola a Timoteo es la apostasía– esa nube oscura en el horizonte. Eso se ha desatado como una tormenta sobre el mundo y la iglesia. ¿Qué es lo que se quiere decir con "apostasía"? Bueno, en el diccionario se indica que apostatar es negar la fe. Y como ya hemos indicado en la epístola anterior, la apostasía no es algo que se hace por ignorancia. Es una herejía. La apostasía es un error que se comete deliberadamente. Es apartarse intencionalmente de la fe. Un apóstata es aquella persona que conoce la verdad del evangelio y las doctrinas de la fe, pero que las ha repudiado. Las ha rechazado.

El Apóstol Pablo está hablando aquí del resultado final de la predicación del evangelio. Esto no va a tener como resultado la conversión de la humanidad en su totalidad, ni tampoco servirá de introducción al milenio. Por el contrario, llegará una apostasía que casi hará desaparecer la fe de la tierra. En realidad, existen dos separaciones al final de las edades: Una es la partida de la iglesia, que es llamada por el Apóstol Pablo el "arrebatamiento". Él dice: … arrebatados…para recibir al Señor en el aire. (1 Ts. 4:17) Ésa es una separación. Y eso también lleva a la separación de la organización, del caparazón exterior de la iglesia, que permanece aquí abajo. Una separación total de la fe, que permite que el Señor Jesucristo pronuncie estas asombrosas palabras: Pero cuando venga el Hijo del Hombre, ¿hallará fe en la tierra? (Lc. 18:8) Y eso se presenta de tal manera en el idioma griego, que la única respuesta que se puede dar es: No, y seguimos diciendo: Él no la hallará.

Esto, por supuesto, no está de acuerdo con el evangelio social que espera transformar al mundo, tratando de remendar el sistema social. Estos optimistas vanos no tienen paciencia con estas lúgubres palabras de la Segunda Epístola a Timoteo. A nosotros nos pueden llamar "intelectuales oscurantistas", y cualquier cosa que eso sea, no es algo bueno; pero aún así, el frío recuento de los hechos de la historia y los sucesos de la hora presente, nos demuestran lo acertado de las declaraciones del Apóstol Pablo. Nos encontramos ahora en medio de una apostasía que es exactamente lo que el Apóstol Pablo había dicho.

La iglesia visible ha entrado en la órbita de una apostasía terrible. La iglesia invisible—es decir, el verdadero cuerpo de creyentes—no es afectada. La iglesia invisible se encuentra todavía aquí; y aunque me gustaría que fuera un poquito más visible de lo que es, se encuentra en su camino a la epifanía de gloria. Se encuentra en su camino al arrebatamiento hoy, y ése es un pensamiento que nos da mucho consuelo y ánimo en estos días en los cuales nos toca vivir.

Eso es lo que se está predicando hoy, y el Apóstol Pablo va a enfatizar la Palabra de Dios aquí, como no lo hace en ninguna otra de sus epístolas. En realidad, podemos decir que el Apóstol Pablo y el Apóstol Pedro están de acuerdo aquí. Los dos escribieron su "Canto del Cisne". Eso es lo que son las cartas de la Segunda a Timoteo y la Segunda Epístola Universal del Apóstol Pedro, y en esas dos epístolas, ellos le dan mucho énfasis a la Palabra de Dios y al Evangelio.

Debemos decir aquí que la predicación del evangelio descansa en algo que es realmente tremendo, y es la depravación total del hombre—que el hombre es un pecador perdido.

Un educador ha explicado esto de otra manera: "Donde la educación piensa que la naturaleza moral del hombre es capaz de mejorar; el cristianismo tradicional piensa que la naturaleza moral del hombre es corrupta y completamente mala. Donde la educación piensa que un agente humano exterior puede ser de ayuda en el mejoramiento moral del hombre, el cristianismo tradicional piensa que ese agente es Dios, y aún así, la naturaleza moral del hombre no se mejora, sino que se cambia por una nueva". Y eso es importante de ver, amigo, ¿no le parece?

Por tanto, el hombre se encuentra en tal estado que no se puede salvar por medio de una obediencia perfecta porque él no puede hacer eso. No puede ser salvo por una obediencia imperfecta porque

Dios no lo acepta. Por tanto, la única solución es el Evangelio de la gracia de Dios que extiende Su mano hacia donde estamos nosotros, y salva al pecador, basado en la muerte y resurrección de Cristo; y eso transforma la vida humana. Hemos visto demasiados ejemplos. Uno puede apreciarlos en todas partes: hombres y mujeres que han sido transformados por el Evangelio de la gracia de Dios.

De modo que opino que el tipo de predicación liberal se está dirigiendo en tres direcciones diferentes. El liberalismo está predicando desde el púlpito lo que se conoce como psicología popular, y podríamos identificarlo así: "Cómo poder vencer", "Venceremos". También lo podríamos llamar: "Cómo pensar creativamente" y "Cómo pensar afirmativa o positivamente". Eso es psicología popular. Pero eso no nos está llevando a ninguna parte.

En segundo lugar, el tipo de predicación liberal está proclamando la ética. Y eso predica un evangelio, bueno, lindo, dulce. Es un sermoncito predicado por un predicadorcito, para cristianitos. Créanos que el mensaje es algo así. Ellos dicen: "Lo bueno es mejor que lo malo, porque es mucho más lindo, y le ayuda a que uno no se meta en problemas". Es lo que ya hemos mencionado anteriormente, del cuadro que presenta una iglesia común (especialmente en el liberalismo), de que un predicador moderado habla ante un grupo moderado de gente y les urge a que sean más moderados todavía; y no hay nada más insípido que eso. No nos sorprendemos, entonces, que el Señor Jesucristo haya dicho a la Iglesia de Laodicea: Pero por cuanto eres tibio, y no frío ni caliente, te vomitaré de mi boca. (Ap. 3:16) Eso hace enfermar a cualquier persona.

Luego, tenemos lo tercero, y es lo que se llama el evangelio social. Eso predica el mejoramiento de las relaciones de las razas, pacifismo, justicia social, y el orden social cristiano. Y eso es sencillamente un socialismo cristiano puro y simple. Cuando el verdadero Evangelio es predicado y los hombres llegan a Cristo, somos todos hermanos. No es necesario hablar de tener mejores relaciones entre las razas. Uno no puede crear eso obligando a la gente a estar juntos. Pero el Evangelio de la gracia de Dios, puede hacer a otro hombre mi hermano. Y cuando hace eso, el color de la piel no tiene nada de importancia. Eso no tiene nada que ver. Y necesitamos, reconocer como dijo Martín

Lutero, que Dios crea de la nada. Por tanto, hasta cuando el hombre llegue a ser nada, Dios no puede hacer nada de él. Ése es el mensaje que se debe predicar hoy, y ése es el único mensaje que puede afectar en algo, en la época presente, a este mundo enfermo de pecado. Como podemos apreciar, eso hace de esta Segunda Epístola a Timoteo algo muy importante.

Bosquejo

I. Las AFLICCIONES del evangelio, Capítulo 1

   A. Introducción, 1:1-7

   B. No se avergüenza, sino participa de las aflicciones, 1:8-11

   C. No se avergüenza, sino tiene seguridad, 1:12-18

II. ACTIVO en el servicio, Capítulo 2

   A. Un hijo, 2:1-2

   B. Un buen soldado, 2:3-4

   C. Un atleta, 2:5

   D. Un labrador, 2:6-14

   E. Un obrero, 2:15-19

   F. Un utensilio, 2:20-23

   G. Un siervo, 2:24-26

III. La APOSTASIA venidera; la autoridad de las Escrituras, 3:1-4:5

   A. Condiciones de los postreros días, 3:1-9

   B. Autoridad de las Escrituras en los postreros días, 3:10-17

   C. Instrucciones para los postreros días, 4:1-5

IV. La FIDELIDAD al Señor y del Señor, 4:6-22

   A. El testimonio de Pablo cuando estaba para morir, 4:6-8

   B. Sus últimas palabras, 4:9-22 ("El Señor estuvo a mi lado")

CAPÍTULO 1

Las angustias del evangelio

El énfasis de Pablo aquí no será una declaración doctrinal de la iglesia cristiana, sino una advertencia contra los maestros falsos en la iglesia local. Le dará énfasis al hecho que el evangelio de la gracia de Dios es central en la doctrina y que concierne a la Persona de Cristo.

Introducción

Pablo, apóstol de Jesucristo por la voluntad de Dios, según la promesa de la vida que es en Cristo Jesús. [2 Ti. 1:1]

Pablo, apóstol de Jesucristo por la voluntad de Dios. En la Primera Epístola a Timoteo, él dijo, por mandato de Dios, y vimos que los mandatos de Dios revelan la voluntad de Dios, pero que aquéllos no son la totalidad de la voluntad de Dios. Aquí él dice, por la voluntad de Dios, según la promesa de la vida que es en Cristo Jesús. ¿Cómo acepta uno una promesa? Lo hace por fe. Ésa es la única manera en que usted puede obtener la vida eterna. Él le ofrece un regalo. Usted acepta un regalo porque usted cree al dador. Usted recibe vida eterna creyendo en el Dador. El Señor Jesús le da vida eterna cuando usted confía en Él como su Salvador porque Él pagó la pena por su pecado. Hoy Él puede ofrecerle el cielo a base de su fe y confianza en Él. Cuando usted lo cree a Él y se le acerca según Su plan, usted lo honra. Por lo tanto, la promesa de la vida que es en Cristo Jesús hace claro que por Cristo es la única manera en que usted puede obtener vida eterna.

A Timoteo, amado hijo: Gracia, misericordia y paz, de Dios Padre y de Jesucristo nuestro Señor. [2 Ti. 1:2]

Pablo saluda a Timoteo llamándole su hijo amado porque Timoteo era un gran gozo para el Apóstol Pablo. Entonces él sigue diciendo, gracia, misericordia y paz. Como mencioné en el estudio de 1 Timoteo, la salutación incluye la palabra misericordia (la cual no se encuentra en las salutaciones de las otras epístolas de Pablo). Dios es misericordioso cuando Él no nos da lo que merecemos; eso es, juicio y condenación. Pablo necesitaba mucha misericordia, y, ¡nosotros también! Afortunadamente, Dios es rico en misericordia para con nosotros.

De Dios Padre y de Jesucristo nuestro Señor. Aquí se le da énfasis al señorío del Señor Jesucristo.

> *Doy gracias a Dios, al cual sirvo desde mis mayores con limpia conciencia, de que sin cesar me acuerdo de ti en mis oraciones noche y día. [2 Ti. 1:3]*

Usted puede agregar a la lista que el Apóstol Pablo tenía, el nombre de Timoteo. A un grupo de estudiantes en un Seminario yo les indiqué que cada vez que leyeran en la Biblia el nombre de alguna persona por la cual el Apóstol Pablo oraba, que agregaran ese nombre a la lista de oración que el Apóstol tenía. De paso quisiera preguntarle, ¿cuántos predicadores tiene usted en su lista de oración privada? Espero que tenga por lo menos a su Pastor.

> *Deseando verte, al acordarme de tus lágrimas, para llenarme de gozo. [2 Ti. 1:4]*

El Apóstol Pablo amaba a Timoteo, eso está bien claro, y Timoteo amaba también al Apóstol Pablo, eso también es muy evidente. El Apóstol Pablo ha sido arrestado y se encuentra de nuevo en la cárcel listo para ser ejecutado, y esto es algo que afecta realmente a Timoteo; El Apóstol Pablo dice: al acordarme de tus lágrimas. Pero quiere hacerle saber a Timoteo que, si sólo pudiera visitarle, eso le daría mucho gozo a su corazón.

> *Trayendo a la memoria la fe no fingida que hay en ti, La cual habitó primero en tu abuela Loida, y en tu madre Eunice, y estoy seguro que en ti también. [2 Ti. 1:5]*

El Apóstol Pablo salió del judaísmo, pero este joven Timoteo fue criado aparentemente en un hogar cristiano. Aparentemente su abuela era creyente, así como también su madre. Eso tiene mucho que ver con este joven para que él se entregara al Señor Jesucristo. El padre de Timoteo era griego, y no se sabe si él era creyente.

> *Por lo cual te aconsejo que avives el fuego del don de Dios que está en ti por la imposición de mis manos. [2 Ti. 1:6]*

El Apóstol Pablo había impuesto las manos sobre Timoteo, para que Timoteo compartiera con él, el don de la enseñanza y de la predicación de la Palabra de Dios. Esto indica que Timoteo era compañero de trabajo del Apóstol Pablo. Soy de la opinión que el manto del Apóstol Pablo cayó sobre Timoteo. Creo que ésa es la intención de Pablo. Este joven era un amigo muy íntimo de Pablo, y cuando Pablo se encontraba en la cárcel en Roma, dijo refiriéndose a Timoteo: "No he encontrado otro como él". (Fil. 2:20) Es decir, aquí el Apóstol Pablo tenía a un hombre que podía llevar a cabo sus enseñanzas y predicación. Por tanto, él hizo de Timoteo, mediante la imposición de las manos, su compañero. Estaban juntos en el ministerio.

Note lo que el Apóstol Pablo dice aquí: Por lo cual te aconsejo que avives el fuego del don de Dios que está en ti. Este joven tenía un don y Pablo le dice que trate de avivarlo. ¿Qué le indica eso a usted? No deseo reflejar ninguna duda en cuanto a este joven Timoteo porque creo que él era una persona maravillosa, pero quizá el Apóstol Pablo podría tener alguna duda. Timoteo se encontraba lejos de Pablo, ya que él estaba en Macedonia, y el joven Timoteo se encontraba en Éfeso. Éfeso, era un lugar donde se encontraba el templo erigido a la diosa Diana, uno de los lugares más pecaminosos del mundo romano de esa época. Había muchas atracciones y tentaciones, había muchas cosas que podrían atraer a un joven en la ciudad de Éfeso. El Apóstol Pablo sabía muy bien eso ya que había pasado tres años en ese lugar. Me pregunto si quizá Pablo tenía un poquito de temor de que Timoteo pudiera mostrarse algo reticente y no seguir adelante. Pudiera haber existido ese peligro. Usted puede notar esta preocupación que el Apóstol Pablo tenía por este joven, a quien llamaba amado hijo.

Porque no nos ha dado Dios espíritu de cobardía, sino de poder, de amor y de dominio propio. [2 Ti. 1:7]

Aquí se menciona esta palabra cobardía. Quizá haya personas, como yo, que tengan mucho temor de viajar en avión. A veces tengo que viajar por obligación, y en realidad no disfruto nunca del viaje por avión. Al principio, el viajar en avión no infundía temor. Después de cada vuelo, yo sentía temor. Entonces, me regañaba a mí mismo por ese temor, y yo trataba de vencerlo.

El temor es algo natural y bueno. Yo le tengo miedo a un león. No quisiera encontrar uno en la calle, por supuesto. Si anda algún león suelto por las calles, yo buscaré un lugar muy seguro para esconderme de ese león. Tengo temor al león, y eso es algo normal para el ser humano, el tener temor. Hay muchos de nosotros que por alguna razón tenemos temor de las alturas, y, por tanto, temor de volar. Es algo que yo he tratado de vencer, y oro en cuanto a esto.

Este dominio propio nos habla de disciplina. Es decir, que Dios no quiere que la derrota sea parte normal de la vida del creyente. En realidad, tenemos que ser creyentes bien disciplinados y no tenemos que ser esclavos de nuestras emociones. Muchos de nosotros somos esclavos de nuestras emociones y actuamos dejándonos llevar de ellas. Ésa es una de las razones por la cual al ver una foto de algún pobre niño padeciendo hambre, o de un huérfano sufriendo, la gente es movida a dar dinero. La gente responde cuando se apela a sus emociones. El creyente no debería ser motivado por las emociones. Pienso que quizá esto sucede demasiado a menudo entre los creyentes. Por tanto, nuestras emociones no deben dominarnos. Debemos tener disciplina, es decir, dominio propio.

¿Cómo se le aplica esto al temor a volar? ¿Es algo malo tener temor a volar en un avión? No, amigo. Tal vez podría ser un error el quedarme en casa. Usted bien puede darse cuenta de que, si yo soy un creyente con dominio propio, con disciplina, voy a demostrar determinación y voy a hacer este viaje por aire porque es algo esencial en la obra del Señor, y es algo que tengo que hacer en mi vida para Dios. Por tanto, lo hago. ¿Por qué? Porque yo tengo que tener dominio propio. Yo estoy viviendo y estoy controlando mis emociones. Luego, quizá, cuando yo estoy en el avión, voy a estar allí lleno de temor y preguntándome, ¿cuántas horas más durará todo esto? Y las horas parecen una eternidad. Y si el avión comienza a sacudirse un poco, pues, ya busco agarrarme de lo que esté más a mano. Sin embargo, cualquier parte del avión se encuentra en la misma posición en la que yo me encuentro. Pero, yo me tomo o me agarro de cualquier cosa y parecería que me ayuda.

Pues bien, este versículo es algo maravilloso. Tenemos que dominar nuestras emociones. No debemos dejar que nuestras emociones controlen nuestras vidas. Dios no quiere que nosotros seamos creyentes derrotados en esta vida aquí en la tierra. Hay muchas personas que han sido tan afectadas por sus emociones, que se sienten dominados por ellas.

En cierta ocasión me encontraba haciendo un viaje por la Tierra Santa. En una ocasión yo tuve que ir hasta Egipto y no estaba interesado en repetir esa experiencia. Yo no quería ir a la ciudad de El Cairo en Egipto, quería permanecer en el hotel. Yo había planeado quedarme en Jerusalén y esperar que el grupo regresara adonde yo me encontraba, pero eso no fue posible porque el hotel estaba lleno y no podía quedarme en ese lugar. Así que tuve que hacer el viaje, y resultó un viaje bastante bueno. Pero me había dejado dominar por mis emociones, y no logré dominarlas, sino que el Señor me obligó a hacer ese viaje. Como resultado, tuve una buena visita y aprendí mucho de ese viaje.

No avergonzado, sino partícipe de las aflicciones

Por tanto, no te avergüences de dar testimonio de nuestro Señor, ni de mí, preso suyo, sino participa de las aflicciones por el evangelio según el poder de Dios. [2 Ti. 1:8]

Creo que es necesario decir dos o tres palabras en cuanto a este versículo. Hemos llamado a este capítulo: "Las angustias o los sufrimientos del Evangelio". Existe cierta forma de pensar hoy, de que la vida del creyente es una vida que debería ser fácil y muy linda, y todo dulce, y que todo sucederá de manera agradable y fácil. Temo que muchos de nosotros pensamos que tenemos un Padre Celestial que nos va a hacer las cosas muy fáciles y que andaremos por un camino sin ningún obstáculo, y nada nos va a suceder que resulte muy serio.

Lo importante de notar aquí es que el Señor Jesucristo mismo dijo que nosotros íbamos a tener dificultades, Él dijo en el evangelio de Juan 6:33: En el mundo tendréis aflicción. El creyente no pasará a través de la Gran Tribulación, pero usted y yo, vamos a tener pequeñas tribulaciones aquí. Vamos a tener problemas en nuestras vidas. Si tratamos de evitarlos es porque pensamos que lo podemos hacer porque somos creyentes.

En cierta ocasión un abogado contó en cuanto a algunas cláusulas que se encontraban en los testamentos de la gente. Aquí tenemos una de ellas: "A mi hijo le dejo el placer de ganarse la vida. Por 25 años él pensó que el placer era mío, pero estaba equivocado". Hay muchas personas que piensan de esta misma manera en cuanto a nuestro Padre Celestial. Eso quiere decir que todo va a ser bien fácil. La vida del creyente no es esa clase de vida.

Samuel Rutherford dijo lo siguiente: "Si nosotros no fuéramos extranjeros en esta tierra, los sabuesos de este mundo no nos estarían ladrando". Hay algo que no anda muy bien si usted llega a ser demasiado popular como creyente. Hay muchas personas que opinan que la vida del creyente es algo muy fácil, donde no hay nada que hacer sino divertirse. Hay gente que piensa así. Eso no es cierto.

> *Quien nos salvó y llamó con llamamiento santo, no conforme*
> *a nuestras obras, sino según el propósito suyo y la gracia que*
> *nos fue dada en Cristo Jesús antes de los tiempos de los siglos.*
> *[2 Ti. 1:9]*

Aquí tenemos un versículo maravilloso para el Hijo de Dios. El maravilloso propósito que Dios tenía en el Evangelio había sido ocultado en las edades pasadas, pero ahora ha sido revelado a través del Apóstol Pablo, según el propósito suyo y la gracia que nos fue dada en Cristo Jesús antes de los tiempos de los siglos. Pero se nos dice que eso había sido un misterio antes. Había estado oculto en los siglos pasados.

Ahora vemos aquí que debemos tomar el lugar de uno que va a tener que pagar un precio. Dios tiene cierto propósito en mente cuando hace esto. Él hace un llamado, y Él nos ha llamado con un propósito muy definido.

> *Pero que ahora ha sido manifestada por la aparición de nuestro*
> *Salvador Jesucristo, el cual quitó la muerte y sacó a luz la vida*
> *y la inmortalidad por el evangelio. [2 Ti. 1:10]*

Éste es otro versículo maravilloso, al cual se le debe dar mucho énfasis. Dice aquí: el cual quitó la muerte. Esto nos indica que Él ha dejado sin efecto a la muerte. Es decir, que la muerte ya significa algo completamente diferente para el Hijo de Dios. Ya no tiene ningún efecto, ningún resultado. Dios no eliminó la muerte por la cruz. Lo interesante de notar aquí es que esta persona que escribió esto que estamos leyendo, se encontraba en la prisión, en la cárcel, esperando que la sentencia de muerte fuese cumplida contra él. Pero él no está hablando aquí de una muerte física, sino de una muerte espiritual— una muerte eterna. Es decir, la separación eterna de Dios. Cristo ha abolido eso para que ningún pecador tenga la necesidad de ir a un lugar donde quede separado de Dios por la eternidad, porque hoy Él es nuestro Mediador, un Mediador entre Dios y los hombres. Él ha dejado satisfecho a Dios y a los hombres. En efecto, Dios ha quedado satisfecho con lo que Cristo ha hecho por nosotros. Pero la gran pregunta hoy es: ¿Ha quedado usted satisfecho? Eso es lo que nos quiere decir aquí. Reconcíliese usted con Dios: Dios ya se ha reconciliado con usted.

Permítame repetir lo que dije anteriormente: El hombre no puede salvarse por medio de una obediencia perfecta, porque él es incapaz de hacer eso. Tampoco puede ser salvo por una obediencia imperfecta porque Dios no acepta eso. Así es que esto deja sólo una solución a este dilema, y ésa es, Aquél que dijo: Yo soy el camino, y la verdad, y la vida; nadie viene al Padre sino por Mí. (Jn. 14:6) Esto es algo tremendo.

Del cual yo fui constituido predicador, apóstol y maestro de los gentiles. [2 Ti. 1:11]

Él es un predicador, un heraldo de la Palabra de Dios y también él era un apóstol, y maestro. Él tenía varios dones. Los Apóstoles los tenían. Tengo mis dudas en cuanto a si un hombre puede tener más de un don, porque es difícil ejercer uno.

El Dr. Chafer mencionó en cierta ocasión que él nunca se había encontrado con alguna persona que pensara que tenía más de un don, y nunca ha sabido de alguien que tuviera dos dones. Uno puede encontrarse con predicadores que piensan que pueden cantar; y según nuestra experiencia, ellos o no pueden cantar, o no pueden predicar. Si no era una cosa, era la otra. No creo que el Señor permita dos dones porque es muy difícil el poder utilizar ambos.

No avergonzado, sino asegurado

Por lo cual asimismo padezco esto; pero no me avergüenzo, porque yo sé a quién he creído, y estoy seguro que es poderoso para guardar mi depósito para aquel día. [2 Ti. 1:12]

El Apóstol Pablo se encuentra en la cárcel, y él ha sido condenado a muerte. Pero está diciendo: "Yo no me avergüenzo". Estas palabras ya habían sido mencionadas por él en su carta a los Romanos. No me avergüenzo del Evangelio. (Ro. 1:16) Pablo urge a Timoteo a que él tampoco se avergüence, ya que leímos en el versículo 8: Por tanto, no te avergüences de dar testimonio de nuestro Señor. Hay algunos creyentes que a veces no quieren ser testigos. Muchos de nosotros tenemos dificultades para hablar en ciertas ocasiones, pero eso no debería ser así.

Él ha hecho un depósito conmigo, y eso es lo que hace de Él un deudor para con todo el mundo. Usted y yo somos deudores hoy. Escucho a algunos creyentes decir: "Yo pago mis deudas honradamente". Usted y yo no hemos pagado nuestras deudas honradamente, hasta cuando cada persona en la tierra haya oído el Evangelio. El Apóstol Pablo dice: estoy seguro que es poderoso para guardar, y éste es un gran consuelo para nosotros, en el día de hoy, el estar en Sus manos.

Retén la forma de las sanas palabras que de mí oíste, en la fe y amor que es en Cristo Jesús. [2 Ti. 1:13]

Sanas palabras: Insisto en que las palabras de las Sagradas Escrituras son inspiradas. Creo en la inspiración total, completa, de la Palabra de Dios, y no creo que ningún otro punto de vista puede ser satisfactorio si no satisface las Escrituras.

Guarda el buen depósito por el Espíritu Santo que mora en nosotros. [2 Ti. 1:14]

Es importante notar que la vida del creyente se vive sólo en el poder del Espíritu Santo, porque de eso el Apóstol Pablo habla en el versículo 7, cuando dice: Porque no nos ha dado Dios espíritu de cobardía, sino de poder, de amor y de dominio propio. Todos ésos son frutos del Espíritu de Dios. Pablo escribió en Gálatas 5:22-23 que el fruto del Espíritu es amor, gozo, paz, paciencia, benignidad, bondad, fe, mansedumbre, templanza.

> *Ya sabes esto, que me abandonaron todos los que están en Asia,*
> *de los cuales son Figelo y Hermógenes. [2 Ti. 1:15]*

El Apóstol Pablo menciona por nombre a aquéllos que no han sido fieles, y éstos aparentemente no demostraron su fidelidad al ministerio. Es interesante notar que, al comienzo de la Primera Epístola, él dice que algunos se habían apartado. Aquí en esta Segunda Epístola a Timoteo, él dice: me abandonaron todos los que están en Asia. Algunos le habían abandonado antes.

Destaco esto porque hay personas que han hecho mención de lo que se dice aquí. Según me parece, la apostasía no es lo que caracteriza los últimos días, pero sí vamos a verla. La hemos visto a través de la historia de la iglesia.

Un de mis profesores decía que la historia de la iglesia es la historia de la apostasía. O, según sus propias palabras, la historia de las herejías. Eso ha sido muy cierto.

> *Tenga el Señor misericordia de la casa de Onesíforo, porque*
> *muchas veces me confortó, y no se avergonzó de mis cadenas.*
> *[2 Ti. 1:16]*

Aquí tenemos a un maravilloso santo de Dios, y a mí me hubiera gustado mucho ser Onesíforo, pero no me hubiera gustado nada haber sido Hermógenes.

> *Sino que cuando estuvo en Roma, me buscó solícitamente y me*
> *halló. [2 Ti. 1:17]*

¿No es algo hermoso esto? ¿No le parece algo bello? El Apóstol Pablo se encuentra en la cárcel y este hombre que quizá se encontraba en la ciudad por algunos asuntos de negocios, va a buscar a Pablo. Probablemente el Apóstol Pablo le había guiado a él al Señor, y uno no puede aborrecer o despreciar a aquél que le ha llevado a uno a los pies del Señor. Es decir, si eso ha sucedido genuinamente.

> *Concédale el Señor que halle misericordia cerca del Señor en*
> *aquel día. Y cuánto nos ayudó en Efeso, tú lo sabes mejor. [2 Ti.*
> *1:18]*

Aparentemente él vivía en Éfeso e hizo ese viaje a Roma. Quizá había mucha gente que viajaba en el mundo romano, en los días del Apóstol Pablo.

CAPÍTULO 2

Diligente en el servicio

Este hermoso capítulo 2, es algo maravilloso. Aquí hay siete figuras retóricas que son utilizadas por el Apóstol Pablo, para describir la belleza y la actividad de un creyente. Creo que esto debe ser recalcado una y otra vez, al llegar al fin de la edad en la cual vivimos nosotros hoy.

El Apóstol Pablo, en el primer capítulo hablaba al joven Timoteo en cuanto a ser llamado. En cuanto al hecho de que Timoteo tenía un don, y que debía aceptar las angustias, las aflicciones del Evangelio, y que debía salir a tomar una posición por Cristo.

Un hijo

Tú, pues, hijo mío, esfuérzate en la gracia que es en Cristo Jesús. [2 Ti. 2:1]

Comienza este segundo capítulo con una figura retórica: Tú, pues, hijo mío. Timoteo no era el hijo del Apóstol Pablo en forma física. Pablo era su padre espiritual, en el sentido de que fue bajo el ministerio del Apóstol Pablo que este joven llegó a conocer al Señor Jesucristo. Un hijo de Dios aquí, indica que se debe reconocer que esta persona ha sido nacida en la familia de Dios, por medio de su fe en Cristo. Siendo renacidos, no de simiente corruptible, sino de incorruptible, por la palabra de Dios que vive y permanece para siempre. (1 P. 1:23) Timoteo forma parte ahora de la familia de Dios, y es un hijo de Dios. Es por eso que el Apóstol Pablo le dice: esfuérzate en la gracia que es en Cristo Jesús.

Si usted cree que puede reunir todo el valor o valentía que tenga, y salir y tratar de hacer las cosas por sus propios medios, usted va a resultar una persona muy desanimada. Si usted cree que de una u otra forma puede seguir ciertas reglas, ya que, en el día de hoy, existen muchas artimañas a nuestro alrededor, cosas que sólo pueden ser muy inteligentes; que, si usted primero realiza una y luego hace la siguiente, todo va a resultar bien. ¿No le parece que eso puede ser otro sistema legal que se está presentando ante usted? ¿Que eso es algo que agrada más bien a la naturaleza vieja del hombre? El Apóstol Pablo no tiene reglas y la Palabra de Dios tampoco tiene reglas y normas para el hijo de Dios, por medio de las cuales se deba vivir la vida cristiana.

Nosotros somos salvos por gracia. Debemos vivir por la gracia de Dios, y debemos esforzarnos en esa gracia de Dios. Permítame darle un ejemplo de mi niñez: Mi padre acostumbraba indicarme ciertas cosas que yo debería hacer cuando él viajaba. Él viajaba muy a menudo y estaba fuera del hogar por mucho tiempo, y siempre dejaba dicho algunas de las cosas que quería que yo hiciera cuando él estuviera afuera. Algunas de esas cosas yo las hacía; por ejemplo, tenía que cortar leña. Eso no me preocupaba hacerlo. A mí me gustaba ese tipo de trabajo y yo lo disfrutaba mucho, porque es un buen ejercicio. Pero mi padre también tenía otras reglas que francamente a mí no me gustaban. Una de ellas era que yo debía ir a la Escuela Dominical los domingos; sin embargo, él nunca iba. Pero siempre decía que yo debía ir. Y cuando mi padre no estaba en casa, pues, yo no iba. En cierta ocasión se me ocurrió ir a pescar. De pronto, él regresó a la casa y fue a buscarme, y me encontró pescando. Yo ni siquiera sabía que él estaba cerca de la casa. Me estaba yendo bastante bien, saqué un pescado, y en el momento en que lo saqué del agua tiré demasiado fuerte que el pescado cayó detrás de mí. Entonces, me di vuelta para recogerlo, y allí detrás de mí estaba mi papá. Él me pregunto: "Hijo, ¿estás pescando mucho?" Yo pensé que en ese momento se me había acabado la suerte. Pero aún entonces, yo apelé a su amor. Él era mi padre. Yo sabía que había hecho algo malo y que él por medio de la gracia podía ser bueno para mí. Y así fue. Él me dijo: "He traído unos dulces para ti y para tu hermana, para que se los repartan. No te los iba a dar, pero creo que ahora sí te los daré". Yo me estaba aprovechando de su buen corazón. En realidad, yo era su hijo.

Mi padre murió cuando yo tenía 14 años. Pero ahora tengo un Padre Celestial y yo también apelo a Su gracia. Tengo un Padre Celestial, y cuando las cosas andan mal aquí, puedo ir a Él y apelar ante Él. Cuando fracaso, no trato de huir de Su presencia. Quizás lo habría hecho antes pero ahora no lo hago porque no quiero irme muy lejos, porque la punta del látigo duele más. Por tanto, me acerco a Él. Allí no duele tanto.

Soy hijo. ¡Qué figura retórica más hermosa la que usa el Apóstol Pablo aquí!

Cuando uno escucha a los creyentes hablar y decir: "Yo no hago esto", o se les oye que dicen: "Yo no hago aquello y sigo ciertas reglas y normas. Estoy en el presente usando este programa en particular", me doy cuenta inmediatamente de que esta gente conoce muy poco en cuanto a la gracia de Dios. Verdaderamente conoce muy poco de la gracia de Dios. Pablo dice aquí: Esfuérzate en la gracia que es en Cristo Jesús.

Lo que has oído de mí ante muchos testigos, esto encarga a hombres fieles que sean idóneos para enseñar también a otros. [2 Ti. 2:2]

El Apóstol Pablo tenía mucho interés en cuanto al futuro, y eso era algo propio. Creo que la mayoría de nosotros al llegar al final de nuestro ministerio, nos preguntamos en cuanto al futuro. Nos preguntamos si llegarán hombres que se dedicarán a predicar y a enseñar la Palabra de Dios. Quizá nos preocupamos como Elías pensando que no hay nadie a nuestro lado que puede seguir adelante. Pensamos que somos los únicos en la ciudad. Como dijo Elías: Sólo yo he quedado profeta de Jehová (1 R. 18:22). Pero uno descubre que está equivocado en esto.

Cuando yo viajo a diferentes lugares a visitar varias iglesias, descubro que hay predicadores jóvenes que son muy consagrados. Yo no podría mencionar todos los nombres de las personas que he llegado a conocer en los viajes que he realizado. Sin embargo, uno puede encontrar muchos lugares con hombres jóvenes que se mantienen firmes por las cosas de Dios. Me satisface ver que existe una preocupación real de parte de ellos.

Ahora, Timoteo debe enseñar a otros para que estas cosas queden en manos de hombres fieles, y que ellos a su vez sean capaces de enseñar a otros. Dios levantará a hombres con talentos y dones; pienso que ésa es la forma en que Él actúa en el presente.

Nosotros, como hijos de Dios debemos preocuparnos en cuanto a los asuntos de nuestro Padre. El Señor Jesucristo cuando era un muchachito aquí en Su humanidad, dijo: ¿No sabíais que en los negocios de Mi Padre Me es necesario estar? (Lc. 2:49) Yo he llegado a ser un hijo de Dios, no en la misma manera en que el Señor Jesucristo llegó a serlo, pero he llegado a ser un hijo de Dios a través de la fe mía en Él. Porque dice la Escritura: Mas a todos los que le recibieron, a los que creen en su nombre, les dio potestad–o sea, les dio la autoridad, el derecho–de ser llamados hijos de Dios. (Jn. 1:12) Aun a aquéllos que no hacen ni más ni menos que creer en Su nombre. Yo estoy interesado en los negocios de mi Padre. ¿Está usted interesado en los negocios de su Padre; en la predicación de la Palabra de Dios hoy? De eso es de lo que el Apóstol Pablo está hablando aquí. Él no está hablando de cosas pequeñas y sin importancia. Hay muchas cosas que realmente no tienen importancia, y a las que se les da demasiada atención. El propósito principal es el de predicar la Palabra de Dios. Usted y yo, debemos reconocer que, como Sus hijos, necesitamos la gracia de Dios en nuestras vidas.

Alguien quizá puede decir: "Bueno, yo estoy un poco disgustado conmigo mismo". ¿Lo está? Esto quiere decir, entonces, que usted tiene que haber creído en usted mismo. No debería haber sido así. Usted está andando por la gracia de Dios. La Escritura dice: Por fe andamos, no por vista. (2 Co. 5:7) Luego alguien dice: "Bueno, yo estoy desanimado". Eso quiere decir que usted no cree en la Palabra de Dios y en la forma que Él bendice. Usted piensa que, por haberlo hecho a su manera, ahora se ve desanimado. Luego hay otro grupo que dice: "Bueno, espero poder hacer las cosas mejor". Lo que usted está tratando de hacer, entonces, es que algo bueno salga de esa vieja naturaleza que tenemos. Es mejor esforzarse en la gracia de Dios hoy.

Un buen soldado

Tú, pues, sufre penalidades como buen soldado de Jesucristo. [2 Ti. 2:3]

Aquí se nos habla de un buen soldado de Jesucristo, y un creyente es un soldado. Eso quiere decir que hay una batalla que ganar, y lo primero que debo hacer es señalar aquí estas siete figuras retóricas de un buen soldado, mencionadas por el Apóstol Pablo.

El número uno diría es hijo mío. Número dos es buen soldado de Jesucristo. Me pregunto, ¿de qué forma es un hijo de Dios, un soldado? Vimos esto en el último capítulo de la Epístola a los Efesios. El Apóstol Pablo está peleando una batalla espiritual y necesita la armadura de Dios.

Ninguno que milita se enreda en los negocios de la vida, a fin de agradar a aquél que lo tomó por soldado. [2 Ti. 2:4]

Quizás usted, se pueda imaginar a algún soldado que en medio de la batalla va a su capitán y le dice: "Bueno mi capitán, siento mucho decirle esto, pero tengo que irme, ya que tengo algunos asuntos que hacer en la ciudad, y luego debo realizar unos negocios. Después, tengo que salir con mi novia, así es que no voy a poder regresar el día de hoy". ¿Se puede usted imaginar, esto? ¿Que un soldado haga eso en medio de la batalla? Bueno, hay muchos creyentes que están tratando de luchar de esa manera hoy.

Aquí tenemos un asunto de prioridades. Timoteo tiene que soportar las penurias, las dificultades. Eso quiere decir que tiene que soportarlas con el Apóstol Pablo. De eso es de lo que se está hablando aquí. Esto no tiene nada que ver con el asunto de si el hombre tiene que casarse o no. Algunos han utilizado este versículo como un argumento para apoyar eso de que uno no puede casarse. Aquí se está hablando de enredarse en las cosas de este mundo, de tal manera que uno no pueda ser capaz de vivir la vida de creyente.

En cierta ocasión una señora se acercó a mí y me dijo: "Yo me encontraba en la iglesia cierto día, y cuando usted invitó a la gente a aceptar al Señor Jesucristo, yo lo acepté, pero no me levanté de mi asiento. La razón por la cual no lo hice es porque mi esposo falleció recientemente, y él tenía un negocio donde vendía licores, y yo estoy a cargo de ese negocio ahora. Le estoy diciendo esto porque no creo que este negocio pueda continuarlo. Ahora, si usted me dice que tome un martillo y rompa todas las botellas, lo haré. Pero estoy esperando que usted me diga qué debo hacer". ¿Qué hubiera dicho usted? De seguro que muchos van a decir algunas cosas en sus cartas en cuanto a la respuesta que se le debe dar a esta persona. Pero lo que yo dije fue esto: "No vaya al negocio y rompa todas las botellas; usted no va a detener a la empresa licorera rompiendo unas cuantas botellas, nada más. Si eso funcionara, con mucho gusto le diría que lo haga, pero ésa es la única entrada que usted tiene. Lo que yo le sugiero, es que venda ese negocio, de esa manera usted no se enreda en las cosas de esta vida".

A mi juicio, eso es lo que debe reconocer el hijo de Dios: Que usted y yo como soldados hoy, debemos comprender que la vida cristiana no es un parque de diversiones, sino que es un campo de batalla. Es un campo de batalla donde se ganan las batallas, y también donde se pierden las batallas. Por tanto, el hijo de Dios debe reconocer que se está desarrollando en este momento una batalla espiritual.

Un atleta

Y también el que lucha como atleta, no es coronado si no lucha legítimamente. [2 Ti. 2:5]

Aquí tenemos a un atleta, y este hombre quiere ganar el juego. Sin embargo, no es coronado si no lucha legítimamente. Ésta es, la tercera figura retórica: el que lucha como atleta.

Alguien ha expresado esto de una manera un poco diferente diciendo: "El único ejercicio que hacen algunos creyentes es el juzgar sin reflexión, el criticar a sus amigos, el esquivar las responsabilidades, y presionar su suerte". Bueno, ésa no es la clase de ejercicio de la cual está hablando el Apóstol Pablo aquí. Él habló de la vida del creyente como si se tratara de una carrera, y el Apóstol Pablo dice: Prosigo a la meta, al premio del supremo llamamiento de Dios en Cristo Jesús. (Fil. 3:14) El Apóstol Pablo también dice que todo aquél que está esforzándose por ganar una corona, se controla a sí mismo; y él hace eso (véase 1 Co. 9:24-27). Pablo dice: "Yo quiero controlarme a mí mismo. Quiero correr la carrera cristiana de tal manera que Aquél que está al final de la carrera, el Señor Jesucristo, pueda recompensarme y decirme: "Bien hecho buen siervo y fiel". (Mt. 25:21) ¡Cuán importante es esto! Debemos reconocer que esto que se nos presenta aquí es algo de suma importancia para el hijo de Dios.

El cristiano debe "luchar legítimamente". Eso es, él no debe jugar con las reglas. No hay ningún atajo para vivir la vida cristiana. No hay trucos que condensen la cristiandad para que se pueda ofrecer en un cursillo o que la expliquen con unas cuantas reglas. Dios nos dio setenta y seis libros, y cada uno de ellos es muy importante. Se necesita la totalidad de estos libros para darnos la mente y la Palabra de Dios. Debemos estudiar la Biblia entera. Un atleta no puede tomar atajos en la pista de carreras, y un jugador de béisbol no puede pasar por la segunda base sin tocarla. Él tiene que tocar todas las bases para poder llegar al jon. Un hijo de Dios tiene que hacer eso, también. Si usted va a ganar, usted no puede tomar atajos.

Un agricultor

El labrador, para participar de los frutos, debe trabajar primero.
[2 Ti. 2:6]

Esta cuarta descripción, sencillamente indica que el labrador, tiene que trabajar en el campo. Él es él que siembra la Palabra de Dios y, por tanto, él es quien va a disfrutar del fruto. Se habla mucho de poner nuestras gavillas a los pies del Señor Jesucristo, y eso está bien. Espero poner unas cuantas allí. Me gusta mucho pensar que seré capaz de hacer eso. Pero, primero tiene que haberse realizado la siembra y el trabajo. Luego que el labrador hace eso, entonces llegará la cosecha. Es por esta razón que no coopero con los grupos que tratan de evangelizar a todo el mundo. Realmente creo que la Palabra de Dios tiene que sembrarse hoy, y digo que tiene que ser sembrada en su totalidad.

Considera lo que digo, y el Señor te dé entendimiento en todo.

Acuérdate de Jesucristo, del linaje de David, resucitado de los muertos conforme a mi evangelio. [2 Ti. 2:7-8]

Esto nos indica que el Señor va a ocupar el trono de David aquí: resucitado de los muertos conforme a mi evangelio, dice el Apóstol Pablo. Éste es el evangelio de Pablo porque él es quien lo está predicando. Es importante notar esto de nuestra parte. Conforme a mi evangelio simplemente quiere decir que es el evangelio de Pablo porque es él quien lo está predicando.

En el cual sufro penalidades, hasta prisiones a modo de malhechor; mas la palabra de Dios no está presa. [2 Ti. 2:9]

Usted padecerá dificultades si se mantiene firme por la Palabra de Dios. El Apóstol Pablo estaba en cadenas, pero él pudo descubrir que la Palabra de Dios salía de ese lugar y se esparcía en ese mismo mundo romano.

Por tanto, todo lo soporto por amor de los escogidos, para que ellos también obtengan la salvación que es en Cristo Jesús con gloria eterna. [2 Ti. 2:10]

El Apóstol Pablo nos aclaró que aún cuando él estaba en cadenas, la Palabra de Dios se esparcía en ese mundo romano con un dictador en el trono. Pablo dice: "Yo estoy en la prisión" ...mas la palabra de Dios no está presa. Gracias a Dios que se sigue predicando hoy y que continuará esparciéndose, y Dios dice eso.

Palabra fiel es ésta: Si somos muertos con él, también viviremos con él. [2 Ti. 2:11]

¿Cuándo fue que nosotros morimos con Él? Cuando Él murió hace más de 2.000 años. Cuando venimos a Cristo y le recibimos como nuestro Salvador, Su muerte viene a ser nuestra muerte. Nos identificamos con Él y somos resucitados con Él en novedad de vida. Esto quiere decir que este mismo día, Él quiere vivir Su vida en nosotros por medio del poder del Espíritu Santo.

Si sufrimos, también reinaremos con él; si le negáremos, él también nos negará. [2 Ti. 2:12]

En primer lugar, si nosotros hemos confiado en Cristo, Él llevó nuestros pecados, Él murió por nosotros; eso es lo primordial. Eso significa que nosotros vamos a vivir con Él. Él fue resucitado de los muertos, y nosotros también seremos resucitados. Vamos a estar con Él. Si sufrimos, también reinaremos con él. No creo que todos los creyentes lleguen a reinar con Él. Hay algunos que no están de acuerdo con esto que estoy diciendo, pero eso está bien. Creo, que éste es otro grupo que se limita a aquéllos que han sufrido con Él. Sería un poco embarazoso para mí si en el cielo me pusieran al mismo nivel que el Apóstol Pablo. Yo creo que le pediría disculpas en el momento que estuviera a su lado, pero no creo que eso llegue a suceder. Yo no me sentiré frustrado si no estoy ocupando un lugar junto al Apóstol Pablo. Creo que este versículo se refiere a un grupo definido de cristianos que verdaderamente han sufrido por Cristo. En el mundo romano hubo muchos creyentes que fueron hechos mártires. Según Fox, cinco millones de creyentes murieron porque ellos no negaron al Señor Jesucristo.

Si le negáremos, él también nos negará. Ésta es una forma de hablar un poco dura, fuerte; pero, Pablo también cree que la fe sin obras es muerta. Podemos apreciar que el Apóstol Pablo y el Apóstol Santiago no se contradicen para nada. Después de todo, Santiago estaba hablando acerca de las obras de la fe, y Pablo está diciendo que la fe producirá obras, y si eso no sucede, entonces, hay algo completamente malo. Calvino dijo lo siguiente: "La fe sola salva, pero la fe que salva no está sola".

Si fuéremos infieles, él permanece fiel; él no puede negarse a sí mismo. [2 Ti. 2:13]

Dios es fiel; Dios cumplirá las promesas que le ha hecho a usted. Pero, si usted no cree, eso no quiere decir que Él no le ama, eso no quiere decir que Él no murió por usted. Eso simplemente indica que Él es fiel. Él no puede negarse a sí mismo. Usted, en cambio, si puede hacerlo.

Según la naturaleza de Cristo, Él no puede aceptar como verdadero aquello, o la persona que es falsa. Es por eso que el Señor Jesucristo habló de manera tan severa en cuanto a los líderes religiosos de Su época, Él los llamó hipócritas. Ellos estaban pretendiendo ser algo que en realidad no eran. Si Cristo aceptara a alguien que no es realmente genuino, entonces, Él se estaría negando a Sí mismo, porque Él es verdadero. Por tanto, debemos ser genuinos, eso es lo importante de ver en este capítulo.

Recuérdales esto, exhortándoles delante del Señor a que no contiendan sobre palabras, lo cual para nada aprovecha, sino que es para perdición de los oyentes. [2 Ti. 2:14]

Esto tiene que ver con las contiendas sobre palabras. El pueblo de Dios necesita recordar que debemos asirnos y mantenernos en las cosas que son realmente esenciales. No es necesario que nos pongamos a discutir en cuanto a palabras vacías o a filosofías; o en cuanto a las pequeñas diferencias que podemos tener. En cierta ocasión recibí una carta del Pastor de una denominación, en la cual él me decía que apreciaba mi ministerio. Él recibe las Notas y Bosquejos, y recomienda el programa a su iglesia, y él dice: "Nosotros no estamos de acuerdo en todo", y así es; no vemos por qué ellos hacen ciertas cosas, y ellos no ven por qué nosotros hacemos ciertas cosas también. Quizá cuando lleguemos a la presencia del Señor, vamos a descubrir lo que cierta persona dijo una vez: "Todo argumento tiene tres lados: el lado suyo, el lado mío, y luego, el lado que es correcto". Quizá ambos necesitemos ser corregidos, pero lo importante es que ni él, ni yo deberíamos discutir o contender por la sencilla razón de que estamos de acuerdo en demasiadas cosas; y así es como él quiere hacer las cosas, y así es como yo quiero hacer las cosas. Creo que es una pérdida de tiempo en realidad, cuando uno toma este punto de vista negativo, de tratar de corregir a los demás creyentes. Es algo muy difícil el tratar de corregir a un creyente, pero en lugar de tratar de hacer eso, tratemos de mantenernos en el lado positivo. Pongamos énfasis en lo positivo, no en lo negativo.

Un obrero, un maestro

Procura con diligencia presentarte a Dios aprobado, como obrero que no tiene de qué avergonzarse, que usa bien la palabra de verdad. [2 Ti. 2:15]

Aquí tenemos otra cosa; un hijo de Dios es un obrero. Se nos enseña que debe estudiar para presentarse a sí mismo ante Dios. Un obrero aquí, evidentemente quiere decir, un maestro. Ésta es, de paso digamos, la quinta figura retórica. El hijo de Dios es un maestro, y eso quiere decir que debe ser un estudiante, y que tiene que estudiar. Que no tiene de qué avergonzarse, que usa bien la palabra de verdad.

Que usa bien la palabra de verdad. Eso quiere decir que tiene que ser un obrero experto, como un artesano, un estudiante de la Palabra de Dios, y que él debe entender que la Palabra de Dios es un atado, un grupo unido de verdad; y que la Palabra de Dios tiene ciertas divisiones correctas. La Biblia ha sido preparada según ciertas leyes y cierta estructura, y éstas deben ser observadas y obedecidas al leer uno la Palabra de Dios. Uno no puede sacar un versículo de aquí y otro versículo de allá, y luego ignorar el pasaje completo de esa parte o de aquélla. Ésa es en realidad la razón principal por la cual yo enseño toda la Palabra de Dios, porque pienso que es demasiado fácil hoy, sacar un pasaje de aquí y otro de más allá. Pero la Biblia, no es esa clase de libro.

Hace algún tiempo cité un artículo que había aparecido en una revista, y quisiera volver a citar algo de allí. Esto revela la ignorancia de un hombre que no ha reconocido que la Palabra de Dios es una gran unidad, que necesita ser usada bien para poder comprenderla apropiadamente: "En breve, una de las maneras de describir la Biblia, escrita por muchas manos diferentes, durante un período de más de 3.000 años, podría ser: Que es una colección desordenada de sesenta y tantos libros, que a menudo son tediosos, bárbaros, oscuros y llenos de contradicciones e inconsistencias. Es una mezcla hirviente de un libro y un guisado irlandés de poesía y propaganda; de leyes y legalismo; de mito y mirra, de historia e histeria". Este hombre realmente habla mucho y su verbosidad es muy abundante en palabras inútiles. Él revela aquí la tremenda ignorancia que tiene en cuanto a la Biblia. También revela lo que sucede cuando uno no usa bien la Palabra de Verdad.

¿Qué es lo que uno quiere decir con esto: que usa bien la palabra de verdad? (2 Ti. 2:5) Hay ciertas dispensaciones en la Palabra de Dios y ése es un método diferente por el cual Dios trató con el hombre, siempre con la base de la muerte de Cristo como el método de salvación. Pero el hombre expresa su fe en Dios de maneras diferentes: Abraham por ejemplo ofreció un cordero, lo mismo hizo Abel. Pero espero que usted no vaya a la iglesia el domingo con un cordero en sus manos, porque eso estará completamente fuera de lugar ya que el Cordero de Dios ya vino a este mundo y ha quitado ya el pecado del mundo. (Jn. 1:29) Por tanto, nosotros miramos hacia atrás, hacia el pasado. Abel y Abraham miraban hacia delante al Cordero de Dios. Ésta es una ilustración de usar bien la palabra de verdad.

Me hubiera gustado que este hombre que cité anteriormente hubiera estudiado un poco más la Biblia, antes de escribir en cuanto a este libro. Cuando este hombre dice que ése es un libro que casi nadie lee, creo que él pertenece a esa clase de gente.

Cuando yo comencé a estudiar la Palabra de Dios, la Biblia era para mí un libro bastante confuso y complicado, y quizá entonces, yo hubiera estado de acuerdo con ese hombre. Pero, luego, tuve en mis manos una Biblia con referencias y pude estudiarla bajo hombres que la conocían muy bien. Esos hombres bendijeron mi corazón, bendijeron mi alma, y la Biblia se convirtió entonces, en un libro nuevo. Eso es lo que el Apóstol Pablo está diciendo a Timoteo aquí.

Mas evita profanas y vanas palabrerías, porque conducirán más y más a la impiedad. [2 Ti. 2:16]

Es decir, que esto no llega a ser de ningún provecho para la persona. Por tanto, él tiene que evitar todo esto.

Y su palabra carcomerá como gangrena; de los cuales son Himeneo y Fileto. [2 Ti. 2:17]

No sé quiénes son estos dos hombres que el Apóstol Pablo menciona aquí, pero ellos aparentemente eran apóstatas.

Que se desviaron de la verdad, diciendo que la resurrección ya se efectuó, y trastornan la fe de algunos. [2 Ti. 2:18]

En aquellos días había ciertas personas estaban enseñando que la resurrección ya había tenido lugar, y eso indicaba que cualquier persona que quedaba atrás, había perdido esa oportunidad.

Pero el fundamento de Dios está firme, teniendo este sello: Conoce el Señor a los que son suyos; y: Apártese de iniquidad todo aquél que invoca el nombre de Cristo. [2 Ti. 2:19]

En el Antiguo Testamento se le había mandado al israelita que escribiera una escritura y la colocara sobre su casa. Es decir, que él tenía que hacer de su casa un lugar donde colocara carteles de la Palabra de Dios. Allí se podían colocar carteles. En el día de hoy, la propaganda se ha aprovechado de esta idea: Colocar propaganda en grandes cartelones. Eso hace aparecer las cosas malas de este mundo como si fueran buenas y muy atrayentes. La cerveza, el licor y el cigarrillo, por ejemplo, y muchas otras cosas se revelan en ese lugar; en los clubes nocturnos, todo aparece como algo muy atractivo cuando se coloca en un cartelón.

Hoy nosotros no estamos haciendo eso con la Palabra de Dios, y si la coloca allí, esté seguro que esté escrita bien y de una forma atrayente. Creo que perjudica a la causa de Cristo el escribir las Sagradas Escrituras de una manera cruda; me refiero al estilo, por supuesto. Es decir, escrita en forma cruda. En Deuteronomio 6:8, Dios le dijo a su pueblo: Y las atarás como una señal en tu mano, y estarán como frontales entre tus ojos; y las escribirás en los postes de tu casa, y en tus puertas. Eso los identificaba a ellos como adoradores de Jehová.

En cuanto a la iglesia se puede decir que una iglesia tiene dos Escrituras. Como número uno, es que el Señor conoce a los que son Suyos. Pero ¿cómo se van a dar cuenta de eso, la gente que está afuera? Aquí se nos dice: Apártese de iniquidad todo aquél que invoca el nombre de Cristo. Así es como se van a dar cuenta ellos, los de afuera, de lo que somos. Esto nos indica lo que es apartarse, separación. La separación es apartarse del mal y separarse para Cristo. Si usted nombra el nombre de Cristo, esté seguro que no está viviendo en pecado.

Hay hoy, desafortunadamente, algunos que son muy capaces de explicar doctrinas, que son muy fundamentales en la fe, y que luego resulta que son personas que han tenido una relación extramarital; que han caído en pecado y han sido probados deshonestos y algo así por el estilo. El mundo de afuera va a conocer que esa señal que está sobre la iglesia, en realidad no es una señal. Usted no la necesita, porque Dios conoce a los que son Suyos. Pero los de afuera, los del mundo, van a conocerle por medio de la vida que usted vive. Y ésa, digamos de paso, es la única forma que ellos tienen para darse cuenta de quien es cristiano verdadero o no lo es. Eso es lo que se nos enseña aquí.

Un utensilio

Pero en una casa grande, no solamente hay utensilios de oro y de plata, sino también de madera y de barro; y unos son para usos honrosos, y otros para usos viles. [2 Ti. 2:20]

Aquí tenemos la sexta figura retórica, un utensilio.

Así que, si alguno se limpia de estas cosas, será instrumento para honra, santificado, útil al Señor, y dispuesto para toda buena obra. [2 Ti. 2:21]

Aquí se nos presenta un cuadro de diferentes clases de utensilios. Usted recuerda que cuando estábamos estudiando Jeremías 18, el profeta fue a la casa del alfarero y observó cómo él hacía una vasija de barro. Esa vasija debe ser un utensilio de honra, y para que así sea, tiene que ser limpio para poder ser usado.

Suponga que usted se encuentra en un desierto y está muriéndose de sed. Llega a un oasis y encuentra allí dos vasos. Usted encuentra un vaso, una copa de oro, muy llena de ornamentos, muy hermosa, pero está sucia; y a su lado se encuentra un vaso de barro que está un poco roto, pero sirve para sacar agua, o de paso digamos, que este vaso está limpio. ¿Cuál de ellos usaría usted? Debemos reconocer que Dios tiene tanta inteligencia como la que usted tiene. Dios usa vasos, utensilios limpios. Él no quiere usar lo que está sucio.

Usted recuerda que el Señor Jesucristo usó esos cántaros viejos que se encontraban en ese lugar donde se estaba celebrando la boda en Caná de Galilea. Él los hizo traer, y estas cosas eran usadas para las ceremonias que tenían lugar entre los judíos. Él hizo que esos cántaros fuesen llenados de agua. Él tomó esos cántaros viejos, quizá un poco rotos y dañados, y los usó. Dios está buscando hoy, utensilios limpios.

Huye también de las pasiones juveniles, y sigue la justicia, la fe, el amor y la paz, con los que de corazón limpio invocan al Señor. [2 Ti. 2:22]

Cuántas veces el Señor ha juntado fe, amor y paz, y los tres resumen la vida de un creyente. Esto no es algo que debe ser predicado continuamente desde el púlpito y que llega a ser algo completamente azucarado, sino que es algo que debe vivirse y demostrarse en ese banco de la iglesia.

Pero desecha las cuestiones necias e insensatas, sabiendo que engendran contiendas. [2 Ti. 2:23]

No se dedique a argumentar demasiado. Recibo cartas de personas que quieren argumentar esto o aquello, en cuanto a algo que he dicho. En realidad, no es un argumento importante o una declaración de importancia, sino que tiene que ver con alguna cosa muy pequeña. Deseo sugerirle que no escriba esas cartas porque ésas son cartas que yo no respondo. No tengo el tiempo necesario para esa clase de cosas. Estamos viviendo en un mundo que se está quemando hoy. Es necesario que nosotros prediquemos la Palabra de Dios y no que nos dediquemos a argumentar ciertas cosas. Si usted no está de acuerdo conmigo, existe la posibilidad de que usted esté en posesión de la razón y que yo esté equivocado. Pero, sabe una cosa, yo soy lo que se llama "cabeza dura", usted nunca va a llegar a corregirme. Así es que sigo adelante y continúo tratando de predicar la Palabra de Dios.

Un siervo

Porque el siervo del Señor no debe ser contencioso, sino amable para con todos, apto para enseñar, sufrido; Que con mansedumbre corrija a los que se oponen, por si quizá Dios les conceda que se arrepientan para conocer la verdad. [2 Ti. 2:24-25]

Aquí tenemos algo que puede parecerle extraño. Ésta es la séptima y última figura retórica. El soldado debe luchar, pero el siervo no debe ser contencioso. ¿Qué es lo que tenemos aquí? ¿Una contradicción? Claro que no. Es una paradoja. Cuando usted se mantiene firme por la verdad, hay ocasiones en las cuales usted tiene que ponerse firme en sus pies, y dejarle saber a la gente cuál es su posición. No tiene que ser un cobarde. Hay personas que dicen que el silencio es oro; pero, hay veces en que demuestran cobardía. Manténgase firme por la verdad. Cuando usted está tratando de ganar a un hombre que está perdido, no discuta con él. Si él está en desacuerdo con usted, déjelo así. Simplemente preséntele a él, la Palabra de Dios. ¡Eso es maravilloso!

Y escapen del lazo del diablo, en que están cautivos a voluntad de él. [2 Ti. 2:26]

¿No es esto algo maravilloso? Tenemos siete figuras retóricas del hijo de Dios, que se nos ha presentado aquí.

CAPÍTULO 3

La apostasía venidera y la autoridad de la Escritura

Aquí encontramos la predicción de la apostasía que vendrá. Tenemos aquí el canto del cisne del Apóstol Pablo, justo antes de su ejecución en Roma. Él advierte de la apostasía que vendrá en los últimos días, y presenta el antídoto para esa apostasía, que no es otra cosa que la Palabra de Dios. Este capítulo enfatiza eso, lo que hace de él algo muy importante, de tanto significado para nosotros.

Apostasía en los últimos días

También debes saber esto: que en los postreros días vendrán tiempos peligrosos. [2 Ti. 3:1]

Es decir, que el Apóstol Pablo está diciéndole a este joven Timoteo que tiene que saber también esto. Esto es aparentemente algo muy importante. Él está diciéndole a Timoteo lo que debe esperar que suceda, y cuál será el futuro de la iglesia. Ese futuro, digamos de paso, no es algo muy brillante. Es decir, para la iglesia organizada aquí en la tierra.

Los postreros días es una terminología técnica que se utiliza en varios lugares del Nuevo Testamento, y se utiliza de tal forma que nos habla de los postreros días de la iglesia, inmediatamente antes del rapto de ella. Ésos son los postreros días. Los últimos días de la iglesia no son los mismos que los últimos días de la nación de Israel, que se menciona en el Antiguo Testamento. Esos últimos días allí son llamados el tiempo del fin. (Dan. 12: 4) Ése es el período de la Gran Tribulación y es diferente de los postreros días que se menciona aquí.

La apostasía que comenzó en la iglesia en los días del Apóstol Pablo continuará. Él ya les había dicho a los creyentes de Éfeso, que después de su partida, falsos maestros iban a entrar. Él les dijo: Porque yo sé que después de mi partida entrarán en medio de vosotros lobos rapaces, que no perdonarán al rebaño. Y de vosotros mismos se levantarán hombres que hablen cosas perversas para arrastrar tras sí a los discípulos. (Hechos 20:29-30) Éstos no estarán predicando la Palabra de Dios, sino que estarán quitándoos a vosotros lo que tenéis. Os estarán esquilando a vosotros. Estos falsos maestros pasan mucho tiempo tratando de esquilar las ovejas, y por cierto que hacen un buen trabajo.

Bueno, estos tiempos peligrosos indican que son tiempos difíciles los que se acercan. Esto no parece indicar la conversión del mundo, ¿verdad? Tampoco parece indicar que es la iglesia quien vaya a hacer que venga el milenio. No parece indicar que la iglesia vaya a convertir a todo el mundo. La Biblia nunca enseñó eso. Éste es un gran sueño de muchos idealistas y de muchas personas que han vivido como el avestruz, con la cabeza enterrada en la arena, y nunca se han enfrentado a la realidad. Note ahora ¿qué es lo que vendrá en los días postreros? Se nos dan diecinueve descripciones. Lo que tenemos ante nosotros es algo verdaderamente terrible, algo no muy agradable, por cierto, pero queremos mirar esto porque aquí probablemente encontramos el mejor cuadro de la hora presente, que usted pueda hallar en cualquier parte de las Sagradas Escrituras.

Yo enfatizo mucho, el hecho de que no pienso que en el día de hoy estamos viendo que las Escrituras sean cumplidas. Creo que estamos avanzando, y hemos avanzado, a los últimos días de la iglesia; pero eso no es dar fechas. La razón para decir esto es que estas cosas que se indican aquí han aparecido. Creo que, si uno observa la historia de la iglesia, notará que hay épocas cuando algunas de estas cosas estaban en evidencia, pero no creo que uno jamás podría encontrar un período en el cual todas ellas fueran tan evidentes como lo son hoy.

> *Porque habrá hombres amadores de sí mismos, avaros, vanagloriosos, soberbios, blasfemos, desobedientes a los padres, ingratos, impíos, Sin afecto natural, implacables, calumniadores, intemperantes, crueles, aborrecedores de lo bueno, Traidores, impetuosos, infatuados, amadores de los deleites más que de Dios. [2 Ti. 3:2-4]*

Amadores de sí mismos. Esta gente se ama a sí misma, y ésa es una señal, de los últimos días de la iglesia sobre la tierra. Esto se nota muy evidentemente hoy, se está mostrando en todas las partes de nuestra cultura contemporánea. Suponemos que si hay una cosa que sea evidente, es esto. Esto que se menciona aquí se demuestra muy a menudo en el ambiente de la política. Cierto periodista informa desde una de las grandes capitales del mundo, que eso es lo que él puede apreciar muy a menudo. Él no está señalando a ningún partido político en particular, sino a los políticos en general, aquéllos que están ocupando altas posiciones. Eso ha sido algo que se ha destacado año tras año, digamos, y lo que ellos han querido es ocupar lugares de importancia, y desean que los reporteros los alaben por lo que están haciendo. Desean ser alabados, y prácticamente insisten en que así se haga. Hay algunos reporteros que lo hacen y son recompensados por eso. Luego, hay otros reporteros que muestran favoritismo con otro grupo, y también son recompensados a su vez. Pero lo que caracteriza a todo el complejo político del día de hoy, es que los hombres desean ser alabados.

Por cierto, que eso no se puede limitar nada más que a la política. Uno lo puede apreciar también en los artistas de cine y de teatro, donde se puede ver que esta gente desea esto más que cualquier otra cosa. Aquí tenemos a un actor que dice algo bueno en cuanto a otro, y otro a su vez dice lo mismo en cuanto al primer actor. Eso, por cierto, que tampoco se limita a la vida de los artistas. Probablemente uno lo puede encontrar en cualquier aspecto de la vida. Uno puede verlo en las escuelas, aun en las escuelas que son cristianas. Tienen cierta forma de presentar títulos honorarios, ya que, si cierto hombre habla a favor de una escuela, ellos a su vez le hacen un favor a él y le dan un título honorario, y así se ayudan mutuamente. Eso hasta ocurre dentro de la iglesia misma. Y el Apóstol Pablo dirá más adelante en esta Epístola, capítulo 4, versículo 3, que, teniendo comezón de oír, se amontonarán maestros conforme a sus propias concupiscencias, o sea que quieren que les endulcen el oído, quieren ser halagados siempre. De modo que ellos van al púlpito, y allí halagan a la congregación. Le dicen a la gente lo maravillosa que es. Ellos, los predicadores, no les dicen que son pecadores, les dicen que son maravillosos. ¡Cuán maravillosos son los diáconos! Quizá no sea así. Uno no sabe cómo realmente son las cosas. Lo interesante hoy es el amor a sí mismo que caracteriza la presente hora en que vivimos. Y probablemente no ha habido ninguna otra época en la cual se haya tenido tanto de esto, como en el presente.

Avaros. Creo que ésa va muy bien con la primera; amadores de sí mismos, lleva a que sean amadores del dinero, porque esta vieja naturaleza gusta de tener mucho dinero para gastar en sí mismo, y ésos son los amadores del dinero. Usted recuerda que Pablo dijo en 1 Timoteo 6:10, lo siguiente: porque raíz de todos los males es el amor al dinero. El dinero en sí mismo no es malo, el problema está en nuestra actitud en relación con el dinero, es decir, cómo lo obtiene y cómo lo gasta, lo que indica aquí en la palabra avaros. La avaricia es la que se relaciona a sí mismo, no solamente con la forma de obtener la riqueza, sino con la forma en que se utiliza esa riqueza.

En cierta ocasión había un creyente muy rico, y parecía que lo que este hombre tocaba se convertía en oro. Alguien le dijo cierto día, que parecía que él estaba acumulando mucho dinero, y él contestó: "Yo no estoy interesado en el dinero, estoy interesado en lo que puede hacer". Eso tenía que ver con el mundo de los negocios y también con el mundo creyente, porque por cierto que ese hombre utilizaba ese dinero para la gloria de Dios. Aquí se habla de los avaros y ellos son los que aman el dinero.

Vanagloriosos. Eso tiene que ver con las personas que son fanfarronas, o que se las dan de valientes. Usted se puede dar cuenta que un hombre es orgulloso, por la forma en que él camina, y camina como pavo real. Ésa es la idea que se presenta aquí, son fanfarrones.

Soberbios. Esto significa "altaneros".

Blasfemos. Éstos son "maldicientes", "murmuradores". Hay algunas personas a las que les gusta quejarse todo el tiempo. Y así es el murmurador, siempre encuentra alguna falta en cuanto a los demás. Siempre metiéndose en los negocios de la otra gente, y eso es lo que tenemos aquí en esta palabra.

Desobedientes a los padres. No hace falta explicar esto demasiado. Se explica por sí mismo. En el presente tenemos miles de jóvenes y muchachas adolescentes que se han ido de sus hogares, a hacer las cosas por sí mismos, sin haber consultado con sus padres. Quizá pueda justificarse lo que están haciendo, pero aún así ellos son desobedientes con sus padres.

Ingratos. Eso se revela en el día de hoy. Hay mucha gente que acepta regalos de los demás, sin siquiera darles las gracias. Además, aceptan todo lo que Dios les da, y nunca le dan las gracias a Él. Se estila decir que la ingratitud, "es un monstruo que da horror".

Impíos. Éstos son los profanadores, ellos en realidad están contra Dios en su forma de hablar y en su forma de vivir.

Sin afecto natural. Esto indica relaciones anormales. Estamos viviendo en un día cuando el homosexual es declarado como una persona normal, aun cuando la Palabra de Dios dice que Él los ha desechado. Romanos 1:24, dice: Por lo cual también Dios los entregó a la inmundicia, en las concupiscencias de sus corazones, de modo que deshonraron entre sí sus propios cuerpos. La humanidad se ha hundido en lo más profundo del abismo cuando acepta la homosexualidad.

Implacables. Esto nos muestra cierta clase de gente con la cual uno no se puede llevar para nada, son irreconciliables. Ellos no permiten que usted se lleve bien con ellos. En cierto restaurante había una inscripción que decía: "No se puede agradar a todo el mundo, pero hacemos lo posible". Eso no se puede hacer. Hay muchas personas a las cuales no se puede complacer. He descubierto que aún a través de este programa radial, aquí en A Través de la Biblia, hay algunas personas a las cuales no se puede complacer. No sé por qué, pero así es. Ése es el significado de esta palabra aquí.

Calumniadores. Hay mucha abundancia de esta clase de gente en el presente.

Intemperantes. Esto quiere decir, personas que no se pueden controlar a sí mismas. Eso, nuevamente, caracteriza a muchos en el día de hoy.

Crueles. Esto indica "salvajes". Muchas de nuestras ciudades se han convertido hoy en selvas o junglas de cemento. No hay seguridad para salir por sus calles. ¿Por qué? Porque los hombres se están convirtiendo otra vez en salvajes.

Aborrecedores de lo bueno. También tenemos mucha evidencia de esto en el presente.

Traidores. Hay personas en las cuales uno no puede confiar.

Impetuosos. Éstos son "temerarios" o "precipitados e indiferentes".

Infatuados. Estas personas han sido cegadas por su propio orgullo, o se han emborrachado con el orgullo. Son ambiciosos, altivos, arrogantes.

Amadores de los deleites más que de Dios. Eso caracteriza a la humanidad del día de hoy. Nunca se ha gastado tanto dinero para poder proveer el placer para la gente; eventos deportivos, entretenimientos. Estas cosas atraen a millones de personas hoy, y ése es exactamente el mismo camino que recorrió Roma antes de caer. Presentaban esos grandes circos para las multitudes, y luego, Roma cayó. Nosotros estamos viviendo en un día similar.

A mí me gusta participar en los deportes, pero nunca llegué a comprender esta clase de deporte por el cual uno se tiene que sentar en tal posición que pueda contemplar lo que están haciendo los demás. Nunca me entusiasmó demasiado el ir al estadio, e ir con los demás, o sea con otras 50.000 personas, y contemplar a 22 jugadores disputándose una pelota de fútbol. Me hubiera gustado estar yo mismo allí, si hubiera sido más joven. Pero, yo no voy a ir a un lugar a mirar que estas otras personas jueguen un partido, mientras yo estoy en la tribuna. No estoy acusando a estos hombres, pero lo que deseo señalar es que hay multitudes que están gastando fortunas hoy, para proveer entretenimiento. Esto es lo que caracteriza a la iglesia visible.

Que tendrán apariencia de piedad, pero negarán la eficacia de ella; a éstos evita. [2 Ti. 3:5]

Estamos en un día cuando la gente simplemente pasa por los ritos de la religión, sin que esto tenga vida en realidad. Aquí se nos dice que debemos evitar estas cosas. Quisiera hacer una pregunta aquí. Si usted se encuentra en una iglesia liberal, muerta, fría, y usted es un creyente, ¿qué es lo que está haciendo allí? La Palabra de Dios dice que usted tiene que evitar estas cosas. Por todas partes usted puede encontrar Pastores maravillosos y también iglesias maravillosas. Yo leo cartas, muy a menudo, de personas que en realidad son buenos creyentes en todas partes, que pertenecen a iglesias que se mantienen firmes por Dios, y a veces me pregunto, ¿por qué el pueblo de Dios no está con éstos y otros hombres? La Palabra de Dios es muy clara en esta ocasión.

> *Porque de éstos son los que se meten en las casas y llevan cautivas a las mujercillas cargadas de pecados, arrastradas por diversas concupiscencias. [2 Ti. 3:6]*

Cuando aquí se habla de mujercillas, creo que indica a personas de ambos sexos. Ha habido personas que han ido a conferencias bíblicas por muchos años, y hay muchos de ellos que no saben más de lo que sabían hace 25 años atrás. Uno se pregunta ¿qué es lo que están haciendo? Lo que sucede se menciona aquí:

> *Éstas siempre están aprendiendo, y nunca pueden llegar al conocimiento de la verdad. [2 Ti. 3:7]*

Si usted se encuentra en esta categoría en el día de hoy, póngase de rodillas y pídale a Dios que le perdone.

> *Y de la manera que Janes y Jambres resistieron a Moisés, así también éstos resisten a la verdad; hombres corruptos de entendimiento, réprobos en cuanto a la fe. Mas no irán más adelante; porque su insensatez será manifiesta a todos, como también lo fue la de aquéllos. [2 Ti. 3:8-9]*

Aquí se mencionan los nombres de Janes y Jambres, y éstos aparentemente son los nombres de los dos magos que Faraón llamó cuando Moisés comenzó a realizar milagros, cuando llegaron las plagas a Egipto. Lo interesante de este caso fue que en las primeras dos o tres pruebas, estos magos pudieron imitar lo que había hecho Aarón. Pero, cuando él continúa haciendo milagros, estos magos pudieron ver que era la mano de Dios obrando aquí, y que ellos ya no podían duplicar.

Ahora, hay varias cosas que debemos notar aquí. Lo primero que tenemos es que nosotros nunca hubiéramos conocido los nombres de estos hechiceros magos de Faraón, si el Apóstol Pablo no los hubiera mencionado. Con eso se abre una gran reserva de especulaciones. ¿De dónde sacó Pablo los nombres de esos dos magos? Mi respuesta sencilla es que le fueron revelados a Pablo, por el Espíritu de Dios. No creo que esto agregue mucha información para nosotros hoy, pero sí nos revela, según creo, algo que es muy interesante; que Pablo conocía los nombres de estos hombres. No son solamente magos y hechiceros sin nombres, sino que eran personajes reales, con nombres. Ellos enfrentaron a Moisés, y el relato de esto se nos presenta en Éxodo 7:11.

Eso también revela dos cosas; que Satanás tiene poder, él tiene un poder sobrenatural, y también que él es un gran imitador, y él imita las cosas que Dios hace. Esos hombres fueron capaces de hacer lo que Aarón hizo. Aarón lo hizo por el poder de Dios. Ellos en cambio lo hicieron por el poder de Satanás. Creo que ésa es una de las razones por las cuales se menciona eso aquí, para que comprendamos que en nuestros días Satanás puede imitar el poder de Dios. Temo que en muchos lugares se presenta una manifestación del poder de Satanás, y no del poder de Dios, y que eso es mal entendido. Ésa es la razón por la cual Juan nos advirtió diciendo: Probad los espíritus para que veamos si son de Dios o no lo son. (1 Jn. 4:1) Esto es algo que nosotros debemos hacer. Se nos dice que debemos alejarnos de esa clase de cosas. Estos hombres resistieron a la verdad, hombres corruptos de entendimiento. Esa palabra que se utiliza aquí como réprobos nos indica a una persona que ha dejado de lado la fe, la ha rechazado completamente.

Creo que es posible presentar un ejemplo clásico para esto. Hace algunos años, un obispo de la Iglesia Episcopal, en la zona oeste del estado de California en los Estados Unidos, quien era un hombre de aparentemente gran habilidad, aunque los hechos demostraron más adelante que aún en su familia y desde época muy temprana, ellos se habían mezclado en las prácticas espiritistas, aquello que se acerca mucho a lo sobrenatural. Este hombre, pues, según se nos informó, había rechazado las grandes verdades de las Sagradas Escrituras, y había realizado un viaje a Palestina, y según entiendo, tenía la intención de probar que algunas de las grandes verdades de la Biblia estaban en realidad equivocadas. Pero, él no logró hacer eso, pero por cierto que probó algunas otras cosas, y creo que lo que aquí se menciona fue una de ellas. Creo que fue algo muy extraño en la forma en que este hombre murió en el desierto, en esa zona.

No estoy tratando yo de presentar alguna explicación en cuanto a esto, sino decir solamente que aquí tenemos un ejemplo clásico.

Un hombre que aparentemente, en una época profesó creer algo, y luego llegó un día cuando él se convirtió como dice la Escritura, en un réprobo; él dejó de lado la fe.

Creo que lo que le ocurrió a este hombre debería ser una gran lección para los creyentes hoy. Usted puede meterse en estas cosas si quiere hacerlo, pero usted está tratando con cosas que son realmente peligrosas porque existe una manifestación de poder satánico alrededor nuestro en el presente. En este día de materialismo tosco, es algo muy extraño que se pueda observar la manifestación de un poder sobrenatural. Hay algunas personas que se sorprenden al descubrir eso porque ellos habían rechazado completamente lo sobrenatural, pero mucho de esto, por supuesto, es algo satánico.

La autoridad de las Escrituras en los últimos días

Pero tú has seguido mi doctrina, conducta, propósito, fe, longanimidad, amor, paciencia, Persecuciones, padecimientos, como los que me sobrevinieron en Antioquía, en Iconio, en Listra; persecuciones que he sufrido, y de todas me ha librado el Señor. [2 Ti. 3:10-11]

Timoteo conocía muy bien al Apóstol Pablo. La vida del Apóstol era como un libro abierto, y la vida del creyente debería ser así.

Antioquía–aquí se refiere a Antioquía de Pisidia. Éstos son los lugares de la zona de Galacia, donde el Apóstol Pablo realizó su primero, segundo y tercer viaje misionero. En su tercer viaje misionero él fue apedreado en Listra y abandonado como muerto, y creo que él dijo que Dios intervino a su favor allí. Ésta es la zona donde vivía Timoteo, allí vivían también su madre y su abuela, su familia entera vivía en ese lugar. Su padre, un griego, también era de esa zona. El Apóstol Pablo le dice: "Tú conoces todo esto y sabes de las cosas que he padecido".

Y también todos los que quieren vivir piadosamente en Cristo Jesús padecerán persecución. [2 Ti. 3: 12]

En cierta ocasión Melvin Laird, quien más tarde llegaría a ser el Secretario de Defensa de los Estados Unidos, hizo la siguiente declaración; no sé bajo cuáles circunstancias dijo esto, pero lo que él dijo fue lo siguiente: "En este mundo se está haciendo cada vez más impopular el ser creyente. Pronto puede llegar a ser peligroso". No fui yo el que dije eso. Este señor fue quien lo dijo. Por lo menos, la prensa informó de esa manera. Quiero decir esto: Creo que vamos a poder apreciar esto en los días que vienen: la separación de los hombres, de los muchachitos; aquéllos que en realidad se mantienen firmes por el Señor Jesucristo y los que no lo son. Creo que esto es algo que debe analizar en su vida amigo creyente: "¿Hasta dónde estoy dispuesto a llegar por el Señor Jesucristo? ¿Cuánto estoy dispuesto a entregar?" Esto es algo que debemos analizar en el pensamiento de nuestro propio corazón. Me da tristeza decir, que yo por mí mismo no puedo presentar una respuesta muy adecuada, pero sí quiero servirle y amarle a Él, y espero que Él me dé Su gracia para soportar lo que pueda venir en el futuro.

Pero, aparentemente estamos entrando en una época hoy, donde el cristianismo–y me estoy refiriendo a los verdaderos creyentes–se está convirtiendo en algo muy impopular. Uno de los ejemplos que podemos utilizar hoy, es en cuanto a la prensa. Es muy difícil encontrar a un reportero que informe en cuanto a lo que ocurre en el mundo cristiano. ¿Cuándo fue la última vez en que usted leyó algún artículo favorable en cuanto a la posición bíblica hoy? Quizá pongan en primera plana algún hecho negativo, pero no se presenta allí a algún predicador fundamental. Hombres que creo, tienen mucha mayor habilidad que el ejemplo que presenté anteriormente, pero esta gente ni siquiera recibe publicidad. ¿Por qué? Porque en realidad, no existe mucha libertad de prensa. Usted me pregunta: "¿Qué quiere decir con eso?" Bueno, quiero decir sencillamente lo siguiente: Que la prensa no presta atención, es decir, deja de mencionar las noticias que representan la verdadera cristiandad. Si usted llega a recibir alguna publicidad, es una representación muy mala la que se hace, y no solamente eso, si un predicador comete un crimen, entonces lo ponen en la primera página, pero si él es un instrumento que ayuda a salvar a un grupo de personas de ir al infierno, entonces, lo dejan de lado, nunca se menciona.

Lo que estoy diciendo, es que hemos entrado en una órbita donde sabemos lo que es pagar un precio por mantenernos firmes por Cristo.

> *Mas los malos hombres y los engañadores irán de mal en peor,*
> *engañando y siendo engañados. [2 Ti. 3:13]*

Esta palabra engañadores aquí, es algo interesante de notar. Se puede traducir como "hechicero" o "impostor", cualquiera de los casos; engañando y siendo engañados, es decir, que están haciendo descarriar a la gente y al mismo tiempo se descarrían a sí mismos. Éste es un cuadro de los días postreros. ¿Qué es lo que puede hacer un hijo de Dios en días como éstos?

El antídoto para la apostasía

> *Pero persiste tú en lo que has aprendido y te persuadiste,*
> *sabiendo de quién has aprendido; Y que desde la niñez has*
> *sabido las Sagradas Escrituras, las cuales te pueden hacer sabio*
> *para la salvación por la fe que es en Cristo Jesús. [2 Ti. 3:14-15]*

El único antídoto, es la Palabra de Dios. El único recurso y el auxilio para el hijo de Dios en el presente es la Palabra de Dios. Ése es el único lugar al cual podemos ir en un día como el que vivimos.

Pablo le dice a Timoteo que continúe en las cosas que ha aprendido. La madre y la abuela de Timoteo le habían enseñado a él la Palabra de Dios, porque ellas eran madres judías, y le habían enseñado a él, las Sagradas Escrituras.

El Apóstol Pablo le dice que las Escrituras le pueden hacer sabio para la salvación por la fe. ¿Qué clase de salvación? Timoteo ya era salvo en esa ocasión. Vemos que la salvación se encuentra en tres tiempos, y creo que es necesario observar esto de esta manera. Se puede decir en tiempo pasado: "He sido salvado del pecado". En tiempo presente: "Estoy siendo salvado del pecado". Tercero, en tiempo futuro: "Seré salvo del pecado". Yo he sido salvo del pecado, Cristo llevó mi juicio de muerte y yo he pasado de muerte a vida, y ya no me encuentro bajo la condenación, en el día de hoy, porque ninguna condenación hay para los que están en Cristo Jesús. (Ro. 8:1) Pero también, estamos siendo salvos en el presente. Él está llevando a cabo una salvación en nosotros, y nosotros ni siquiera la tendremos perfeccionada en esta vida. Pero cuando miramos hacia el futuro, llegará un día cuando aún no se ha manifestado lo que hemos de ser; pero sabemos que cuando él se manifieste, seremos semejantes a Él, porque le veremos tal como Él es. (1Jn. 3:2)

Lo que el Apóstol Pablo está diciendo aquí es que las Sagradas Escrituras no sólo nos dan el modus operandi, digamos, de ser salvos, es decir, el pasar de la muerte a la vida, y el de tener vida eterna y llegar a ser hijo de Dios, sino que es la Palabra de Dios la que le salva a usted en este mundo presente, que le permite a usted crecer, que le da libertad a usted en este mundo. Ésa es una de las razones por las cuales yo la estoy enseñando. Creo que el estudio constante de la Palabra de Dios es la única ayuda que cualquiera de nosotros pueda tener.

Luego el Apóstol Pablo dice: las cuales te pueden hacer sabio por la fe que es en Cristo Jesús. Creo que le hace sabio a usted la forma en que viva aquí en este mundo.

> *Toda la Escritura es inspirada por Dios, y útil para enseñar, para redargüir, para corregir, para instruir en justicia, A fin de que el hombre de Dios sea perfecto, enteramente preparado para toda buena obra. [2 Ti. 3:16-17]*

Cuando el Apóstol Pablo dice toda la Escritura, eso quiere decir precisamente eso, toda, desde el Génesis hasta el Apocalipsis. Alguien va a decir ahora: "Bueno, ¿no sabía usted que el libro de Apocalipsis no se había escrito todavía?" Pero lo importante es saber que el libro de Apocalipsis llegó a formar parte de las Sagradas Escrituras. El Apóstol Pablo está cubriendo todo esto aquí, cuando dice: Toda la Escritura es inspirada por Dios. Esa palabra "inspiración" indica el aliento de Dios. Estos hombres no eran simplemente plumas que el Señor levantaba para escribir, sino que la maravilla de esto es que Dios utilizó la personalidad de estos hombres. Ellos se expresaron en su propia forma de pensar, y aún así Dios expresó exactamente lo que Él quería decir. Dios nos ha dado Su Palabra, y Él no tiene otra cosa que decirnos hoy. Si Dios abriera los cielos, si Él hablara de los cielos en el día de hoy, Él no agregaría nada de lo que ya se ha dicho, amigo. Él ya lo ha dicho, y Él no tiene nada más que decirnos.

Note esta palabra enteramente. Nos dice enteramente preparado para toda buena obra. Note ahora por un instante lo que se dice aquí, porque esto es algo de suma importancia para nosotros. Es útil para enseñar, ésa es la razón por la cual yo estoy enseñándola; la Biblia se debe enseñar. Es buena para redargüir, es decir, convicción. Eso nos demuestra nuestra culpabilidad.

Es buena para corregir. De paso digamos que, si el Espíritu de Dios está obrando, esto nos convencerá de nuestra culpabilidad. Así es como usted puede probar si la Palabra de Dios está obrando en su vida. Si usted lee este libro de la misma manera en que lee cualquier otro libro, entonces, el Espíritu de Dios no está obrando. Este libro es diferente y ha sido dado por el Espíritu de Dios, y es el Espíritu de Dios quien lo debe usar. Si esto no tiene ningún significado para usted, entonces, es como cualquier otro libro. Este libro es para corregir, es decir, que arregla las cosas en su vida, y debe ser eso.

También es para instruir. Esto quiere decir, disciplinar. La Palabra de Dios nos debe disciplinar. Luego dice: a fin de que el hombre de Dios sea perfecto. Esto no quiere decir que usted y yo vamos a alcanzar la clase de perfección que nosotros pensamos, que tenemos o podemos tener en el día de hoy, sino que indica madurez completa. Usted llegará a ser un hombre completo, maduro. Hay demasiados creyentes que son como criaturas hoy.

Luego dice: enteramente preparado. La Palabra de Dios puede prepararle a usted para la vida, para toda buena obra. Ésa es la razón, por la cual yo no estoy convencido con esos programas que existen hoy, esos pequeños sistemas y métodos de la actualidad, que pretenden convertir a usted, con unas pocas lecciones fáciles, en un cristiano maduro. Toda la Escritura ha sido dada por inspiración de Dios, y toda debe utilizarse en el día de hoy, para suplir sus necesidades.

Permítame añadir algo más aquí. Hay algunos que pueden decir: "¿Cómo sabe usted que es la Palabra de Dios?" ¿Quiere usted saber cómo? Podría dar muchas razones, pero simplemente voy a presentar una aquí, por la que usted puede comprobar que es verdad. "¿Cómo prueba usted que es verdad?" Dios dice: "Gustad al Señor y ved si es bueno". Ante mí tengo la prueba de lo que puede hacer. Tengo grandes cantidades de cartas, por eso sé lo que puede hacer. Tengo a mi alrededor a personas que están dispuestas a testificar. Creo que la Palabra de Dios es una realidad. Usted puede probar esto de la misma manera en que puede probar un problema de Geometría, o cualquier hecho científico. Esto es lo que la Palabra de Dios puede hacer. "¿Puede hacerlo?" Lo hace. Esto está dirigido a nuestra vida diaria. Cuando la Palabra entra en su vida, ella hace algo que ningún otro libro puede hacer, porque es la misma Palabra de Dios.

CAPÍTULO 4

Instrucciones para los últimos días

Vamos a ver a este hombre dando su testimonio, desde prácticamente su lecho de muerte. Creo que ésas son probablemente sus últimas palabras; es algo triste. Este libro tiene su nota de tristeza, y creo que usted ya habrá notado que existe una nota de soledad aquí. El Apóstol Pablo se encuentra solo en Roma, y él está diciendo a este joven Timoteo: Procura venir pronto a verme. Él está solo y se encuentra en esa triste prisión romana, y él le dice a Timoteo: Trae, cuando vengas, el capote que dejé en Troas. Hace frío en ese lugar ya que es una prisión, una cárcel muy tenebrosa y fría. Yo he visitado esa prisión, y no me gustaría estar en un sitio como ése. El Apóstol Pablo dice que las horas son largas y pasan muy lentamente. Luego, dice: y los libros, mayormente los pergaminos. Él quería seguir estudiando.

Pablo habló con Timoteo de una forma muy personal. En este último capítulo, es algo muy íntimo, por cierto. Aquí él está hablando y dándole un encargo a Timoteo, quien ha sido enseñado en la Palabra de Dios. Ahora, Timoteo, tiene que declarar la Palabra de Dios. El Apóstol ha dicho que, en estos días de apostasía, nuestro recurso está en la Palabra de Dios, y que esto suplirá nuestra necesidad. Será capaz de alcanzarnos y tocarnos en esos puntos vitales que necesitan ser tocados. Vamos a descubrir que eso es exactamente lo que la Palabra de Dios está haciendo.

Encargo de Pablo a Timoteo

El Apóstol Pablo se encuentra prácticamente en su lecho de muerte, y debemos decir que él está hablando aquí de una manera muy seria, por cierto. Él le dice a Timoteo aquí: Te encarezco. Éste es un encargo que él le da a este joven predicador.

Te encarezco delante de Dios y del Señor Jesucristo, que juzgará a los vivos y a los muertos en su manifestación y en su reino. [2 Ti. 4:1]

Su manifestación y Su reino no son la misma cosa. Su manifestación es la epifanía, el Rapto de la iglesia. Su reino es la revelación, el regreso de Cristo a la tierra para establecer Su reino. Él va a juzgar dos veces: Él va a juzgar a Sus creyentes cuando Él los saque de este mundo, y Él va a juzgar a aquéllos que pasen a través de la Gran Tribulación y que se vuelvan a Dios en esa Gran Tribulación. Así es que usted tendrá que presentarse ante Él, quienquiera que sea. Su vida va a ser probada, ya sea que usted reciba o no una recompensa, en cualquiera de estas oportunidades, si usted se ha vuelto hacia Dios. Así es que, lo que el Apóstol Pablo está diciendo a Timoteo es, que en vista de que su vida va a ser juzgada, de que va a tener que presentarse ante Él, esto es lo que debe hacer. Creo que esto es tan pertinente ahora, como lo fue cuando fue dado por el Apóstol Pablo. No creo que se haya secado la tinta en esto, aún. Esto es lo que Dios nos diría a nosotros ahora mismo.

> *Que prediques la palabra; que instes a tiempo y fuera de tiempo; redarguye, reprende, exhorta con toda paciencia y doctrina. [2 Ti. 4:2]*

Que prediques la palabra aquí, quiere decir que la anuncie, que la divulgue. Proclamar la Palabra de Dios, esto es muy importante. Esto es como un llamado, como un lema, es aquello a lo que la gente gusta responder. En casi todos los ejércitos del mundo hay cierto lema, cierta llamada que se utiliza para entusiasmar o animar a las tropas. Es una llamada a la batalla. La llamada para nosotros es que debemos anunciar la Palabra, predicar la Palabra de Dios. He adoptado una expresión que es repetida por muchos, y es: "Salgamos a esparcir la Palabra". Eso es lo que el Apóstol Pablo está diciendo aquí: que prediques la Palabra.

Que instes a tiempo y fuera de tiempo. Esto indicaría que, si a usted lo despiertan a las 2 de la mañana, usted tendría que estar listo, preparado para predicar la Palabra de Dios. Eso es importante, el predicar la Palabra de Dios. Esto no quiere decir que usted tiene que predicar en cuanto a la Palabra de Dios. Cierto estudiante de un Seminario Bíblico le dijo a su profesor en una ocasión: "¿Sabe una cosa profesor? Uno puede recibir un título de este seminario, y nunca llegar a ser siquiera, propietario de una Biblia". ¿Sabe por qué?

Porque se estudia en cuanto a la Biblia, y hay muy poco estudio de la Biblia misma. Esto indica aquí que nosotros no podemos predicar en cuanto a la Palabra, sino predicar la Palabra misma.

Luego tenemos algo bastante sutil aquí. El Apóstol Pablo no dijo que "prediques de la Palabra", él no dijo que tomara un texto y que vaya por todas partes predicando el Evangelio. Alguien ha dicho que el texto es un pretexto, que ha sido sacado de su contexto, y es usado por muchos, en el día de hoy. Lo que quiere decir es: predicar la Palabra de Dios, proclamar la Palabra de Dios.

Que prediques la palabra; que instes a tiempo y fuera de tiempo. Creo que el pensamiento que tenemos aquí es, el que nosotros debemos ser diligentes en cuanto a la predicación de la Palabra. Otra palabra que podemos utilizar es que debemos mostrar urgencia, es decir, que existe un apremio para realizar esto. Ésta debe ser nuestra actitud. Deberíamos estar ansiosos de salir y hacer lo que se nos está diciendo aquí–listos para proclamar la Palabra de Dios. Aquí dice: que instes a tiempo y fuera de tiempo. No importa qué época del año sea, o bajo cuáles circunstancias, aún a las 2 de la mañana; uno debe predicar en torno, o, mejor dicho, solo de la Palabra de Dios.

Redarguye. Creo que una palabra más clara para expresar este pensamiento aquí podría ser: convencer. Creo que ésa puede ser una mejor palabra. Tiene que presentarse con mucho convencimiento.

Reprende. Esto demuestra seriedad, un tono realmente amenazante. Hay algunos predicadores que gustan predicar de esa manera. Son hombres de Dios y predican de tal manera que la gente a veces se siente amenazada. Me gustaría que muchos predicadores tuvieran el coraje, el valor de hablar de esta manera. Hay algunos que predican a los diáconos diciendo que no quieren tener diáconos que no estén dispuestos a trabajar. Si ellos no tienen ninguna intención de trabajar, entonces, no los quieren en su iglesia. No hay muchos predicadores que puedan hablar de esa manera, y los necesitamos hoy. Así es que, podemos utilizar la palabra "amenazar", en este pasaje.

Exhorta. Esta palabra exhortar indica consolar. Hay veces en que nosotros necesitamos reconocer que hay ocasiones cuando en realidad hace falta consolar.

Con toda paciencia. Eso indica que los que damos la Palabra de Dios necesitamos ejercer mucha paciencia.

Y doctrina. Doctrina aquí indica enseñanza. Cada ministro según creo, debe tener un ministerio donde enseña. Eso es lo que este hombre de Dios tiene que hacer hoy. Si nosotros hemos sido llamados, entonces, debemos predicar la Palabra.

> *Porque vendrá tiempo cuando no sufrirán la sana doctrina, sino que teniendo comezón de oír, se amontonarán maestros conforme a sus propias concupiscencias. [2 Ti. 4:3]*

Quizá ya hemos llegado a este punto. Es sorprendente, en realidad, la gran cantidad de personas que escuchan la enseñanza de la Palabra de Dios. Pero cuando comenzamos a comparar a este grupo con la población en general, es en realidad, un porcentaje muy pequeño relativamente. Hay muy pocos miembros de las iglesias, que pueden soportar la sana doctrina. La gente, en realidad, no desea la sana doctrina.

Quisiera aclarar esto porque tenemos ante nosotros lo que creo es un comentario muy importante, en cuanto a este pasaje en particular. Se amontonarán maestros conforme a sus propias concupiscencias. Quiero compartir con usted lo que el Dr. Vinson dijo en uno de sus estudios: "Esto quiere decir que ellos invitarán a maestros en grandes números. En los períodos de fe inestable, de escepticismo, y de una especulación puramente curiosa, en cuanto a la religión; los maestros de todas clases se amontonan como los enjambres de moscas en Egipto. La demanda crea la provisión o abastecimiento. Los oyentes invitan y modelan a sus propios predicadores. Si la gente quiere adorar algún becerro, enseguida se puede encontrar a una persona que pueda cumplir con eso". Eso es cierto hoy.

Alguien ha dicho que el púlpito moderno, en el día de hoy, es nada más que algo que resuena, ya que sencillamente dice de nuevo, lo que la gente quiere oír. En cuanto a esto de comezón de oír, cito de nuevo lo que el Dr. Vinson dijo: "Clemente de Alejandría describe a ciertos maestros como rascando y haciendo cosquillas, de una manera no humana, a los oídos de aquéllos que desean ser rascados". Luego continúa: "Algunos vienen a oír, no a aprender, de la misma manera en que vamos al teatro por el placer de deleitar nuestros oídos con la conversación o con la voz, es decir, con la representación". Eso es por cierto un cuadro del día de hoy.

Algunos van a la iglesia nada más que como a una reunión social. Quieren ver las caras y las ropas que visten los demás, y eso es todo. Llegará el día cuando aquéllos que van a la iglesia no querrán escuchar la sana doctrina. En su lugar, prefieren algún substituto. No quieren, no desean la Palabra de Dios.

El Dr. Warren Wiersbe dijo lo siguiente: "La gente quiere entretenimiento religioso de parte de artistas creyentes, que hagan cosquillas a sus oídos. Nos gusta mucho lo novedoso en la iglesia del día de hoy: películas emocionantes, desfiles, música alegre, luces de colores, etc. El hombre que sencillamente abre la Biblia es rechazado, mientras que los artistas religiosos llegan a ser célebres. El versículo 4 de este capítulo, indica que ésos que tienen comezón de oír pronto llegarán a prestar oídos sordos cuando la gente se aparte de la verdad, y crea en las fábulas de los hombres". Creo que ésa es una declaración excelente.

> *Y apartarán de la verdad el oído y se volverán a las fábulas.* [2 Ti. 4:4]

Es decir, no querrán escuchar la sana doctrina. Tienen comezón de oír algo novedoso, algo que los entretenga. En cierta ocasión tuve la oportunidad de hablar con el Dr. Gabelein, quien era una persona ya entrada en años y un gran hombre de Dios, un gran maestro. Cuando yo estaba conversando con el Dr. Gabelein, le hice este comentario en cuanto a la zona en la cual yo me encontraba trabajando: "Éste es un lugar extraño, me gusta mucho eso, pero tiene algo que es interesante. Me he dado cuenta que, si se enseña el libro de Apocalipsis, se llena la iglesia, aún durante el servicio de media semana. Pero si yo comienzo a enseñar la Epístola a los Romanos, eso puede prácticamente dejar la iglesia vacía. He descubierto que la gente va de un lugar a otro en la ciudad para escuchar a algún predicador que les pueda enseñar algún detalle insignificante en cuanto al caballo bermejo que se menciona en Apocalipsis". Cuando dije esto, el Dr. Gabelein me contestó algunas palabras que en realidad son imposibles de olvidar: "Dr. McGee, usted va a descubrir en su propio ministerio que hay muchas personas que están más interesadas en el anticristo, que las que están interesadas en Cristo".

Hay muchas personas que tienen comezón de oír. Les gusta escuchar en cuanto a cosas extrañas, raras, sobrenaturales. Quieren tener entretenimiento, quieren escuchar lo bueno que ellos son, pero no quieren escuchar la Palabra de Dios. Hay veces que recibo cartas de mis oyentes que me dicen que cuando ellos comenzaron a escuchar, no les gustaba lo que yo estaba diciendo; estaba tocando puntos muy sensibles. Pero no soy yo el que hace eso, sino la Palabra de Dios. Así es que algunos dijeron: "Luego, comenzamos a escuchar y descubrimos que esto era bueno para nosotros".

Me imagino que hay personas que me escuchan una vez, y luego no me escuchan más. Por supuesto, nunca me entero de eso, porque ellos quieren tener nada más que entretenimiento. Creo que hay muchas personas que comienzan diciendo: "Bueno, eso no me gusta. No me gusta lo que él está diciendo". Pero luego, siguen escuchando y descubren que es algo bueno para ellos. Así es como suceden las cosas.

> *Pero tú sé sobrio en todo, soporta las aflicciones, haz obra de evangelista, cumple tu ministerio. [2 Ti. 4:5]*

La obra de un evangelista no es exactamente lo que nosotros comprendemos de esto. La obra de un evangelista era la de un maestro que viajaba en aquellos días, es decir, un misionero. El Apóstol Pablo era un evangelista en ese sentido, y él le dice a este joven predicador Timoteo, haz obra de evangelista, y eso era lo que él había hecho cuando se encontraba con el Apóstol Pablo, quien le dice que va a sufrir aflicciones, dificultades. "Va a costarte algo el predicar la Palabra de Dios en los últimos días". Parece, que nosotros nos encontramos allí ahora.

El testimonio en Pablo de su lecho de muerte

> *Porque yo ya estoy para ser sacrificado, y el tiempo de mi partida está cercano. He peleado la buena batalla, he acabado la carrera, he guardado la fe. Por lo demás, me está guardada la corona de justicia, la cual me dará el Señor, juez justo, en aquel día; y no sólo a mí, sino también a todos los que aman su venida. [2 Ti. 4:6-8]*

Este pasaje de las Sagradas Escrituras es algo muy hermoso, por cierto. Es uno de los pasajes grandes de la Biblia. Aquí tenemos este epitafio del Apóstol Pablo, dividido, según opino, en dos secciones. Tenemos la primera parte de este epitafio, que es una mirada retrospectiva. Él mira hacia atrás, a lo que ha ocurrido en su vida terrenal, porque esto es poco antes de que él fuera ejecutado, es decir, antes de morir. El gobierno romano puso su cabeza en la guillotina, y él sufrió el martirio. Pero antes de eso, él está considerando lo que sucedió en su vida terrenal; ésa es la primera parte. Luego tenemos la parte que mira hacia el futuro. Él mira hacia la vida eterna, digamos de paso. La vida terrenal y la vida eterna están separadas por lo que nosotros llamamos muerte, aquí en la tierra. Pablo no trata con detalles o hechos específicos, sino que resume su vida en tres formas diferentes.

Retrospectiva

En primer lugar, dice en el versículo 7: He peleado la buena batalla, he acabado la carrera, he guardado la fe. Usted puede notar que él dice que la vida en la tierra es una batalla. Aquí él dice: He peleado la buena batalla. Esto quiere decir que él ha sido un buen soldado de Jesucristo. Usted recuerda que en el capítulo 2, el Apóstol Pablo mencionó lo que yo he dado en llamar: "Los siete símbolos sobresalientes de los pecadores salvados". Eso es como un trabalenguas, pero allí se presentan siete figuras retóricas y una de ellas es que el hijo de Dios es como un buen soldado. Pablo ha sido un buen soldado, él ha peleado la buena batalla.

Luego el Apóstol Pablo dice: he acabado la carrera; es decir, la vida no es solamente una batalla, la vida es una carrera, y él ha sido un atleta y ha mencionado eso.

Luego sigue diciendo: he guardado la fe. Es decir que, la vida es algo que se da en depósito, y él ha sido un buen administrador, él ha sido un estudiante de la Palabra de Dios. Recuerda usted que él dijo: Procura con diligencia presentarte a Dios aprobado. El Apóstol Pablo le dijo a Timoteo que él tenía que tratar de ser esa clase de persona. Cuando el Apóstol llega al fin de su vida, él puede decir algo que no había podido decir antes. Antes él había dicho que estaba tratando de controlar su cuerpo, que estaba tratando de vivir la vida cristiana de tal manera que no llegara a ser desaprobado. Ahora, él puede decir al fin de su vida: He peleado la buena batalla.

El Apóstol Pablo dice a manera de prólogo a todo esto: Porque yo ya estoy para ser sacrificado. Si a usted le hubiera tocado asistir a esa ejecución en Roma, podría haber visto una escena sangrienta. Hablando honradamente, habría sido una escena que lo habría hecho enfermar a uno, al ver a este hombre colocar su cabeza en un bloque de madera que sirve de tajadera, mientras un gigantesco soldado romano que hace las veces de verdugo levanta esa tremenda cuchilla y la deja caer en el cuello del Apóstol. Luego su cabeza cae en una canasta, mientras que su cuerpo cae del otro lado. Pero el Apóstol nos está diciendo que, si uno vio solamente eso, en realidad no vio mucho. En primer lugar, esto es un altar, y lo que él está diciendo aquí es: "Estoy listo para ser sacrificado". Esto nos indica que su vida se derrama como una libación; él ha hablado de esa manera antes, en su Epístola a los Filipenses, cuando menciona su primer arresto, cuando él sabía que podía tener la muerte por delante. En esa oportunidad él utilizó esta figura retórica. Él quería que su vida fuese derramada. Él podía decir al final de su vida: "Mi vida ha sido derramada como una libación".

Aunque no se ha dado ninguna instrucción específica en relación con la ofrenda de libación, se la menciona una y otra vez en el libro de Levítico; y consistía en tomar el vino y derramarlo sobre el sacrificio que se había colocado sobre el altar. Como usted sabe, ese altar estaba extremadamente caliente debido al fuego que había sido encendido debajo de él–este fuego representa el fuego del juicio. Pues bien, entonces, esta ofrenda de libación se derramaba sobre el altar. Usted ya sabe lo que ocurría; al tocar el altar que estaba tan caliente, se convertía rápidamente en vapor y desaparecía de esa manera. Ahora Pablo dice: "Eso es lo que ha sido mi vida. Simplemente la he derramado como una ofrenda de libación sobre el sacrificio de Cristo. Nada para mí, sino todo para Él". Ésta, creo yo, es una de las figuras retóricas más maravillosa.

Como contraste a esto vemos que hay muchos creyentes que están tratando de lograr que sus nombres sean colocados en el mármol, o en madera, o en alguna otra cosa que ellos piensan será permanente, y uno encuentra mucho de esto en algunas organizaciones cristianas, donde tienen una sala a la cual se le ha dado el nombre de este o aquel hombre; o un edificio con el nombre de "Fulano de Tal". Pero usted notará que no existe un edificio designado con el nombre del Apóstol Pablo. Él no aceptaba eso; él decía que su vida era como una ofrenda, como un sacrificio derramado, y es Cristo quien recibe la gloria y la alabanza, y no el Apóstol Pablo. Esto es algo tremendo: Yo ya estoy listo para ser sacrificado.

El Apóstol Pablo dice tres cosas que he mencionado aquí: He peleado la buena batalla. Él ha sido un soldado, él ha sido un buen soldado. Lo que él está diciendo aquí de nuevo es que su vida ha sido una batalla, y hay una batalla que pelear y una victoria que obtener. "Y yo", dice Pablo, "he sido un buen soldado de mi Salvador". Ésa es la posición que nosotros tomamos hoy. Pienso que cada creyente debería defender la Palabra de Dios. Quizás no entremos al campo de la Apologética, pero por cierto que deberíamos mantenernos firmes en las grandes verdades de la Palabra de Dios.

Luego, el Apóstol Pablo sigue diciendo: he acabado la carrera. Aquí tenemos una carrera. Es un evento atlético. Usted recuerda que el Apóstol Pablo dice: prosigo a la meta, al premio del supremo llamamiento de Dios, en Cristo Jesús. (Fil. 3:14) Él también podía hacer esa declaración que se encuentra en Hebreos 12:2, que dice: puestos los ojos en Jesús, el Autor y Consumador de la fe. ¿Cómo vamos a hacer eso? Hebreos 12:1 nos dice: …corramos con paciencia la carrera que tenemos por delante. El Apóstol Pablo nos está diciendo aquí, que él ha terminado ya la carrera, que él ha ganado, y hay una recompensa.

Luego él dice, aquí al final del versículo 7: he guardado la fe. Me gustaría que se dijera de mí, que he guardado la fe. Que me he mantenido firme en las grandes verdades y doctrinas de la Palabra de Dios. Aquí, tenemos declaraciones tremendas. Esto está considerado como algo que nosotros debemos conocer. Permítame retroceder un momento antes de pasar al lado positivo. En este versículo 7, el Apóstol Pablo dice al dejar esta vida: He peleado la buena batalla, he acabado la carrera, he guardado la fe.

Pero antes él había dicho: el tiempo de mi partida está cercano. Esa palabra partida no es la misma palabra que se utiliza para el arrebatamiento de la iglesia, y que el Apóstol Pablo menciona en 1 Tesalonicenses, en cuanto a la partida de la iglesia de este mundo; porque el Apóstol Pablo estaba pasando por otra puerta. Porque la iglesia viviente, es decir, la iglesia que exista en el momento que tenga lugar el arrebatamiento, no pasará a través de la puerta de la muerte. El mismo Apóstol dice en 1 Corintios 15:51: No todos dormiremos; pero todos seremos transformados. Así es que ese grupo que permanecerá aquí no pasará a través de las puertas de la muerte.

De modo que esta palabra partida aquí, es una palabra muy interesante, proviene de la palabra griega análusis, y está formada por dos palabras: luo que quiere decir "desatar" y "soltar", y esta palabra análusis se podía usar como desatando el cordón de los zapatos, por ejemplo. Era un término náutico que se utilizaba cuando un barco estaba atado al puerto, listo para partir. Había sido asegurado en ese lugar por grandes cuerdas, por sogas fuertes, y ahora llega el tiempo de la partida, es decir, el barco está listo para salir a la mar.

El Apóstol Pablo presentó esto en un concepto completamente diferente a lo que es popular hoy. Usted posiblemente lo haya escuchado también cuando se ha encontrado en algún velorio, y hay una reunión en la cual se dice: "El hermano Fulano de Tal ha llegado ya por fin al puerto", y se continuaría diciendo: "ha estado viajando por aguas borrascosas, el viaje ha terminado, y él ha llegado a puerto seguro". Eso es exactamente lo contrario a lo que el Apóstol Pablo está diciendo que es. Lo que Pablo está diciendo aquí es: "Estoy listo para partir ahora. He estado atado aquí a este puerto". Eso es lo que la vida es, digamos de paso. No hemos ido a ningún lugar todavía. Hemos estado atados, hemos estado amarrados aquí a esta pequeña tierra nuestra. El único escritor que haya captado ese significado de lo que el Apóstol Pablo dice, fue Tennyson, en un poema muy conocido que dice: "El ocaso y la estrella vespertina, y una llamada clara para mí. Y que nadie lamente mi salida, cuando salgo a la mar". Eso es lo que la muerte es para el hijo de Dios.

El Apóstol Pablo nos está diciendo: "No miren a mi ejecución; la sangre derramada hasta los puede enfermar. Yo soy un barco que ha estado atado en el puerto, y en este instante voy a partir para salir a estar con el Señor Jesucristo, y eso será mucho mejor". Yo tuve el privilegio de bautizar a la poetisa Martha Snell Nicholson, y también estuve presente en su funeral. Ella sufría de una enfermedad muy terrible que no permitía que nada tocara su cuerpo porque cualquier cosa que la tocara, la hacía gritar de dolor. Tuvo que ser bautizada, pues, en su propia casa porque no podía ir a ningún lugar para llevar a cabo ese bautismo ya que nadie la podía tocar. Pero cuando yo tuve que bautizarla, ella tuvo que gritar de dolor. Ella sufría mucho por esa enfermedad, y durante esa época escribió un libro de poemas llamado: "Con la cabeza en alto". ¿No es eso algo hermoso? Así fue como ella partió, con su cabeza en alto, porque para ella eso fue una liberación.

Eso es lo que la muerte es para el hijo de Dios. Gemimos en estos cuerpos que tenemos en el presente, y uno de estos días seremos liberados de ellos; y eso es lo que la muerte significa. Así es como podía expresarse el Apóstol Pablo. Él estaba preparándose para partir en un verdadero viaje. ¡Qué cosa maravillosa es ésta!

Aquí tenemos el lado positivo de esto. Ése es el otro lado de la moneda.

Pablo recibirá la corona de justicia, recibirá la corona del valiente por haber sido un buen soldado; recibirá la corona del atleta, y también una corona por haber sido un buen administrador, es decir, por haber sido un buen estudiante, fiel a la Palabra de Dios, y recibirá una corona como recompensa. Y las recibirá algún día. No creemos que ya las tenga, que ya las haya recibido, pero el Señor las tiene para él, cuando comience a repartirlas.

Hay varias coronas mencionadas en el Nuevo Testamento; una de ellas la encontramos en 1 Corintios 9:25, que dice: Todo aquél que lucha, de todo se abstiene; ellos, a la verdad, para recibir una corona corruptible, pero nosotros, una incorruptible. Ésa es la corona para el atleta. Luego en Filipenses 4:1, dice el Apóstol: Así que, hermanos míos amados y deseados, gozo y corona mía, estad así firmes en el Señor, amados. Hay una corona para usted por aquellas personas que usted haya ganado para el Señor. Creo que el Apóstol Pablo va a recibir bastantes coronas algún día. Así es que él dice:

Por lo demás, me está guardada la corona de justicia. Creo que la corona de justicia es la recompensa por una vida justa, y él recibirá, según creo, esa corona.

La cual me dará el Señor, Juez justo, en aquel día; y no sólo a mí, sino también a todos los que aman Su venida. Note usted, a todos los que aman Su venida. El amar Su venida es algo diferente al mantener la doctrina de la venida de Cristo. Usted puede ser un pre–milenario hoy, o quizás pueda ser un a–milenario. Permítame decirle algo; no hay ninguna recompensa por mantener puntos de vista como ése. La pregunta es: ¿Ama usted Su venida? Eso es lo que hace la diferencia entre los hombres del día de hoy. Ésa es la gran diferencia. No es ningún asunto de doctrina. ¿Ama usted la venida de Cristo? Un hombre puede decir: "Yo soy fundamentalista, pre–milenarista, pre-tribulaciónista". Hermano que está leyendo, así soy yo. Pero tengo una pregunta para usted: ¿Ama usted Su venida? Existe una corona para aquéllos que aman Su venida. Hay muchas personas que mantienen la doctrina en el presente, pero que no aman Su venida, y eso indica que usted tiene que amarle a Él también. Eso indica que usted ha tenido que vivir una vida como el Apóstol Pablo, una vida en comunión, en una relación muy estrecha con el Señor Jesucristo. (Me imagino que el Apóstol Pablo le decía al Señor cada día, que él le amaba, porque él le había odiado en una oportunidad, le había perseguido; pero él pagó con creces todo eso.)

Amigo, ¿le ha dicho usted alguna vez al Señor que usted le ama? Bueno, Él tiene una corona para todos los que aman Su venida. A mí me gustaría recibir esa corona. Ésa corona va a brillar más que cualquiera de las otras, según creo yo.

Las últimas palabras de Pablo

Al ver esto nos damos cuenta que éstas son las últimas palabras del Apóstol Pablo. Escuche usted lo que él nos dice. Hasta ahora hemos visto una nota de triunfo, pero esto aquí no es tan triunfante. El Apóstol Pablo se enfrenta a la realidad.

Procura venir pronto a verme. [2 Ti. 4:9]

¿Por qué dice eso? Él se siente solo, él se encuentra encarcelado. Si usted alguna vez, tiene la oportunidad de visitar esa cárcel allá en

Roma, piense en el Apóstol Pablo, él ocupó un lugar en esa cárcel.

El Apóstol Pablo se encuentra solitario.

Porque Demas me ha desamparado, amando este mundo, y se ha ido a Tesalónica. Crescente fue a Galacia, y Tito a Dalmacia. [2 Ti. 4:10]

Demas partió, él no pudo soportar lo que estaba ocurriendo y tuvo que alejarse de ese lugar; así es que dejó a Pablo, se fue para Tesalónica.

No sé si estos otros hermanos tuvieron una causa legítima para partir dejando al Apóstol Pablo, creo que Tito, por ejemplo, sí la tuvo. Pero no sé lo suficiente en cuanto a Crescente, como para defenderle.

Sólo Lucas está conmigo. Toma a Marcos y tráele contigo, porque me es útil para el ministerio. [2 Ti. 4:11]

Ese buen doctor Lucas se quedó junto a Pablo.

Toma a Marcos y tráele contigo. Usted recuerda que el Apóstol Pablo no quiso que Marcos le acompañara en su segundo viaje misionero. El Apóstol se equivocó en cuanto a ese joven porque Juan Marcos resultó luego bueno. Ahora Pablo puede decir esto, y me agrada ver lo que él dice aquí, en su lecho de muerte.

A Tíquico lo envié a Efeso. [2 Ti. 4:12]

El Apóstol Pablo ha enviado a Tíquico a Efeso porque es un Pastor de la iglesia, no puede permanecer mucho tiempo en Roma, cuando él es Pastor de la iglesia en Efeso. Note ahora algo que creo yo es bastante interesante.

Trae, cuando vengas, el capote que dejé en Troas en casa de Carpo, Y los libros, mayormente los pergaminos. [2 Ti. 4:13]

El Apóstol Pablo estaba pasando frío en esa cárcel, y usted puede recordar eso si tiene la oportunidad de visitar esa prisión. Cuando descienda a las celdas, es frío allá abajo. Él pide, entonces, a este joven Timoteo que le lleve su capote. Esto es para una necesidad física.

Esto es algo para la mente, él quería algo para leer; el solicita algo para su cuerpo y también algo para su mente. Y hay algo también para el espíritu, que él mencionará más adelante.

Alejandro el calderero me ha causado muchos males; el Señor le pague conforme a sus hechos. [2 Ti. 4:14]

Créame que la recompensa que reciba Alejandro no será lo que él piensa que será. Pensamos que él será juzgado por lo que hizo.

Guárdate tú también de él, pues en gran manera se ha opuesto a nuestras palabras. [2 Ti. 4:15]

Él está advirtiendo aquí a este joven Timoteo, que cuando él se encuentre con Alejandro, que no permita que con muchas palabras lo confunda. Es una de esas personas que le da palmaditas a uno en la espalda y cuando uno menos lo piensa, lo traiciona. "Ten cuidado de él" le dice Pablo.

En mi primera defensa ninguno estuvo a mi lado, sino que todos me desampararon; no les sea tomado en cuenta. [2 Ti. 4:16]

El Apóstol estuvo solo en esa ocasión. No creo que Pablo esté diciendo palabras de condenación aquí, simplemente está señalando lo que ocurrió. Creo que lo que el Apóstol está diciendo aquí, es que ellos dieron espalda a la fe.

Pero el Señor estuvo a mi lado, y me dio fuerzas, para que por mí fuese cumplida la predicación, y que todos los gentiles oyesen. Así fui librado de la boca del león. [2 Ti. 4:17]

Habíamos dicho que había algo que era espiritual, y aquí está en el versículo 17. El Señor estuvo con él. Hay algo para el cuerpo, algo para su mente, y algo para su espíritu. Usted y yo, necesitamos eso hoy, ya sea que nos encontremos en la cárcel o fuera de la cárcel, o donde quiera que estemos. Es muy bueno poder decir: "El Señor estuvo a mi lado".

Así fui librado de la boca del león. Su vida fue perdonada esa vez.

Y el Señor me librará de toda obra mala, y me preservará para su reino celestial. A Él sea gloria por los siglos de los siglos. Amén. [2 Ti. 4:18]

Pablo iba a ser trasladado entonces. Luego, él cierra este libro, mencionando los nombres de algunas personas; esto es algo muy personal.

Saluda a Prisca y a Aquila, y a la casa de Onesíforo. [2 Ti. 4:19]

Ya sabemos algo en cuanto a ellos. El Apóstol pensaba en ellos en su último momento. Él les había guiado a ellos al Señor Jesucristo allá en Corinto.

Erasto se quedó en Corinto, y a Trófimo dejé en Mileto enfermo. [2 Ti. 4:20]

Luego, él le dice a Timoteo, que venga pronto.

Procura venir antes del invierno. Eubulo te saluda, y Pudente, Lino, Claudia y todos los hermanos. El Señor Jesucristo esté con tu espíritu. La gracia sea con vosotros. Amén. [2 Ti. 4:21-22]

Éste, amigo, ha sido el canto del cisne del Apóstol Pablo. Note que le urge a Timoteo que venga antes del invierno. Así concluye nuestro estudio de la Segunda Epístola del Apóstol Pablo a Timoteo.

La epístola del Apóstol San Pablo a
Tito

INTRODUCCIÓN

Aparentemente Pablo y Tito habían servido juntos en un ministerio en la isla de Creta (véase Tit. 1:5). No sé por cuánto tiempo ellos habían estado allí. A la medida que pasemos por la epístola, aprenderemos algo de la gente que vivía en esa isla—Pablo no tenían un concepto muy alto en cuanto a ellos, a propósito. Pablo evidentemente salió de allí para ir a otro sitio y entonces él escribió esta epístola a Tito, aproximadamente en el año 64-67 d.C., dándole instrucciones en cuanto a lo que él debía hacer como un predicador joven mientras permanecía en Creta.

Aparentemente Pablo y Tito habían visitado la isla de Creta durante su ministerio. Esto nos revela entonces el hecho de que el libro de los Hechos no contiene toda la información en cuanto a la iglesia primitiva. Diría que tenemos muy poco en cuanto a la iglesia primitiva. En realidad, sólo se da énfasis a dos apóstoles: Pedro, en la primera parte, y Pablo, en la segunda parte. Tampoco tenemos toda la información en cuanto al ministerio de Simón Pedro, o en cuanto al ministerio del Apóstol Pablo.

En las dos epístolas a los tesalonicenses, el gran énfasis está sobre la venida de Cristo—es una esperanza brillante y bella para él. Los críticos de Pablo señalarán que ésta es su posición temprano en su ministerio, pero que más tarde, él no lo enfatizaba. Sin embargo, Tito, fue escrito más o menos al mismo tiempo que 1 Timoteo, justo al final del ministerio del Apóstol Pablo. En Tito 2:13 Pablo escribe: ... aguardando la esperanza bienaventurada y la manifestación gloriosa de nuestro gran Dios y Salvador Jesucristo. Amigo, Pablo no había perdido esa esperanza bienaventurada de la iglesia. Yo creo que estaba brillando y que brillará aun más hasta que el día esclarezca y el lucero de la mañana salga en vuestros corazones. (2 P. 1:19)

Timoteo y Tito eran dos jóvenes predicadores a los cuales el Apóstol Pablo tuvo el privilegio de llevar al Señor. A estos dos predicadores jóvenes, Pablo los llama "hijos", sus hijos verdaderos, es decir, hijos espirituales, porque fue él quien los llevó al conocimiento salvador de Cristo Jesús.

Pablo escribió cartas a ambos de estos hermanos. Tenemos las dos cartas a Timoteo, y tenemos esta epístola aquí a Tito. Estas cartas son llamadas "cartas pastorales" porque el Apóstol Pablo da a estos jóvenes predicadores instrucciones en cuanto a la iglesia local. Esto hace que lo que tenemos aquí sea de mucho valor, porque hoy hay tantos cursos, tanta instrucción, tantas cosas en cuanto a la iglesia local—en realidad, sólo tres epístolas aquí, y éstas son bastante breves. A pesar de esto, me pongo a pensar que hoy existen bibliotecas llenas de libros que le dicen a uno cómo dirigir la iglesia local. Pero pienso que si resumimos todo eso y tomamos estas tres epístolas y las ponemos ante nosotros, vamos a encontrar el modus operandis que se presenta aquí. Si falta algo, o si existe alguna necesidad, no tiene nada que ver con la organización, no tiene que ver con el sistema que se está utilizando, sino que existe una gran necesidad espiritual en la iglesia de hoy.

Francamente, sabemos muy poco en cuanto a estos dos predicadores jóvenes. En cuanto a Tito, parece ser más fuerte, tanto física como espiritualmente que Timoteo. El Apóstol Pablo expresa menos preocupación en cuanto al bienestar de Tito. Tito era probablemente una persona más madura, y quizá poseía una personalidad un poco más viril.

Timoteo era un judío que fue circuncidado por Pablo, pero Tito—quien era un gentil—Pablo parece haberse negado a circuncidarle. Usted recuerda que, en su epístola a los Gálatas, el Apóstol habla en cuanto a llevar a Tito junto con él a Jerusalén, y ya que él es un gentil, él no permite que sea circuncidado. Sin embargo, él había hecho que Timoteo se circuncidara cuando fue con él. De aquí, se puede sacar una norma. Creo que esa norma, si usted desea una, se expresa con toda claridad por Pablo en Gálatas 6:15: Porque en Cristo Jesús ni la circuncisión vale nada, ni la incircuncisión, sino una nueva creación.

Por conveniencia, para Pablo poder ser todo para todos los hombres, él dice a los judíos que él quería ser un judío, y a los gentiles que él quería ser un gentil (véase 1 Co. 9:19-23). Ésa fue la razón por la cual hizo que Timoteo se circuncidara, porque ellos iban a ir a las sinagogas. Pero debemos considerar que el evangelio estaba en peligro. En Hechos capítulo 15, en ese gran concilio de la iglesia en Jerusalén, Pablo no está permitiendo nada del legalismo que entre allí, por tanto, él se niega a permitir que Tito sea circuncidado. Así es, que podemos apreciar, que las circunstancias alteran los casos.

Es algo bastante peligroso el dictar ciertas reglas y normas, y hay muchas personas hoy que no creen en quemar cirios, o el desfilar en el pasillo de una iglesia, pero aun así ellos tienen ciertas reglas y normas que no son otra cosa sino un rito por medio del cual tratan de vivir la vida del creyente. Amigo, sin una relación personal con Cristo Jesús, todo esto llega a ser absolutamente nada.

De paso, digamos aquí que tenemos en esta epístola un buen cuadro de la iglesia neo-testamentaria para su realización completa en el orden dentro de la comunidad como organización. Hay personas que me escriben diciendo que son miembros de una iglesia neo-testamentaria. Siempre me gusta preguntarle a esta gente: "¿Ha caído muerto alguno en su iglesia recientemente?" Esta gente dice: "No". ¿Qué quiere decir con eso? En la iglesia primitiva, la iglesia del Nuevo Testamento, uno puede leer la historia de Ananías y Safira. Ellos cayeron muertos en la iglesia. Usted le puede preguntar a Simón Pedro en cuanto a eso. Estas personas habían tratado de engañar al Espíritu Santo. Creo que, si esto llegara a suceder hoy en la iglesia de este día presente, quizá la iglesia normal se convertiría en un hospital a causa de tantas personas que quedarían muertas en un lado y en otro.

Según esta epístola, la iglesia ideal es aquélla que tiene una organización bien ordenada, que tiene una buena doctrina, es pura en la vida, y está lista para hacer toda buena obra. Creemos que ése es el cuadro que se nos presenta aquí de la iglesia del Nuevo Testamento. En las epístolas a Timoteo se da énfasis a la sana doctrina, y aquí en esta epístola a Tito, el énfasis es colocado sobre la importancia al orden que debe existir en la casa de Dios. Yo diría que el versículo clave de esta epístola, se encuentra en el primer capítulo, versículo 5: Por esta causa te dejé en Creta, para que corrigieses lo deficiente, y establecieses ancianos en cada ciudad, así como yo te mandé. Así es que, las cosas deberían ser puestas en orden.

En el capítulo 1 Pablo dice que la iglesia debe ser una organización ordenada (Véase Tit. 1:5). En el capítulo 2, él enfatiza que la iglesia debe enseñar y predicar la Palabra de Dios: Pero tú habla lo que está de acuerdo con la sana doctrina. (Tit. 2:1) Él dice que la iglesia debe ser doctrinalmente sana en la fe. Y entonces en el capítulo 3 vemos que la iglesia debe hacer buenas obras: Recuérdales que se sujeten a los gobernantes, y autoridades, que obedezcan, que estén dispuestos a toda buena obra. (Tit. 3:1) En otras palabras, la iglesia es salva por gracia, ha de vivir por gracia, y ha de demostrar su fe al mundo por sus buenas obras.

Aquí tenemos un cuadro de la iglesia local. Es muy difícil hoy encontrar una iglesia que tenga estos tres puntos. Es decir, estos tres énfasis tremendos. Algunas enfatizan una cosa y otras enfatizan otras.

En primer lugar, debe existir orden en la iglesia. El Apóstol Pablo le dijo a los Corintios que todo debe hacerse decentemente y en orden (véase 1 Co. 14:40).

A veces uno no encuentra mucho orden en la iglesia. A veces hay personas en la iglesia que tratan de hacer las cosas a su manera, sin preocuparse por el orden que debe existir en la iglesia; y la iglesia está en dificultades tremendas cuando hay uno o dos diáconos, o un par de ancianos, u otros oficiales que quieren hacer las cosas a su manera, no teniendo en cuenta que la iglesia no puede ser guiada o gobernada por un par de ancianos, o un par de diáconos solamente.

Uno también puede apreciar iglesias que no tienen sana doctrina. Hay lugares donde no se da énfasis a esto para nada. Hay algunas iglesias que han cambiado a causa de eso. Algunos jóvenes predicadores se preocupan porque está ocurriendo en su iglesia algo que no había ocurrido antes. A ellos les podemos decir: "Usted no está tratando de construir iglesias, no está tratando de edificar un imperio. Simplemente enseñe y predique la Palabra de Dios, y descubrirá que, en lugar de construir una gran organización, es decir, donde se tiene muchos edificios, usted está más bien construyendo, edificando las vidas de los hombres y mujeres; y eso es mucho más importante–el edificar las vidas de esos hombres y mujeres que asisten. Todos nosotros vivimos en un tabernáculo. Estos cuerpos nuestros son tabernáculos. Debemos edificar en ellos. Eso es lo que debemos mantener ante nosotros porque es de mucha importancia para la iglesia. Uno puede llegar a construir una gran organización y un hermoso edificio, pero alguien puede llegar y arruinar todo eso. Bueno, eso puede quebrantar el corazón de un Pastor si eso sucede; por eso es preferible edificar en las vidas de los hombres y las mujeres". Ése es el énfasis que se presenta aquí.

Luego, el Apóstol Pablo dice en el capítulo 3, que la iglesia debe estar dispuesta a toda buena obra. Hay personas que son fundamentales, que ponen tanto énfasis en la doctrina, y no creemos que eso se enfatice exageradamente, sin embargo, se enfatiza muy poco las buenas obras. Creemos que la iglesia debe estar tomando parte en buenas obras. Parece que existen demasiadas organizaciones cristianas en la actualidad, que están preocupadas más en cuanto a las finanzas para realizar sus programas, y están tan envueltas en esto que se interesan en la gente para que ellos les ayuden a ellos, en lugar de ellos ayudar a la gente, y hay muchas personas hoy que necesitan su ayuda. No me refiero nada más que a la ayuda espiritual porque hay muchos de nosotros que hacemos eso hasta cierto punto. Pero ¿qué podemos decir en cuanto a las necesidades físicas? ¿Qué podemos decir en cuanto a eso en el presente–ayudando a la gente físicamente y en cosas así? Podríamos mencionar que hay muchas iglesias en el presente que están llevando a cabo una obra de ayudar a la gente. Hay algunas iglesias donde sus pastores y obreros salen y visitan aquéllos que no pueden salir de sus casas, van y les leen algo, y los acompañan por algunos momentos. Hay mujeres que van y cosen para otras mujeres, y eso es algo hermoso hacer en la actualidad. Es maravilloso el poder tener un gobierno que se preocupe y cuide a los pobres y a los necesitados, pero no hay tantas personas que salgan y vayan y visiten y hablen con estas personas. Ése es un ministerio que se necesita mucho en la actualidad.

Usted puede apreciar que he dado un breve resumen de esta epístola a Tito. Debería decir que el liberalismo ha tratado de enfatizar más el capítulo 3, pero esta gente debería recordar que también hay otros dos capítulos que preceden a éste y allí la doctrina es importante. Mientras una iglesia no tenga estas tres cosas, no tiene por qué tratar de llamarse una iglesia del Nuevo Testamento.

Bosquejo

I. **La iglesia es una organización, Capítulo 1.**

   (Como tal, ha de ser ordenada, v. 5)

   A. Introducción, vs. 1-4

   B. Una iglesia ordenada ha de tener ancianos ordenados que llenen los requisitos dados, vs. 5-9

   C. La mala reputación de los cretenses, vs. 10-16

II. **La iglesia ha de enseñar y predicar la Palabra de Dios, Capítulo 2.**

   A. La iglesia ha de enseñar la sana doctrine, vs. 1-10

   B. La iglesia ha de predicar la gracia de Dios, vs. 11-15

III. **La iglesia ha de ocuparse en buenas obras, Capítulo 3.**

   A. (Para hacer esto, ha de estar anhelante, ansiosa y aprendiendo a hacer buenas obras, vs. 1, 8, 14)

   B. Las buenas obras constituyen evidencia de la salvación, vs. 1-7 (Las obras del Espíritu Santo)

   C. Las buenas obras son provechosas para el presente y para el futuro, vs. 8-15

CAPÍTULO 1

INTRODUCCIÓN

La introducción es característica de las otras epístolas pastorales, pero no es característica de las otras epístolas de Pablo. En el capítulo 1, tenemos el orden divino para las iglesias locales.

> *Pablo, siervo de Dios y apóstol de Jesucristo, conforme a la fe de los escogidos de Dios y el conocimiento de la verdad que es según la piedad. [Tito 1:1]*

Siervo de Dios. Aquí él enfatiza el siervo. Aquí él es un esclavo, porque ésa es la palabra que se utiliza para siervo. Él es un esclavo de Dios y es un apóstol de Jesucristo.

Apóstol de Jesucristo. Pablo está defendiendo su apostolado. La razón por la cual él afirma su apostolado aquí es que él va a dar instrucciones a la iglesia organizada. Estas instrucciones vinieron de un apóstol, el escritor señalado del Señor Jesús, quien ahora estaba comunicándose con Su iglesia por medio de Sus apóstoles. La epístola a Tito es una comunicación del Señor Jesús para nosotros también.

Conforme a la fe de los escogidos de Dios. Ésta es una declaración bastante interesante. Esto no quiere decir para la fe sino según la fe. Es decir, la norma o la regla de fe que se presenta para el elegido de Dios en el presente. El hecho de que usted sea salvo o que no lo sea, descansa en aquello que usted cree hoy. Usted me dice lo que piensa en cuanto al Señor Jesucristo, y yo puedo decirle a usted si usted es salvo o no lo es. Usted me puede decir lo que cree en cuanto a Su muerte en cuanto a la cruz, y lo que eso significa para usted, y también Su resurrección, y lo que ésta significa para usted, y creo entonces que podríamos decirle si usted es salvo o no lo es. Dígame usted lo que piensa en cuanto a la Biblia, de si es o no es la Palabra de Dios, y de eso creo que puedo deducir si usted es un hijo de Dios o no lo es. Ésta es la regla, como se puede ver: Conforme a la fe de los escogidos de Dios.

Los escogidos de Dios. Ésta es la manera en que Pablo habla de la gente salva. Él no está discutiendo la doctrina de la elección para nada.

Luego dice: …y el conocimiento de la verdad que es según la piedad. Si la verdad que usted tiene no le guía a usted a una vida piadosa, entonces, hay algo que anda radicalmente mal en cuanto a su fe.

Alguien me contaba en una ocasión acerca de un predicador que bebía y maldecía, y pertenecía a un club local, se mezclaba con esa clase de gente, y luego los domingos predicaba el evangelio a la gente, y la gente pasaba adelante. Otro predicador en mi comunidad dijo con mucha tristeza: "¿Cómo es que prospera este hombre?" Yo le dije que no creo que esté prosperando; pienso que él está agregando muchos a la iglesia, pero no creo que esté edificando en realidad la iglesia del Señor Jesucristo, porque es muy obvio que la verdad lleva a la piedad. Si no lleva a la piedad, entonces, no es la verdad. Hay algo que anda completamente mal en esa forma de pensar, y existe mucho de esto en el presente.

Pablo va a dedicar bastante tiempo a esto. En realidad, en estas epístolas pastorales, Pablo habla bastante en cuanto a la piedad, y por cierto que tiene mucho que decir en cuanto a la impiedad. Vamos a ver que, cuando la gracia de Dios nos salva−esto lo veremos en el capítulo 2, versículo 12, donde se nos enseña en cuanto a renunciar a la impiedad−nosotros debemos producir una vida, si hemos sido salvos por la gracia.

La gente en la isla de Creta estaba abusando de la gracia de Dios. Ellos decían que, si habían sido salvos por gracia, entonces tenían libertad para vivir en el pecado si querían hacerlo. De paso, digamos que hay personas que piensan de esta manera en el presente también. Pablo contesta eso en el primer versículo, diciendo que la verdad de Dios tiene que ser creída. Y cuando es creída, la verdad de Dios que es creída guía, o lleva, a la piedad. Él dice aquí que la gracia nos salva, y él va a decir, como veremos más adelante, que presenta ciertas disciplinas para nuestras vidas, y nos llama a vivir en un nivel mucho más elevado. Uno no puede usar la doctrina de la gracia de Dios como una excusa para pecar. Eso es imposible. Si usted piensa que puede ser salvo y vivir en el pecado, permítame decirle, que usted no ha sido salvo por gracia, y usted no ha sido salvo. Porque si usted ha sido salvo por la gracia de Dios, eso le lleva a usted a vivir en la piedad.

En la esperanza de la vida eterna, la cual Dios, que no miente, prometió desde antes del principio de los siglos. [Tito 1:2]

En la esperanza de la vida eterna. La idea que se presenta aquí descansa en la esperanza de la vida eterna. En Tito vamos a ver que nosotros tenemos la gracia en tres diferentes tiempos. En el capítulo 2:11-13, vemos los tres: porque la gracia de Dios se ha manifestado para salvación. Eso nos habla del pasado. Entonces: …enseñándonos… lo cual nos habla del presente. Luego, tenemos el futuro: …aguardando la esperanza bienaventurada… Bueno, de eso es de lo que Pablo habla aquí: En la esperanza de la vida eterna. Descansando en esa esperanza de …la cual Dios, que no miente, prometió desde antes del principio de los siglos. Dios no puede mentir. Usted recuerda que el Apóstol Pablo, en Romanos 3:4, aclaró eso de manera que no quedara ninguna duda.

Creo que a veces nosotros los creyentes hacemos de Dios un mentiroso por la forma en que vivimos. Decimos que creemos algo cuando en realidad no lo creemos, y actuamos y nos comportamos como si no lo creyéramos. Cuando actuamos de esa manera, estamos haciendo de Dios un mentiroso. Pablo dice aquí que uno puede estar seguro de que Dios no puede mentir.

Siempre me ha gustado la idea de predicar algún sermón basándome en las cosas que Dios no puede hacer. Aun Dios no puede hacer ciertas cosas. Aquí tenemos una de ellas: Dios no puede mentir. ¿Sabía usted que por ejemplo usted puede ver algo todos los días que Dios nunca ha visto? Sí, amigo, así es. Usted ha visto a un semejante. Dios en cambio, nunca ha visto a un semejante. Por lo tanto, Dios no puede tener a un semejante, y Dios no puede mentir. Alguien dice: "¿Bueno, por qué no puede mentir? Yo puedo". Bueno, usted puede hacer algo que Dios no puede hacer. Dios debe ser verdadero para sí mismo. Él es santo; Él es justo, y ésa es Su naturaleza, y hay ciertas cosas que Él no puede hacer debido a esa naturaleza Suya. No es porque puede ser una imposibilidad, sino que Dios es verdadero, actúa según Su propia naturaleza. Su naturaleza es que Él es justo, y Él nunca miente. Él es alguien en quien usted puede confiar.

Luego, el Apóstol Pablo continúa diciendo en este versículo: Prometió desde antes del principio de los siglos. Eso nos presenta en sí la idea de que regresa hacia la eternidad; y también esa idea se menciona en el versículo 3:

Y a su debido tiempo manifestó su palabra por medio de la predicación que me fue encomendada por mandato de Dios nuestro Salvador. [Tito 1:3]

Es decir, en el tiempo apropiado. "A Su propio tiempo". Es por eso que Dios hace que el árbol dé su fruto en la primavera, y lo ha hecho así para que ese fruto no haya salido antes de tiempo cuando aún cae la nieve. Él actúa de una manera muy ordenada en todo lo que hace.

Y a su debido tiempo manifestó su palabra por medio de la predicación. Permítame cambiar estas últimas palabras porque se puede expresar lo mismo de diferente manera. Esa palabra predicación proviene de la palabra kerux, y significa "trompeta", y una trompeta se utilizaba en aquellos días para hacer una proclamación. Si algún gobernante tenía una proclamación que hacer, salía un hombre con una trompeta para llamar la atención, y luego se hacía la proclamación. Ése es el pensamiento que se expresa aquí. Es una proclamación en el tiempo apropiado; Él ha manifestado Su Palabra por medio de una proclamación. Entonces, él añade: ...que me fue encomendada por mandato de Dios nuestro Salvador.

A Tito, verdadero hijo en la común fe: Gracia, misericordia y paz, de Dios Padre y del Señor Jesucristo nuestro Salvador. [Tito 1:4]

Él dice: A Tito, verdadero hijo en la común fe. Pablo había guiado a Tito al conocimiento del Señor Jesucristo como su Salvador personal. Tito era el hijo espiritual de Pablo.

Esa palabra común aquí indica aquello que es compartido por todos. Nos muestra que ésta es la fe que todos los creyentes deben tener; es decir, una fe viviente en el Señor Jesucristo, la común fe.

Gracia, misericordia y paz... La gracia de Dios se había manifestado y Dios, por lo tanto, extiende Su misericordia hacia nosotros hoy. Yo no sé en cuanto a usted, pero yo uso mucho de la misericordia de Dios, y me agrada saber que Él es bueno conmigo, y que no me trata según lo que yo soy. Él es sencillamente muy bueno. Gracia, misericordia y paz, es la posesión presente del creyente, pero hay una paz que vendrá cuando venga el Príncipe de Paz también. Todos éstos son ...de Dios Padre y del Señor Jesucristo nuestro Salvador.

Una iglesia organizada debe tener ancianos ordenados que cumplan con los requisitos prescritos

Esto parecería ser un título bastante largo, pero es algo muy importante.

Por esta causa te dejé en Creta, para que corrigieses lo deficiente, y establecieses ancianos en cada ciudad, así como yo te mandé.
[Tito 1:5]

El Apóstol Pablo había dejado a Tito en Creta para que organizara a las iglesias locales con ancianos como sus líderes espirituales. En primer lugar, quiero considerar esta isla de Creta, una de las islas más grandes del Mediterráneo. Había mucho de mitología y de tradición relacionada con esta isla como lo es con la mayoría de las islas griegas. Según la tradición, fue Minos quien les dio las leyes a los cretenses en primer lugar. Él había conquistado a los piratas del Egeo y estableció una flota. Después de la guerra de Troya, las ciudades principales de la isla se formaron a sí mismas en varias repúblicas, la mayoría de ellas independientes. Las principales ciudades eran Cnosos, Sidonia, y Guartina, así como también Rictus y, aparentemente, había iglesias en todos estos lugares. Pablo había realizado una obra misionera muy efectiva en esa isla, pero no tenemos ninguna información de esto. Creta fue anexada al Imperio Romano alrededor del año 67 a.C. No tenemos ninguna información aparte de lo que se dice en esta epístola en cuanto a la visita de Pablo. En realidad, no tenemos ninguna prueba absoluta de que, antes de su viaje a Roma, él hubiera ido a esa isla, pero pensamos que él estuvo allí, y que dejó a Tito para organizar las iglesias que fueron fundadas por él y por Tito.

Encontramos que esta ciudad era un lugar bastante malo. Quisiera destacar ciertas cosas que ocurrían allí porque esa gente no eran personas muy buenas que digamos. Pablo dirá cosas de ellos que no son muy buenas, como que eran mentirosos, por ejemplo. Después de todo, ésa era una de las cosas por las cuales estas gentes eran famosas. Hay unas palabras en griego, craytidsain, y eso significa hablar como un cretense, y eso quería decir, ser un mentiroso. El mentir era llamado "cretismos" de la isla de Creta. Uno de sus propios poetas escribió lo siguiente: "Creta, que mantiene cien ciudades, no puede negar esto, aunque se haya entregado a la mentira".

Esa gente era conocida como mentirosa, y eso es lo que Pablo va a decir más adelante, y también dirá algo más en cuanto a ellos. No tenía muchas cosas buenas que decir en cuanto a los cretenses.

Muchos de ellos se habían entregado al Señor, y Pablo le dice a Tito que tiene que ordenar la iglesia. El don de un anciano es un don de hombres a la iglesia. No creo que, por el mero hecho de colocar su mano sobre la cabeza de algún hombre, y por hacer algún rito, haga de esa persona un anciano. Sin embargo, creo que aquello es algo que es importante realizar con los hombres que tienen ese don de ancianos. Creo que las iglesias en Creta tenían un anciano, pero ellos nunca habían sido establecidos como tal o separados; éstos eran hombres que tenían el don de supervisar las iglesias y estaban utilizando ese don sin tener en realidad la autoridad para ello. De modo que Pablo está diciendo: Para que corrigieses lo deficiente y establecieses. Es decir que él tenía que nombrar a los ancianos, y ése es el significado de lo que se dice aquí.

Estos hombres tienen que ser separados, establecidos en cada ciudad …así como yo te mandé. Es decir: "Yo te he mandado, Tito, a que tú nombres ancianos en estas ciudades". Estos hombres eran personas con ciertos dones; tenían el don de un anciano. Creo que hoy existe un gran problema en muchas iglesias donde hay ciertos hombres que son nombrados a actuar en la iglesia, que no tienen ningún don para eso. Diría que ésa es la mitad del problema que tenemos hoy en muchas iglesias; la otra mitad es que hay muchos hombres buenos que tienen el don y que no son nombrados para actuar en esa iglesia. Como resultado, nuestras iglesias caen en las manos de personas que no deberían estar allí, y eso causa toda clase de dificultades. Uno puede descubrir que esto existe en el presente también. Podría hablar mucho más de esto, pero no creo que sea necesario.

Ahora, aquí tenemos los requisitos.

El que fuere irreprensible, marido de una sola mujer, y tenga hijos creyentes que no estén acusados de disolución ni de rebeldía. [Tito 1:6]

Irreprensible no es que esta persona tenga que ser una persona perfecta, sino que quiere decir que cualquier acusación que se pueda hacer contra él no sea cierta, y eso es importante. No que esa persona sea perfecta, sino que, cuando se le acusa de algo, esa persona sea irreprensible. Su vida tiene que ser irreprensible.

Es algo realmente grave cuando alguien puede señalar algún hombre que tiene un cargo en la iglesia, y se puede decir que ese hombre no es honrado. Eso no ayuda para nada a la causa de Cristo, y no interesa cuán grande sea el don que pueda tener naturalmente ese hombre. Si usted puede señalar a un hombre y decir que su boca por cierto no ha sido consagrada, que su lenguaje es malo, de eso es de lo que está hablando Pablo aquí; y este hombre no debe ser culpable de estas cosas.

Marido de una sola mujer, y tenga hijos creyentes. Se habla aquí de hijos creyentes. Si un hombre no puede guiar a sus propios hijos a los pies del Señor, entonces no debe tener ningún cargo en la iglesia. Espero que no me entienda mal. Reconozco que hoy hay muchos hogares cristianos donde existe ese hijo o esa hija que se aparta del Señor, que no da ninguna evidencia de haberle recibido, y sus padres son padres piadosos. Ese hombre puede ser una persona maravillosa, y puede tener un hogar maravilloso, un hogar creyente, y él quizá no sea culpable de alguna cosa que haya causado que este joven o esa joven se haya alejado de Cristo; lo único es que ese hombre no debe tener ningún cargo en la iglesia, porque le puede tocar actuar en juicio contra alguna otra persona en la iglesia y, entonces, puede ser muy fácil para que alguien le señale a él y le diga: "Bueno, ¿qué puede decir en cuanto a su hijo, o en cuanto a su hija? ¿Qué derecho tiene usted de estar aquí?" De modo que, es por la causa de Cristo, por el beneficio de ese cargo que un oficial de la iglesia tiene que tener hijos creyentes.

Que no estén acusados de disolución ni rebeldía. Es decir, que esos jóvenes no tienen que andar por las calles unidos a algún movimiento de protesta llevando algún cartelón y todo eso. En vez de estar haciendo eso, deben mostrar interés en vivir una vida que glorifique al Señor Jesús y que contribuya a esparcir la Palabra de Dios.

> *Porque es necesario que el obispo sea irreprensible, como administrador de Dios; no soberbio, no iracundo, no dado al vino, no pendenciero, no codicioso de ganancias deshonestas. [Tito 1:7]*

¡Esto es muy práctico! El anciano no debe ser soberbio porque él es el siervo de Dios y también es representante de la gente. Él está en la iglesia para encontrar y hacer la voluntad de Dios.

…no iracundo… quiere decir que el anciano no debe ser una persona que se enoja con toda facilidad.

No dado al vino, no pendenciero, no codicioso de ganancias deshonestas. Esto se refiere a un obispo. En el estudio de 1 Timoteo, vimos que un anciano y un obispo se refieren al mismo oficio. Anciano se refiere a la persona, mientras que obispo se refiere al oficio, ya que la palabra presbuteros significa "anciano", y quiere decir una persona madura; tiene que ser un hombre maduro el que ocupe ese cargo. La palabra obispo aquí tiene raíz en episcopos, lo que significa "un sobreveedor", y eso tiene que ver con el cargo. Esto no es un cargo sólo para un hombre, sino para varios en la iglesia, y creo que no se refiere al mismo oficio o cargo de presbítero u obispo.

No creo que Tito fue a la iglesia, y seleccionó ancianos así arbitrariamente. No creo que él les pidiera a los hombres que se pusieran de pie para él mirarlos y luego escogía los que más le gustaran. Creo que estos hombres ya eran ancianos, pero ahora deben ser ordenados. Reconozco que hay personas que creen que fue Tito quien los nombró; pero creo que, si él hubiera hecho eso, entonces, la iglesia también habría tenido que aprobarlos, y estoy seguro que lo hicieron. Lo importante de notar son los requisitos para este cargo en particular.

> *Sino hospedador, amante de lo bueno, sobrio, justo, santo, dueño de sí mismo. [Tito 1:8]*

Éstos son los requisitos que esta gente debe alcanzar, y estoy seguro de que ya estamos bien familiarizados con esto:

Retenedor de la palabra fiel tal como ha sido enseñada, para que también pueda exhortar con sana enseñanza y convencer a los que contradicen. [Tito 1:9]

Había dos cosas que esta persona debía hacer. Una, es que él debía ser capaz de exhortar, o, enseñar la Palabra de Dios, y también tiene que ser capaz de convencer, refutar a los herejes. Por el lado positivo, él debe enseñar la Palabra de Dios, y también él debe ser capaz de convencer a aquellos herejes que están a su alrededor. Creo sinceramente que los hombres que tienen algún cargo en la iglesia deben ser hombres que han estudiado bien la Biblia. No pueden ser hombres sin ninguna instrucción, los que son colocados a ocupar cargos como los que estoy mencionando. A veces, en época de guerra, los ejércitos se ven forzados a nombrar a tenientes o sargentos en una forma más rápida que lo acostumbrado. Como resultado, se tiene personas que son un poco, digamos, peculiares ocupando su cargo. Así es que, pienso que lo mismo debe aplicarse en la iglesia. Usted recuerda que el Apóstol Pablo dijo: No impongas con ligereza las manos a ninguno. (1 Ti. 5:22) Es decir, que no tenemos que tomar un hombre que se convirtió esta noche, digamos, presentando su testimonio mañana por la noche, y, luego al segundo día, se le da un cargo en la iglesia, y luego al día siguiente, se le nombra evangelista, y después, Pastor de una iglesia en el quinto día. Muchas veces actuamos de esa manera y creo que esto es algo desafortunado para la iglesia. Este hombre debe ser capaz de mantenerse firme en la Palabra de Dios y poder enseñarla.

La mala reputación de los cretenses

Comenzando con el versículo 10, el Apóstol Pablo va a hablar en cuanto a la mala reputación de los cretenses. Aun cuando él se está refiriendo a los que vivían en la isla de Creta, todos los hombres, son pecadores, todas las tribus, toda nación, ésa es la condición del hombre, todos somos hermanos en el sentido de que todos somos pecadores. Ahora, no todos estamos en la hermandad de Dios, eso es cierto, porque uno solamente llega a eso a través del nuevo nacimiento, llegando a ser hijo de Dios mediante la fe en Cristo; pero seguro estoy de que somos hijos de Adán y de Eva y que todos morimos, porque todos hemos pecado. Pero esta gente de Creta era un poquito peor que los demás.

> *Porque hay aún muchos contumaces, habladores de vanidades y engañadores, mayormente los de la circuncisión. [Tito 1:10]*

Habladores de vanidades son, aquéllos a quienes les gusta hablar demasiado. Hay ciertos creyentes, y estoy seguro que usted conoce algunos que hasta llegan a lanzar espuma por la boca de tanto hablar, hablan y hablan hasta que lo cansan a uno. Hay personas que nunca saben cuando callarse. Hay muchas personas que hablan mucho y que, en realidad, no dicen nada. Una cosa es pasar un momento agradable; el tener momentos de diversión sana; pero, como creyente, si usted está viviendo en un nivel donde no hay otra cosa sino una charlatanería continua y vacía, entonces, las cosas no andan muy bien. Esto es lo que quiere decir aquí el Apóstol Pablo.

Engañadores, mayormente los de la circuncisión. ¿Qué es lo que ellos hacían? Había muchos allí que estaban tratando de contradecir lo que Pablo enseñaba

> *A los cuales es preciso tapar la boca; que trastornan casas enteras, enseñando por ganancia deshonesta lo que no conviene. [Tito 1:11]*

Aquí se nos dice que trastornan casas enteras. Lo que allí estaba ocurriendo era algo bastante serio, y dondequiera que sea sembrada la Palabra de Dios, siempre entra Satanás. Él es el enemigo, y siempre entra a sembrar los espinos. Usted quizá habrá notado eso en algunas emisoras donde se presenta un buen programa de enseñanza bíblica y luego a ese programa, le sigue inmediatamente otro que trata de contradecir todo lo que se ha presentado en el primero, y lo importante de notar, es que Satanás siempre trata de entrar en este terreno. En Creta, se había realizado una gran obra, pero el enemigo estaba allí mismo para sembrar la semilla y aquí él dice que estaban enseñando por ganancia deshonesta lo que no conviene.

> *Uno de ellos, su propio profeta, dijo: Los cretenses, siempre mentirosos, malas bestias, glotones ociosos. [Tito 1:12]*

El reproche de Pablo es bastante duro, y no creo que parezca que estuviera echándole flores a esta gente, ¿verdad? Ellos tenían esa clase de reputación en el mundo romano de la época de Pablo. Como ya he dicho, esta isla de Creta era la mayor de las islas griegas, y una isla a la cual Pablo se refiere cuando él dice que uno de los suyos propios, es decir, uno de los de la isla, uno de sus propios poetas, fue quien dijo esto y se llamaba Epiménides. Él nació en Creta en el año 659 a. D. Otro poeta dice: "Creta, que mantiene a cien ciudades, no puede negar esto, aunque acostumbran a mentir". La misma palabra de Creta fue mencionada en la palabra griega, "cretismos", que indica mentir. Esto no indica que todas las personas que vivían en Creta eran mentirosas. Pero ésa es la reputación que tenían.

Es maravilloso lo que la gracia de Dios puede hacer e hizo entre esta gente, y el Apóstol Pablo cita las palabras de uno de ellos mismos diciendo que eran mentirosos, malas bestias, que actúan como animales y que eran glotones ociosos; eran personas perezosas a quienes les gustaba comer mucho.

> *Este testimonio es verdadero; por tanto, repréndelos duramente, para que sean sanos en la fe. [Tito 1:13]*

Pablo le está diciendo aquí a Tito que él tenía que ser un poco más estricto con esta gente que lo que había sido con los demás, a causa de sus antecedentes, por la naturaleza que tenían, y aquí se le dice que tiene que reprenderlos–para que sean sanos en la fe, no atendiendo a fábulas judaicas. Creo que esto es un poco más que simple legalismo. Surgió mucha escritura alrededor de la ley de Moisés. El Talmud es una de esas escrituras, y hay muchas historias extrañas y muchas escrituras judías mezcladas allí. No he leído mucho en cuanto a esto porque, francamente hablando, no me interesa. Pero me he enterado de algo y uno puede leer cosas bastante extrañas allí.

> *No atendiendo a fábulas judaicas, ni a mandamientos de hombres que se apartan de la verdad. [Tito 1:14]*

Usted recuerda que el Señor Jesucristo reprendió a los líderes religiosos por haber agregado las tradiciones a la ley de Dios, y de esto, opino yo, es de lo que Pablo está hablando aquí. Mandamientos de hombres que se apartan de la verdad. Todas estas enseñanzas de legalismo se presentaban en dos fases diferentes. Una, es que uno es salvo por la ley; y la otra, es que uno debe vivir por la ley. Estas dos enseñanzas son cosas realmente muy peligrosas. Somos salvos por gracia, por la gracia de Dios; y nosotros somos llamados a vivir en un nivel mucho más alto que los diez mandamientos. Dios dio, en realidad, los diez mandamientos a una nación. Ésta debería ser la ley de todo el mundo en el presente. Cuando Dios dice: no matarás, eso es para una persona sea creyente o no lo sea; es para todo el mundo. También lo es ese mandamiento que dice: No hablarás contra tu prójimo falso testimonio. Pero nosotros, somos salvos por la gracia de Dios y llamados a vivir en un nivel mucho más elevado que esto.

Todas las cosas son puras para los puros, mas para los corrompidos e incrédulos nada les es puro; pues hasta su mente y su conciencia están corrompidas. [Tito 1:15]

Hay una gran cantidad de personas que se apoyan en este versículo para decir exactamente lo opuesto a lo que vemos aquí, que nosotros somos salvos por gracia; y, entonces, no importa cómo vivamos; y que, si somos salvos y puros, entonces, podemos vivir de cualquier forma. Siempre ha habido cultos y sectas que se han desarrollado esto. Sus líderes dicen: "Bueno, nosotros vivimos en pecado"–aunque en realidad no utilizan esta palabra–"pero para nosotros, no es pecado, para nosotros es permitido hacer eso porque todas las cosas son puras para los puros".

Lo que el Apóstol Pablo está diciendo aquí es algo que, en realidad, no tiene nada que ver con la moral. Él está hablando aquí sobre este asunto del legalismo y de comer carnes. Hay muchas personas que están haciendo dietas, y por lo general, los cultos y sectas siempre tienen que ver con alguna dieta un poco rara. Lo que se nos dice aquí: todas las cosas son puras para los puros, se refiere a que uno coma o no coma carne. Que eso no hace ninguna diferencia. ¿Qué diferencia puede hacer? Toda la comida es limpia. Todas las cosas son puras para los puros, y si usted quiere comer la carne de una víbora cascabel, bueno, eso es cosa suya. Pero es asunto mío no comer eso, si lo puedo evitar. Lo que aquí se está señalando es que no hay nada malo si usted lo quiere comer. Eso se puede aplicar a cualquier clase de carne. Todas las cosas son puras para los puros. Pero si usted es un incrédulo, ¿qué diferencia hay en lo que usted coma o no coma?

Usted puede comer nada más que vegetales y verduras; puede comer zanahorias hasta que le crezcan las orejas como conejo, pero, si usted no es convertido, y usted no está bien con Dios dentro de sí, entonces, nada va a llegar a ser puro. El Señor Jesucristo aclaró ese punto: no es lo que entra en la boca lo que contamina al hombre, sino lo que sale de la boca (véase Mt. 15:18-20). El Apóstol Pablo está desarrollando eso aquí.

Profesan conocer a Dios, pero con los hechos lo niegan, siendo abominables y rebeldes, reprobados en cuanto a toda buena obra. [Tito 1:16]

Hay muchos creyentes hoy que están negando a Dios, y lo niegan por medio de la vida que están viviendo. Ellos niegan la Palabra de Dios. Uno puede ser uno de estos creyentes que se presenta a la iglesia con una Biblia bien grande, casi imposible de cargar. Uno tiene que hacer un tremendo esfuerzo simplemente para llevar una Biblia grandota. Al llevar una Biblia así de ese tamaño, la gente puede pensar que–ah, uno es muy piadoso–y, sin embargo, poder tener una mala reputación, y muchas personas pueden llegar a saber que uno no es realmente honesto. Uno puede llevar una Biblia grande, pero no creer realmente en ella. ¿Se da usted cuenta, amigo? Usted puede negar la Biblia por la forma en que vive su vida. Dice aquí: Profesan conocer a Dios, pero con los hechos lo niegan. Usted puede negar a Dios por la forma de vivir que tiene.

Siendo abominables y rebeldes, reprobados en cuanto a toda buena obra. Éste es un pasaje tremendo de las Escrituras, y que es muy práctico, por cierto. Nos alcanza en el lugar donde vivimos; las ceremonias y los ritos no pueden cambiar el corazón malvado del hombre. Sólo la Palabra de Dios puede cambiar el corazón humano, y cuando ese corazón es cambiado, entonces, eso se va a revelar en la vida de ese hombre; y el Apóstol Pablo está diciendo aquí lo mismo que el Apóstol Santiago dijo, y Pablo y Santiago a propósito, nunca estuvieron en desacuerdo porque la fe sin obras es muerta. Una fe salvadora, produce algo en la vida del hombre. Como dijo John Calvin: "La fe sola, salva; pero la fe que salva no está sola".

CAPÍTULO 2

La iglesia debe enseñar doctrina sana

La iglesia debe enseñar y predicar la Palabra de Dios y sana doctrina o, de otra manera, no es una iglesia. Al comienzo mismo de la iglesia, en el día de Pentecostés, se nos dice que había aquéllos que se agregaban a la iglesia en aquellos días, y perseveraban en la doctrina de los apóstoles, en la comunión unos con otros, en el partimiento del pan y en las oraciones. (Hch. 2:42) Éstas eran las marcas que identificaban a la iglesia primitiva. Continuaba haciendo estas cosas, y lo que señalaba o destacaba a esa iglesia primitiva era la doctrina de los apóstoles: la comunión, el partimiento del pan, y las oraciones. Si una iglesia no tiene sana doctrina, no interesa cuán alto sea su campanario o cuan hermosas sean sus campanas, lo que tiene valor es el mensaje que sale del púlpito de esa iglesia; y eso es lo que nos indica si es en verdad una iglesia, una iglesia ordenada como la entendía, o comprendía el Apóstol Pablo, y como se declara en la Palabra de Dios. En el capítulo 2, se da el énfasis a la enseñanza de la Palabra de Dios.

> *Pero tú habla lo que está de acuerdo con la sana doctrina. [Tito 2:1]*

La sana doctrina indica aquellas cosas que constituyen la doctrina de los apóstoles. La iglesia primitiva continuaba en la doctrina de los apóstoles; y eso es lo que se nos enseña aquí en estas epístolas. Ésta es parte de la doctrina de los apóstoles, digamos de paso. Esto es algo muy práctico.

Tenemos, en primer lugar, un mensaje para los ancianos, tanto hombres como mujeres.

> *Que los ancianos sean sobrios, serios, prudentes, sanos en la fe, en el amor, en la paciencia. [Tito 2:2]*

Ellos tienen que ser sanos en su amor y su paciencia. Ellos tienen que ser sobrios, es decir, vigilantes, muy serios, hombres que puedan ser respetados y que sepan controlarse a sí mismos; ésas son las cosas que se mencionan aquí.

> *Las ancianas asimismo sean reverentes en su porte; no calumniadoras, no esclavas del vino, maestras del bien. [Tito 2:3]*

Ellas no deben ser chismosas o borrachas.

Ellas son las que deben enseñar a las mujeres jóvenes:

> *Que enseñen a las mujeres jóvenes a amar a sus maridos y a sus hijos. [Tito 2:4]*

Ellas deben ser un ejemplo para estas mujeres jóvenes.

> *A ser prudentes, castas, cuidadosas de su casa, buenas, sujetas a sus maridos, para que la palabra de Dios no sea blasfemada. [Tito 2:5]*

Cuidadosas de su casa; esto indica que deben trabajar en el hogar. Quizá esto llegue a crearme algunos problemas, pero debo decir esto: La responsabilidad principal de la esposa está en su hogar. Necesitamos reconocer que el hogar no es un lugar como una plaza de juegos nada más; es un asunto bastante serio, por cierto, esto de ser esposa y de tener los hijos en el hogar. Es algo que uno no hace de manera ligera nada más. Es por eso que se da este énfasis aquí.

Estoy seguro que el apóstol Pablo nunca hubiera dado su aprobación a esos movimientos de la liberación de la mujer que todavía existen. Quizá esto no les guste a nuestros lectores, por lo menos a algunas de ellas. Sin embargo, debo decir que me opongo a eso, porque creo que esto es algo equivocado. Creo que las mujeres quieren ser tratadas como mujeres y no como hombres. Si usted va a algún establecimiento, a algún negocio, especialmente algunas oficinas grandes, puede notar que hay muchas mujeres que trabajan como secretarias, y en algunos lugares están tratando por medio de la liberación de la mujer, de ser ascendidas en las posiciones que ocupan. Estoy de acuerdo con esto que según la habilidad de ellas puedan ser ascendidas a ocupar un lugar más elevado. Pero también me doy cuenta que, cuando ellas salen del trabajo y tratan de subir a algún medio de transporte, siempre quieren ser las primeras, y uno claro, como caballero bien educado tiene que cederles el lugar. Ellas están dispuestas a demandar ser iguales con los hombres, pero cuando llegan a cosas como éstas, ya se olvidan de eso. Si se demanda ser igual, entonces, hay que estar dispuestas a trabajar en lugares que son más difíciles y que demandan mucho más esfuerzo físico que la simple tarea de oficina. Pero no creo que, en realidad, quieran eso. La labor principal, lo más grande de este mundo, está en el hogar, y de eso es lo que el Apóstol Pablo está hablando aquí.

Note que las mujeres deben ser prudentes, castas, cuidadosas de su casa, buenas, sujetas a sus maridos, y esto indica que deben ser amables, que deben obedecer a sus esposos, y debo decir algo en cuanto a eso. Esta palabra que indica la sujeción de la mujer al esposo, después de haberla estudiado, indica ciertamente que la idea que se presenta es la idea de una esposa que responde a su esposo. Ésta es la misma palabra que el Apóstol Pablo usa en el capítulo 8 de su epístola a los Romanos. Allí se habla en cuanto a la obediencia, y se ha traducido como sujeción. Pero creo que es necesario comprender lo que quiere decir. Romanos 8:7 dice: Por cuanto los designios de la carne son enemistad contra Dios; porque no se sujetan a la ley de Dios, ni tampoco pueden. El pensamiento que tenemos aquí es que el hombre natural, el hombre carnal, no puede responder a Dios. Él no puede obedecer a Dios porque no tiene manera de responder a Dios. La esposa debe responder a su esposo. Ése es el pensamiento que tenemos aquí. El hombre es el agresor en el matrimonio, y ella tiene que responderle a él. Ninguna mujer, según opino yo, debería dirigirse a su marido y decirle: "yo te amo", hasta cuando él le haya dicho a ella primero: "yo te amo". Podemos identificarnos con aquel joven que se dirigió a mi oficina me dijo: "Yo quiero que usted por favor hable con mi esposa. Quiero que le diga a ella que me obedezca". Yo por supuesto le respondí: "Yo no le voy a decir nada de eso". Este hombre dice: "¿Por qué?" Yo le pregunté: "Dígame, ¿cuándo fue la última vez que usted le dijo a ella que la amaba?" El hombre respondió: "Ah, yo no me acuerdo. Pero ¿qué tiene que ver eso con lo que yo estoy diciendo?" Yo le contesté: "Eso tiene mucho que ver. Mientras usted no vaya a decirle a ella que la ama, no veo por qué ella tiene que responderle a usted. ¿No le decía usted a ella, cuando la conoció por primera vez, que la amaba cuando la cortejaba?" Y él dijo: "Por supuesto que lo hice". Y, entonces, yo le dije: "Bien, continúe haciéndolo, joven. Usted debe continuar cortejando a su esposa; usted tiene que seguir diciéndole a ella que la ama, y, entonces, ella le podrá decir a usted que ella le ama a usted; y ella responderá a usted de una manera mucho mejor de lo que está haciéndolo ahora".

Exhorta asimismo a los jóvenes a que sean prudentes. Presentándote tú en todo como ejemplo de buenas obras; en la enseñanza mostrando integridad, seriedad. [Tito 2:6-7]

Ahora, el Apóstol Pablo se dirige a los jóvenes, tanto hombres como mujeres.

Como usted se da cuenta, este predicador, Tito, era un hombre joven; entonces, Pablo le está diciendo que debe ser un ejemplo, un modelo, para los otros jóvenes.

En la enseñanza mostrando integridad. En la palabra integridad tenemos el pensamiento de aquello que no se corrompe. Indica aquella persona a la cual no le falta la fe. Es por eso que dice en este versículo: en la enseñanza mostrando integridad, seriedad.

Palabra sana e irreprochable, de modo que el adversario se avergüence, y no tenga nada malo que decir de vosotros. [Tito 2:8]

Uno debe revelar por medio de la conversación que uno es hijo de Dios.

Exhorta a los siervos a que se sujeten a sus amos, que agraden en todo, que no sean respondones. [Tito 2:9]

El Apóstol Pablo se dirige a otro grupo, y en la iglesia primitiva había muchos que eran esclavos. En realidad, en las catacumbas, el 90% de los nombres que se encuentran allí eran de esclavos, o de personas que habían sido esclavas. Allí fue donde el evangelio llegó a satisfacer una gran necesidad en aquellos días primitivos.

Exhorta a los siervos a que se sujeten a sus amos. Nuevamente tenemos aquí este pensamiento de que ellos deben responder, tienen que estar interesados en sus negocios y en su trabajo. Si una persona, especialmente en la obra cristiana, no pone o no se dedica de todo corazón a esto, debería salir de allí. Eso es lo que pienso yo. Uno no trabaja en una organización cristiana, para ganarse la vida, uno trabaja en una organización cristiana porque quiere trabajar en ella, y espera poder recibir un pago por lo que hace. Pero, eso no es lo importante en esto. Lo que deseo señalar es que la obra cristiana tiene que hacerse con el corazón, así como con la cabeza y con las manos. Eso es lo importante.

Que no sean respondones. Es decir que no estén contestando a sus patrones.

> *No defraudando, sino mostrándose fieles en todo, para que en todo adornen la doctrina de Dios nuestro Salvador. [Tito 2:10]*

No defraudando es que, no estén robándoles a los patrones. Es por cierto grande la cantidad de dinero que se pierde a causa de los robos que producen los negocios por los mismos trabajadores. No defraudando, no sea un ladrón.

Sino mostrándose fieles en todo. Es decir, mostrando fidelidad.

Para que en todo adornen la doctrina de Dios nuestro Salvador. La palabra "adornar" que se usa aquí es aquella palabra de donde proviene la palabra "cosméticos". A menudo se me hace la pregunta: "¿Cree usted que las mujeres deben usar cosméticos?" Bueno, sí, de esta clase que se habla aquí se puede utilizar mucho. Para que en todo adornen la doctrina de Dios. Es decir, usted dice que tiene una fe sana, entonces, puede adornar esto de esta manera. Podría referirme a esto como un lápiz labial que adorne una boca con una lengua amable. Eso puede ser algo muy bueno y nuevo, por cierto. Hablar en forma amable, bondadosa. Luego, algo para el rostro; podría decir la sinceridad y la realidad, así es que hay toda clase de cosméticos que uno puede usar como creyente. Me gustaría ver a muchos creyentes utilizando esa clase de adornos que menciona aquí el apóstol Pablo en esta carta a Tito.

La iglesia debe predicar la gracia de Dios

El Apóstol se detiene ahora para poner un fundamento debajo de las vidas de esta gente. Él ahora declara el evangelio, y este evangelio se presenta en tres tiempos diferentes: el pasado, el presente, y el futuro.

Usted tiene que haber notado en algún mapa que, si viaja del oriente al occidente o del occidente hacia el oriente, hay muchos cambios de zonas de tiempo. Como, por ejemplo, diría que cuando en Centro América son las 7 de la mañana, en Europa puede ser alrededor del medio día. Si uno viaja de un lado a otro, tiene que pasar por varias zonas de tiempo. Si uno toma, por ejemplo, uno de estos nuevos aviones que sobrepasan la velocidad del sonido, y sale al medio día de Europa, digamos, y el viaje demora unas cuatro horas, entonces se llegaría al punto de destino una hora antes de la hora de partida en la otra ciudad. Eso es algo realmente sorprendente.

Pero aún más sorprendente y maravilloso es la gracia de Dios en el presente, y se nos presenta también en tres zonas de tiempo, digamos. La primera se nos presenta en el versículo 11:

Porque la gracia de Dios se ha manifestado... Ahí se refiere al pasado; Enseñándonos... (v. 12) Aquí se hace referencia al presente; y luego, Aguardando la esperanza bienaventurada (v. 13) que es el futuro. Éstas son las tres zonas de tiempo de la gracia. Tenemos aquí la gracia en tres zonas de tiempo.

> *Porque la gracia de Dios se ha manifestado para salvación a todos los hombres. [Tito 2:11]*

Pablo les dice a los cretenses: "Un momento, por favor. Yo quiero colocar un fundamento debajo de vosotros, creyentes de Creta, porque lo necesitáis. Quiero poner debajo de vosotros la doctrina de la gracia de Dios". La gracia de Dios aquí es la forma en que Dios nos salva, y el evangelio, no es meramente un buen consejo. Cierto predicador decía en una ocasión: "Mi púlpito es un lugar para las buenas noticias; pero mi estudio, mi oficina, es el lugar para los buenos consejos". El evangelio pues, no es un buen consejo; es buenas noticias. Y es mucho más que buenas noticias; es el poder de Dios para la salvación.

Pablo está aconsejando a Tito que demande de los cretenses que vivan vidas que adornen el evangelio porque es el poder de Dios. No hay ninguna razón ni excusa para que un creyente viva una vida de derrota y fracaso, porque la gracia de Dios que brinda salvación se ha manifestado para todos los hombres.

Se ha manifestado. Esta palabra manifestado representa epifanía. Se refiere a cuando Él vino hace más de 2.000 años y lo que Él hizo por nosotros es el evangelio. Él murió por nosotros y Dios por tanto no nos salva por amor ni nos salva por la misericordia. Porque por gracia sois salvos por medio de la fe, y esto no de vosotros, pues es don de Dios. (Ef. 2:8) La misericordia es la compasión de Dios que le movió a Él a enviar a un Salvador para los hombres. Si un hombre pudiera ser salvo por la misericordia de Dios nada más, entonces, toda la humanidad podría ser salva. No hubiera sido necesario que Cristo muriera; se podría haber evitado la cruz. El amor es el motivo divino, pero Dios no es sólo amor; Él es recto; Él es santo; Él es justo, y las demandas santas de Dios tenían que ser satisfechas. Sus demandas justas, Su norma recta, debe ser alcanzada, y el amor puede desear salvar, pero la ley inmutable de la justicia hace que el amor no tenga poder para hacerlo. Así es que, Cristo al morir por nuestros pecados, pudo satisfacer las demandas santas de la justicia de Dios, y Dios entonces, ahora puede salvar por gracia. ¡Cuán maravilloso es el ser salvo por la gracia de Dios! Cuando nosotros éramos culpables, Cristo pagó el castigo, y la gracia no está implicada con el esfuerzo humano. Dios no le pide a usted que coopere para salvarle. Él no le pide a usted que tenga una buena conducta o un buen carácter. Dios sólo les pide a los hombres que crean en Él, que confíen en Él, que acepten a Cristo, que tomen Su camino; y el camino de Dios es el mejor camino, es el único camino.

Enseñándonos que, renunciando a la impiedad y a los deseos mundanos, vivamos en este siglo sobria, justa y piadosamente. [Tito 2:12]

Dios no está tratando de reformar a este mundo, está redimiendo a los hombres que aceptan a Cristo, y el evangelio no les pide a los hombres que han rechazado a Cristo que hagan algo mejor. "Ah, yo voy a tratar de hacer las cosas un poco mejor". Cuando usted dice eso, sinceramente creo que usted está mintiendo. No soy yo el que dice eso. Juan fue quien lo dijo, y si usted ha rechazado a Jesucristo, pues debe tratar de sacar todo lo que pueda de esta vida, porque eso es lo único que usted va a tener. Quizá su gobierno le pueda pedir a la gente que deje de fumar cigarrillos, porque quieren educar la gente. Pero Dios no le está pidiendo a usted que haga estas cosas. Dios dice: "Coma, beba, que mañana morirá". Usted puede fumar si quiere porque mañana va a morir de cáncer y, entonces, van a colocarle en un ataúd. Dios está llamando a aquéllos que son Suyos, aquéllos que son redimidos por Él para que vivan por Él.

Enseñándonos significa educar niños. Dios está llamando a los que son Suyos, los que son redimidos, para que vivan para Él y para que eviten toda la lujuria de este mundo.

Aguardando la esperanza bienaventurada y la manifestación gloriosa de nuestro gran Dios y Salvador Jesucristo. [Tito 2:13]

Aguardando la esperanza bienaventurada. Eso será lo próximo que suceda en el programa de Dios. Él vendrá para sacar a Su iglesia de este mundo.

…y la manifestación gloriosa de nuestro gran Dios y Salvador Jesucristo. Esto también revela que el Apóstol Pablo enseñó en cuanto a la Deidad de Cristo; él habla de nuestro gran Dios y salvador Jesucristo, y ¿quién es Él? Él es Jesucristo. Y, ¿qué hizo Él?

Quien se dio a sí mismo por nosotros para redimirnos de toda iniquidad y purificar para sí un pueblo propio, celoso de buenas obras. [Tito 2:14]

Se dio a Sí mismo por nosotros para redimirnos. Él pagó un precio por nosotros para que Él pudiera redimirnos "de toda iniquidad".

…y purificar para Sí un pueblo propio, celoso de buenas obras. Por cierto, que Dios quiere que usted viva para Él, y por cierto que Él quiere que usted haga buenas obras; pero primero Él tiene que redimirle a usted, amigo.

Esto habla, y exhorta y reprende con toda autoridad. Nadie te menosprecie. [Tito 2:15]

Pablo le dice a Tito, "Tu eres un hombre joven. No permitas pues, que los demás te menosprecien a causa de la vida que estás viviendo". Tito debe poder enseñar todas estas cosas con autoridad.

Ésta es una epístola maravillosa. Todos los predicadores jóvenes deberían estudiar este libro de Tito.

CAPÍTULO 3

La iglesia debe hacer buenas obras

En este capítulo, veremos que la iglesia debe hacer buenas obras. Es decir que debe ser una iglesia ordenada, y debe ser una iglesia con sana doctrina. Ahora, para ser una iglesia completa y que cubra todos los aspectos de la obra, Dios quiere para la iglesia haga también buenas obras.

Las buenas obras son evidencia de salvación

Recuérdales que se sujeten a los gobernantes y autoridades, que obedezcan, que estén dispuestos a toda buena obra. [Tito 3:1]

Lo primero que el Apóstol Pablo menciona aquí es que los miembros de la iglesia tienen que ser personas que respeten las leyes. Un creyente debe obedecer las leyes del país en el cual vive, a menos que esas leyes estén en conflicto o que condigan su deber y su relación con Dios.

Yo siempre me sentía avergonzado cuando tenía que interrumpir algún servicio para informar a la gente que alguien había estacionado su automóvil en una parte donde dice: "Prohibido estacionar". En realidad, esa persona estaba desobedeciendo las leyes de la ciudad. Es necesario que los creyentes presten atención al hecho de que todo creyente debe estar sujeto a las autoridades y a los gobernantes.

Esto hace pensar en que un creyente debe hacer cuando las leyes del país están en conflicto con su deber y su relación con Dios. Por ejemplo, si a un joven se le llama al servicio militar de su país, ¿debería ese joven ir a servir a su país de tal manera, cuando en sus convicciones religiosas él piensa de otra manera? Puede ser que a este joven se le ponga en una posición bastante difícil y que hasta se le llegue a acusar de no ser leal a su país. Sin embargo, puede haber posibilidades para este joven de servir en el ejército de su país, sin tener que empuñar un arma para atacar al enemigo. Hay personas que tienen objeción a esto de llevar armas, y por cierto que pueden dedicarse a tareas en el ejército, que no les obliguen a hacer estas cosas.

Creo que se debe hacer un esfuerzo para comprender a estos jóvenes.

Aún así, nosotros debemos estar sujetos a los gobernantes y a las autoridades. La iglesia debe enseñar esto ya que es parte de los mensajes que deben ser dados dentro de las iglesias a sus miembros. Ellos deben ser obedientes a los poderes establecidos, y no es que seamos obedientes a la persona, es decir, a un hombre, sino al cargo que él representa. Reconozco que hay algunos policías que actúan de una manera bastante ofensiva; sin embargo, debemos reconocer también que los criminales actúan de manera brutal y cruel en el presente; pero nuestro deber es respetar ese uniforme. Nuestro deber como creyentes es respetar el cargo que esa persona está ocupando, y debemos hacerlo porque él representa a ese sector de la sociedad que protege nuestro hogar y nos protege a nosotros. Si no tuviéramos a estos policías, nos encontraríamos en una situación bastante precaria, por cierto.

Este versículo también presenta la cuestión de si un creyente debe o no debe entrar en la política. Yo creo que el creyente individualmente debería entrar en la política, pero no creo que la iglesia deba entrar en la política.

Si tuviéramos un verdadero movimiento del Espíritu de Dios en el día de hoy, de la iglesia saldrían hombres que podrían ocupar cargos en el gobierno en el presente. Esto fue lo que ocurrió en la época de Wesley en Inglaterra. Él se dedicaba a predicar el evangelio y nunca trató de reformar al Rey de Inglaterra o aún a la iglesia de Inglaterra. Él solamente se dedicaba a predicar la Palabra de Dios, y los hombres se convertían bajo su predicación. De allí, salían hombres que podían ocupar altos cargos en el gobierno. De allí nació ese gran movimiento laboral que ayudó tanto a los obreros de esa época. Comenzó de este esfuerzo de parte del predicador John Wesley. Allí comenzó ese gran movimiento en contra del trabajo de los menores de edad. Es necesario tener personas creyentes en cosas como éstas, pero la iglesia debe mantenerse fuera de la política, nunca debe involucrarse en eso como una organización. Lo que el Apóstol Pablo dice aquí, recuérdales, indica que esto tiene que dirigirse a las personas, nada más.

Que estén dispuestos a toda buena obra. En este capítulo a la iglesia se le dice que las personas que la forman tienen que estar dispuestas, tienen que estar deseosas y que tienen que aprender a realizar buenas obras. Ya vamos a ver eso al continuar en nuestro estudio.

> *Que a nadie difamen, que no sean pendencieros, sino amables, mostrando toda mansedumbre para con todos los hombres. [Tito 3:2]*

Que a nadie difamen... significa que no debemos hablar mal de ninguna persona. Se nos está indicando aquí que no debemos repetir los chismes. Alguien ha dicho que es imposible creer todo lo que uno ha escuchado hoy, pero uno lo puede repetir. De eso es de lo que Pablo está hablando aquí. ¿Tiene usted pruebas de lo que está diciendo en cuanto a otra persona? También se dice que hay personas que creen cualquier cosa si uno se le susurra al oído.

Sin embargo, si la iglesia tiene evidencia sólida que un miembro está haciendo algo malo, ese miembro debe ser señalado. Usted recuerda que el Apóstol Pablo mencionó a hombres que eran malos: Figelo, Hermógenes, Himeneo y Alejando el calderero. Entonces, hablando en cuanto a Demas, dijo que él le había abandonado y que amaba más las cosas del mundo; a él no le preocupaba decir una cosa así que era cierta.

> *Porque nosotros también éramos en otro tiempo insensatos, rebeldes, extraviados, esclavos de concupiscencias y deleites diversos, viviendo en malicia y envidia, aborrecibles, y aborreciéndonos unos a otros. [Tito 3:3]*

Éste es un cuadro de la persona que no es salva, y es un cuadro de lo que era nuestra condición antes de que conociéramos a Cristo. Éramos necios, desobedientes, engañados, esclavizados a la lascivia y a los placeres, viviendo egoístamente, odiando a los demás. Éste es el cuadro del mundo perdido de hoy. No debe nunca ser un cuadro de usted o de mí como creyentes.

Usted puede ir a cualquier vecindario, también puede usted ir a un barrio, o entrar en un hogar donde vivan personas que no son salvas, o a algún negocio, o a alguna oficina, alguna fábrica, y éstas son las cosas que usted puede apreciar allí. Desafortunadamente, hasta se pueden apreciar estas cosas en algunas de nuestras iglesias en el presente. En esos lugares uno puede ver la envidia, hasta odio, y aún así esta gente puede hablar de amarse el uno al otro; sin embargo, los chismes corren como reguero de pólvora; la gente se divide en pequeños grupos para comentar en cuanto a los demás, y sin embargo también hablan de lo sanos que son en cuanto a la fe. Esta clase de gente es una desgracia verdaderamente para la causa de Cristo hoy. Éste es el cuadro de la persona que no es salva. Pero no debería ser un cuadro de su iglesia y de la mía.

Pero cuando se manifestó la bondad de Dios nuestro Salvador, y su amor para con los hombres, Nos salvó, no por obras de justicia que nosotros hubiéramos hecho, sino por su misericordia, por el lavamiento de la regeneración y por la renovación en el Espíritu Santo. [Tito 3:4-5]

No por obras de justicia que nosotros hubiéramos hecho. Éste era el cuadro de nosotros antes, pero el llegar a ser un creyente no indica que se comienza a escribir mejor en una nueva página, porque uno descubre que escribe lo mismo en esta página que en la página anterior. Existe esa idea de tomar resoluciones nuevas, de prometer mejorar, pero esto no le hace a usted un cristiano. Usted tampoco es salvo sobre la base de las obras de justicia, o buenas obras, que usted haya hecho.

Sino por su misericordia. Fue porque Cristo murió por nosotros y pagó el castigo de nuestros pecados, y ahora Dios está preparado para extender Su misericordia hacia nosotros, y es según Su misericordia que Él nos salva. Él es rico en misericordia, tiene abundancia de ella. No importa quien sea usted, Él puede salvarle a usted porque Cristo murió por sus pecados. Ya ha sido pagado el castigo por ese pecado, y ahora Él le entrega a usted Su misericordia, y usted puede presentarse completo en Él.

Por el lavamiento de la regeneración. Esta palabra lavamiento habla de esa fuente de regeneración. El cuadro es de esa fuente o lavacro que estaba en el tabernáculo y luego en el templo.

El Señor Jesucristo dijo a Nicodemo en San Juan 3:5: ...el que no naciere de agua y del Espíritu, no puede entrar en el reino de Dios.

El agua representa la Palabra de Dios. Esta Biblia puede lavarle a usted, tiene ese poder santificador, tiene poder para limpiar, es decir, limpiado por la Palabra de Dios; lavado, el lavacro de la regeneración. El Espíritu de Dios utiliza la Palabra de Dios, nacido de agua y del Espíritu, que es el lavamiento de la regeneración, y así es como uno nace de nuevo.

Y por la renovación en el Espíritu Santo. Es Él quien lo regenera a usted, Él solamente. Ése es el cuadro que tenemos aquí.

> *El cual derramó en nosotros abundantemente por Jesucristo nuestro Salvador. [Tito 3:6]*

¿Ha notado usted que Dios siempre tiene abundancia de todo? En cualquier cosa que Dios hace hay abundancia. Él puede actuar así abundantemente por Jesucristo nuestro Salvador. Él es capaz de hacer las cosas abundantemente, mucho más allá de lo que nosotros podamos pedir o pensar.

> *Para que justificados por su gracia, viniésemos a ser herederos conforme a la esperanza de la vida eterna. [Tito 3:7]*

Nuevamente él señala aquí hacia la esperanza del creyente, a la venida de Cristo por Su iglesia.

Las buenas obras son útiles para el presente y para el futuro

> *Palabra fiel es ésta, y en estas cosas quiero que insistas con firmeza, para que los que creen en Dios procuren ocuparse en buenas obras. Estas cosas son buenas y útiles a los hombres. [Tito 3:8]*

El hecho mismo de que el creyente sea salvo por la Gracia de Dios, no le da a él una excusa para no hacer buenas obras. La realidad es que tiene que hacerlas, procurar ocuparse en buenas obras. El Apóstol Pablo dice que, en estas cosas, Tito, insista con firmeza.

Después que usted ha sido salvo, Dios va a hablar con usted en cuanto a las buenas obras. Hasta ese momento, Él ni siquiera le está dirigiendo la palabra. Dios no está ni siquiera interesado en sus "buenas obras", porque lo que usted llama "buenas obras", Dios llama trapos de inmundicia. La justicia del hombre es como trapos de inmundicia delante de Él. (Is. 64:6) Él no quiere eso, pero Él quiere salvarle, y si usted viene a Él tal cual es, entonces, Él le salvará. Él hace eso porque ya ha realizado algo por usted y Él no le está pidiendo a usted que haga nada. ¿Qué puede usted hacer por Dios? Pero ahora que usted ya ha sido salvo y es un hijo de Él, entonces, Él quiere hablar con usted en cuanto a las buenas obras.

Procuren ocuparse en buenas obras. Dios quiere que usted produzca algo, Él quiere que usted tome parte en las cosas de Él, en propagar, en esparcir la Palabra de Dios. Usted tiene que tomar parte en la propagación de la Palabra de Dios, en el esparcimiento de la Palabra de Dios hoy. Ésas son las cosas en las cuales usted debe pensar, considerar, analizar y desear hacer.

> *Pero evita las cuestiones necias, y genealogías, y contenciones,*
> *y discusiones acerca de la ley; porque son vanas y sin provecho.*
> *[Tito 3:9]*

Pablo dijo que nosotros debemos defender la fe, pero no en argumentos o debates. Eso no es bueno, no da resultado y nunca lleva a nadie a conocer a Cristo como su Salvador. Quizá usted pueda derrotar eventualmente a alguna persona, pero usted no ha llegado a tocar su corazón y no le ha ganado a él para Cristo. Dice el Apóstol en este versículo: Pero evita las cuestiones necias, y genealogías, en el día de hoy.

Ésa es la razón por la cual yo no desarrollo ciertos temas que son sensacionales. Hay personas que quieren que yo hable en cuanto a los demonios y cosas como el exorcismo. Pero no, no entremos en esas cosas; prefiero mucho más hablar en cuanto al Espíritu Santo que puede morar dentro del creyente. Si Él mora en usted, el demonio nunca puede llegar a poseerle porque mayor es Él que está en vosotros, que él que está en el mundo. (1 Jn. 4:4) Eso es todo lo que necesitamos en cuanto a esto en el presente. Es muy fácil apartarse hoy, especialmente si usted no ha aprendido mucho de la Biblia.

> *Al hombre que cause divisiones, después de una y otra*
> *amonestación deséchalo. [Tito 3:10]*

Se me ha pedido que me una a ciertos proyectos en los cuales hay algunos herejes. No estoy interesado en unirme con alguien cuyas creencias están en oposición a la Palabra de Dios. Dios nos dice que debemos separarnos de los herejes. Hemos de dejarlos aparte; hemos de rechazarlos.

> *Sabiendo que el tal se ha pervertido, y peca y está condenado por su propio juicio. [Tito 3:11]*

El hereje es uno que se ha apartado de la verdad.

> *Cuando envíe a ti a Artemas o a Tíquico, apresúrate a venir a mí en Nicópolis, porque allí he determinado pasar el invierno. [Tito 3:12]*

No se sabe a cuál Nicópolis se refiere el Apóstol Pablo aquí porque hay tres de ellas.

> *A Zenas intérprete de la ley, y a Apolos, encamínales con solicitud, de modo que nada les falte.*

> *Y aprendan también los nuestros a ocuparse en buenas obras para los casos de necesidad, para que no sean sin fruto. [Tito 3:13-14]*

Pablo da una advertencia final en cuanto a las buenas obras. Uno tiene que empeñarse en esto. Hay muchas personas que piensan que es algo fácil, pero es necesario aprender y saber qué son las buenas obras y cómo hacerlas.

> *Todos los que están conmigo te saludan. Saluda a los que nos aman en la fe. La gracia sea con todos vosotros. Amén. [Tito 3:15]*

¿No le parece esto algo verdaderamente hermoso? Saluda a los que nos aman en la fe. La gracia sea con todos vosotros.

La epístola del Apóstol San Pablo a
Filemón

INTRODUCCIÓN

Ésta es una de las epístolas más sobresalientes en las Escrituras. Tiene sólo un capítulo, y quizá usted tendrá dificultad en encontrarla. Si puede localizar Tito, siga usted; si encuentra Hebreos, lo ha pasado.

Las epístolas, es una nueva forma de revelación de parte de Dios. Dios, por ejemplo, en el pasado, utilizó la ley, la historia, la poesía, la profecía, y los evangelios. Cuando Él utilizó las epístolas, adoptó un método más personal y directo. Y, aun entre las epístolas, hay diferentes clases: encontramos algunas que están dirigidas a las iglesias, y algunas se han escrito a personas. Algunas de ellas son muy personales.

Creo, honradamente, que cuando el Apóstol Pablo estuvo escribiendo esta carta a Filemón, no pensaba que iba a ser incluida en el Canon de las Escrituras. Es una carta bastante personal que podría hacer que se sonrojara un poco si supiera que nosotros estamos leyendo esta carta a Filemón. Al hacer esto, me imagino que estamos leyendo esta carta sobre los hombros de Filemón, leyendo su correspondencia personal, digamos. Pablo le escribió a él una carta muy personal, pero el Espíritu de Dios incluyó esta carta en el Canon de las Escrituras.

Detrás de todo esto, hay una historia por supuesto. Filemón, vivía en un lugar llamado Colosas, que estaba ubicado en la zona de Frigia en la sección de Anatolia en la Turquía de hoy. Sin embargo, no existe ninguna ciudad allí en el presente. Solamente hay ruinas. Pero ésta era una gran ciudad en aquel día. Ya sabemos que Pablo escribió una carta con ese destino. No se sabe si Pablo fue allí, pero me imagino que hay muchas cosas que nosotros no sabemos. Aunque no hay evidencia que Pablo visitara Colosas, pienso que quizá el haya visitado allí.

La historia de este libro tiene lugar en el medio de un trasfondo de esclavitud. Había aproximadamente 60 millones de esclavos en el Imperio romano donde la población total no excedía ciento veinte millones. Un esclavo era propiedad nada mas, y estaba sujeto a los caprichos de su amo. Se le trataba peor que un enemigo.

Pero comoquiera que sea, aquí está este hombre rico en Colosas que ha sido salvo. Aparentemente él había llegado a Efeso, y como usted recuerda Pablo pasó dos años en Éfeso. Él estaba hablando en la escuela de Tirano todos los días, y la gente venía de todas partes a escucharle. Por allí pasaban millones de personas, y éste es uno de aquellos hombres que llegó a conocer al Señor Jesucristo.

Ahora, Filemón tenía esclavos, y tenía un esclavo llamado Onésimo. Onésimo trató de aprovechar una oportunidad un día, como hubiera hecho cualquier otro esclavo, y huyó de ese lugar. Él hizo lo que aparentemente hacía la mayoría de los esclavos en aquel día, se dirigió directamente a una gran metrópoli, y este esclavo llegó hasta la ciudad de Roma. Había gran cantidad de gente allí, y podían esconderse muy fácilmente sin ser reconocidos.

Cierto día, este hombre Onésimo, quien había sido un esclavo, se dio cuenta de que había una esclavitud en la libertad y que había libertad en la esclavitud. Cuando él era un esclavo, él no se preocupaba de donde iba a venir la próxima comida, o donde vivía. Su patrón, su amo, tenía cuidado de eso; ahora se encuentra en Roma y él tiene un verdadero problema. Quizá él extraña su casa y tiene hambre. Cierto día anda caminando por la calle, y ve que hay un grupo de personas reunidas, escuchando hablar a un hombre llamado Pablo. Onésimo se une a ese grupo de personas y se abre camino hasta el frente, y allí aprecia que este hombre se encuentra en cadenas. Él había huido de las cadenas, y pensaba que era libre. Pero ahora escucha hablar a Pablo y pone atención a lo que él le está predicando. Onésimo dice para sí: "Bueno, ese hombre está libre, y yo aun soy esclavo. Soy un esclavo del apetito; soy un esclavo de la economía. Aun soy un esclavo, y, sin embargo, ese hombre, aunque está en cadenas, está libre".

Cuando el Apóstol Pablo terminó de hablar, Onésimo esperó hasta que se retire toda la gente. Él quería saber más de lo que Pablo estaba hablando, y Pablo entonces le guía a él a los pies de Cristo. Con esto, quiero decir que él le presentó el evangelio de Cristo a Onésimo. Él le contó cómo Jesucristo había muerto por él, y que había sido sepultado y resucitado al tercer día, y que todo lo que él tenía que hacer era confiar en Cristo. Onésimo así lo hizo.

Luego, Onésimo que ha sido convertido, piensa en su pasado, y las cosas que andan mal, y él quiere corregir eso. Él dice: "Pablo, hay algo que quiero confesarte. Yo soy un esclavo que ha huido de su amo". Pablo le pregunta: "¿De dónde vienes?" Y Onésimo responde: "Bueno, vengo de Asia Menor". Pablo dice: "Bien, ¿pero de qué ciudad?" Onésimo responde: "De Colosas". Pablo dice: "Hay una iglesia en esa ciudad. ¿Quién era tu amo?" "Bueno", le contesta el esclavo, "mi amo era Filemón". Y Pablo dice: "¿Estás hablando de Filemón el que vive en la calle principal?" y Onésimo dice: "Sí, el mismo". Pablo dice entonces: "Bueno, él es uno de mis convertidos también, y él me debe mucho". Onésimo dice: "Bueno, ¿debería yo regresar a él?"

Así es que Pablo le dice: "Onésimo, tú tienes que regresar, pero vas a regresar de una forma diferente. Voy a enviar una carta contigo". Y ésa es la carta que nosotros tenemos ahora.

Aquí se menciona una libertad que es superior a toda la esclavitud del mundo. Uno puede hablar de libertad todo lo que quiera. También puedo mencionar que hay millones de personas que son esclavos del alcohol, por ejemplo. No son personas libres. Son alcohólicas. Hay también esclavos de las drogas. Hay otros que son esclavos de la economía; hay quienes son esclavos del dinero, y se han dado cuenta que el dinero no es todopoderoso. Vivimos en días cuando la gente piensa que es libre, pero el Señor Jesucristo dijo: Si el Hijo os libertare, seréis verdaderamente libres. (Jn. 8:36) Uno no puede sacar nada en favor o en contra de la esclavitud de esta epístola. Lo que sí aprende, es la libertad que está por encima de la esclavitud de este mundo. Es esa libertad que cada uno de nosotros quiere tener.

Bosquejo

I. Saludo cordial a Filemón y su familia, Vs. 1-3

II. La buena reputación de Filemón, Vs. 4-7

III. Pablo intercede por Onésimo, Vs. 8-16

IV. El inocente substituye al delincuente, V. 17

V. La gloriosa ilustración de la imputación, V. 18

VI. Recomendaciones y saludos personales, Vs. 19-25

Revelación del amor de Cristo para nosotros; ejemplo práctico del amor fraternal

El propósito primordial de esta epístola es revelar el amor de Cristo por nosotros en lo que El hizo por nosotros en rogar nuestro caso ante Dios. Ésta es una de las mejores ilustraciones de la substitución. Y si en algo te daño, o te debe, ponlo a mi cuenta. (V. 18) Podemos escuchar a Cristo concordando en tomar nuestro lugar y tener que todo nuestro pecado le sea imputado a El. El tomó nuestro lugar en la muerte, pero El nos da Su lugar en la vida. Así que, si me tienes por compañero, recíbele como a mi mismo. (V. 17) Todos tenemos la misma posición que Cristo ante Dios, o no tenemos ninguna posición. Onésimo, el esclavo inútil había de ser recibido como el gran Apóstol Pablo habría sido recibido en la casa de Filemón.

El propósito práctico es enseñar amor fraternal. Pablo habló de la nueva relación entre el amo y el esclavo en las otras epístolas desde la cárcel. Aquí el demuestra cómo éste debe funcionar. Estos hombres, que pertenecían a clases diferentes en el Imperio romano, que se odiaban y que se estaban lastimando, ahora son hermanos en Cristo, y ellos han de portarse así. Ésta es la única solución al problema entre la capital y la fuerza laboral.

Saludo cordial a Filemón y su familia

Pablo, prisionero de Jesucristo, y el hermano Timoteo, al amado Filemón, colaborador nuestro. [Flm. V. 1]

Note usted: Pablo, prisionero de Jesucristo, Deténgase aquí por un momento. Es importante que note esto. Pablo no usa aquí el hecho de que él es un Apóstol. Cuando él escribe a una iglesia, él da su título oficial. Él es un Apóstol de Jesucristo. Pero, ésta es una carta personal, a un amigo. Él no tiene que defender su apostolado. Aquí él puede ser muy personal y ésa es la razón por la cual pienso que él no tenía intenciones de que esta carta se publicara por todas partes, pero así ha sucedido.

Él dice: "Yo soy un prisionero de Jesucristo". He notado que varios comentarios tratan de cambiar esto y explicarlo, diciendo algo así:

"Bueno, lo que Pablo realmente trata de decir aquí es que él era un prisionero porque estaba tratando de predicar a Jesucristo"; pero eso en realidad, no es lo que Pablo dijo. Pablo, siempre tenía la habilidad de decir exactamente lo que pensaba, y él está usando aquí un idioma muy versátil, muy flexible, el idioma griego. Él dice que es un prisionero de Jesucristo.

Pienso que, si usted hubiera estado allí y hubiera conversado con él, le podría haber dicho: "Pobre Pablo, es una lástima que estos romanos le hayan colocado a usted en una cárcel". Y Pablo diría: "Ellos no me colocaron a mí en la cárcel". "Ah, si", hubiera dicho usted; "ya sé lo que quiere decir; esos líderes religiosos tan malos, ellos le acusaron a usted". Pero, Pablo hubiera dicho otra vez: "No, ellos no me colocaron en la cárcel". Usted entonces, hubiera dicho: "¿Quién le colocó en la cárcel?" Y Pablo hubiera contestado: "Jesucristo, yo soy Su prisionero". "¿Quiere decir entonces que usted sirve a alguien que lo coloca a usted en la cárcel?" Pablo hubiera contestado: "Sí, cuando es Su voluntad que yo esté en la prisión, estoy en la prisión. Y cuando es Su voluntad que yo salga de la cárcel, entonces, saldré de la cárcel. Cuando es Su voluntad que me enferme, entonces voy a estar enfermo. Yo le pertenezco a Él. Y ya que pertenezco a Él, en cualquier instante y cualquier situación en que me encuentre, he aprendido a estar satisfecho. Todo está bien, no se preocupen por mí". Eso es lo que se está expresando aquí. Y, como se puede ver, Filemón es una de las cartas de la prisión. Lo mismo se dice de las cartas a los Efesios, a los Filipenses y Colosenses. Filemón es la cuarta.

Y el hermano Timoteo. Esto quiere decir que Timoteo no es solamente el hermano de Filemón, o el hermano de Pablo, sino que él es su hermano también, si usted es un creyente—hermanos en Cristo.

Al amado Filemón. Quizá alguien diga: "Pablo está halagando a este hombre demasiado, ¿no es verdad?" Yo creo que sí. Él amaba a este hombre, y él va a pedirle algo. El va a llegar a ese punto.

Y a la amada hermana Apia. [Flm. V. 2a]

Aparentemente ésta era la esposa de Filemón. Mientras Filemón es un nombre griego, y él era ciudadano de Colosas, Apia es un nombre frigio. Esto a mí me indica que tenemos aquí un hombre joven, que se llamaba Filemón que viajó a una ciudad alejada. Él no se dirigió hacia el occidente, sino que fue hacia el oriente. Él fue a una ciudad llamada Colosas, cerca de la frontera; tuvo un negocio allí, llegó a ser un hombre rico, y se encontró con una muchacha frigia, llamada Apia, y se casaron. Luego, ambos llegan a ser creyentes. ¿No le parece esto, algo hermoso?

Y a Arquipo nuestro compañero de milicia. [Flm. V. 2b]

Supongo que éste es hijo de ellos. Él no un soldado del ejército romano, sino un soldado del ejército del Señor Jesucristo, porque usted debe recordar que Pablo había dicho que nosotros debemos ser buenos soldados de Jesucristo.

Y a la iglesia que está en tu casa. [Flm. V. 2c]

Este hombre no sólo era un convertido, sino que él tenía una iglesia en su propia casa. Permítame hablar un poco de esto. ¿Sabía usted que el edificio de la iglesia en el día de hoy ha llegado a asumir una importancia total para la gente, que no tiene ninguna relación con el propósito verdadero de la iglesia local? La iglesia local en aquel día no estaba en una esquina en un edificio separado. En realidad, ellos ni siquiera tenían un edificio. Había templos de los dioses paganos, pero la iglesia primitiva no tenía ninguno de esos edificios y se reunían en casas. Se estima que, por unos 200 años, la iglesia se reunía en las casas.

Luego, cuando se comenzó a edificar esas grandes catedrales del pasado, las catedrales nunca se construyeron con el propósito de ser un lugar de reuniones. La Abadía de Westminster en Inglaterra, por ejemplo, no se construyó, con la intención de que llegara a ser un lugar donde se iba a tener reuniones públicas. Se construyó en la forma de una cruz como un monumento a Jesucristo. Pienso que estaban equivocados en hacer eso; en lugar de haber gastado tanto dinero en una catedral, debieron haberlo gastado enviando misioneros. Pero ésa era la forma en que ellos expresaron su devoción. Así es que esa idea de dar todo el énfasis a un edificio hoy, y el de tener un programa para la construcción de un edificio, es algo que, en realidad, no cuadra muy bien con el ejemplo de la iglesia primitiva.

Gracia y paz a vosotros, de Dios nuestro Padre y del Señor Jesucristo. [Flm. V. 3]

Ése era el saludo acostumbrado que expresaba Pablo en todas sus cartas que fueran dirigidas a una persona o a una iglesia.

La buena reputación de Filemón

Doy gracias a mi Dios, haciendo siempre memoria de ti en mis oraciones. [Flm. V. 4]

Aquí tenemos un hombre por el cual oraba Pablo. Usted puede colocar a este hombre en la lista de oración de Pablo. Pablo oraba por él, y el pensamiento que tenemos aquí es que cada vez que su nombre era mencionado, él oraba por él. Aparentemente Filemón era una persona bastante importante.

Porque oigo del amor y de la fe que tienes hacia el Señor Jesús, y para con todos los santos. [Flm. V. 5]

Ésta es una manera muy hermosa de expresar el testimonio que Filemón tenía en su vida. Usted puede notar lo que él está diciendo aquí, que su amor se expresaba: hacia el Señor Jesús, y para con todos los santos. Su fe estaba dirigida hacia el Señor Jesucristo, y él era fiel con los demás creyentes. Esto es algo interesante.

Para que la participación de tu fe sea eficaz en el conocimiento de todo el bien que está en vosotros por Cristo Jesús. [Flm. V. 6]

La vida de Filemón era un testimonio. El compartía su fe. Todo el bien era el resultado de Dios es el que en vosotros produce así el querer como el hacer, por Su buena voluntad. (Fil. 2:13)

Pues tenemos gran gozo y consolación en tu amor, porque por ti, oh hermano, han sido confortados los corazones de los santos. [Flm. V. 7]

Pablo tenía un gran gozo y consuelo en el amor de Filemón por los otros creyentes y por él.

Han sido confortados los corazones implica todo el ser psicológico. Es la vida interior de los creyentes que tenía gran satisfacción por él.

Por todas partes se puede encontrar a creyentes maravillosos con los cuales uno puede tener verdadera comunión. Ése es uno de los grandes gozos que nosotros podemos tener como creyentes, el poder reunirnos con otros hermanos maravillosos. Si yo hubiera tenido oportunidad de visitar a Filemón, estoy seguro de que él habría abierto su hogar para mí. Él era una persona que recibía a pastores y a evangelistas en su hogar.

Una solicitud cortés por Onésimo

Por lo cual, aunque tengo mucha libertad en Cristo para mandarte lo que conviene, Mas bien te ruego por amor, siendo como soy, Pablo ya anciano, y ahora, además, prisionero de Jesucristo. [Flm. Vs. 8-9]

Pablo está haciendo aquí una solicitud cortés de parte de Onésimo. Él ha llegado al propósito de la carta, y se acerca a este tema de forma diplomática y circunspecta, con cariño, pero él va a presentar este asunto. Él va a hacer su solicitud de una forma triple:

Más bien te ruego por amor. Tu amor y el mío por cada uno de nosotros como creyentes.

Siendo como soy, Pablo ya anciano. Pablo ya había entrado a los 60 años, pero se consideraba un hombre anciano. Él había sufrido mucho, y había sido perseguido como misionero. Filemón ya sabía que Pablo era un anciano, y en tercer lugar dice:

Y ahora, además, prisionero de Jesucristo. Es evidente que el no podía ir a ver a Filemón en persona.

Te ruego por mi hijo Onésimo, a quien engendré en mis prisiones. [Flm. V. 10]

Ya que no puedo ir a verte personalmente, Te ruego por mi hijo Onésimo. Él llama a Timoteo y a Tito sus "hijos". Pablo tenía muchos hijos, y él no era casado. Pablo se refiere a hijos espirituales. Él había llevado a Onésimo a los pies del Señor.

Ahora, él le está diciendo que Onésimo le pertenece a él.

El cual en otro tiempo te fue inútil, pero ahora a ti y a mí nos es útil. [Flm. V. 11]

El significado de la palabra "Onésimo" es "útil". Así es que Pablo está haciendo un juego de palabras aquí. Él era muy capaz de hacer estas cosas. Yo podría decir algo así como lo siguiente. Su nombre quiere decir "útil". Pablo decía entonces: "Cuando tú tenías a Útil, él no era muy útil. Ahora que no tienes a Útil, él es útil". Como esclavo él no era mucho. Él no trabajaba porque le gustara hacerlo, y no le culpo por eso. Quizá a él no le gustaba dedicarse a eso, y ahora Pablo dice: "Ahora te lo estoy enviando como creyente. Él va a ser muy útil para ti. Pero no quiero que sea recibido como esclavo".

El cual vuelvo a enviarte; tú, pues, recíbele como a mí mismo.

Yo quisiera retenerle conmigo, para que en lugar tuyo me sirviese en mis prisiones por el evangelio. [Flm. Vs. 12-13]

Le puedes dar la misma bienvenida que me darías a mí. ¿Se da cuenta, de lo que Pablo está diciendo aquí? Pablo dice: "Lo primero que yo pensé era que este hombre sabía como servir, y yo necesito a alguien. Me encuentro en la cárcel; soy un prisionero; soy viejo; tengo frío, y estoy enfermo". Usted recuerda que él pidió que le llevara su capa. Este hombre le podía ayudar a él. Así es que lo que primero pensó es que él podía quedarse con Onésimo, y le podía decir a Filemón que lo tenía con él.

Pero nada quise hacer sin tu consentimiento, para que tu favor no fuese como de necesidad, sino voluntario. [Flm. V. 14]

Pablo dice: "Yo no lo quisiera retener aquí porque eso no estaría bien. Sí, yo pensé hacer eso, pero quiero enviártelo de regreso, y eso está bien". No sé esto, pero me imagino que en el primer barco de regreso a Roma allí se encontraba Onésimo, regresando a ver a Pablo, y con muchas cosas para el apóstol.

Porque quizá para esto se apartó de ti por algún tiempo, para que le recibieses para siempre; No ya como esclavo, sino como más que esclavo, como hermano amado, mayormente para mí, pero cuánto más para ti, tanto en la carne como en el Señor. [Flm. V.15-16]

Ya que Onésimo ha llegado a ser creyente, su estatus y su relación con Filemón son diferentes. El sigue siendo esclavo según le ley romana, pero ahora el es mas que eso a Filemón. El es ahora un hermano amado.

El inocente sustituye al culpable

El versículo 17 junto con el 18 nos da una de las mejores ilustraciones de sustitución completa y de imputación. Detrás del ruego de Pablo está el ruego de Cristo al Padre por el pecador que confía en Cristo como el Salvador. Ese pecador es recibido por la misma posición por la cual Cristo es recibido. En otras palabras, el pecador salvado tiene tanto derecho en el cielo como Cristo, porque el tiene Su derecho para estar allí. Somos aceptados en el Amado. (Véase Ef. 1:6)

Así que, si me tienes por compañero, recíbele como a mí mismo.
[Flm. V. 17]

Si me tienes por compañero, "quiero que le recibas como me recibirías a mí. A mí, siempre me dabas esa hermosa habitación para huéspedes. No lo envíes a dormir afuera en el frío, sino dale esa habitación para él".

Ilustración gloriosa de imputación

Y si en algo te dañó, o te debe, ponlo a mi cuenta. [Flm. V. 18]

En el día de hoy, pensamos que las tarjetas de crédito son algo nuevo. Pero podemos decir que Pablo tenía una tarjeta de crédito. Con una tarjeta de crédito hoy, uno puede comprar cualquier cosa, desde un par de zapatos hasta un pasaje por avión.

Pablo tenía una tarjeta de crédito porque él era un creyente en Cristo. Él dice: "Mira, si Onésimo huyó de ti, y si él robó algo o hizo algo malo, pon eso en mi cuenta, ponlo en mi tarjeta de crédito, y luego, ya que tú y yo somos compañeros, quiero que tú le recibas a él como me recibirías a mí".

Detrás de todo esto, hay algo mucho más hermoso que lo que podemos ver. Cuando nos llegamos al Padre para obtener salvación, me imagino escuchar al Señor Jesucristo decir: "Si este hombre en algo te dañó, o te debe, ponlo a Mi cuenta". Cristo pagó el castigo por mis pecados en la cruz. Pero eso no es todo. Estoy seguro que Dios el Padre hubiera contestado: "Ese hombre no puede entrar en el cielo". Entonces, el Señor Jesús dice: "Si Me tienes por compañero, recíbele como a Mí Mismo". En Cristo somos aceptos en el Amado. ¡Qué cuadro el que tenemos aquí de Dios el Padre y del Señor Jesucristo!

De la manera en que Ellos le aceptan a usted, y de la manera en que me aceptan a mí. Eso hace que ésta sea una epístola preciosa.

Peticiones generales y persones

Yo Pablo lo escribo de mi mano, yo lo pagaré; por no decirte que aun tú mismo te me debes también. [Flm. V. 19]

…lo escribo de mi mano, yo lo pagaré. El Señor Jesucristo entregó Su vida y derramó Su sangre para pagar nuestra deuda de pecado.

Por no decirte que aun tú mismo te me debes también. Pablo había guiado a Filemón al Señor, así es que él le debía mucho a Pablo:

Sí, hermano, tenga yo algún provecho de ti en el Señor; conforta mi corazón en el Señor. [Flm. V. 20]

Pablo está rogando por Onésimo.

Te he escrito confiando en tu obediencia, sabiendo que harás aun más de lo que te digo. [Flm. V. 21]

Como usted ve, ésta es una carta personal, en el sentido de que la estamos leyendo sobre la espalda de Filemón. Pablo expresa su confianza en él y de hecho el siente que Filemón hará mas de lo que el pide.

Aquí tenemos algo más de la abundancia. Eso siempre resulta así para los creyentes. Jesús nos pide que hagamos más que el mínimo. La razón por la cual muchos de nosotros somos tan pobres hoy es porque nosotros hemos sido mezquinos con el Señor. El Señor es generoso, y nosotros deberíamos serlo también.

Prepárame también alojamiento; porque espero que por vuestras oraciones os seré concedido. [Flm. V. 22]

Pablo esperaba salir de la cárcel e ir allí y creo que lo hizo. El pide que oren por eso. Ya que esta carta fue escrita a lo mejor durante el primer encarcelamiento de Pablo en Roma, el fue liberado y probablemente visitó a Filemón personalmente.

Te saludan Epafras, mi compañero de prisiones por Cristo Jesús, Marcos, Aristarco, Demas y Lucas, mis colaboradores. La gracia de nuestro Señor Jesucristo sea con vuestro espíritu. Amén. [Flm. Vs. 23-25]

Esta hermosa cartita concluye con saludos personales a algunos amigos mutuos.